2012年中国旅游景区发展报告
China Tourist Attraction Development Report 2012

国家旅游局规划财务司

中国旅游出版社

《2012年中国旅游景区发展报告》编委会

主　编：吴文学

副主编：张吉林　胡书仁　郭长增

编　委：潘肖澎　王晓宇　魏立忠　方　言　倪　灵

目录 Contents

2012年中国A级旅游景区发展报告	009
2012年中国A级旅游景区经营管理统计报告	023
A级旅游景区名录	103
5A级旅游景区	105
4A级旅游景区	259
3A级以下（含3A级）旅游景区	313

# 2012 中国旅游景区发展报告

CHINA TOURIST ATTRACTION DEVELOPMENT REPORT 2012

2012年中国A级旅游景区发展报告

2012年中国A级旅游景区发展报告

旅游是综合性产业，是拉动经济发展的重要动力。旅游景区是我国旅游业发展的重要基础，它既是旅游业的重要组成部分和旅游市场的核心吸引物，也是旅游就业的重要渠道、旅游创收的重要来源和我国旅游业形象的重要体现。2012年，在各级政府的高度重视下，我国A级旅游景区规模不断壮大，精品旅游景区数量不断增加，新兴旅游景区不断涌现，在带动就业、引导投资、拉动消费、增加农民收入、解决"三农"问题、推动区域经济协调发展等方面综合效益日益显著，成为推动我国旅游业发展的重要支撑。

一、2012年A级旅游景区的总体情况

2012年，全国共有A级旅游景区6042家，比2011年增加469家，同比增长8.41%；全国A级旅游景区共接待游客29.26亿人次，同比增长14.57%；全国A级旅游景区综合收入达到2898.93亿元，同比增长17.06%；全国A级旅游景区总就业人数144.27万人（就业人数包括直接就业人数和间接就业人数，下同），平均每家A级旅游景区提供就业岗位244个；全国A级旅游景区建设投资1673.69亿元，平均每家A级旅游景区实现投资0.28亿元；全国A级旅游景区共有专职导游4.84万人，平均每家A级旅游景区拥有导游人数约8人。

（一）全国A级旅游景区数量情况

1. 从等级结构来看，全国A级旅游景区呈现"两头小中间大"的橄榄形结构

2012年，全国有5A级旅游景区147家，同比增长13.08%，占A级旅游景区总量的2.43%；4A级旅游景区1966家，同比增长8.38%，占A级旅游景区总量的32.54%；3A级旅游景区2123家，同比增长15.38%，占A级旅游景区总量的35.14%；2A级旅游景区1689家，同比增长1.68%，占A级旅游景区总量的27.95%；1A级旅游景区117家，同比下降8.59%，占A级旅游景区总量的1.94%。5A级旅游景区数量最多的是江

苏省，共14家；4A级、3A级旅游景区数量最多的均为山东省，分别为146家、219家；2A级旅游景区数量最多的是江苏省，共236家；1A级旅游景区数量最多的是吉林省，共23家。

2. 从类型特征来看，全国A级旅游景区仍以自然景观和历史文化类景区为主，且度假休闲类旅游景区数量增加较快

2012年，全国共有自然景观类A级旅游景区1866家、历史文化类景区1475家、度假休闲类景区923家、博物馆类景区389家、乡村旅游类景区373家、红色旅游类景区200家、主题游乐类景区191家、工业旅游类景区75家、科技教育类景区51家、其他类型景区499家，自然景观、历史文化和度假休闲三类旅游景区共占全国A级旅游景区总量的70.57%。贵州、湖北、湖南、云南、新疆等地自然景观类旅游景区数量较多；陕西、河南、北京、河北等地历史文化类旅游景区所占比重较大；广东、上海、浙江等地度假休闲类旅游景区数量增加较快。

3. 从区域发展来看，华东地区A级旅游景区的数量最多，尤以山东、江苏两省A级旅游景区数量最多

2012年，华东地区共有A级旅游景区2088家，占全国总量的34.56%，领先于其他地区；中南地区、华北地区、西北地区、西南地区、东北地区的A级旅游景区数量分别为1098家、869家、701家、665家、621家。山东省有A级旅游景区547家，是数量最多的省份；其次是江苏、安徽两省，分别是514家和397家；海南、宁夏等省区的A级旅游景区较少，不到50家。

（二）全国A级旅游景区运营情况

1. 从游客接待量来看，4A级旅游景区游客接待量最多，占全国A级旅游景区接待总量近一半

2012年，全国5A级旅游景区游客接待量为6.25亿人次，占游客接待总量的21.36%；4A级旅游景区游客接待量为13.48亿人次，占游客接待总量的46.07%；3A级旅游景区游客接待量为6.38亿人次，占游客接待总量的21.80%；2A级、1A级旅游景区游客接待量较少，分别为3.07亿人次、0.08亿人次。

2. 从收入来看，5A级、4A级旅游景区的综合收入最多，A级旅游景区门票收入在总收入中的比重逐渐降低

2012年，5A级、4A级旅游景区实现综合收入分别为1055.21亿元和1318.72亿元，两者综合收入之和占全国A级旅游景区总收入的81.89%；2A级旅游景区和1A级旅游景区所占收入比重较少，均低于5%。2012年，全国A级旅游景区的门票收入为927.06亿元，占总收入的31.98%，比重较2011年降低3.36%；餐饮收入为548.37亿元，占总收入的18.92%；住宿收入为544.50亿元，占总收入的18.78%；商品收入为456.77亿元，占总收入的15.76%；交通收入和演艺收入分别为356.94亿元和65.29亿元，分别占总收入的12.31%和2.25%。

3. 从就业人数来看，3A级（含3A级）以上旅游景区带动社会就业的作用较为显著，5A级旅游景区的平均就业人数最高

2012年，3A级（含3A级）以上旅游景区就业人数总和为124.86万人，占全国A级旅游景区就业总人数的86.54%，其中，5A级旅游景区就业人数为30.71万人，占总人数的21.28%；4A级旅游景区吸纳社会就业人数最多，为53.87万人，占总人数的37.34%；3A级旅游景区就业人数为40.29万人，占总人数的27.92%。平均每家5A级旅游景区就业人数为2088人，每家4A级旅游景区就业人数为274人，每家3A级旅游景区就业人数为189人；2A级、1A级旅游景区带动社会就业的能力较低，平均每家分别提供就业108人、97人。

4. 从投资来看，全国A级旅游景区投资主要用于内部建设，且集中投资于3A级（含3A级）以上旅游景区

2012年，全国A级旅游景区投资额达1673.69亿元，其中，用于景区内部建设的投资额为1268.32亿元，占全年景区投资总额的75.78%；用于景区外部建设投资额为405.37亿元，占全年景区投资总额的24.22%。3A级、4A级、5A级旅游景区成为建设投资的主体，占全国A级旅游景区建设投资总额的84%；其中5A级旅游景区的平均建设投资为1.67亿元，远超其他等级旅游景区，是处于第二位的4A级旅游景区平均建设投资量的4倍。

二、2012年A级旅游景区的发展特征

（一）旅游景区地位凸显，品牌市场认可度进一步增强

1. A级旅游景区，尤其是精品旅游景区已成为旅游业发展的基础与主体

2012年全国A级旅游景区接待游客人数29.26亿人次，国内居民平均每人到A级旅游景区游览超过2次；营业收入达到2898.93亿元，比2011年增长17.06%，增速明显高于全国旅游业总收入的增速，在全国旅游业总收入中的比重不断提高，成为我国旅游产业发展的基础支撑。5A级和4A级旅游景区接待游客人数为19.73亿人次、收入为2373.93亿元，分别占全国A级旅游景区接待总人数和总收入的67.43%、81.89%，A级旅游景区的品牌认可度进一步增强。

2. A级旅游景区对优质资源的覆盖面广泛，精品旅游景区是"美丽中国"的最好阐释

我国旅游行政主管部门高度重视与相关部门、地方政府、中央企业的合作，有力推动了全国优质资源的景区化开发。在我国的世界自然和文化遗产、国家级风景名胜区、国家森林公园、国家水利风景区、国家地质公园等资源类型中，约有60%为国家A级旅游景区，数量超过860家。其中，超过90%的国家级风景名胜区、超过80%的世界自然和文化遗产已成为A级旅游景区。同时，随着A级旅游景区国际化、现代化、特色化、专业化发展水平的提升，精品旅游景区已成为"美丽中国"的最好阐释和展示我国家形象的主要载体。

3. 政府重视，社会关注，A级旅游景区品牌市场认可度不断提高

目前，全国已有28个省（区、市）提出把旅游业作为战略性支柱产业或支柱产业，各级政府把打造精品景区列为工作重点。社会对旅游景区关注程度不断增加，对旅游景区建设发展的信心不断增强，对旅游景区的投资热度不断提高。与此同时，游客对A级旅游景区的品牌认可度不断提高，精品旅游景区更成为游客出游的首选。

（二）区域特色日趋明显，新兴、新型旅游景区发展迅速

1. 各地充分发挥区域旅游市场优势，A级旅游景区差异化、特色化发展趋势日益明显

2012年，华东地区继续发挥其在客源市场、历史文化资源和社会资本等方面的优势，旅游景区发展各项指标继续保持领先地位；东北地区充分利用高纬度气候优势，围绕夏季避暑和冬季冰雪体验主题，以产品链为导向，完善旅游景区的功能结构和空间结构，积极改善旅游景区服务质量；华北地区依托历史文化资源和环渤海大都市圈的市场优势，大力提升传统类型旅游景区，积极发展生态度假旅游景区；西北地区围绕独特的地域文化和大尺度地貌景观资源两大主题，不断改善旅游景区建设投资环境，各方面扶持力度继续加大；中南地区依托良好的文化旅游资源、生态环境和承东启西的区位优势，积极扶持大旅游景区发展，鼓励中小型旅游景区开发建设，已形成以文化类、休闲度假类旅游景区为代表的特色鲜明的景区集群；西南地区不断深入挖掘少数民族文化特色，大力改善喀斯特地貌区域的外部开发条件，旅游景区建设速度明显加快，旅游景区效益明显改善。

2. 度假休闲类旅游景区持续成为投资的热点，新兴、新型旅游景区发展迅速，拓展了旅游景区的发展空间

以度假休闲类旅游景区为代表的新兴、新型旅游景区不断受到外界关注，投资额、投资比例不断提高，投资回报率较高。2012年，度假休闲类旅游景区总收入为535.89亿元，占A级旅游景区旅游总收入的18.49%；景区建设投资为362.91亿元，占A级旅游景区投资总额的21.68%。与此同时，新型文化类、体育运动类、温泉度假类、商业类和复合型旅游景区不断涌现，既丰富拓展了我国旅游景区的类型，也扩大了旅游景区的经济总量，为我国旅游景区在产品特色化、经营多样化、服务专业化等重点领域和核心问题上开拓出新的发展方向和发展空间。

（三）旅游景区收益结构变化明显，社会功能逐渐增强

1. 全国A级旅游景区的收益结构不断优化，正在从门票经济阶段逐渐步入复合型旅游消费时代

随着市场经济和旅游业的发展，旅游景区的收入模式与结构正在发生本质上的

转变，旅游景区门票收入占总收入的比重呈逐渐降低趋势。2012年，门票收入占营业总收入的31.98%，比2011年下降了3.36%，同时餐饮、住宿、商品收入明显提升，分别占到18.92%、18.78%和15.76%，逐渐形成以门票、餐饮、住宿和商品收入共同主导的营业收入构成状况，打破了以往门票单一赢利模式，逐渐形成较为完善的旅游景区产业体系。

2. 减免票游客总量不断增多，旅游景区公益性不断加强

由于国家对旅游景区免费开放、减免票政策力度的持续加大，以及旅游景区经营理念的不断改变，免费开放型旅游景区和减免票游客的数量都得以快速提升。2012年，全国A级旅游景区政策性免票总人数约为10.58亿人次，占接待总量的36.16%，度假休闲类、红色旅游类和博物馆类旅游景区已基本上实现了免票模式。

（四）市场化经营进程加快，旅游景区管理日益规范

1. A级旅游景区运营主体多元化趋势明显，市场化经营进程加快

2012年，全国A级旅游景区经营主体机构性质进一步向市场化转变，整体呈现出由事业单位主导，向企业和事业单位共同支撑转变的局面，市场化运营程度明显加快。2012年全国A级旅游景区经营主体是企业的共有3974家，占A级旅游景区总量的65.77%；度假休闲、自然景观、乡村旅游和主题游乐类旅游景区明显呈现出以内资企业为主、事业单位为辅的经营管理局面。博物馆、红色旅游、科技教育、历史文化类旅游景区则以行政和事业性质单位经营为主。

2. A级旅游景区行业管理日益规范，景区内部管理日趋成熟

2012年，国家旅游局修订了《旅游景区质量等级管理办法》，加强了对A级旅游景区检查员的培训和考核，形成了一支作风严谨、专业程度较高的检查员队伍，尤其加强了对A级旅游景区服务质量的监管力度。全年重点督办假日及日常投诉案件百余件，组织5A级旅游景区的暗访检查30余次，有利促进了旅游景区的规范化发展。与此同时，景区自身加强了内部服务质量和环境质量的管理，按照A级旅游景区标准，在基础设施建设和改造、人员培训等方面的工作力度逐步加强。

三、2012年A级旅游景区存在的主要问题

（一）精品旅游景区数量不足，结构不合理，区域发展不平衡

1. 精品旅游景区总量供给不足，旅游供给与旅游需求之间矛盾突出

2012年全国5A级和4A级旅游景区数量为2113家，仅占A级旅游景区总量的34.97%；但游客接待量达到19.73亿人次，占全国A级旅游景区游客接待总量的67.43%。以5A级旅游景区为例，2012年全国5A级旅游景区总量147家，游客接待量达到6.25亿人次，平均每家5A级旅游景区接待量约为425.2万人次，接待压力巨大。2012年，全国5A和4A级旅游景区数量比上年增加了8.69%；而游客接待量增加了13.33%，接待量增速明显高于景区数量的增幅。从上述数字统计来看，精品旅游景区供给总量明显不足，旅游供给与旅游需求之间矛盾较为突出；同时伴随全民休闲时代的到来，旅游需求发生井喷式增长，到精品旅游景区游览的游客量还将迅速增加，精品旅游景区的发展速度远不能满足游客需求。

2. A级旅游景区产品类型结构不合理，区域发展不平衡

2012年，全国A级旅游景区仍以传统观光型的自然景观和历史文化类为主，休闲度假和专项旅游产品虽然发展较快，但仍滞后于游客不同类型消费需求的增长；加之新型、新兴旅游景区正在发展阶段，不能满足广大游客日益增长的个性化需求；中、西部地区A级旅游景区接待人次和景区容量不成比例，区域旅游景区发展极为不均衡，差异明显，特别是西部地区由于受到交通、客源市场、景区知名度、旅游环境等多种因素的影响，A级旅游景区接待规模较低，距离其承载容量尚有很大的发展空间。

（二）旅游景区淡旺季明显，假日供需矛盾突出

1. 旅游淡旺季明显

2012年全国A级旅游景区总体经营状况呈季节性变化，第三季度的旅游接待人数和旅游总收入较高。旅游淡旺季明显，特别是旅游淡季过淡、旅游旺季过旺的问题，给旅游景区的资源、环境、社会、经济以及游客体验带来不良影响，因而如何协调并解决淡旺季之间存在的矛盾成为A级旅游景区可持续发展亟须解决的问题。

2. 节假日压力突出

一方面是景区超载，环境破坏。时间短、节奏快、人数多的假日旅游，使许多旅游地的客流量远远超过旅游地的容量和接待能力，导致旅游景区景点及旅游线路超负荷承载，景区管理、配套服务协调失控，自然生态环境、旅游资源、视觉空间环境、观景审美情绪受到人为破坏。另一方面是交通拥挤，住宿、用餐困难。公共交通服务体系建设不够完善，假日旅游出行难，停车难，回程难。浪潮式的假日旅游使得饭店宾馆拥挤、爆满，住宿困难大大影响了游客的旅游质量并导致安全隐患。由于各种主观、客观原因，导致接待标准名不副实，服务质量明显下降，严重影响了行业声誉和旅游地形象。

（三）旅游设施综合配套不足，个性化服务欠缺

1. 旅游景区综合配套尚存不足

此点主要表现为：部分A级旅游景区内部存在断头路，道路标识系统缺乏，景区道路等级跟不上景区发展要求；停车场、游客服务中心、旅游厕所等服务设施和服务功能不到位；景区发展跟不上游客需求，与自助游、自驾车游、探险游、生态游等新兴产品对应的自驾车营地、汽车旅馆、特种安全救援系统等配套设施建设滞后；景区信息化建设缺乏对当地文化内涵的挖掘与展示。

2. 适应市场化需求的个性化服务理念有待加强

一部分A级旅游景区个性服务理念较弱，缺乏针对不同年龄结构、不同文化水平、不同个性化需求的设施和服务。例如，有的景区缺乏残障人士专用椅、无障碍游览通道、无障碍厕所等服务设施；针对婴儿和儿童的休息室、婴儿车等设施不完善；导游讲解服务千篇一律。

（四）旅游景区多头管理问题突出，经营机制落后

1. 部分A级旅游景区多头管理的问题仍然突出，体制不顺阻碍景区进一步发展

目前，我国管理旅游景区的部门较多，包括建设、国土、水利、文化、林业、环保等，不同部门管理的理念、方向和侧重点各不相同。有的景区由于多头监管、职能交叉、权责模糊、利益纷争等问题，导致景区建设、管理和经营缺乏统一性、

协调性和完整性，出现无序甚至失控状态。

2. 市场化经营管理程度不高，经营管理机制落后

2012年，全国旅游景区的经营管理机构为行政单位和事业单位的为2064家，相当于旅游景区总数的34.16%。部分旅游景区由于存在政、企、事不分的经营管理机制，导致其在资源保护方面的投入不足；尤其员工工资来源于财政拨款的景区，存在着旅游景区经营积极性不高的现象；同时缺少必要的激励制度，市场活力不足，景区经济效益不明显。

（五）国家对旅游景区发展的财政支持力度相对不足

1. 针对旅游景区发展方面的专项资金较少

现阶段我国用来支持旅游景区发展建设的国家级专项资金包括国家红色旅游专项资金、国家"十一五"历史文化名城名镇名村专项保护资金、国家文化和自然遗产地保护资金中的部分资金，专门用于旅游景区发展建设的资金相对较少。

2. 国有体制旅游景区营业收入再投资不足

2012年，国有体制A级旅游景区2012年营业收入达1733.98亿元，但全年A级旅游景区的财政投入仅为343.92亿元，占营业收入的19.83%，旅游景区经营收入的再投资不足，尤其投入到环境补偿的资金比例极低；相比较旅游景区的社会投入反而达1240.72亿元，约是旅游景区财政投入的3倍。

四、A级旅游景区的发展趋势

（一）管理运营科技化

在经济全球化和计算机网络技术快速发展的环境下，管理运营的科技化和信息化已成为当前旅游景区发展的内在要求和必然趋势。信息化建设水平高低、数量多寡和质量优劣是旅游景区综合实力和现代化管理水平最直观的表现，将直接影响旅游景区资源保护、管理运营和市场开发。在此背景下，"数字景区"、"智慧景区"成为景区发展的趋势之一，将推动旅游景区在管理手段、思维方式、服务理念、运营模式等方面发生革命性变化，实现旅游景区的资源保护数字化、经营管理

智能化和产业整合网络化。

在新的形势下，应围绕景区展示虚拟化、景区运营智能化、景区管理智慧化、应急处理智慧化等主要方面进行整体设计与建设，提升旅游景区信息化建设水平和综合管理服务能力，为游客提供"快捷、多元、环保、高效"的旅游服务。旅游景区应进一步加强与科研院校、非政府组织、酒店、旅行社、航空公司、IT公司等企业、团体的战略合作，结成资源共享、优势互补、风险共担的战略联盟，从而弥补旅游景区在资金、技术、人才方面的不足，实现旅游景区管理科技化、集约化和高效化。

（二）开发建设生态化

党的十八大报告首次提出经济建设、政治建设、文化建设、社会建设和生态文明建设"五位一体"的总体布局，并将其作为深入贯彻落实科学发展观、建设中国特色社会主义的基本内容。旅游景区是市场经济条件下促进生态文明建设、构建"美丽中国"的有效途径。在新的形势下，生态化开发建设和绿色、低碳发展模式将成为未来景区的发展方向。

生态化的趋势体现在景区规划、开发、建设、管理、保护等过程中，以可持续发展为战略指导，确定旅游资源开发利用的生态可行性和生态保护必要性。大力使用绿色、生态技术，进行景区建设、管理与经营，建立景区分时分区客流量调度、限制游客数量等景区生态保护机制。积极吸引和引导当地居民参与景区的生态保护和管理，使景区生态化管理与当地居民融为一体。与此同时，要增强旅游者保护环境的意识、增进旅游者与大自然之间的交流，正确引导旅游者行为，培育其尊重自然及乡土文化、爱护生态的消费行为和旅游方式。

（三）营销推广多元化

当前，随着景区散客市场日益扩大，自助游、自由行带来游客个性化旅游需求的增强，旅游景区传统营销方式已不能适应新兴市场的需要。在新的形势下，旅游景区营销将从产品营销转向品牌营销、由粗放式营销转向精细化营销、由整体营销转向定制化营销，旅游景区营销进入多元化营销时代。

顺应多元化营销推广趋势，在营销对象上，应在继续夯实和壮大团队客源的基础上，加大散客和专项客源市场的营销力度，并根据散客独特的旅行需求和消费习惯，细分若干个专项市场群体，形成符合市场需求的精品旅游线路和个性化产品。在营销渠道上，充分发挥网络营销作用，充分运用微博、视频网站、虚拟社区、网络论坛等网络媒体，尤其是直接、高效、迅速、覆盖面广等特点突出的网络媒介。在营销手段上，以目的地营销、区域联合和事件营销为基础，应根据不同旅游景区的发展阶段选择定制应用程序营销、组合促销、客户管理、影视营销、景区团购、EDM（电子邮件）营销、搜索引擎营销、二维码、手机APP（应用程序）等创新营销推广手段。

（四）空间发展集聚化

随着A级旅游景区的快速增长，景区的空间结构和功能要素逐渐呈现出集聚发展的态势。以景区为核，辐射产业链两端的产业集聚化发展模式将成为我国景区空间发展的新趋势。"十二五"时期国家也将积极培育国家级旅游产业集聚区和国家级、省级旅游度假区，涵盖游览、住宿、餐饮、娱乐等产业要素，其主要特征是经营业务产业链化、经营收益综合化。

积极鼓励旅游景区立足自身，实现功能分区，走向复合型、多业态、多形式的经营，按照产业集聚化、业务综合化和企业集团化的模式，积极推进景区兼并收购或者入股饭店、旅行社、餐饮、交通、种植养殖、商品生产等产业要素，从一个"景区点"形成一条"产业链"，然后扩展成一个大的"发展面"。鼓励在特定区域内，以一定的旅游资源和土地资源为基础，将休闲、度假、商务、会展、娱乐、购物等主要功能进行有机结合，形成旅游景区综合体。

（五）产品特征个性化

随着国民休闲时代的到来，我国旅游业从观光向度假休闲转变速度加快，休闲度假、主题游乐等特色化景区占总体景区的比重持续提高；针对客源市场需求，以自驾车、温泉、邮轮、滑雪、医疗保健等新业态旅游产品不断涌现；与此同时，以私人会所、收藏展示等为代表的特殊旅游景区日益增多。依托核心资源，

打造优质、个性化、差异化和定制化的旅游产品成为景区发展的新趋势。

为了顺应时代发展的浪潮，及时满足消费者的需求，旅游景区推出适宜的旅游产品，要开发多种综合旅游产品，对与景区密切相关的旅游要素项目及相关延伸产品进行全面、合理的规划和投资。旅游景区不仅要为大众消费群体准备安逸舒适的观光、度假、休闲等产品，也要为逐步成为消费主体的80后、90后提供动感新颖的专项产品；既要满足普通旅游消费群体的一般需求，也要满足部分高端旅游消费者的特殊需要。

（六）人才需求专业化

目前，我国正处在旅游景区由数量规模扩张向质量效益提高的关键时期，景区开发进入新一轮热潮，旅游景区发展的分工逐渐细化，对专业人才的需求、知识结构的要求也在不断地调整与变化，迫切需要一批专业精、素质高的复合型人才。未来一段时间内，旅游景区职业经理人、旅游景区规划师以及旅游景区营销、培训、策划等方面专业人才将会有广阔的发展空间。

要保障旅游景区的持续快速健康发展，应高度重视景区人才需求的专业化趋势。各级旅游部门、各景区应加强培训力度，创新培训形式，选拔培养一批真正懂经营、会管理的专业化团队。鼓励依托旅游景区开展教学示范试点，以岗位培训为重点，打造若干个"全国旅游景区教学示范基地"，开创景区实地、实时、互动培训的新模式。同时应营造良好人才发展环境，形成有激励效果的用人机制，对人才舍得投入，广纳人才，充实到旅游景区从业队伍，优化旅游景区人才结构。

2012
中国旅游景区发展报告
CHINA TOURIST ATTRACTION DEVELOPMENT REPORT 2012

2012年中国A级旅游景区经营管理统计报告

2012年中国A级旅游景区经营管理统计报告

一、总体情况

（一）A级旅游景区数量统计

1. 全国A级旅游景区数量情况

2012年，全国A级旅游景区数量达到6042家，比2011年增加469家，增长8.41%。除1A级旅游景区外，2A级至5A级旅游景区数量相比2011年均有不同幅度的增加。

表1　2011～2012年全国A级旅游景区数量统计表（单位：家）

景区等级	2012年	2011年	增幅	增长率
5A	147	130	17	13.08%
4A	1966	1814	152	8.38%
3A	2123	1840	283	15.38%
2A	1689	1661	28	1.68%
1A	117	128	-11	-8.59%
合计	6042	5573	469	8.41%

2. 分区域A级旅游景区数量情况

2012年，全国A级旅游景区数量最多的区域是华东地区，共计2088家，占全国A级旅游景区总量的34.56%；其次是中南地区和华北地区，A级旅游景区数量分别为1098家和869家，分别占全国A级旅游景区总量的18.17%和14.38%；此外，西北地区有A级旅游景区701家，占全国A级旅游景区总量的11.60%；西南地区有A级旅游景区665家，占全国A级旅游景区总量的11.01%；东北地区有A级旅游景区621家，占全国A级旅游景区总量的10.28%。

表2　2012年全国A级旅游景区分区数量统计表（单位：家）

地区	华东	中南	华北	西北	西南	东北	合计
数量	2088	1098	869	701	665	621	6042
比例	34.56%	18.17%	14.38%	11.60%	11.01%	10.28%	100%

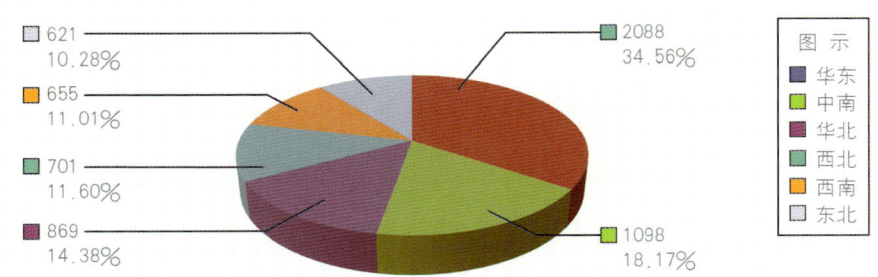

图1 2012年全国A级旅游景区数量分区分布图（单位：家；%）

3.分省A级旅游景区数量情况

2012年，A级旅游景区数量排名前三位的省份为山东省、江苏省和安徽省，拥有A级旅游景区数量分别为547家、514家和397家。A级旅游景区数量较少的三省区为海南省、新疆生产建设兵团和宁夏回族自治区，拥有A级旅游景区数量分别为40家、35家和32家。

表3 2012年全国A级旅游景区分省统计表（单位：家）

级别地区	5A级	4A级	3A级	2A级	1A级	总计
北京市	7	64	74	36	12	193
天津市	2	14	42	15	0	73
河北省	5	113	73	100	2	293
山西省	3	64	7	18	3	95
内蒙古自治区	2	48	89	74	2	215
黑龙江省	3	43	98	103	13	260
辽宁省	3	63	119	47	8	240
吉林省	3	20	42	33	23	121
上海市	3	41	33	0	0	77
江苏省	14	122	142	236	0	514
浙江省	10	135	83	93	4	325
安徽省	6	117	134	139	1	397
福建省	6	54	18	19	0	97
江西省	4	45	40	42	0	131
山东省	7	146	219	170	5	547
河南省	8	89	109	45	0	251
湖北省	7	91	100	55	3	256
湖南省	5	66	86	35	2	194
广东省	7	116	59	11	0	193
广西壮族自治区	3	88	61	12	0	164
海南省	3	15	17	5	0	40

续表3

重庆市	5	50	43	28	2	128
四川省	5	98	55	73	1	232
贵州省	2	27	50	14	0	93
云南省	6	58	31	45	6	146
西藏自治区	0	11	18	26	11	66
陕西省	5	44	83	37	3	172
甘肃省	3	41	54	78	1	177
青海省	2	17	37	5	0	61
宁夏回族自治区	3	10	13	6	0	32
新疆维吾尔自治区	5	47	71	86	15	224
新疆生产建设兵团	0	9	23	3	0	35

（二）A级旅游景区游客接待统计

1. 全国A级旅游景区游客接待情况

2012年，全国A级旅游景区旅游接待总量达29.26亿人次。从分级情况来看，全国A级旅游景区旅游接待量最多的是4A级旅游景区，达13.48亿人次，占全国A级旅游景区接待总量的46.07%；其次是3A、5A级旅游景区，游客接待量分别为6.38亿人次和6.25亿人次，分别占全国A级旅游景区接待总量的21.80%和21.36%；2A级、1A级旅游景区接待量较少，分别为3.07亿人次和0.08亿人次，分别占全国A级旅游景区接待总量的10.49%和0.27%。

表4 2012年全国A级旅游景区游客接待量统计表（单位：亿人次）

景区等级	5A级	4A级	3A级	2A级	1A级	合计
游客接待量（亿人次）	6.25	13.48	6.38	3.07	0.08	29.26
比例	21.36%	46.07%	21.80%	10.49%	0.27%	100%

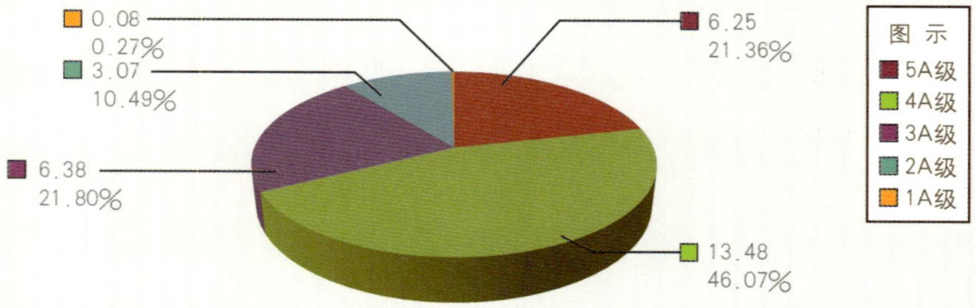

图2 2012年全国A级旅游景区游客接待量分级分布图（单位：亿人次；%）

2. 分区域A级旅游景区游客接待情况

2012年，华东地区A级旅游景区的游客接待量为12.48亿人次，占全国A级旅游景区游客接待总量的42.65%，成为游客接待量最高的区域；其次是中南地区，游客接待量为6.11亿人次，占全国A级旅游景区游客接待总量的20.88%；再次是西南地区，游客接待量为3.52亿人次，占全国A级旅游景区游客接待总量的12.03%；华北地区A级旅游景区游客接待量为3.19亿人次，占全国A级旅游景区游客接待总量的10.90%；西北地区A级旅游景区游客接待量为2.38亿人次，占全国A级旅游景区游客接待总量的8.13%；东北地区游客接待量最少，共计1.58亿人次，占全国A级旅游景区游客接待总量的5.40%。

表5 2012年全国A级旅游景区接待情况分区分布表（单位：亿人次）

地区	华东	中南	华北	西北	西南	东北	合计
游客接待量	12.48	6.11	3.19	2.38	3.52	1.58	29.26
比例	42.65%	20.88%	10.90%	8.13%	12.03%	5.40%	100.00%

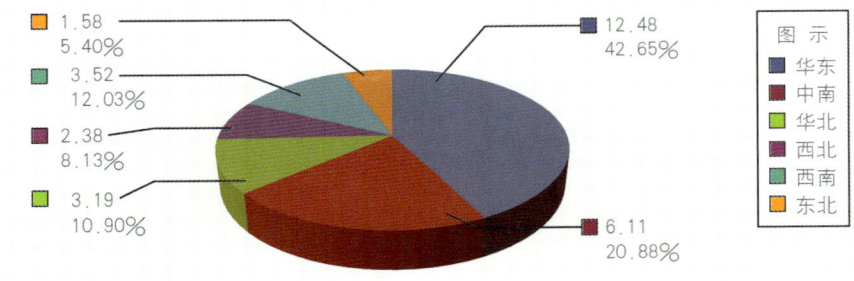

图3 2012年全国A级旅游景区接待情况分区分布图（单位：亿人次；%）

3. 分省A级旅游景区游客接待情况

2012年，江苏、山东和浙江是全国A级旅游景区游客接待量最多的3个省份，其中江苏省A级旅游景区游客接待量达3.52亿人次，占全国A级旅游景区游客接待总量的12.03%；山东省A级旅游景区游客接待量为2.71亿人次，占总量的9.26%；浙江省A级旅游景区游客接待量为2.22亿人次，占总量的7.59%。

表6 2012年各省（自治区、直辖市）旅游景区游客接待量统计表（单位：亿人次；%）

北京市	1.43	4.89
天津市	0.33	1.13
河北省	0.82	2.80
山西省	0.31	1.06
内蒙古自治区	0.30	1.02
辽宁省	0.85	2.90
吉林省	0.25	0.85
黑龙江省	0.48	1.64
上海市	0.71	2.43
江苏省	3.52	12.03
浙江省	2.22	7.59
安徽省	1.80	6.15
福建省	0.62	2.12
江西省	0.90	3.08
山东省	2.71	9.26
河南省	1.64	5.60
湖北省	0.88	3.01
湖南省	0.93	3.18
广东省	1.68	5.74
广西壮族自治区	0.74	2.53
海南省	0.24	0.82
重庆市	0.61	2.08
四川省	1.71	5.84
贵州省	0.39	1.33
云南省	0.75	2.56
西藏自治区	0.06	0.21
陕西省	1.03	3.52
甘肃省	0.37	1.26
青海省	0.62	2.12
宁夏回族自治区	0.08	0.27
新疆维吾尔自治区	0.25	0.85
新疆生产建设兵团	0.03	0.10
合计	29.26	100

4. 政策性免票游客接待情况

2012年，全国A级旅游景区共接待政策性免票游客10.58亿人次。

从分级情况来看，4A级旅游景区政策性免票游客人数最多，为51220.46万人次；其次是3A级旅游景区，政策性免票游客人数为28404.37万人次；2A级旅游景区政策性免票游客接待量位居第三，为15843.64万人次；5A级和1A级旅游景区政策性免票游客接待量较少，分别为9680.96万人次和654.77万人次。

从类型情况来看，自然景观类和历史文化类旅游景区政策性免票游客接待人数较多，分别为27068.31万人次和24401.14万人次；其次为其他类和度假休闲类旅游景区，政策性免票游客接待人数分别为11623.30万人次和11406.42万人次；工业旅游类和科技教育类旅游景区政策性免票游客接待量较少，分别为839.48万人次和1789.79万人次。

表7 2012年全国A级旅游景区政策性免票游客接待量统计表（单位：万人次）

景区类型	5A级	4A级	3A级	2A级	1A级	总计
自然景观	2689.56	13790.80	6758.61	3745.12	84.22	27068.31
历史文化	2794.58	11397.15	7906.12	2210.70	92.59	24401.14
度假休闲	546.69	5151.86	3199.92	2442.54	65.41	11406.42
主题游乐	630.51	3138.33	958.31	1037.60	36.07	5800.82
博物馆	458.50	4789.57	2205.45	1597.24	62.05	9112.81
乡村旅游	18.00	980.44	1583.72	1952.66	130.74	4665.56
工业旅游	12.60	384.11	303.29	134.21	5.27	839.48
红色旅游	1028.87	5451.11	1662.97	936.62	17.00	9096.57
科技教育	112.00	1229.28	285.53	156.77	6.21	1789.79
其他	1389.65	4907.81	3540.45	1630.18	155.21	11623.30
合计	9680.96	51220.46	28404.37	15843.64	654.77	105804.20

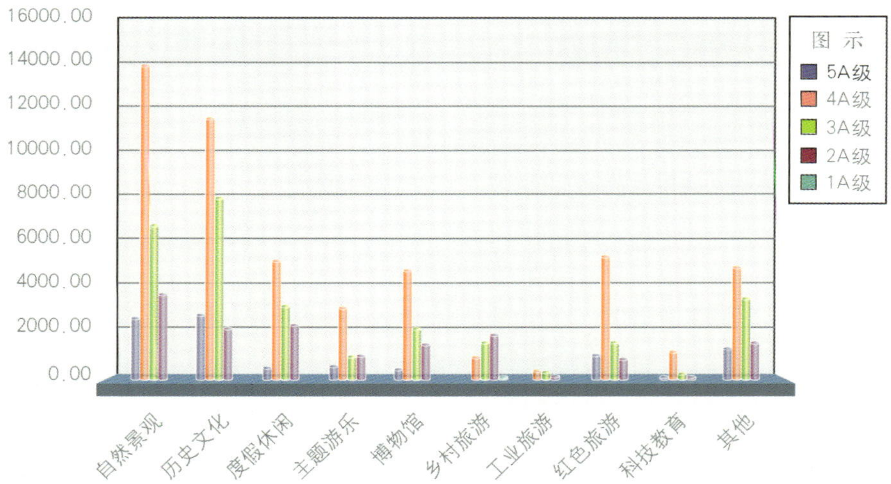

图4 2012年全国A级旅游景区政策性免票游客接待量统计图（单位：万人次）

（三）A级旅游景区旅游收入统计

1. 全国A级旅游景区旅游收入情况

2012年，全国A级旅游景区综合收入达到2898.93亿元。从等级结构看，5A级、4A级旅游景区的旅游收入分别为1055.21亿元和1318.72亿元，分别占全国A级旅游景区旅游总收入的36.40%和45.49%，两者合计共占81.89%，构成A级旅游景区旅游收入的主体部分；3A级旅游景区旅游收入为380.2亿元，占全国A级旅游景区旅游总收入的13.12%；2A级旅游景区和1A级旅游景区旅游收入较少，分别为139.90亿元和4.90亿元，分别占全国A级旅游景区旅游总收入的4.83%和0.17%。

表8 2012年全国A级旅游景区收入情况表

景区等级	旅游收入（亿元）	比例	景区数量（家）	景区平均收入（亿元/家）
5A级	1055.21	36.40%	147	7.18
4A级	1318.72	45.49%	1966	0.67
3A级	380.20	13.12%	2123	0.18
2A级	139.90	4.83%	1689	0.08
1A级	4.90	0.17%	117	0.04

从收入构成看，门票收入对旅游景区总收入的贡献逐渐降低。门票收入总计927.06亿元，占总收入的31.98%；餐饮收入总计548.37亿元，占总收入的18.92%；住宿收入总计544.50亿元，占总收入的18.78%；商品收入总计456.77亿元，占总收入的15.76%；除此之外交通收入和演艺收入也在总收入中占有一定比例，分别为356.94亿元和65.29亿元，占总收入的比例分别为12.31%和2.25%。

表9 2012年全国A级旅游景区收入构成统计表（单位：亿元）

收入构成	门票收入	餐饮收入	住宿收入	商品收入	交通收入	演艺收入	合计
收入情况	927.06	548.37	544.50	456.77	356.94	65.29	2898.93
比例	31.98%	18.92%	18.78%	15.76%	12.31%	2.25%	100.00%

2. 分区域A级旅游景区旅游收入情况

从分区域来看，华东地区A级旅游景区旅游总收入最高，达到1064.32亿元，占全国A级旅游景区总收入的36.71%；其次是中南地区和西南地区，旅游总收入分别为587.07亿元和433.70亿元，分别占全国A级旅游景区总收入的20.25%和14.96%；再次是西北地区和东北地区，旅游总收入分别为277.8亿元和218.83亿元，占全国A级旅游景区总收入的比例分别为9.58%和7.55%。

表10 2012年各区域A级旅游景区收入统计表（单位：亿元）

地区	华东	中南	西南	华北	西北	东北	合计
收入情况	1064.32	587.07	433.70	317.21	277.80	218.83	2898.93
比例	36.71%	20.25%	14.96%	10.94%	9.58%	7.55%	100%

从收入构成来看，门票收入、餐饮收入和住宿收入是各区域A级旅游景区总收入的重要支撑。其中华东地区景区各项收入均领先全国。从各类型收入的地区差异来看，门票收入、住宿收入、交通收入中前三位区域的排序为华东地区、中南

地区和西南地区；商品收入前三位排序则为华东地区、西南地区和中南地区；演艺收入的前三位地区排序为华东地区、华北地区和西南地区。

表11 2012年各区域A级旅游景区收入构成统计表（单位：亿元）

收入类型	东北	华北	华东	西北	西南	中南	合计
门票收入	67.59	111.22	334.49	97.73	127.53	188.5	927.06
商品收入	36.96	46.22	178.73	44.08	86.89	63.89	456.77
餐饮收入	51.74	51.18	173.97	61.37	81.5	128.61	548.37
交通收入	26.14	36.83	103.23	32.19	70.06	88.49	356.94
住宿收入	33.77	54.87	254.21	35.41	57.37	108.87	544.50
演艺收入	2.63	16.89	19.69	7.02	10.35	8.71	65.29
合计	218.83	317.21	1064.32	277.8	433.7	587.07	2898.93

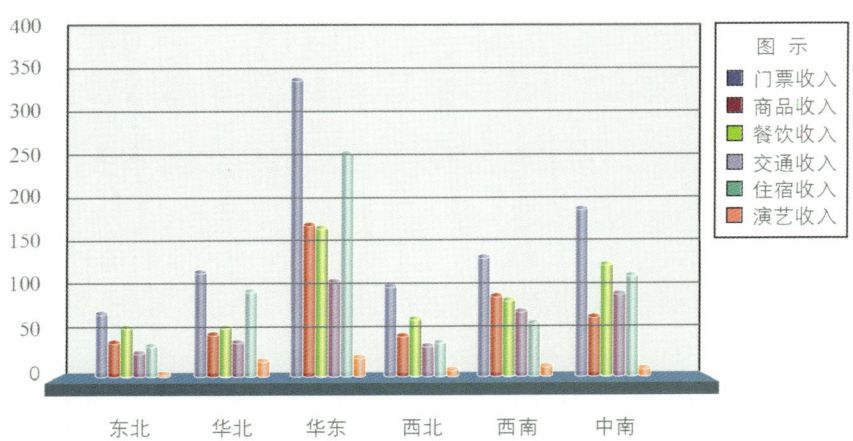

图5 2012年各区域A级旅游景区收入构成分布图（单位：亿元）

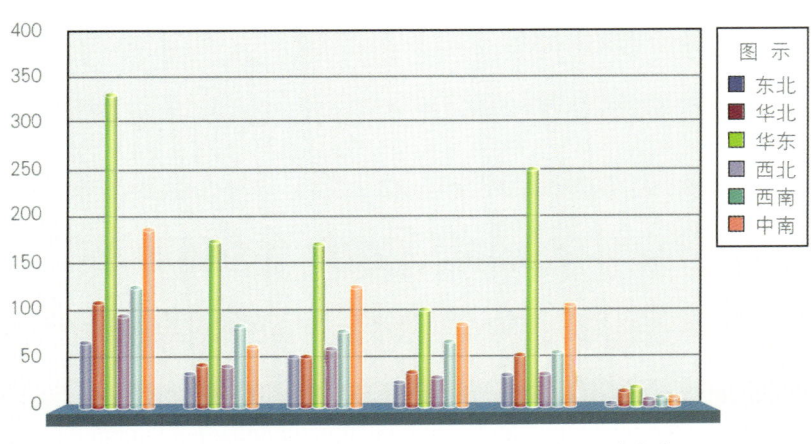

图6 2012年各类型A级旅游景区收入构成分布图（单位：亿元）

3. 分省A级旅游景区旅游收入情况

2012年，各省A级旅游景区旅游总收入均呈上升态势，江西省和山东省旅游总收入最高，分别为315.03亿元和223.72亿元。中西部地区A级旅游景区收入增长速度加快，四川省的A级旅游景区旅游总收入超过了200亿元，广东省、湖南省和湖北省的A级旅游景区旅游总收入也超过了100亿元。

表12 2012年各省（自治区、直辖市）景区收入情况统计表（单位：亿元；%）

省（市、自治区）	景区总收入	比例
北京市	71.52	2.47
天津市	38.25	1.32
河北省	74.43	2.57
山西省	91.59	3.16
内蒙古自治区	41.42	1.43
辽宁省	111.90	3.86
吉林省	51.14	1.76
黑龙江省	55.79	1.92
上海市	50.84	1.75
江苏省	174.27	6.01
浙江省	112.65	3.89
安徽省	184.48	6.36
福建省	74.26	2.56
江西省	315.03	10.87
山东省	223.72	7.72
河南省	91.12	3.14
湖北省	137.88	4.76
湖南省	150.84	5.20
广东省	119.15	4.11
广西壮族自治区	52.53	1.81
海南省	45.55	1.57
重庆市	79.43	2.74
四川省	234.87	8.10
贵州省	84.20	2.90
云南省	13.65	0.47
西藏自治区	31.55	1.09
陕西省	70.33	2.43
甘肃省	54.11	1.87
青海省	30.74	1.06
宁夏回族自治区	33.32	1.15
新疆维吾尔自治区	58.03	2.00
新疆生产建设兵团	31.27	1.08

4. 分类型A级旅游景区旅游收入情况

从2012年全国A级旅游景区各类型收入看，自然景观类、历史文化类旅游景区旅游总收入较多，主题游乐类、其他类等新型旅游景区旅游总收入上升态势明显。其中，自然景观类和历史文化类旅游景区总收入分别为766.92亿元和543.35亿元，分别占全国A级旅游景区总收入的26.46%和18.74%；度假休闲类旅游景区总收入位居第三，为535.89亿元，占全国A级旅游景区总收入的18.49%；主题游乐类、其他类旅游景区总收入分别为257.73亿元和256.99亿元，分别占全国A级旅游景区总收入的8.89%和8.86%；工业旅游类和科技教育类旅游景区旅游总收入较少，分别为34.41亿元和31.55亿元，占全国A级旅游景区总收入的比例不足2%。

表13 2012年全国A级旅游景区分类型收入情况表（单位：亿元）

景区类型	5A级	4A级	3A级	2A级	1A级	合计
自然景观	320.17	305.31	117.17	22.73	1.54	766.92
历史文化	252.64	203.22	62.21	24.75	0.53	543.35
度假休闲	110.1	316.48	87.1	20.43	1.78	535.89
主题游乐	75.52	147.56	30.01	3.37	1.27	257.73
博物馆	15.02	34.36	10.87	3.37	0.01	63.63
乡村旅游	15.25	56.68	60.46	30.02	2.28	164.69
工业旅游	3.82	9.23	18.11	2.42	0.83	34.41
红色旅游	151.11	76.77	13.42	2.46	0.01	243.77
科技教育	1.99	17.38	7.56	3.32	1.3	31.55
其他	74.89	82.85	74.94	21.35	2.46	256.99
合计	1020.51	1249.84	481.85	134.72	12.01	2898.93

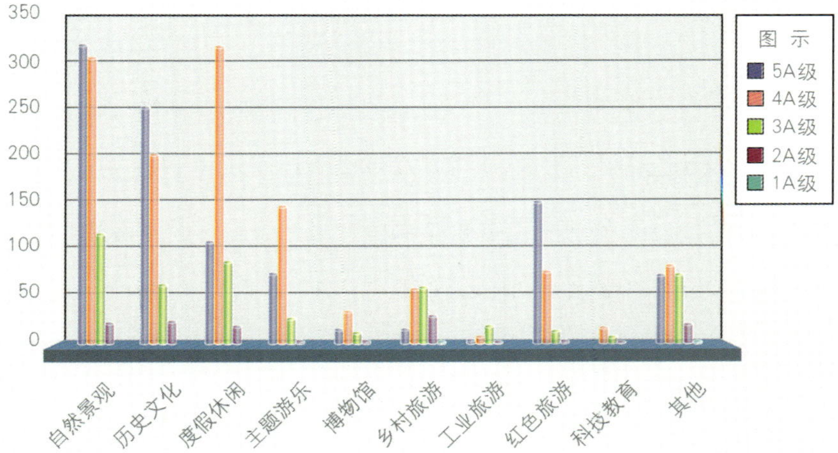

图7 2012年全国A级旅游景区分类型收入情况图（单位：亿元）

（四）A级旅游景区结构特征统计

1. 全国A级旅游景区等级情况

全国A级旅游景区数量呈现"两头小中间大"的橄榄形结构。其中，1A级和5A级旅游景区数量较少，分别为117家和147家，分别占全国A级旅游景区总数的1.94%和2.43%；2A级和4A级旅游景区分别为1689家和1966家，分别占全国A级旅游景区总数的 27.95%和32.54%；3A级旅游景区数量最多，为2123家，占全国A级旅游景区总数的35.13%。

表14 2012年全国A级旅游景区分级数量表（单位：家）

景区等级	5A级	4A级	3A级	2A级	1A级	合计
数量	147	1966	2123	1689	117	6042
比例	2.43%	32.54%	35.14%	27.95%	1.94%	100%

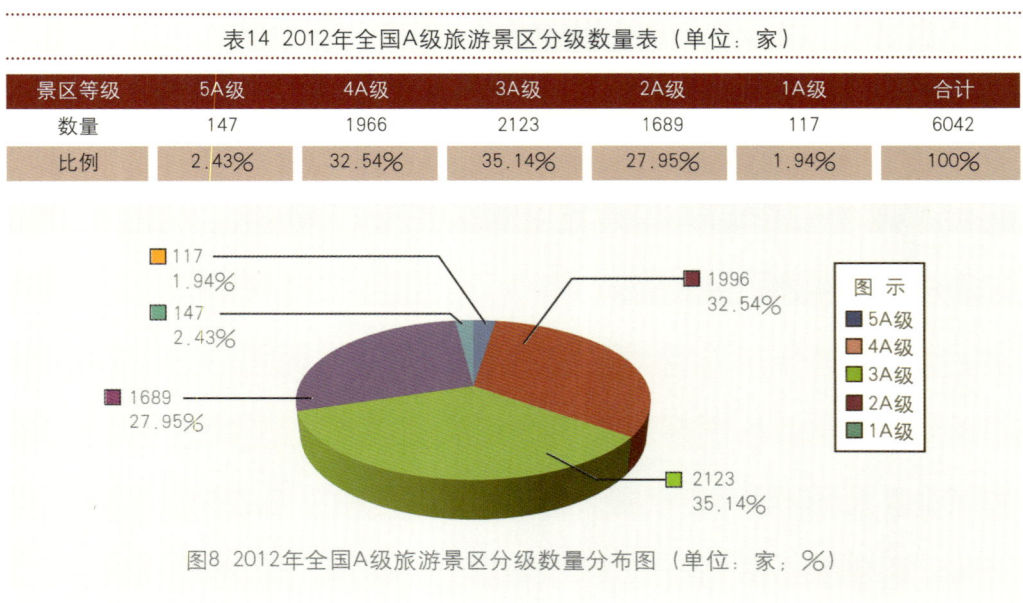

图8 2012年全国A级旅游景区分级数量分布图（单位：家；%）

2. 分区域A级旅游景区等级情况

5A级旅游景区在华东和中南地区的分布数量最多，分别为50家和33家，共计占全国5A级旅游景区总量的59.86%；4A级旅游景区在华东和中南地区的分布数量最多，分别为660家和465家，共计占全国4A级旅游景区总量的54.17%；3A级和2A级旅游景区分布数量最多的地区也是华东地区，分别为669家和699家；1A级旅游景区则以东北地区分布数量最多，共计44家。

表15 2012年全国A级旅游景区分区分级统计表（单位：家）

级别\地区	景区数量					合计
	5A级	4A级	3A级	2A级	1A级	
华东	50	660	669	699	10	2088
中南	33	465	432	163	5	1098
华北	19	303	285	243	19	869
西北	18	168	281	215	19	701
西南	18	244	197	186	20	665
东北	9	126	259	183	44	621
合计	147	1966	2123	1689	117	6042

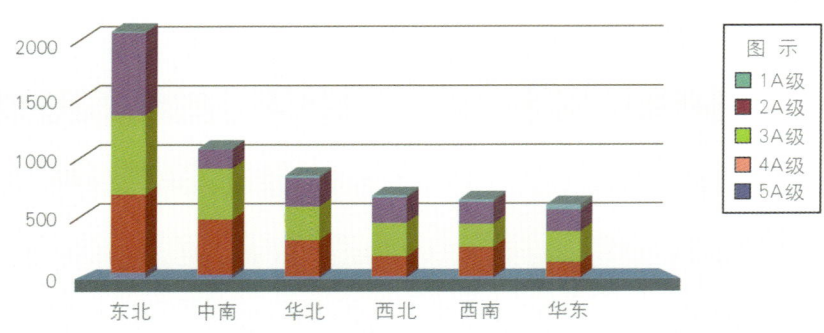

图9 2012年全国A级旅游景区数量分区分级分布图（单位：家）

3. 分省A级旅游景区等级情况

5A级旅游景区数量排在全国前三位的省份是江苏省、浙江省和河南省，数量分别为14家、10家和8家；4A级旅游景区数量排在全国前三位的省份是山东省、浙江省和江苏省，数量分别为146家、135家和122家；3A级旅游景区数量排在全国前三位的省份是山东省、江苏省和安徽省，数量分别为219家、142家和134家；2A级旅游景区数量排在全国前三位的省份是江苏省、山东省和安徽省，数量分别为236家、170家和139家；而1A级旅游景区数量排在全国前三位的省份是吉林省、新疆维吾尔自治区和黑龙江省，数量分别为23家、15家和13家。

表16 2012年各A级旅游景区前三位省（自治区、直辖市）统计表（单位：家）

排序\级别	第 1 位		第 2 位		第 3 位	
	省（自治区、直辖市）	数量	省（自治区、直辖市）	数量	省（自治区、直辖市）	数量
5A级	江苏省	14	浙江省	10	河南省	8
4A级	山东省	146	浙江省	135	江苏省	122
3A级	山东省	219	江苏省	142	安徽省	134
2A级	江苏省	236	山东省	170	安徽省	139
1A级	吉林省	23	新疆维吾尔自治区	15	黑龙江省	13

（五）A级旅游景区类型特征统计

1. 全国A级旅游景区类型特征

2012年全国A级旅游景区以自然景观类为主，共计1866家，占全国A级旅游景区总量的30.88%；其次是历史文化类，共计1475家，占全国A级旅游景区总量的24.41%；再次是度假休闲类，共计923家，占全国A级旅游景区总量的15.28%；工业旅游类和科技教育类数量较少，分别为75家和51家，分别占全国A级旅游景区总量的1.24%和0.84%。

表17 2012 年全国A级旅游景区类型统计表（单位：家；%）

景区类型	数量	比例
自然景观	1866	30.88
历史文化	1475	24.41
度假休闲	923	15.28
博物馆	389	6.44
乡村旅游	373	6.17
红色旅游	200	3.31
主题游乐	191	3.16
工业旅游	75	1.24
科技教育	51	0.84
其他	499	8.26
总计	6042	100

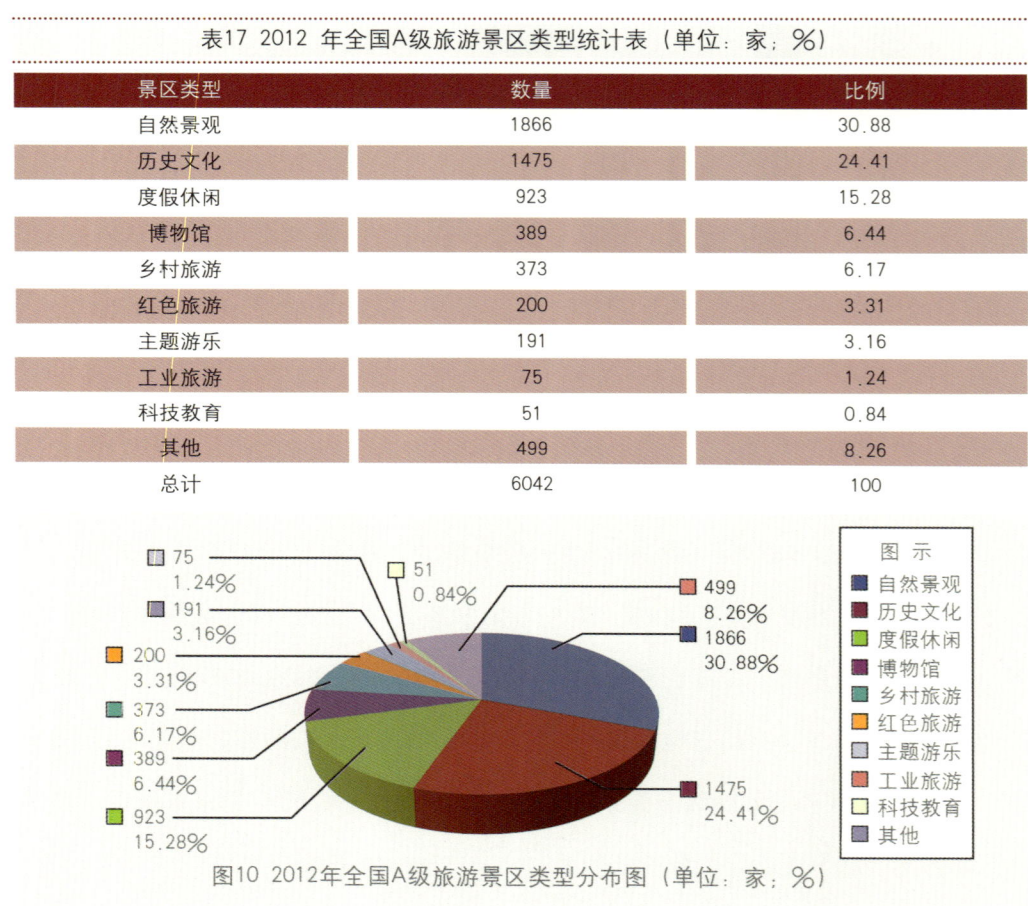

图10 2012年全国A级旅游景区类型分布图（单位：家；%）

2. 分区域A级旅游景区类型特征

各区域A级旅游景区以自然景观类、历史文化类和度假休闲类为主，数量分别为1866家、1475家和923家，分别占全国A级旅游景区总量的30.88%、24.41%和15.28%。

表18 2012年全国A级旅游景区分类型分区域统计表（单位：家）

区域	自然景观	历史文化	度假休闲	博物馆	乡村旅游	红色旅游	主题游乐	工业旅游	科技教育	其他	合计
华东	620	515	323	128	162	79	77	28	22	134	2088
中南	358	263	169	79	46	31	53	14	11	74	1098
华北	256	201	142	76	44	38	25	15	5	67	869
西北	219	205	97	41	26	14	9	2	5	83	701
西南	230	166	93	28	41	17	12	4	4	70	665
东北	183	125	99	37	54	21	15	12	4	71	621
合计	1866	1475	923	389	373	200	191	75	51	499	6042

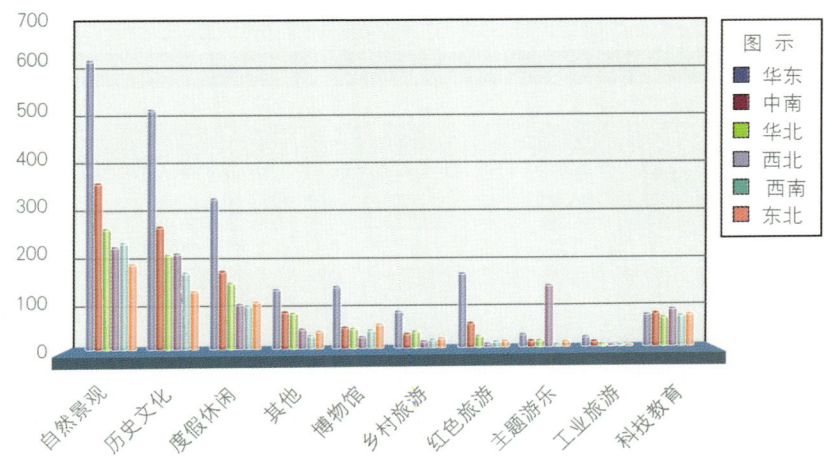

图11 2012年全国A级旅游景区不同区域分类型分布图（单位：家）

在各类A级旅游景区中华东地区的景区数量都位于第一；其次中南地区位居休闲度假、博物馆、历史文化、乡村旅游、主题游乐、自然景观类A级旅游景区数量第二位；而工业旅游、红色旅游类A级旅游景区数量排在第二位的则是华北地区。

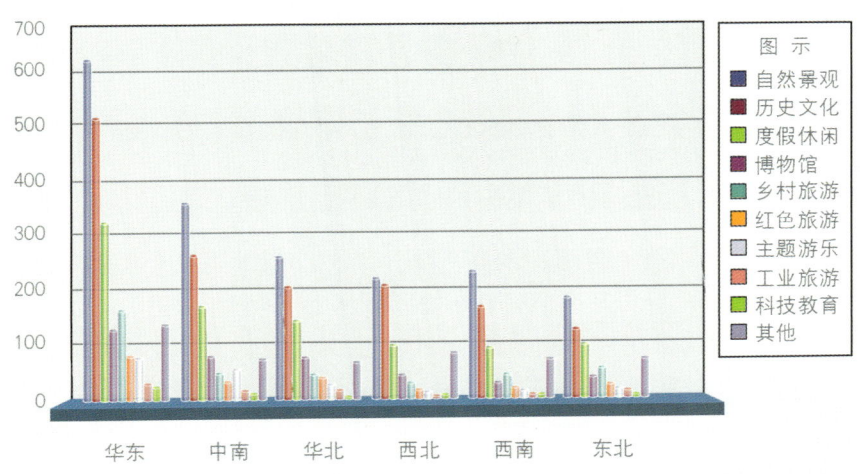

图12 2012年全国A级旅游景区不同类型分区域比较图（单位：家）

3. 分省A级旅游景区类型特征

各省份的景区类型主要是三种，即自然景观类、历史文化类和度假休闲类。贵州、湖北、湖南、云南、新疆等省（自治区、直辖市）以自然类旅游景区为主，陕西、河南、北京、河北等省（自治区、直辖市）以人文类旅游景区为主；广东、上海、浙江等省（自治区、直辖市）以度假休闲类旅游景区为主；山东、江苏、安徽、内蒙古等省（自治区、直辖市）各类旅游景区数量均较多。

表19 2012年各省（自治区、直辖市）各类型景区统计表（单位：家）

省（自治区、直辖市）	自然景观	历史文化	度假休闲	博物馆	乡村旅游	红色旅游	主题游乐	工业旅游	科技教育	其他	合计
北京市	60	48	21	18	9	5	12	2	0	18	193
天津市	10	18	15	12	4	3	3	2	2	4	73
河北省	97	62	43	15	18	18	8	5	1	26	293
山西省	30	36	7	9	4	2	0	2	0	5	95
内蒙古自治区	59	37	56	22	9	10	2	4	2	14	215
辽宁省	76	66	31	12	21	9	7	4	1	33	260
吉林省	70	45	35	17	25	5	7	5	2	29	240
黑龙江省	37	14	33	8	8	7	1	3	1	9	121
上海市	6	25	10	4	15	1	2	0	1	13	77
江苏省	158	120	82	24	42	25	16	8	5	34	514
浙江省	114	65	45	23	21	8	19	7	2	21	325
安徽省	120	108	40	27	35	21	10	4	2	30	397
福建省	18	49	12	4	3	2	3	1	0	5	97
江西省	40	38	16	8	9	7	3	1	0	9	131
山东省	164	110	118	38	37	15	25	8	10	22	547
河南省	83	68	20	28	8	10	14	3	1	16	251
湖北省	95	53	42	19	12	7	10	2	2	14	256
湖南省	51	50	23	16	11	7	16	1	1	18	194
广东省	54	43	51	7	6	4	12	2	4	10	193
广西壮族自治区	65	37	27	6	8	3	2	4	2	11	164
海南省	10	12	6	3	1	1	1	0	1	5	40
重庆市	40	31	30	2	4	5	2	1	1	12	128
四川省	74	52	29	15	26	8	7	2	2	17	232
贵州省	28	20	18	3	6	3	1	1	1	12	93
云南省	65	37	20	6	3	1	0	1	0	20	146
西藏自治区	23	26	3	2	2	0	1	0	0	9	66
陕西省	45	56	14	30	4	4	3	0	2	14	172
甘肃省	46	51	41	5	5	5	2	1	1	20	177
青海省	22	13	5	3	1	1	1	0	0	15	61
宁夏回族自治区	10	12	2	1	1	1	1	1	0	5	32
新疆维吾尔自治区	14	5	2	1	2	1	1	1	1	6	35
新疆生产建设兵团	82	68	34	1	13	1	1	1	0	23	224
合计	1866	1475	923	389	373	200	191	75	51	499	6042

(六) A级旅游景区就业统计

1. 就业情况

2012年，全国A级旅游景区就业总量为403.55万人，其中固定用工人数为144.27万人，临时用工人数为259.27万人次。其中4A、5A级旅游景区就业人数较多，分别为150.08万人和105.13万人，占全国A级旅游景区就业总量的37.19%和26.05%；其次是3A级旅游景区，就业人数为92.34万人，占全国A级旅游景区就业总量的22.88%；2A级、1A级旅游景区就业人数较少，分别为52.84万人和3.16万人，分别占全国A级旅游景区就业总量的13.09%和0.78%。

表20 012年全国A级旅游景区就业情况类型等级统计表（单位：人）

	5A级	4A级	3A级	2A级	1A级	合计
就业人数（万人）	105.13	150.08	92.34	52.84	3.16	403.55
固定用工（万人）	30.71	53.87	40.29	18.26	1.14	144.27
临时（季节性）用工（万人次）	74.42	96.21	52.05	34.58	2.02	259.26

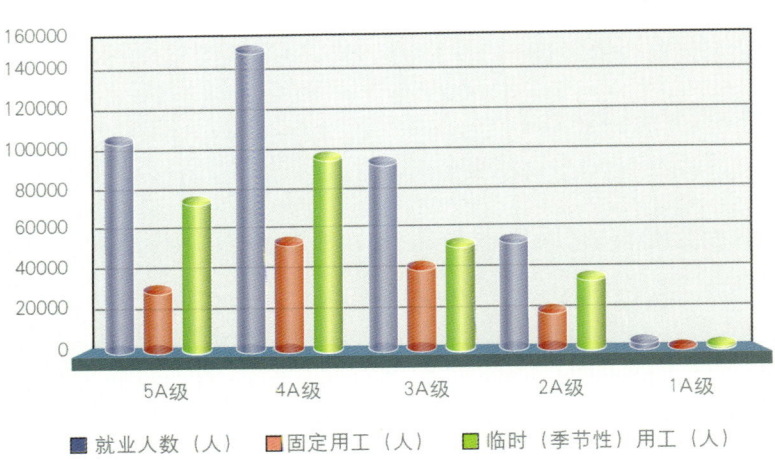

图13 2012年全国A级旅游景区就业情况类型等级分布图（单位：人）

2. 导游员情况

2012年，全国A级旅游景区专职导游员总人数为49805人。其中4A级、5A级旅游景区专职导游员人数较多，分别为20773人和13400人，分别占全国A级旅游景区专职导游员总人数的41.71%和26.90%；其次是3A级旅游景区，专职导游员人数为10610人，占全国A级旅游景区专职导游员总人数的21.30%；2A级、1A级旅游景区专职导游员人数较少，分别为4767人和255人，分别占全国A级旅游景区专职导游员总人数的9.57%和0.51%。

表21 全国A级旅游景区导游员数量等级统计表（单位：人）

	5A级	4A级	3A级	2A级	1A级	合计
专职导游员	13400	20773	10610	4767	255	49805
比例	26.90%	41.71%	21.30%	9.57%	0.51%	100%

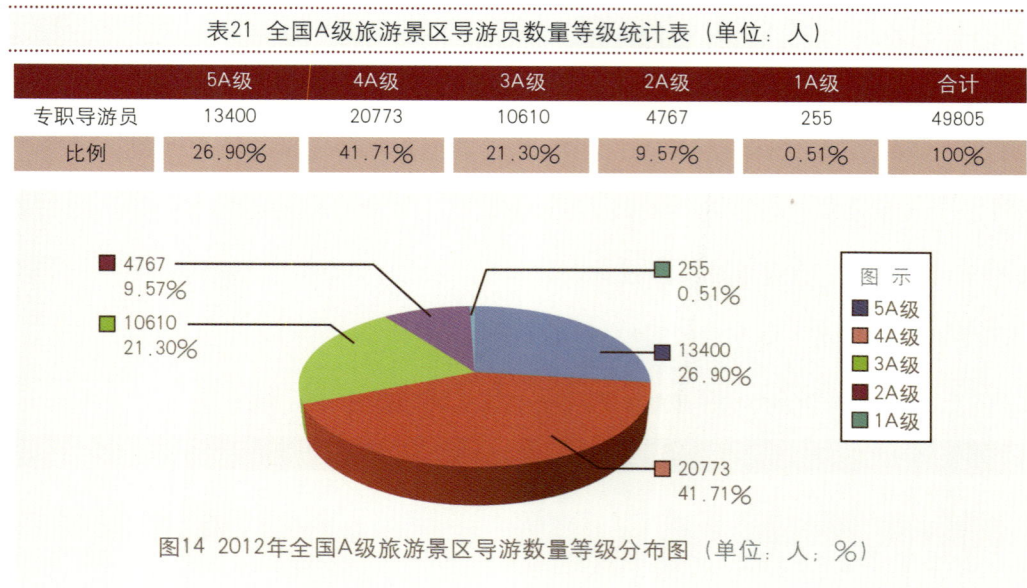

图14 2012年全国A级旅游景区导游数量等级分布图（单位：人；%）

（七）A级旅游景区投资统计

1. 全国A级旅游景区投资情况

2012年全国A级旅游景区总投资额为1673.69亿元，其中4A级、3A级旅游景区投资额较高，分别为820.59亿元和337.72亿元，分别占全国A级旅游景区总投资额的49.03%和20.18%；5A级、2A级旅游景区投资额分别为245.70亿元和227.87亿元，分别占全国A级旅游景区总投资额的14.68%和13.61%；1A级旅游景区的投资额较少，为41.81亿元，占全国A级旅游景区总投资额的2.50%。

表22 2012年A级旅游景区总投资类型等级统计表（单位：亿元）

景区级别	5A级	4A级	3A级	2A级	1A级	合计
投资额	245.70	820.59	337.72	227.87	41.81	1673.69
比例	14.68%	49.03%	20.18%	13.61%	2.50%	100%

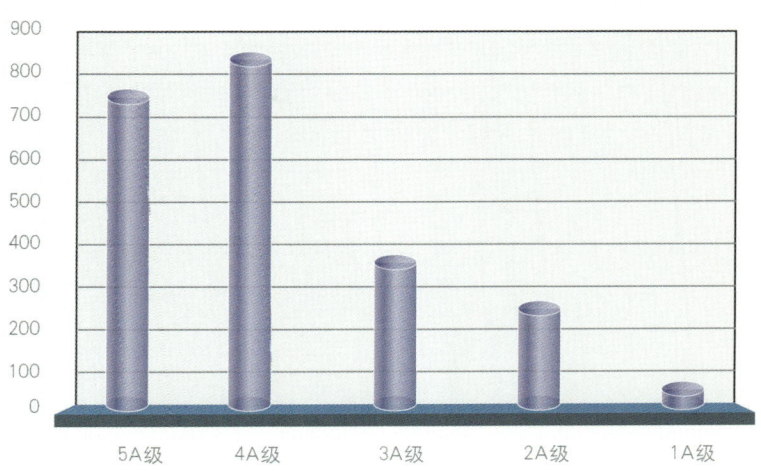

图15 2012年A级旅游景区总投资类型等级统计图（单位：亿元）

2. 分区域A级旅游景区投资特征

从分区域来看，华东地区A级旅游景区投资额最高，达到775.88亿元，占全国A级旅游景区总投资额的46.36%；其次是中南地区和东北地区，其投资额分别为285.03亿元和208.85亿元，分别占全国A级旅游景区总投资额的17.03%和12.44%；再次是西南地区和华北地区，投资额分别为165.86亿元和122.19亿元，分别占全国A级旅游景区总投资额的9.91%和7.30%；西北地区投资额较低，为116.48亿元，占全国A级旅游景区总投资额的6.96%。

表23 2012年全国A级旅游景区分区域投资统计表（单位：亿元）

地域	5A级	4A级	3A级	2A级	1A级	合计
华北	15.69	68.49	23.36	14.40	0.25	122.19
东北	14.51	56.56	63.55	48.72	24.88	208.85
华东	120.32	400.16	149.48	90.41	15.51	775.88
中南	56.82	155.34	49.99	22.80	0.07	285.03
西南	24.76	76.16	32.42	31.77	0.75	165.86
西北	13.61	63.89	18.91	19.73	0.35	116.48
合计	234.35	871.83	355.11	194.88	17.513	1673.69

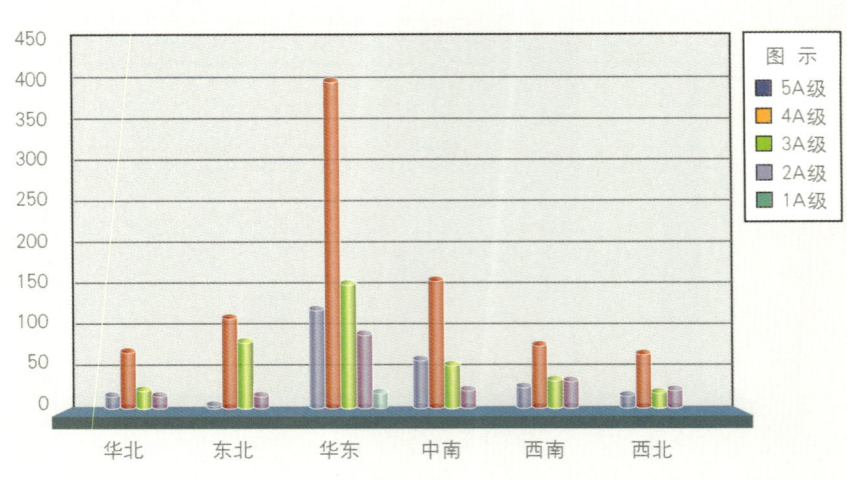

图16 2012年全国A级旅游景区分区域投资统计图（单位：亿元）

从各类型景区投资构成来看，自然景观类、度假休闲类和历史文化类旅游景区是投资重点，投资额分别为446.29亿元、362.91亿元和288.46亿元，分别占全国A级旅游景区总投资额的26.67%、21.68%和17.23%；其次是其他类和主题游乐类旅游景区，投资额分别为165.33亿元和152.62亿元，分别占全国A级旅游景区总投资额的9.88%和9.12%；博物馆类和科技教育类旅游景区投资额较少，分别为41.75亿元和31.05亿元，分别占全国A级旅游景区总投资额的2.49%和1.85%。

表24 2012年全国A级旅游景区分区域分类型投资情况表（单位：亿元；%）

景观类型	投资额	比例
自然景观	446.29	26.67
历史文化	288.46	17.23
度假休闲	362.91	21.68
主题游乐	152.62	9.12
博物馆	41.75	2.49
乡村旅游	87.42	5.22
工业旅游	47.57	2.84
红色旅游	50.29	3.00
科技教育	31.05	1.85
其他	165.33	9.88
合计	1673.69	100.00

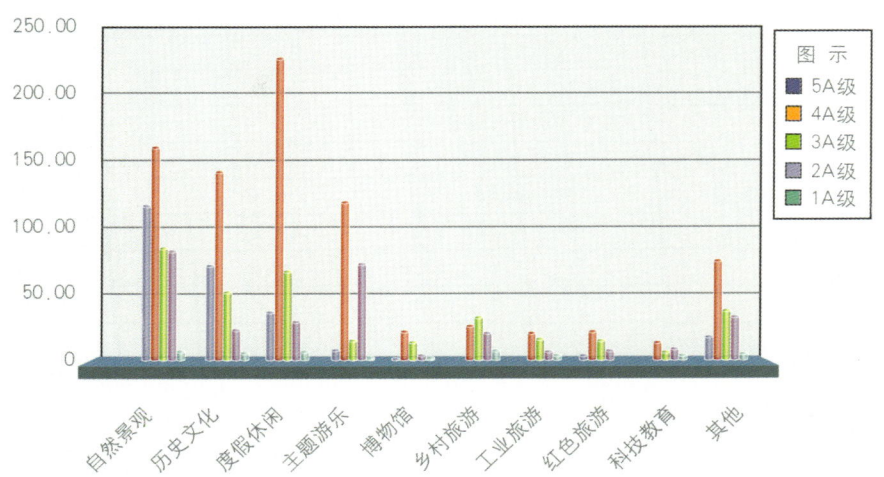

图17 2012年全国A级旅游景区分区域分类型投资情况图（单位：亿元）

（八）A级旅游景区经营管理机构情况

国家A级旅游景区经营机构总数为6042，其中企业经营机构最多，为3974家，占全国A级旅游景区经营机构总数的65.77%；其次是事业单位，总数为1753家，占全国A级旅游景区经营机构总数的29.01%；行政单位和部队经营机构较少，数量分别为311家和4家，分别占全国A级旅游景区经营机构总数的5.15%和0.07%。

表25 全国各类型A级旅游景区经营管理机构情况统计表（单位：家）

经营管理机构类型			数量	合计
行政单位			311	311
事业单位			1753	1753
企业	内资	国有	876	3974
		集体	292	
		股份合作	154	
		国有联营	43	
		集体联营	58	
		国有与集体联营	24	
		其他联营	30	
		国有独资公司	73	
		其他有限责任公司	332	
		股份有限公司	263	
		私营独资	382	
		私营合伙	69	
		私营股份有限公司	132	
		私营有限责任公司	458	
		其他	642	
	港澳台投资	港澳台商独资	33	

续表25

企业	港澳台投资	港澳台商投资股份有限公司	22	3974
		与港澳台商合资经营	24	
	外商投资	外商投资股份有限公司	10	
		外资企业	24	
		中外合资经营	30	
		中外合作经营	3	
部队			4	4
合计				6042

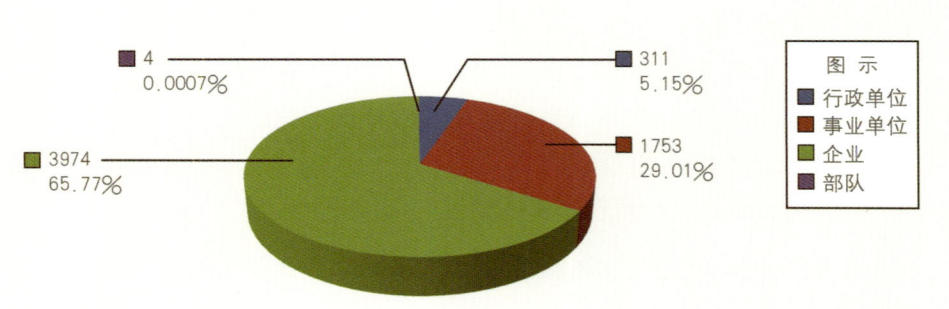

图18 全国A级旅游景区经营管理机构情况统计表（单位：家；%）

二、华北地区

（一）旅游景区数量、类型及等级分布情况

华北地区共有国家A级旅游景区869家，占全国A级旅游景区总量的14.38%。其中，5A级旅游景区19家，占华北地区A级旅游景区总数的2.19%；4A级旅游景区303家，占华北地区A级旅游景区总数的34.87%；3A级旅游景区285家，占华北地区A级旅游景区总数的32.80%；2A级旅游景区243家，占华北地区A级旅游景区总数的27.96%；1A级旅游景区19家，占华北地区A级旅游景区总数的2.19%。

从旅游景区类型看，华北地区的A级旅游景区以自然景观类和历史文化类为主，数量分别为256家和201家；其次是度假休闲类旅游景区，共有142家；工业旅游、科技教育类A级旅游景区数量较少，分别为15家和5家。

从旅游景区类型和景区等级结构综合看，在华北地区5A级旅游景区以历史文化类占比最多，共有12家，占华北地区5A级旅游景区总数的63.16%；4A级、3A级、2A级、1A级旅游景区均以自然景观类旅游景区占比最多，数量分别为87家、80家、79家和7家。

表26 华北地区A级旅游景区类型等级统计表（单位：家）

景区类型	5A级	4A级	3A级	2A级	1A级	合计
自然景观	3	87	80	79	7	256
历史文化	12	78	57	50	4	201
度假休闲	1	46	50	44	1	142
主题游乐	0	11	8	5	1	25
博物馆	2	19	36	18	1	76
乡村旅游	0	14	14	13	3	44
工业旅游	0	7	5	3	0	15
红色旅游	0	14	9	15	0	38
科技教育	0	0	2	3	0	5
其他	1	27	24	13	2	67
合计	19	303	285	243	19	869

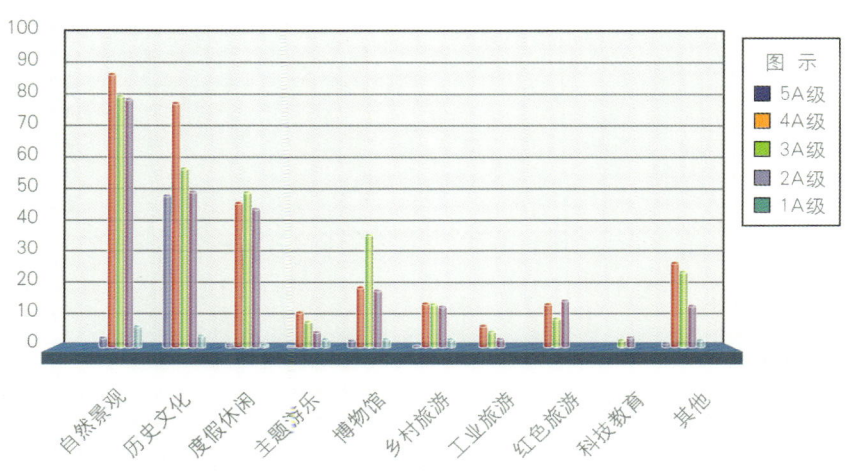

图19 华北地区A级旅游景区类型等级分布图（单位：家）

（二）旅游景区游客接待量情况

1. 接待总量

华北地区国家A级旅游景区旅游接待人数共计3.19亿人次，其中4A级旅游景区游客接待人数最多，为14692.24万人次；其次为3A级、5A级旅游景区，游客接待人数分别为6955.64万人次和6812.91万人次。

从旅游景区类型看，历史文化类旅游景区游客接待人数最多，为13047.70万人次；其次是自然景观类旅游景区，游客接待人数为6765.37万人次；工业旅游类和科技教育类旅游景区游客接待人数最少，分别为204.79万人次和54.38万人次。

表27 华北地区A级旅游景区游客接待量类型等级统计表（单位：万人次）

景区类型	5A级	4A级	3A级	2A级	1A级	合计
自然景观	403.16	2725.41	1565.03	2061.28	10.49	6765.37
历史文化	5599.41	5451.36	1555.05	436.46	5.42	13047.70
度假休闲	42.51	1727.69	826.29	227.55	2.50	2826.54
主题游乐	0	793.31	271.93	16.05	3.40	1084.69
博物馆	482.05	977.68	962.98	114.17	1.70	2538.58
乡村旅游	0	314.62	307.51	128.35	59.54	810.02
工业旅游	0	159.42	41.22	4.15	0	204.79
红色旅游	0	687.6	176.14	142.48	0	1006.22
科技教育	0	0	36.55	17.83	0	54.38
其他	286.78	1855.15	1212.94	198.67	4.17	3557.71
合计	6813.91	14692.24	6955.64	3346.99	87.22	31896

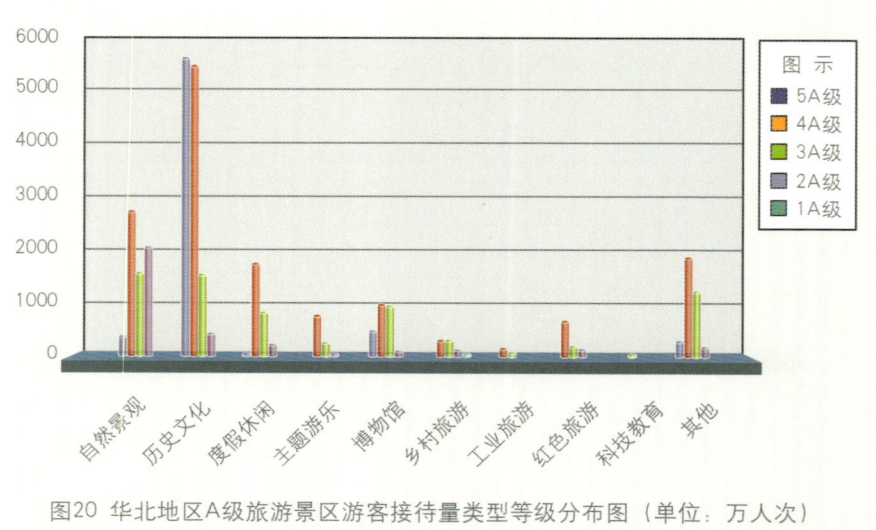

图20 华北地区A级旅游景区游客接待量类型等级分布图（单位：万人次）

2. 政策性免票游客量

华北地区国家A级旅游景区政策性免票游客总量为19075.64万人次，其中3A级、4A级旅游景区人数较多，分别为8468.35万人次和6108.54万人次；历史文化类和其他类旅游景区政策性免票人数较多，分别为6942.92万人次和3617.94万人次。

历史文化类旅游景区中3A级旅游景区的政策性免票人数最多，为4128.65万人次；其次是4A级旅游景区，为1388.79万人次。其他类旅游景区中3A级旅游景区政策性免票人数最多，为1434.62万人次；其次是4A级旅游景区，为855.92万人次。

表28 华北地区A级旅游景区免票游客接待量类型等级统计表（单位：万人次）

景区类型	5A级	4A级	3A级	2A级	1A级	合计
自然景观	232.59	738.43	1206.70	239.14	5.00	2421.86
历史文化	1034.17	1388.79	4128.65	383.10	8.21	6942.92
度假休闲	0.90	963.88	698.75	124.69	6.80	1795.02
主题游乐	231.00	103.66	218.07	13.78	0.00	566.51
博物馆	388.50	451.82	429.79	99.30	4.63	1374.04
乡村旅游	0.00	200.94	181.74	84.41	87.08	554.17
工业旅游	0.00	241.34	31.26	5.10	0.00	277.70
红色旅游	235.00	558.76	118.62	95.89	0.00	1008.27
科技教育	102.00	605.00	20.15	22.65	0.00	749.80
其他	705.23	855.92	1434.62	510.95	111.22	3617.94
总计	2929.39	6108.54	8468.35	1579.01	222.94	19308.23

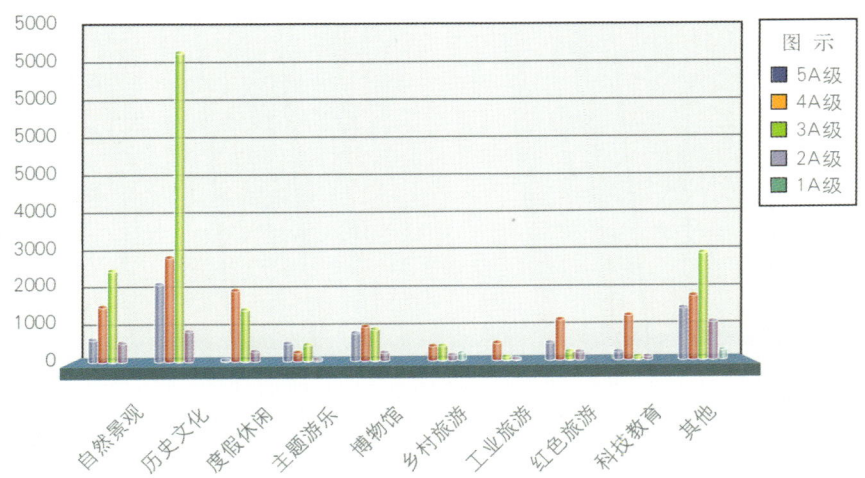

图21 华北地区A级旅游景区免票游客接待量类型等级分布图（单位：万人次）

（三）旅游景区经营与投资情况

1. 旅游景区总收入

华北地区国家A级旅游景区旅游总收入为317.21亿元，其中4A级、5A级旅游景区旅游收入较多，分别为144.30亿元和115.45亿元；历史文化类和自然景观类旅游景区较多，分别为126.86亿元和95.92亿元。

历史文化类旅游景区中5A级旅游景区旅游总收入最多，为100.44亿元；其次是4A级旅游景区，为19.09亿元。自然景观类旅游景区中4A级旅游景区的旅游总收入最多，为63.61亿元；其次是3A级旅游景区，为14.59亿元。

表29 华北地区A级旅游景区总收入类型等级统计表（单位：亿元）

景区类型	5A级	4A级	3A级	2A级	1A级	合计
自然景观	13.83	63.61	14.59	4.18	0.03	95.92
历史文化	100.44	19.09	2.73	4.57	0.03	126.86
度假休闲	1.13	28.62	9.06	1.72	0.02	40.45
主题游乐	0.00	18.28	1.45	0.10	0.00	19.95
博物馆	0.05	3.33	1.79	0.36	0.00	5.49
乡村旅游	0.00	2.08	7.59	2.25	0.45	12.59
工业旅游	0.00	1.21	0.72	0.00	0.00	1.90
红色旅游	0.00	1.14	0.09	0.04	0.00	1.27
科技教育	0.00	0.00	0.37	0.00	0.00	0.35
其他	0.00	6.94	3.22	2.09	0.01	12.35
总计	115.45	144.30	41.60	15.31	0.54	317.21

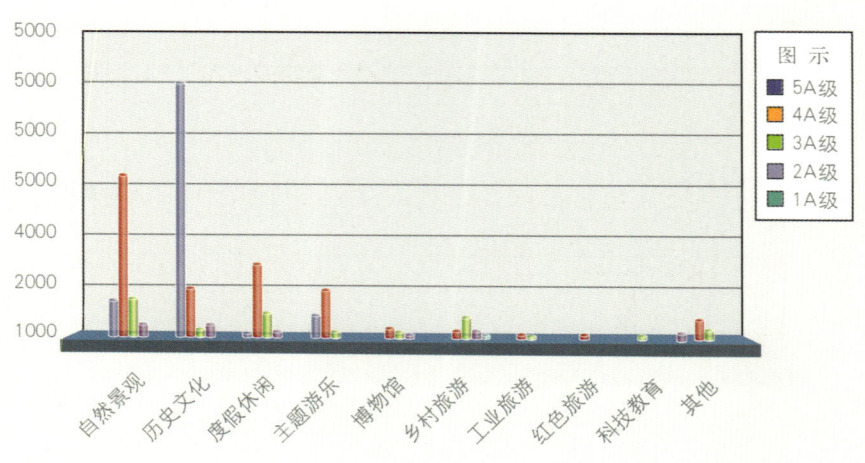

图22 华北地区A级旅游景区总收入类型等级分布图（单位：亿元）

2. 旅游景区分类收入

华北地区A级旅游景区旅游总收入构成主要来源于门票收入、商品收入、餐饮收入、交通收入、住宿收入和演艺收入6项收入。

（1）分级收入情况。华北地区全国不同等级A级旅游景区旅游总收入构成中，4A级、5A级旅游景区旅游收入较多，分别为144.29亿元和115.46亿元。其中，4A级旅游景区以门票收入和餐饮收入为主，分别为46.13亿元和24.85亿元；其次是商品、住宿、交通、演艺等收入。5A级旅游景区以门票收入和住宿收入为主，分别为42.99亿元和28.58亿元；其次是餐饮、商品、交通、演艺等收入。

表30 华北地区A级旅游景区分类收入等级统计表（单位：亿元）

景区类型	5A级	4A级	3A级	2A级	1A级	合计
门票收入	42.99	46.13	15.93	5.98	0.19	111.22
商品收入	15.71	23.82	4.88	1.80	0.15	46.37
餐饮收入	15.77	24.85	9.01	1.49	0.05	51.18
交通收入	7.41	18.67	6.79	3.90	0.10	36.87
住宿收入	28.58	21.79	3.22	1.28	0.01	54.87
演艺收入	5.00	9.03	1.77	0.86	0.03	16.69
景区总收入	115.46	144.29	41.60	15.31	0.54	317.20

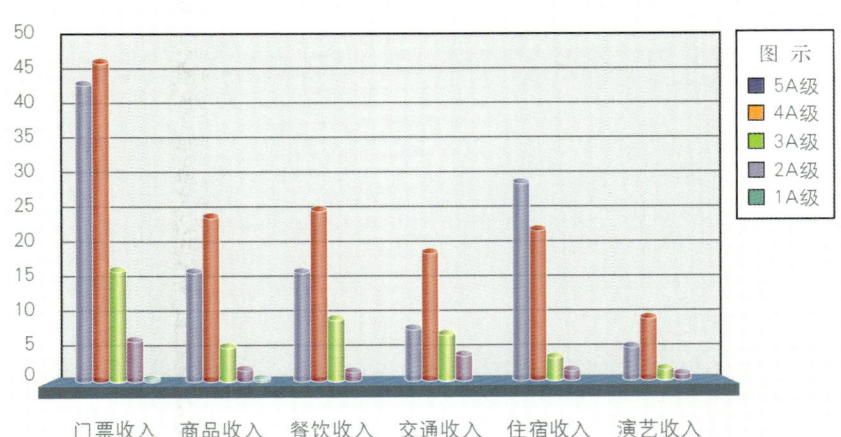

图23 华北地区A华北地区A级旅游景区分类收入等级分布图（单位：亿元）

（2）分类收入情况。华北地区全国不同类别A级旅游景区旅游总收入构成中，历史文化类和自然景观类旅游景区所占比重较大，分别为137.69亿元和106.04亿元。其中，历史文化类旅游景区以门票、住宿收入为主，分别为53.15亿元和29.29亿元；其次为商品、餐饮、交通、演艺等收入。自然景观类旅游景区以交通、门票收入为主，分别为25.41亿元和25.06亿元；其次是商品、演艺、交通、住宿等收入。

表31 华北地区A级旅游景区分类收入类型统计表（单位：亿元）

景区类型	门票收入	商品收入	餐饮收入	交通收入	住宿收入	演艺收入	合计
自然景观	25.06	14.65	13.90	25.41	13.32	13.70	106.04
历史文化	53.15	23.10	20.39	10.08	29.29	1.68	137.69
度假休闲	9.02	3.11	12.07	0.54	9.85	1.02	35.61
主题游乐	11.69	0.80	0.75	0.29	0.05	0.06	13.64
博物馆	4.60	0.19	0.11	0.01	0.17	0.00	5.09
乡村旅游	2.29	2.19	2.27	0.05	0.69	0.19	7.69
工业旅游	0.08	0.24	0.31	0.00	0.20	0.00	0.82
红色旅游	0.48	0.21	0.24	0.00	0.18	0.04	1.15
科技教育	0.42	0.05	0.00	0.00	0.00	0.00	0.47
其他	4.42	1.84	1.14	0.47	1.12	0.02	9.00
总计	111.22	46.38	51.17	36.86	54.87	16.70	317.21

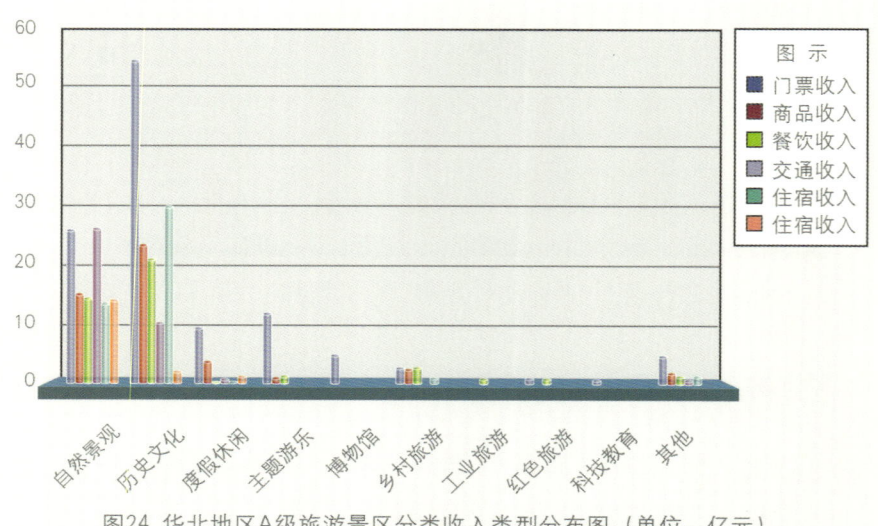

图24 华北地区A级旅游景区分类收入类型分布图（单位：亿元）

3. 旅游景区总投资

华北地区国家A级旅游景区总投资额为122.19亿元，其中4A级、3A级旅游景区总投资额较多，分别为68.48亿元和23.36亿元；自然景观类、度假休闲类旅游景区投资总额较多，分别为35.02亿元和29.63亿元。

自然景观类旅游景区中4A级、3A级旅游景区旅游总投资额最多，分别为21.57亿元和7.43亿元；其次为2A级、5A级和1A级旅游景区；度假休闲类旅游景区中4A级、3A级旅游景区的旅游总投资额最多，分别为20.96亿元和4.36亿元；其次是2A级、5A级和1A级旅游景区。

表32 华北地区A级旅游景区总投资类型等级统计表（单位：亿元）

景区类型	5A级	4A级	3A级	2A级	1A级	合计
自然景观	1.54	21.57	7.43	4.31	0.16	35.02
历史文化	12.02	13.76	1.40	2.40	0.05	29.63
度假休闲	2.13	20.96	4.36	2.15	0.00	29.60
主题游乐	0.00	1.55	0.57	0.58	0.00	2.70
博物馆	0.00	0.41	2.40	0.20	0.00	3.01
乡村旅游	0.00	0.77	0.33	1.08	0.02	2.20
工业旅游	0.00	2.72	1.68	1.01	0.00	5.41
红色旅游	0.00	2.05	0.39	0.21	0.00	2.66
科技教育	0.00	0.00	0.00	0.89	0.00	0.89
其他	0.00	4.68	4.80	1.59	0.01	11.08
总计	15.69	68.48	23.36	14.40	0.25	122.19

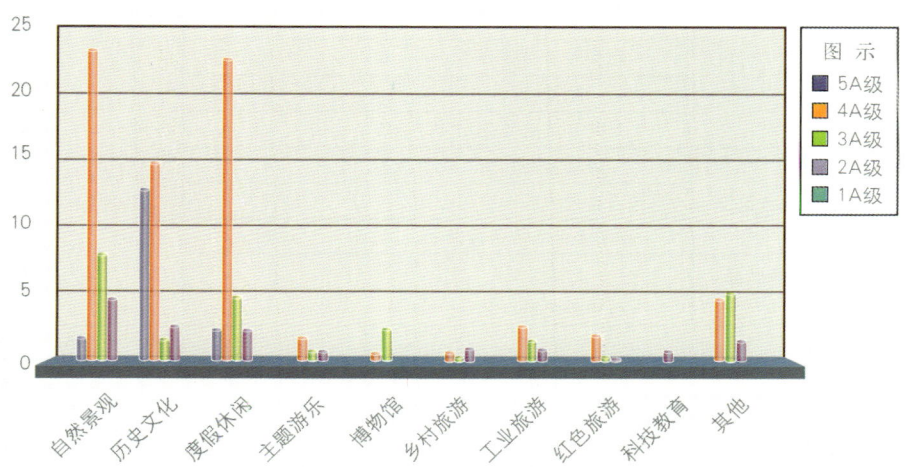

图25 华北地区A级旅游景区总投资类型等级分布图（单位：亿元）

（四）旅游景区经营管理机构与人员情况

1. 经营机构

华北地区A级旅游景区经营机构共有869家。其中企业经营机构数量最多，为549家，占旅游景区经营机构总数的63.18%；其次是事业单位和行政单位，分别为270家和46家，分别占旅游景区经营机构总数的31.07%和5.29%；部队经营机构较少，为4家，占旅游景区经营机构总数的比例不足1%。

表33 华北地区A级旅游景区经营管理机构情况统计表（单位：家）

经营管理机构类型			数量	合计
行政单位			46	46
事业单位			270	270
企业	内资	股份合作	21	549
		股份有限公司	36	
		国有	110	
		国有独资公司	8	
		国有联营	0	
		集体	55	
		集体联营	13	
		其他	31	
		其他联营	14	
		其他有限责任公司	66	
		私营独资	66	
		私营股份有限公司	15	
		私营合伙	13	
		私营有限责任公司	78	
	港澳台投资	港澳台商独资	6	
		港澳台商投资股份有限公司	0	
		与港澳台商合资经营	6	
	外商投资	外资企业	5	
		中外合资经营	6	
部队			4	4
合计				869

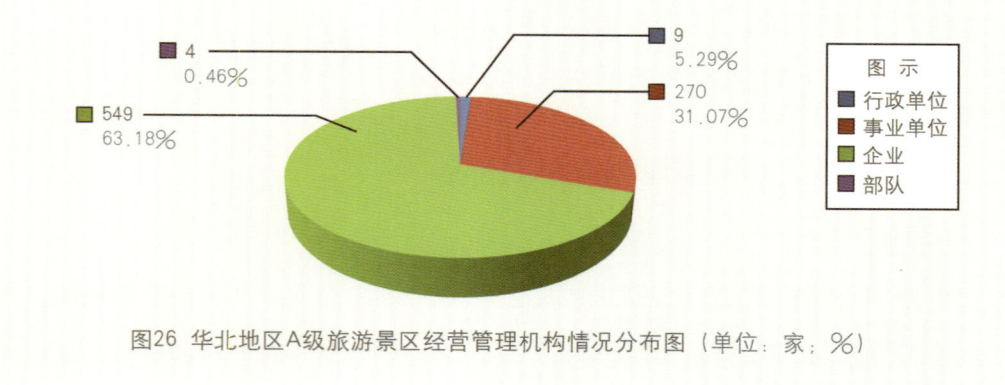

图26 华北地区A级旅游景区经营管理机构情况分布图（单位：家；%）

2. 就业情况

华北地区国家A级旅游景区就业总量为35.87万人。其中4A级、3A级旅游景区就业人数较多，分别为12.280万人和13.85万人。4A级旅游景区中，固定用工8.51万人，临时（季节性）用工3.77万人次；3A级旅游景区中，固定用工9.36万人，临时（季节性）用工4.49万人次。

表34 华北地区A级旅游景区就业情况类型等级统计表（单位：人）

	5A级	4A级	3A级	2A级	1A级	合计
就业人数（人）	44690	122765	138512	51159	1528	358654
其中固定用工（人）	34713	85065	93586	36423	1092	250879
其中临时（季节性）用工（人次）	9977	37700	44926	14736	436	107775

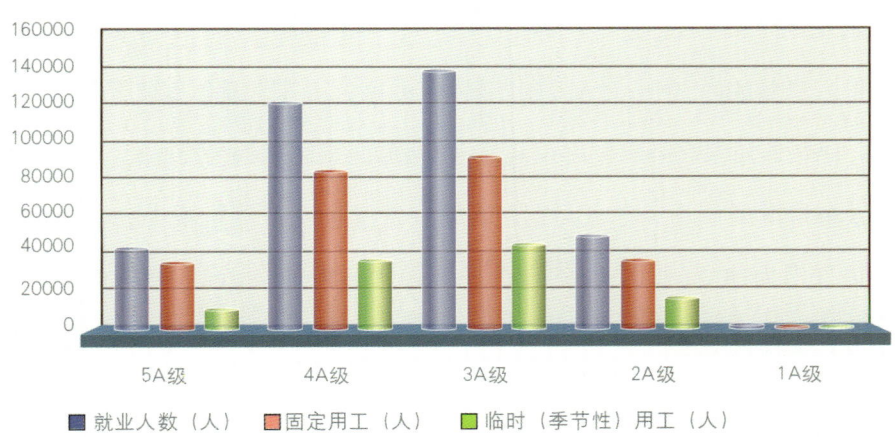

图27 华北地区A级旅游景区就业情况类型等级分布图（单位：人）

3. 导游员情况

华北地区国家A级旅游景区导游员总人数为6621人，其中4A级、3A级旅游景区导游员人数较多，分别为3096人和1567人。

表35 华北地区A级旅游景区导游数量等级统计表（单位：人）

	5A级	4A级	3A级	2A级	1A级	合计
专职导游员	1257	3096	1567	660	41	6621

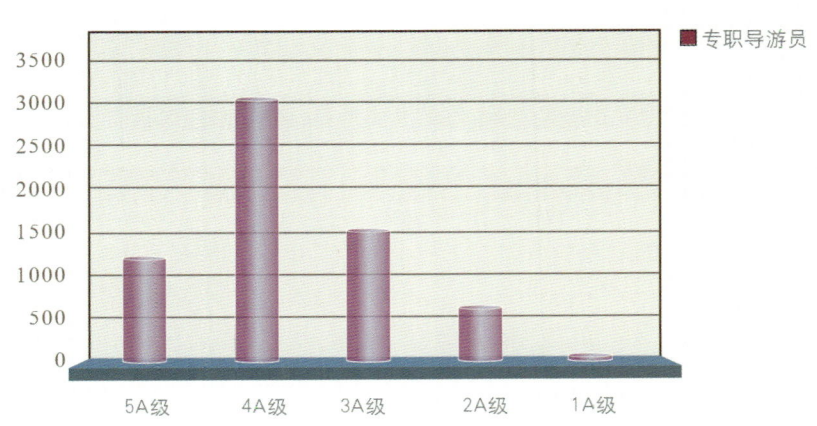

图28 华北地区A级旅游景区导游员数量等级分布图（单位：人）

三、东北地区

（一）旅游景区数量、类型及等级分布情况

东北地区共有国家A级旅游景区621家，占全国A级旅游景区总量的10.28%。其中5A级旅游景区9家，占东北地区A级旅游景区总数的1.45%；4A级旅游景区126家，占东北地区A级旅游景区总数的20.29%；3A级旅游景区259家，占东北地区A级旅游景区总数的41.71%；2A级旅游景区183家，占东北地区A级旅游景区总数的29.47%；1A级旅游景区44家，占东北地区A级旅游景区总数的7.09%。

从旅游景区类型看，东北地区的A级旅游景区以自然景观类和历史文化类为主，数量分别为183家和125家；其次是度假休闲类旅游景区，共有99家；工业旅游、科技教育类A级旅游景区数量较少，分别为12家和4家。

从旅游景区类型和景区等级结构综合看，在东北地区5A级旅游景区以自然景观类比例最多，共有6家，占东北地区5A级旅游景区总数的66.67%；4A级、2A级、1A级旅游景区均以自然景观类旅游景区比例最多，数量分别为39家、76家和11家；3A级旅游景区以历史文化类旅游景区比例最多，数量为58家。

表36 东北地区A级旅游景区类型等级统计表（单位：家）

景区类型	5A级	4A级	3A级	2A级	1A级	合计
自然景观	6	39	56	76	11	183
历史文化	0	24	58	36	7	125
度假休闲	2	17	54	16	10	99
主题游乐	0	3	7	5	0	15
博物馆	1	9	18	9	0	37
乡村旅游	0	13	16	22	3	54
工业旅游	0	0	8	2	2	12
红色旅游	0	4	9	3	5	21
科技教育	0	1	2	0	1	4
其他	0	16	31	20	5	71
合计	9	126	259	183	44	621

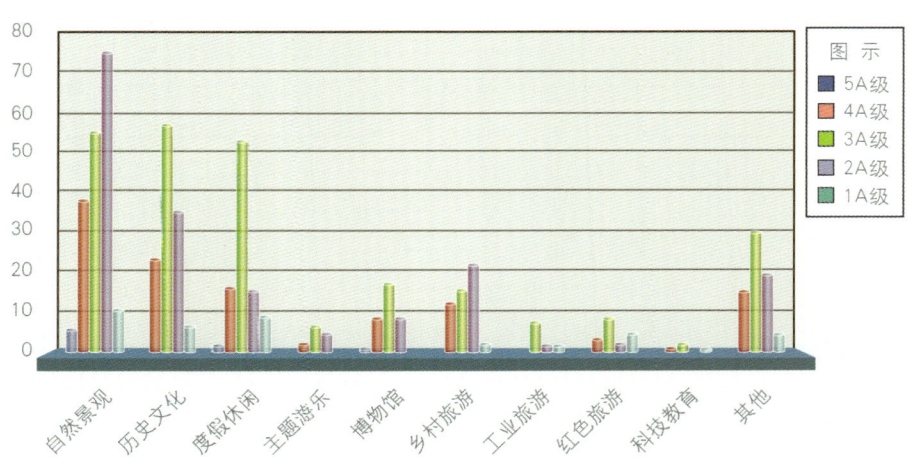

图29 东北地区A级旅游景区类型等级分布图（单位：家）

（二）旅游景区游客接待量情况

1. 接待总量

东北地区国家A级旅游景区旅游总接待量为15982.93万人次。其中3A级、4A级旅游景区游客接待量较多，分别为7403.69万人次和4277.09万人次；自然景观类和其他类旅游景区旅游接待人数较多，分别为5442.75和2318.45万人次。

自然景观类旅游景区中3A级旅游景区旅游接待人数最多，为2692.17万人次；其次是4A级景区，旅游接待人数为982.37万人次；再次为2A级、5A级和1A级旅游景区。其他类旅游景区中3A级旅游景区旅游接待人数最多，为1325.97万人次；其次是4A级旅游景区，游客接待人数为793.09万人次；再次为2A级、1A级和5A级旅游景区。

表37 东北地区A级旅游景区游客接待量类型等级统计表（单位：万人次）

景区类型	5A级	4A级	3A级	2A级	1A级	合计
自然景观	789	982.37	2692.17	850.51	128.7	5442.75
历史文化	0	513.11	833.16	333.95	68.45	1748.67
度假休闲	412.8	617.02	947.31	446.47	48.75	2472.35
主题游乐	0	407	263.66	179.74	0.04	850.44
博物馆	98	717.3	607.43	369.75	0	1792.48
乡村旅游	0	42.55	307.79	174.37	46.8	571.51
工业旅游	0	0	121.67	17.26	10.1	149.03
红色旅游	0	160.8	190.6	84.27	0	435.67
科技教育	0	43.85	113.93	41.61	2.19	201.58
其他	0	793.09	1325.97	129.45	69.94	2318.45
合计	1299.8	4277.09	7403.69	2627.38	374.97	15982.93

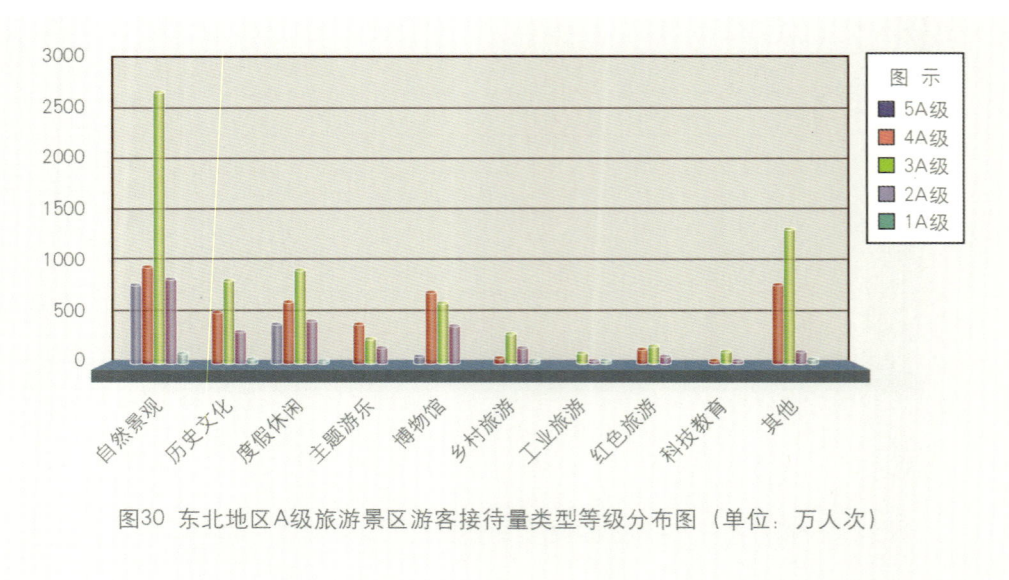

图30 东北地区A级旅游景区游客接待量类型等级分布图(单位:万人次)

2. 政策性免票游客量

东北地区国家A级旅游景区政策性免票游客总量为6474.53万人次。其中4A级、3A级旅游景区政策性免票人数较多,分别为2728.71万人次和2224.25万人次;自然景观类和其他类旅游景区政策性免票人数较多,分别为1849.20万人次和1433.60万人次。

自然景观类旅游景区中3A级旅游景区的政策性免票人数最多,为731.90万人次;其次是4A级旅游景区,为612.04万人次。其他类旅游景区中4A级旅游景区政策性免票人数最多,为1052.69万人次;其次是3A级旅游景区,为229.23万人次。

表38 东北地区A级旅游景区免票游客接待量类型等级统计表(单位:万人次)

景区类型	5A级	4A级	3A级	2A级	1A级	合计
自然景观	67.50	612.04	731.90	405.82	31.94	1849.20
历史文化	0.00	90.55	322.23	154.65	9.04	576.47
度假休闲	11.08	82.61	298.29	230.94	17.55	640.47
主题游乐	0.00	37.00	70.00	158.73	0.00	265.73
博物馆	19.00	396.99	283.79	159.75		859.53
乡村旅游	0.00	5.33	121.25	53.35	4.10	184.03
工业旅游	0.00	0.00	18.77	29.86	0.00	48.63
红色旅游	0.00	390.80	102.02	5.58	0.00	498.40
科技教育	0.00	60.70	46.77	11.00	0.00	118.47
其他	0.00	1052.69	229.23	113.88	37.80	1433.60
合计	97.58	2728.71	2224.25	1323.56	100.43	6474.53

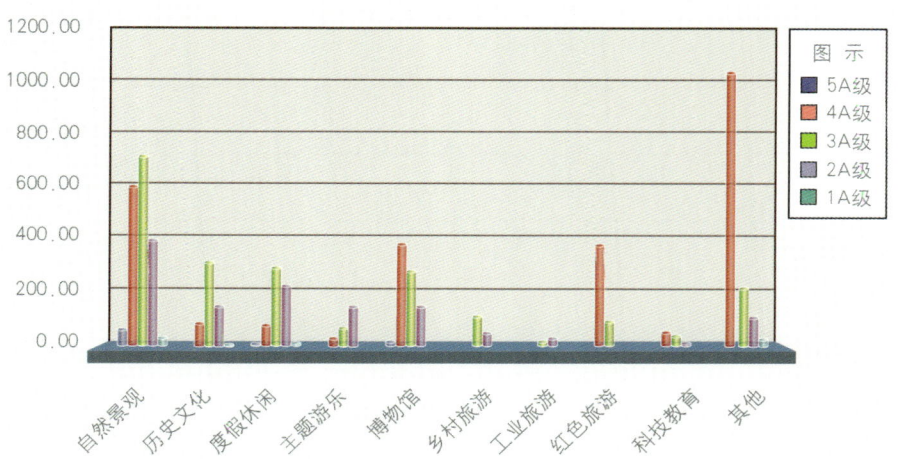

图31 东北地区A级旅游景区免票游客接待量类型等级分布图（单位：万人次）

（三）旅游景区经营与投资情况

1. 旅游景区总收入

东北地区国家A级旅游景区旅游总收入为218.83亿元。其中3A级、4A级旅游景区旅游总收入较多，分别为117.43亿元和53.41亿元；自然景观类和历史文化类旅游景区旅游总收入较多，分别为52.74亿元和30.40亿元。

乡村旅游类旅游景区中3A级旅游景区旅游总收入最多，为15.69亿元，其次是4A级景区，为6.19亿元，其他为5A级、2A级和1A级；自然景观类旅游景区中3A级景区的旅游总收入最多，为20.59亿元，其次是5A级景区，为18.01亿元，其他为5A级、2A级和1A级。

表39 东北地区A级旅游景区总收入类型等级统计表（单位：亿元）

景区类型	5A级	4A级	3A级	2A级	1A级	合计
自然景观	18.01	11.2	20.59	2.84	0.10	52.74
历史文化	0	8.70	19.90	1.30	0.50	30.40
度假休闲	6.4	5.10	7.47	1.43	0.90	21.30
主题游乐	0	6.30	12.90	1.80	0.60	21.60
博物馆	2.1	5.30	3.90	1.30	0	12.60
乡村旅游	0	6.19	15.69	2.30	1.01	25.19
工业旅游	0	0	7.30	1.10	0.80	9.20
红色旅游	0	3.90	8.50	1.30	0	13.7
科技教育	0	2.40	4.10	0	1.30	7.80
其他	0	4.32	17.08	2.10	0.80	24.3
合计	26.51	53.41	117.43	15.47	6.01	218.83

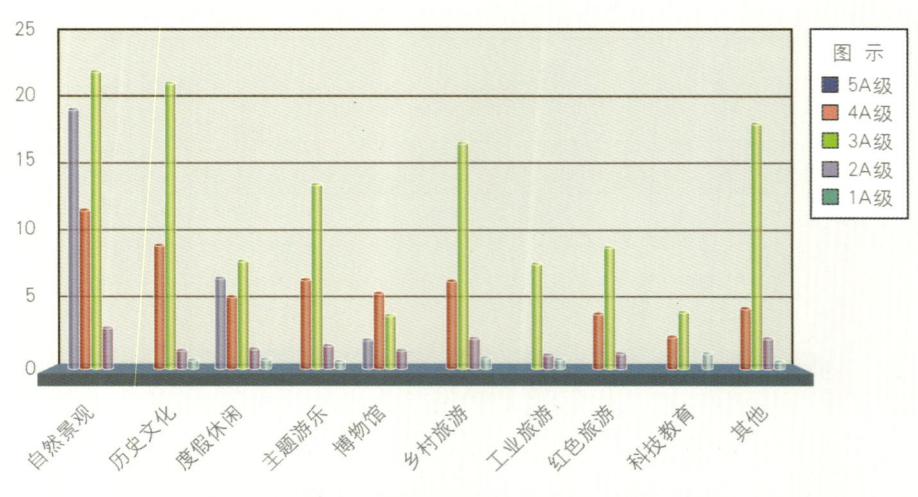

图32 东北地区A级旅游景区总收入类型等级分布图（单位：亿元）

2. 旅游景区分类收入

东北地区国家A级旅游景区旅游总收入构成主要来源于门票收入、商品收入、餐饮收入、交通收入、住宿收入和演艺收入六项收入。

（1）分级收入情况。东北地区全国不同等级A级旅游景区旅游总收入构成中，4A级、3A级旅游景区旅游收入较多，分别为53.41亿元和117.43亿元。其中，4A级旅游景区以门票收入和餐饮收入为主，分别为24.44亿元和16.35亿元；其次是商品、住宿、交通、演艺等收入。3A级旅游景区以门票、餐饮收入为主，分别为17.53亿元和12.52亿元；其次是住宿、商品、交通、演艺等收入。

表40 东北地区A级旅游景区分类收入等级统计表（单位：亿元）

收入类型	5A级	4A级	3A级	2A级	1A级	合计
门票收入	10.74	24.44	17.53	8.56	6.32	67.59
商品收入	6.91	12.15	9.34	5.15	3.41	36.96
餐饮收入	10.21	16.35	12.52	8.34	4.32	51.74
交通收入	5.31	8.96	6.32	4.02	1.53	26.14
住宿收入	5.01	10.37	8.26	5.82	4.31	33.77
演艺收入	1.01	1.34	0.28	0	0	2.63
合计	26.51	53.41	117.43	15.47	6.01	218.83

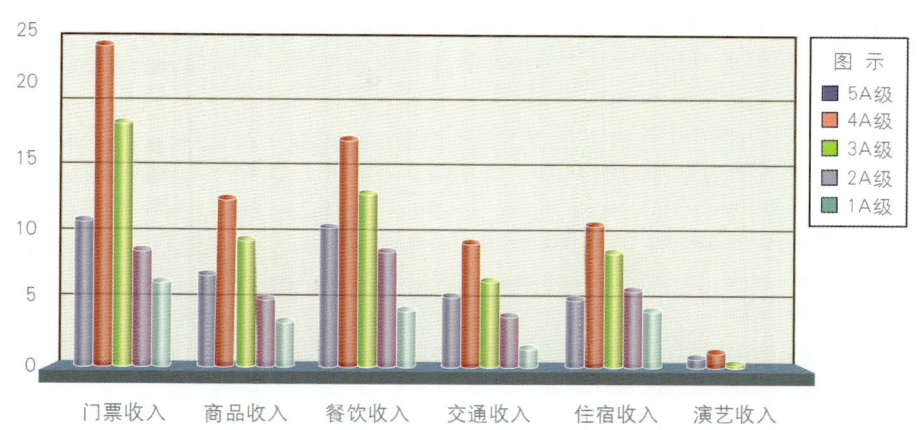

图33 东北地区A级旅游景区分类收入等级分布图（单位：亿元）

（2）分类收入情况。东北地区全国不同类别A级旅游景区旅游总收入构成中，门票收入和餐饮收入所占比重较大，分别为54.30亿元和43.94亿元。其中门票收入以自然景观类和历史文化类旅游景区优势显著，分别为14.90亿元和8.60亿元；餐饮收入以自然景观类和历史文化类旅游景区收入最多，分别为9.44亿元和5.90亿元。

表41 东北地区A级旅游景区分类收入类型统计表（单位：亿元）

景区类型	门票收入	商品收入	餐饮收入	交通收入	住宿收入	演艺收入
自然景观	14.90	6.70	9.44	7.80	10.50	3.40
历史文化	8.60	4.70	5.90	3.70	4.80	2.70
度假休闲	5.40	3.70	4.30	3.10	3.80	1.00
主题游乐	5.60	5.70	3.60	2.10	3.50	1.10
博物馆	3.40	2.10	2.20	1.60	2.20	1.10
乡村旅游	2.90	4.50	6.70	3.80	5.80	1.49
工业旅游	2.40	1.20	1.80	1.60	1.20	1.00
红色旅游	3.60	1.50	2.80	1.80	2.40	1.60
科技教育	1.80	1.20	1.60	1.10	1.50	0.60
其他	5.70	3.70	5.60	3.60	4.10	1.60
合计	54.30	35.00	43.94	30.20	39.80	15.59

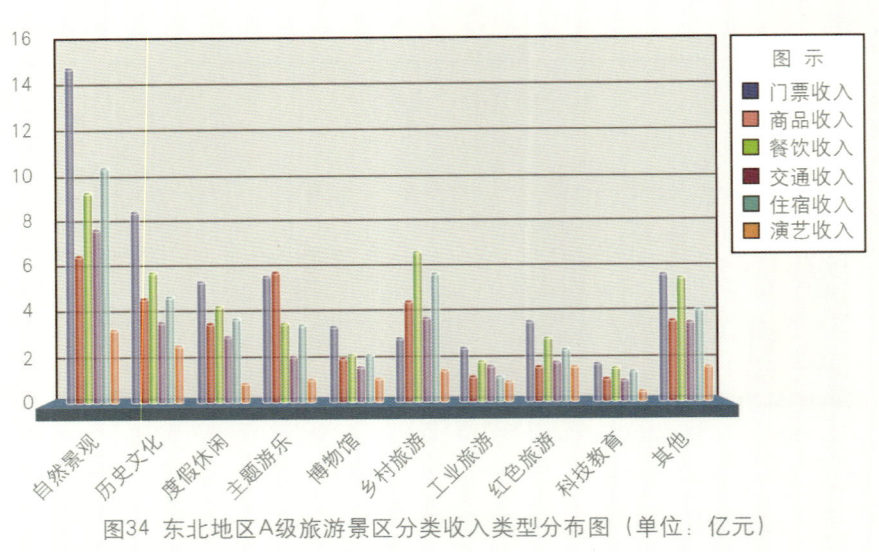

图34 东北地区A级旅游景区分类收入类型分布图（单位：亿元）

3. 旅游景区总投资

东北地区国家A级旅游景区总投资额为208.25亿元。其中3A级、4A级旅游景区总投资额较多，分别为63.55亿元和56.56亿元；自然景观类、乡村旅游类投资总额较多，分别为43.13亿元和30.34亿元。

自然景观类旅游景区中4A级旅游景区旅游总投资额最多，为11.7亿元；其次是5A级旅游景区，为9.2亿元；再次为3A级、2A级和1A级旅游景区。乡村旅游类旅游景区中3A级旅游景区的旅游总投资额最多，为8.90亿元；其次是2A级旅游景区，为7.84亿元；再次为2A级、1A级和5A级旅游景区。

表42 东北地区A级旅游景区总投资类型等级统计表（单位：亿元）

景区类型	5A级	4A级	3A级	2A级	1A级	合计
自然景观	9.20	11.70	8.63	8.00	5.60	43.13
历史文化	0.00	5.94	7.45	4.86	3.81	22.09
度假休闲	5.31	8.36	6.85	4.58	3.46	28.56
主题游乐	0.00	4.60	6.50	5.41	0.00	15.51
博物馆	0.00	6.21	4.93	3.10	0.00	14.24
乡村旅游	0.00	7.20	8.90	7.84	5.40	30.34
工业旅游	0.00	3.16	5.11	2.21	1.84	12.32
红色旅游	0.00	3.54	5.23	4.84	0.00	14.21
科技教育	0.00	2.05	4.15	3.08	1.67	10.95
其他	0.00	3.80	5.80	4.80	3.10	17.50
合计	14.51	56.56	63.55	48.72	24.88	208.85

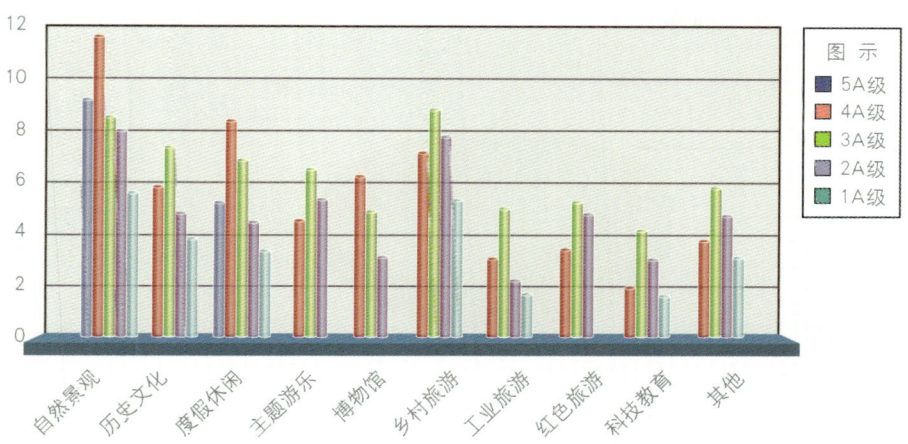

图35 东北地区A级旅游景区总投资类型等级分布图（单位：亿元）

（四）旅游景区经营管理机构与人员情况

1. 经营机构

东北地区国家A级旅游景区经营机构总数为621家。其中企业经营机构数量最多，为425家，占旅游景区经营机构总数的68.44%；其次是事业单位和行政单位，分别为178家和18家，分别占旅游景区经营机构总数的28.66%和2.90%。

表43 东北地区A级旅游景区经营管理机构情况统计表（单位：家）

经营管理机构类型			数量	合计
行政单位			18	18
事业单位			178	178
企业	内资	国有	109	425
		集体	15	
		股份合作	16	
		国有联营	2	
		集体联营	2	
		国有与集体联营	2	
		其他联营	3	
		国有独资公司	4	
		其他有限责任公司	22	
		私营独资	51	
		私营合伙	2	
		私营股份有限公司	10	
		私营有限责任公司	24	
		其他	145	
	港澳台投资	港澳台商投资股份有限公司	15	
		与港澳台商合资经营	1	
	外商投资	外商投资、合资企业	2	
合计				621

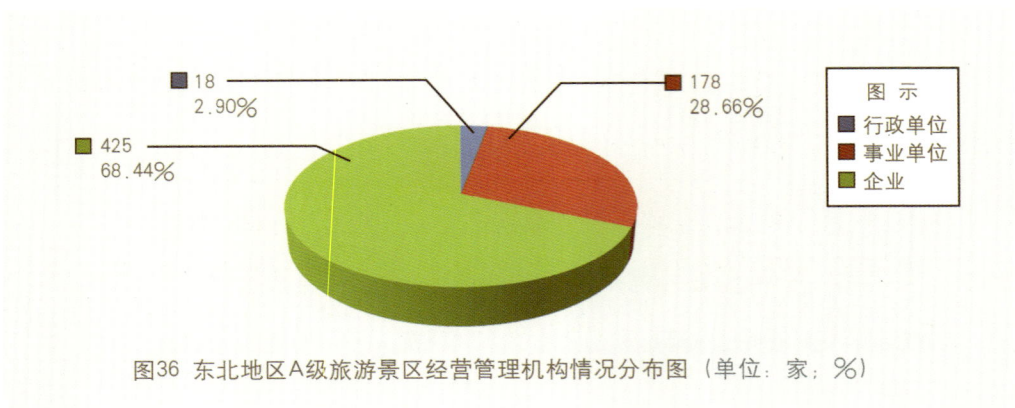

图36 东北地区A级旅游景区经营管理机构情况分布图（单位：家；%）

2. 就业情况

东北地区国家A级旅游景区就业总量为58.28万人。其中4A级、3A级旅游景区就业人数较多，分别为25.30万人和17.50万人。4A级旅游景区中，固定用工8.00万人，临时（季节性）用工17.30万人次；3A级旅游景区中，固定用工4.19万人，临时（季节性）用工9.07万人次。

表44 东北地区A级旅游景区就业情况类型等级统计表 （单位：人）

	5A级	4A级	3A级	2A级	1A级	合计
就业人数（人）	46480	252997	174997	93056	15277	582807
其中固定用工（人）	19849	80033	84335	41881	7480	233578
其中临时（季节性）用工（人次）	26631	172964	90662	51175	7797	349229

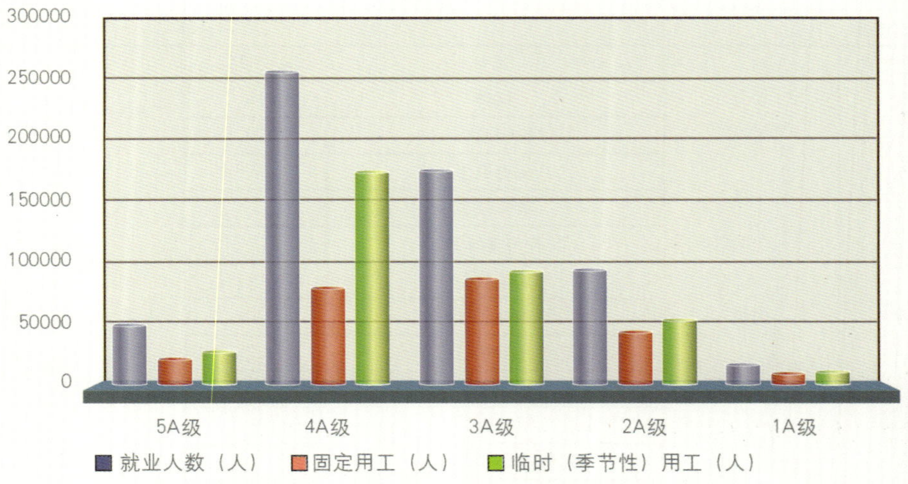

图37 东北地区A级旅游景区就业情况类型等级分布图（单位：人）

3. 导游员情况

东北地区国家A级旅游景区导游员总人数为3752人，其中3A级、4A级旅游景区导游员人数较多，分别为1526人和1227人。

表45 东北地区A级旅游景区导游员数量类型等级统计表（单位：人）

	5A级	4A级	3A级	2A级	1A级	合计
专职导游员	294	1227	1526	639	66	3752

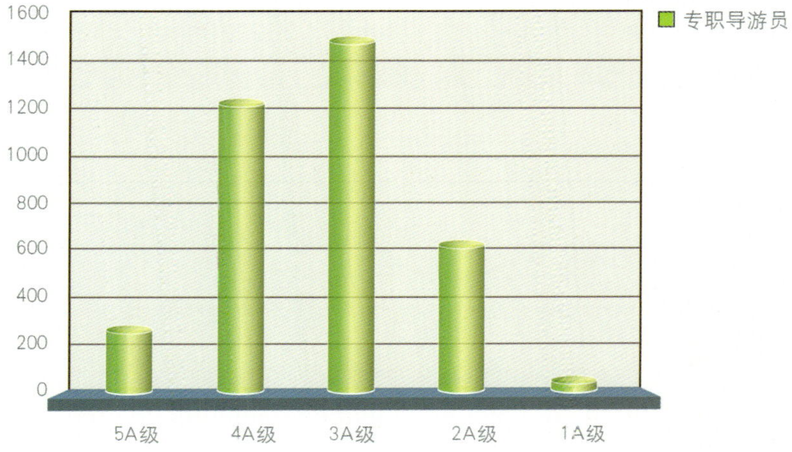

图38 东北地区A级旅游景区导游员数量类型等级分布图（单位：人）

四、华东地区

（一）旅游景区数量、类型及等级分布情况

华东地区共有国家A级旅游景区2088家，占全国A级旅游景区总数的34.56%。其中5A级旅游景区50家，占华东地区A级旅游景区总数的2.39%；4A级旅游景区660家，占华东地区A级旅游景区总数的31.61%；3A级旅游景区669家，占华东地区A级旅游景区总数的32.04%；2A级旅游景区699家，占华东地区A级旅游景区总数的33.48%；1A级旅游景区10家，占华东地区A级旅游景区总数的0.48%。

从旅游景区类型看，华北地区的自然景观类和历史文化类A级旅游景区最多，数量分别为620和515家；工业旅游类、科技教育类A级旅游景区数量较少，数量分别为28和22家。

从旅游景区类型和景区等级结构综合看，在华北地区5A、4A、3A级旅游景区中自然景观类比例最多，数量分别为20家、234家和201家；2A、1A级旅游景区中历史文化类旅游景区比例最多，数量分别为166家和3家。

表46 华东地区A级旅游景区类型等级统计表（单位：家）

景区类型	5A级	4A级	3A级	2A级	1A级	合计
自然景观	20	234	201	164	1	620
历史文化	19	182	145	166	3	515
度假休闲	3	104	110	104	2	323
主题游乐	2	24	23	27	1	77
博物馆	0	30	41	57	0	128
乡村旅游	0	29	57	74	2	162
工业旅游	0	4	7	17	0	28
红色旅游	1	16	26	36	0	79
科技教育	0	5	10	7	0	22
其他	5	32	49	47	1	134
合计	50	660	669	699	10	2088

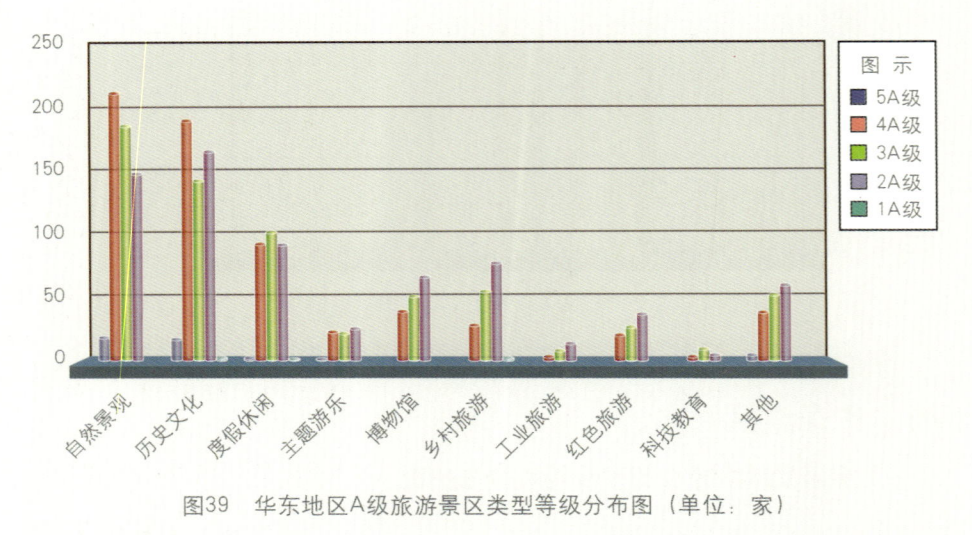

图39 华东地区A级旅游景区类型等级分布图（单位：家）

（二）旅游景区游客接待量情况

1. 接待总量

华东地区国家A级旅游景区旅游接待人数共计12.48亿人次，其中4A级旅游景区游客接待人数最多，为57509.61万人次；其次为3A级、5A级旅游景区，游客接待人数分别为27193.74万人次和26595.89万人次。

从旅游景区类型看，自然景观类旅游景区游客接待人数最多，为41359.86万人次；其次是历史文化类旅游景区，游客接待人数为28184.08万人次；科技教育类和工业旅游类旅游景区游客接待人数最少，分别为812.33万人次和765.13万人次。

表47 华东地区A级旅游景区游客接待量类型等级统计表（单位：万人次）

景区类型	5A级	4A级	3A级	2A级	1A级	合计
自然景观	8281.15	23919.21	5688.99	3365.70	104.81	41359.86
历史文化	8656.17	11511.00	5710.30	2243.57	63.04	28184.08
度假休闲	2406.24	7562.87	3722.30	2238.96	45.19	15975.56
主题游乐	2379.48	2657.20	1483.11	487.33	70.25	7077.37
博物馆	0	2027.49	2021.41	794.35	0	4843.25
乡村旅游	0	1241.32	2861.35	1961.40	36.33	6100.40
工业旅游	0	210.54	488.30	66.29	0	765.13
红色旅游	1851.04	2484.62	1697.00	519.40	0	6552.06
科技教育	0	302.23	467.76	42.34	0	812.33
其他	3021.81	5593.13	3053.22	1379.66	39.96	13077.78
合计	26595.89	57509.61	27193.74	13099	349.58	124757.8

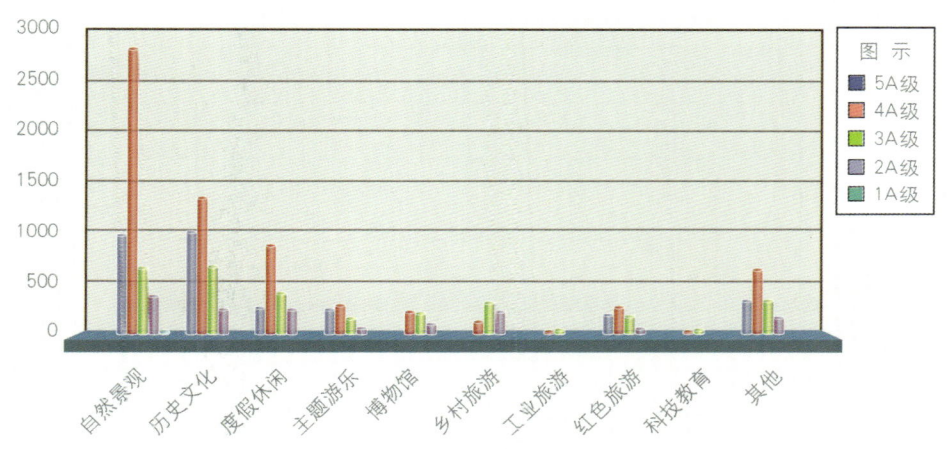

图40 华东地区A级旅游景区游客接待量类型等级分布图（单位：万人次）

2. 政策性免票游客量

华东地区国家A级旅游景区政策性免票游客总量为40771.62万人次，其中4A级、3A级旅游景区政策性免票人数较多，分别为20882.16万人次和8180.59万人次；自然景观类和历史文化类旅游景区政策性免票人数较多，分别为14846.60万人次和7717.24万人次。

自然景观类旅游景区中4A级旅游景区的政策性免票人数最多，为914321.76万人次；其次是3A级旅游景区，为2588.99万人次。历史文化类旅游景区中4A级旅游景区政策性免票人数最多，为4011.00万人次；其次是3A级旅游景区，为1310.30万人次。

表48 华东地区A级旅游景区免票游客接待量类型等级统计表（单位：万人次）

景区类型	5A级	4A级	3A级	2A级	1A级	合计
自然景观	1061.15	9321.76	2588.99	1865.70	9.00	14846.60
历史文化	1236.17	4011.00	1310.30	1143.57	16.20	7717.24
度假休闲	386.24	2462.87	722.30	1337.19	8.19	4916.79
主题游乐	259.48	857.20	383.11	367.33	24.05	1891.17
博物馆	0.00	827.49	721.41	674.35	0.00	2223.25
乡村旅游	0.00	741.32	769.07	1161.40	9.33	2681.12
工业旅游	0.00	140.54	88.30	66.29	0.00	295.13
红色旅游	247.73	1084.62	497.00	399.40	0.00	2228.75
科技教育	0.00	242.23	67.76	42.34	0.00	352.33
其他	642.92	1193.13	1032.35	750.84	0.00	3619.24
合计	3833.69	20882.16	8180.59	7808.41	66.77	40771.62

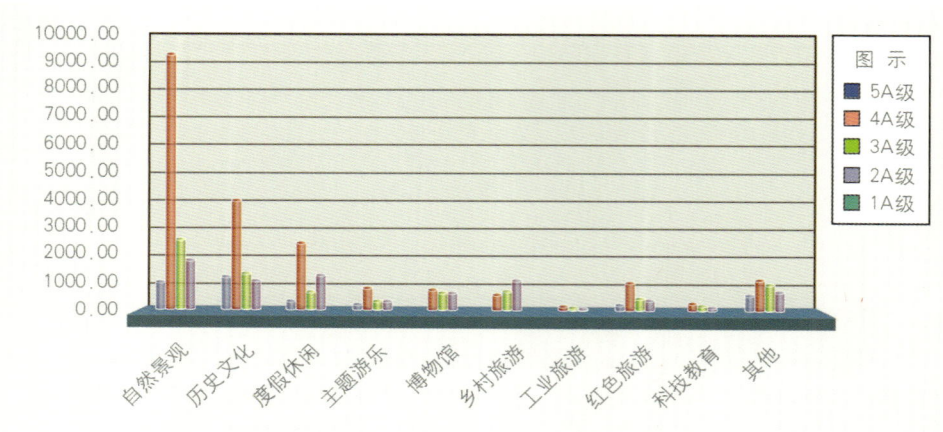

图41 华东地区A级旅游景区免票游客接待量类型等级分布（单位：万人次）

（三）旅游景区经营与投资情况

1. 旅游景区总收入

华东地区国家A级旅游景区旅游总收入为1064.32亿元。其中5A级、4A级旅游景区旅游总收入较多，分别为387.41亿元和484.16亿元；度假休闲类和自然景观类旅游景区旅游总收入较多，分别为238.18亿元和205.23亿元。

自然景观类旅游景区中5A级旅游景区旅游总收入最多，为113.51亿元；其次是4A级旅游景区，为66.09亿元；再次为3A级、2A级和1A级旅游景区。度假休闲类旅游景区中4A级旅游景区的旅游总收入最多，为129.85亿元；其次是5A级旅游景区，为66.64亿元；再次为3A级、2A级和1A级旅游景区。

表49 华东地区A级旅游景区总收入类型等级统计表（单位：亿元）

景区类型	5A级	4A级	3A级	2A级	1A级	合计
自然景观	113.51	66.09	21.92	3.41	0.30	205.23
历史文化	43.58	74.17	9.28	7.64	0	134.67
度假休闲	66.64	129.85	30.87	10.29	0.53	238.18
主题游乐	30.21	71.46	6.22	0.50	0.21	108.60
博物馆	0	11.58	2.40	0.93	0	14.91
乡村旅游	0	30.55	22.74	16.05	0.25	69.59
工业旅游	0	5.63	6.54	0.78	0	12.95
红色旅游	87.75	51.12	2.49	0.67	0	142.04
科技教育	0	8.71	1.54	0	0	10.25
其他	45.71	35.00	35.59	11.09	0.51	127.90
合计	387.41	484.16	139.59	51.36	1.80	1064.32

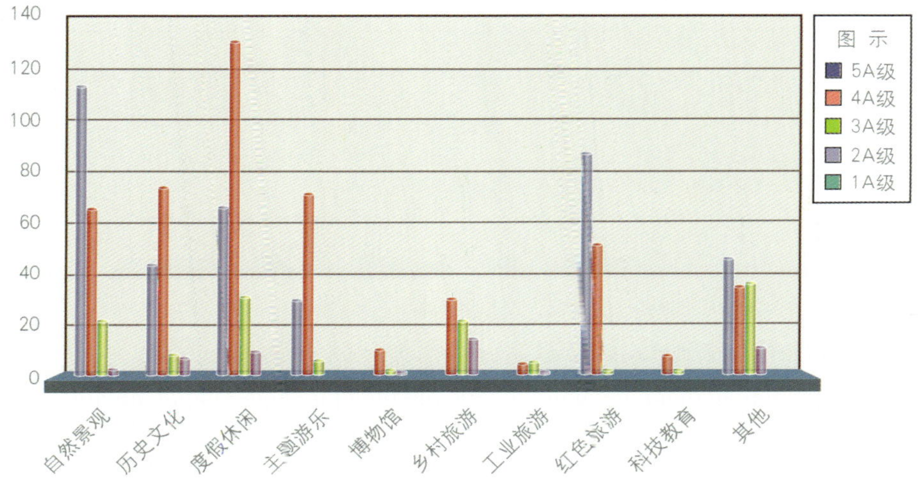

图42 华东地区A级旅游景区总收入类型等级分布图（单位：亿元）

2. 旅游景区分类收入

华东地区国家A级旅游景区旅游总收入构成主要来源于门票收入、商品收入、餐饮收入、交通收入、住宿收入和演艺收入6项收入。

（1）分级收入情况。华东地区全国不同等级A级旅游景区旅游总收入构成中，4A级、5A级旅游景区收入较多，分别为484.17亿元和387.4亿元。其中，5A级旅游景区以门票收入和住宿收入为主，分别为160.51亿元和66.29亿元；其次是餐饮、商品、交通、演艺等收入。4A级旅游景区以门票收入和住宿收入为主，分别为163.89亿元和106.29亿元；其次是住宿、商品、演艺、交通等收入。

表50 华东地区A级旅游景区分类收入等级统计表（单位：亿元）

景区级别	门票收入	商品收入	餐饮收入	交通收入	住宿收入	演艺收入	总计
5A级	160.51	55.74	56.87	42.23	66.29	5.76	387.4
4A级	163.89	77.52	78.83	47.69	106.29	9.95	484.17
3A级	49.25	31.53	25.95	8.12	21.91	2.83	139.59
2A级	9.66	13.89	11.89	5.11	9.66	1.14	51.35
1A级	1.17	0.051	0.43	0.08	0.07	0	1.801
总计	384.48	178.731	173.97	103.23	204.22	19.68	1064.32

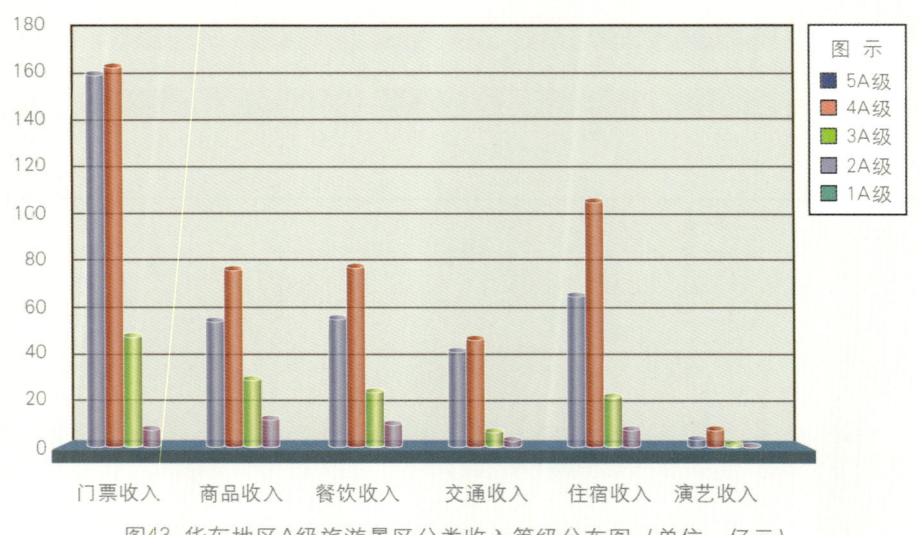

图43 华东地区A级旅游景区分类收入等级分布图（单位：亿元）

（2）分类收入情况。华东地区全国不同类别A级旅游景区旅游总收入构成中，度假休闲和自然景观类旅游景区所占比重较大，分别为238.18亿元和205.23亿元。其中，度假休闲类旅游景区以门票、餐饮收入为主，分别为76.06亿元和62.66亿元；其次为住宿、商品、交通、演艺收入。自然景观类旅游景区以门票、商品收入为主，分别为79.72亿元和41.05亿元，其次是住宿、餐饮、交通、演艺收入。

表51 华东地区A级旅游景区分类收入类型统计表（单位：亿元）

景区类型	门票收入	商品收入	餐饮收入	交通收入	住宿收入	演艺收入	合计
自然景观	79.72	41.05	22.19	18.85	40.38	3.04	205.23
历史文化	57.27	23.26	23.89	12.16	17.53	0.56	134.67
度假休闲	76.06	23.05	62.66	16.84	55.02	4.55	238.18
主题游乐	65.53	24.11	5.04	8.53	0.33	5.06	108.60
博物馆	1.46	3.84	2.50	4.01	0.07	3.03	14.91
乡村旅游	14.23	17.65	10.18	12.5	14.8	0.23	69.59
工业旅游	4.03	4.15	2.24	2.05	0.48	0	12.95

续表51

红色旅游	41.77	20.55	17.26	20.35	39.98	2.13	142.04
科技教育	4.42	4.04	0.73	1.01	0.04	0.01	10.25
其他	39.99	17.03	27.29	6.93	35.59	1.07	127.90
合计	384.48	178.73	173.98	103.23	204.22	19.68	1064.32

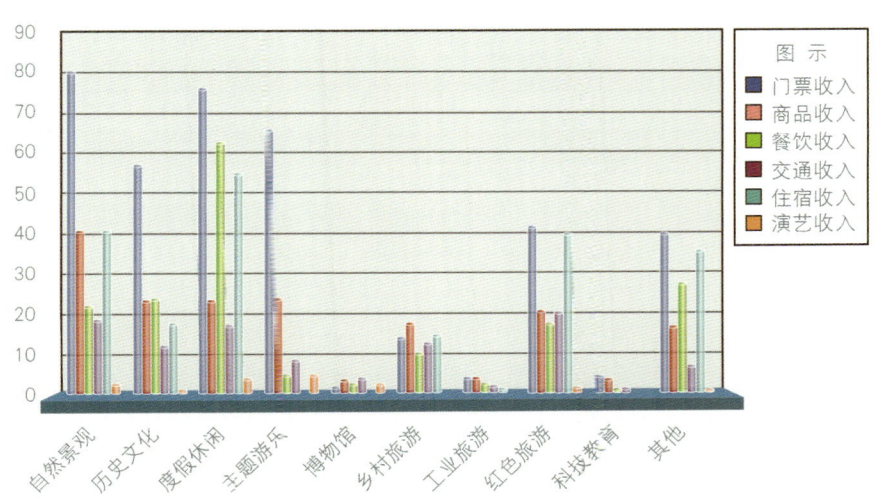

图44 华东地区A级旅游景区分类收入类型分布图（单位：亿元）

3. 旅游景区总投资

华东地区国家A级旅游景区总投资额为775.88亿元。其中4A级、3A级旅游景区总投资额较多，分别为400.16亿元和149.48亿元；度假休闲类和历史文化类旅游景区总投资额较多，分别为175.53亿元和151.04亿元。

历史文化类旅游景区中4A级、5A级旅游景区旅游总投资额最多，分别为78.75亿元和41.32亿元；其次为5A级、2A级和1A级旅游景区。度假休闲类旅游景区中4A级、3A级旅游景区的旅游总投资额最多，分别为111.61亿元和29.25亿元；其次是2A级、5A级和1A级。

表52 华东地区A级旅游景区总投资类型等级统计表（单位：亿元）

景区类型	5A级	4A级	3A级	2A级	1A级	合计
自然景观	31.75	34.28	39.07	39.67	1.27	146.04
历史文化	41.32	78.75	24.49	5.45	1.03	151.04
度假休闲	23.76	111.61	29.25	8.41	2.50	175.53
主题游乐	4.56	99.00	5.63	0.39	1.42	111.00
博物馆	0.00	9.09	6.14	0.50	1.47	17.20
乡村旅游	0.00	13.62	11.57	8.77	2.03	35.99
工业旅游	0.00	13.50	4.45	3.98	1.51	23.44
红色旅游	3.60	12.79	6.69	0.27	1.34	24.69
科技教育	0.00	9.21	1.04	0.10	1.12	11.47
其他	15.33	18.31	21.15	22.87	1.82	79.48
合计	120.32	400.16	149.48	90.41	15.51	775.88

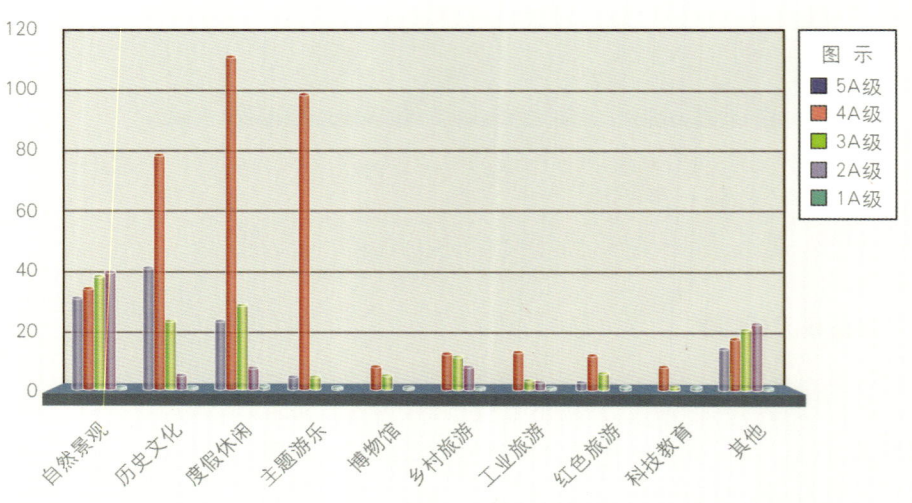

图45 华东地区A级旅游景区总投资类型等级分布图（单位：亿元）

（四）旅游景区经营管理机构与人员情况

1. 经营机构

华东地区国家A级旅游景区经营机构总数为2088家，其中企业经营机构数量最多，为1482家，占旅游景区经营机构总数的70.98%；其次是事业单位和行政单位，分别为566家和40家，分别占旅游景区经营机构总数的27.11%和1.92%。

表53 华东地区A级旅游景区经营管理机构情况统计表（单位：家）

经营管理机构类型			数量	合计
行政单位			40	40
事业单位			566	566
企业	内资	国有	290	1482
		集体	134	
		股份合作	38	
		国有联营	3	
		集体联营	18	
		国有与集体联营	3	
		其他联营	5	
		国有独资公司	24	
		其他有限责任公司	104	
		股份有限公司	85	
		私营独资	136	
		私营合伙	22	
		私营股份有限公司	45	
		私营有限责任公司	152	
		其他	379	
	港澳台投资	港澳台商独资	13	
		港澳台商投资股份有限公司	7	
		与港澳台商合资经营	5	
	外商投资	外商投资股份有限公司	2	
		外资企业	6	
		中外合资经营	8	
		中外合作经营	3	
合计				2088

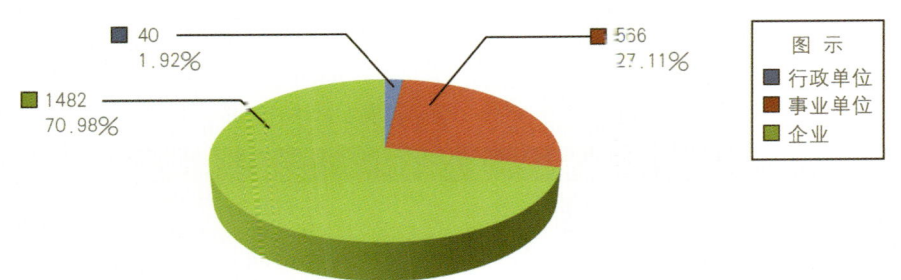

图46 华东地区A级旅游景区经营管理机构情况分布图（单位：家；%）

2. 就业情况

华东地区国家A级旅游景区就业人数总量为119.08万人，其中4A级、5A级旅游景区就业人数较多，分别为37.40万人和30.65万人。4A级旅游景区中，固定用工人数为12.69万人，临时用工人数为24.72万人次；5A级旅游景区中，固定用工人数为10.97万人，临时用工人数为19.68万人次。

表54 华东地区A级旅游景区就业情况类型等级统计表 （单位：人）

	5A级	4A级	3A级	2A级	1A级	合计
就业人数（人）	306548	374047	248690	256971	4510	1190766
其中固定用工（人）	109752	126857	94475	44928	1693	377705
其中临时（季节性）用工（人次）	196796	247190	154215	212043	2817	813061

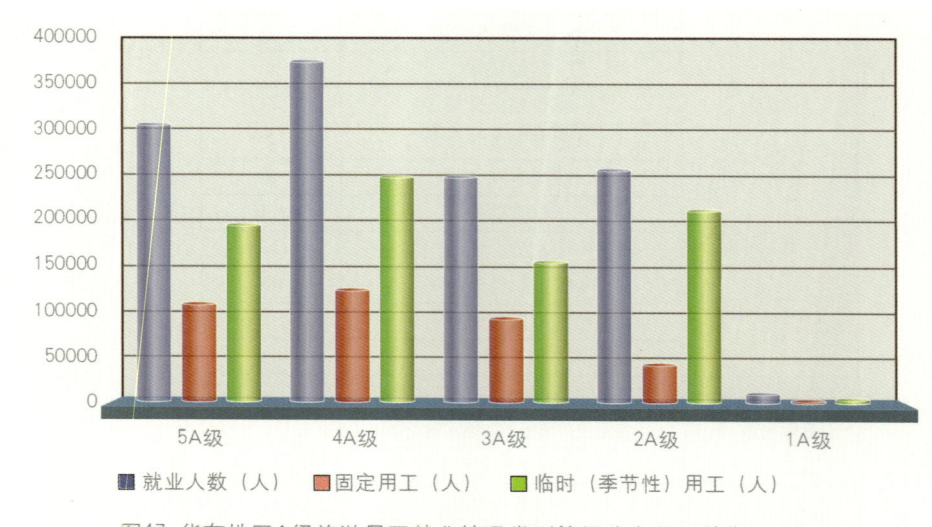

图47 华东地区A级旅游景区就业情况类型等级分布图（单位：人）

3. 导游员情况

华东地区国家A级旅游景区专职导游员总人数为23070人，其中4A级、5A级旅游景区的专职导游员人数较多，分别为10506人和6751人。

表55 华东地区A级旅游景区导游员数量类型等级统计表（单位：人）

	5A级	4A级	3A级	2A级	1A级	合计
专职导游员	6751	10506	3376	2335	102	23070

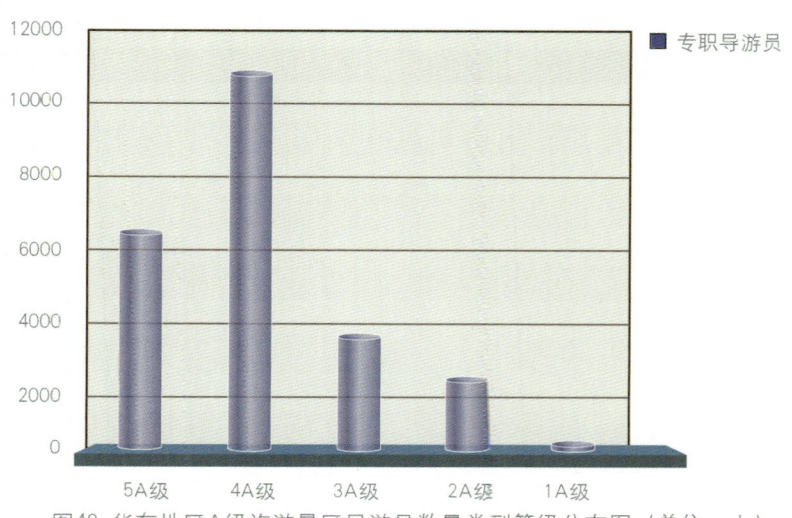

图48 华东地区A级旅游景区导游员数量类型等级分布图（单位：人）

五、中南地区

（一）旅游景区数量、类型及等级分布情况

中南地区共有国家A级旅游景区1098家，占全国A级旅游景区总量的18.17%。其中5A级旅游景区33家，占中南地区A级旅游景区总数的3.01%；4A级旅游景区465家，占中南地区A级旅游景区总数的42.35%；3A级旅游景区432家，占中南地区A级旅游景区总数的39.34%；2A级旅游景区163家，占中南地区A级旅游景区总数的14.85%；1A级旅游景区5家，占中南地区A级旅游景区总数的0.46%。

从旅游景区类型看，中南地区的A级旅游景区以自然景观类和历史文化类为主，数量分别为358家和263家；其次是度假休闲类旅游景区，共有169家；工业旅游、科技教育类A级旅游景区数量较少，分别为14家和11家。

从旅游景区类型和景区等级结构综合看，在中南地区5A级、4A级、3A级、1A级旅游景区以自然景观类数量最多，数量分别为17家、155家、141家和2家；2A级旅游景区自然景观类和历史文化类旅游景区数量均为43家。

表56 中南地区A级旅游景区类型等级统计表（单位：家）

景区类型	5A级	4A级	3A级	2A级	1A级	合计
自然景观	17	155	141	43	2	358
历史文化	8	108	103	43	1	263
度假休闲	5	89	56	19	0	169
主题游乐	2	25	17	9	0	53
博物馆	0	21	31	26	1	79
乡村旅游	0	12	25	9	0	46
工业旅游	0	1	12	1	0	14
红色旅游	1	15	10	4	1	31
科技教育	0	5	4	2	0	11
其他	0	34	33	7	0	74
合计	33	465	432	163	5	1098

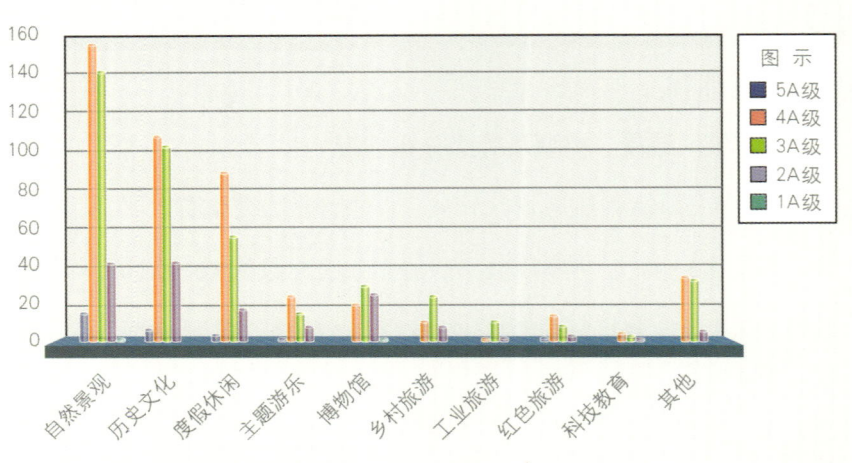

图49 中南地区A级旅游景区类型等级分布图（单位：家）

（二）旅游景区游客接待量情况

1. 接待总量

中南地区国家A级旅游景区旅游接待人数共计6.11亿人次，其中4A级旅游景区游客接待人数最多，为32226.88万人次；其次为3A级、5A级旅游景区，游客接待人数分别为14142.97万人次和10966.07万人次。

从旅游景区类型看，自然景观类旅游景区游客接待人数最多，为21897.08万人次；其次是历史文化类旅游景区，游客接待人数为13006.92万人次；科技教育类和工业旅游类旅游景区游客接待人数最少，分别为840.47万人次和409万人次。

表E7 中南地区A级旅游景区游客接待量类型等级统计表（单位：万人次）

景区类型	5A级	4A级	3A级	2A级	1A级	合计
自然景观	5566.01	10338.82	5228.43	723.68	40.14	21897.08
历史文化	1714.38	8032.87	2852.32	407.35	0	13006.92
度假休闲	514.43	5278.43	1791.52	497.23	0	8081.61
主题游乐	2147.75	1709.06	785.91	554.95	0	5197.67
博物馆	0	1562.71	888.13	580.24	42.67	3073.75
乡村旅游	0	292.18	601.24	661.70	0	1555.12
工业旅游	178.50	2.50	215.30	12.70	0	409.00
红色旅游	345.00	2949.01	1030.32	140.87	17.00	4982.20
科技教育	0	778.87	46.06	15.54	0	840.47
其他	0	1282.43	703.74	93.78	0	2079.95
合计	10466.07	32226.88	14142.97	3688.04	99.81	61123.77

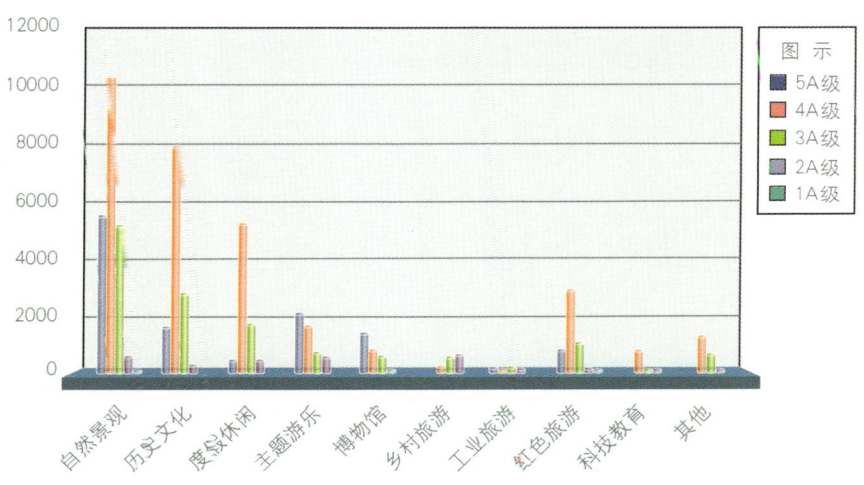

图50 中南地区A级旅游景区游客接待量类型等级分布图（单位：万人次）

2. 政策性免票游客量

中南地区国家A级旅游景区政策性免票游客总量为17545.87万人次，其中4A级、3A级旅游景区政策性免票人数较多，分别为9340.52万人次和4596.80万人次；历史文化类和自然景观类旅游景区政策性免票人数较多，分别为3790.87万人次和3356.96万人次。

自然景观类旅游景区中4A级旅游景区的政策性免票人数最多，为1411.34万人次；其次是3A级旅游景区，为1335.7万人次。历史文化类旅游景区中4A级旅游景区政策性免票人数最多，为2581.32万人次；其次是3A级旅游景区，为752.09万人次。

表58 中南地区A级旅游景区免票游客接待量类型等级统计表（单位：万人次）

景区类型	5A级	4A级	3A级	2A级	1A级	合计
自然景观	475.74	1411.34	1335.70	131.32	2.86	3356.96
历史文化	347.20	2581.82	752.09	107.73	2.03	3790.87
度假休闲	148.47	1247.40	589.49	164.32	12.00	2161.68
主题游乐	140.03	283.20	206.60	277.36	9.00	916.19
博物馆	0.00	1347.41	507.07	387.67	42.67	2284.82
乡村旅游	18.00	30.92	238.54	498.26	12.00	797.72
工业旅游	12.60	0.40	94.83	28.70	3.20	139.73
红色旅游	546.14	1570.25	524.39	95.94	17.00	2753.72
科技教育	10.00	190.36	18.22	1.48	6.21	226.27
其他	13.00	677.42	329.87	92.62	5.00	1117.91
合计	1711.18	9340.52	4596.80	1785.40	111.97	17545.87

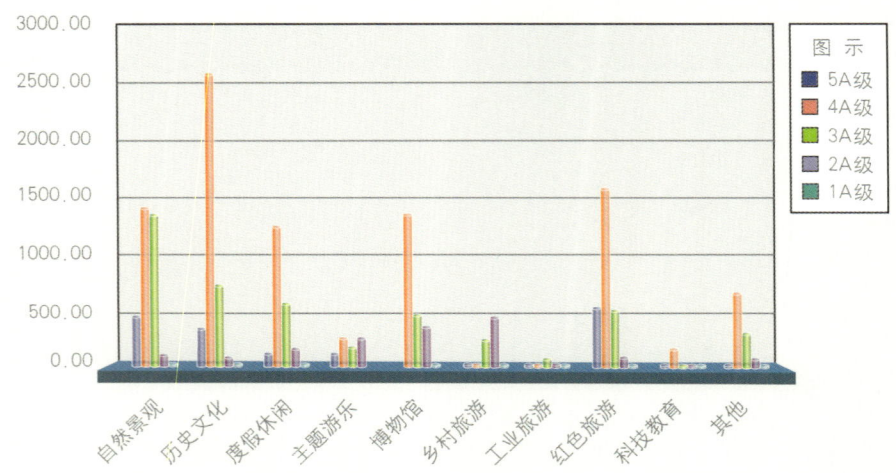

图51 中南地区A级旅游景区免票游客接待量类型等级分布图（单位：万人次）

（三）旅游景区经营与投资情况

1. 旅游景区总收入

中南地区国家A级旅游景区旅游总收入为587.08亿元。其中5A级、4A级旅游景区旅游总收入较多，分别为241.06亿元和246.91亿元；自然景观类和历史文化类旅游景区旅游总收入较多，分别为195.39亿元和131.11亿元。

自然景观类旅游景区中4A级旅游景区旅游总收入最多，为88.55亿元；其次是5A级旅游景区，为65.25亿元；再次为3A级、2A级和1A级旅游景区。历史文化类旅游景区中5A级旅游景区的旅游总收入最多，为72.05亿元；其次是4A级旅游景区，为37.98亿元；再次为3A级、2A级和1A级旅游景区。

表59 中南地区A级旅游景区总收入类型等级统计表（单位：亿元）

景区类型	5A级	4A级	3A级	2A级	1A级	合计
自然景观	65.25	88.55	36.80	4.72	0.07	195.39
历史文化	72.05	37.98	15.45	5.63	0.00	131.11
度假休闲	9.48	75.57	27.71	1.08	0.00	113.84
主题游乐	35.69	9.44	3.27	0.32	0.00	48.72
博物馆	0.00	3.52	0.36	0.15	0.00	4.04
乡村旅游	15.25	2.39	5.16	0.80	0.02	23.62
工业旅游	3.82	0.02	0.47	0.06		4.37
红色旅游	24.98	1.86	1.24	0.03	0.01	28.12
科技教育	1.99	2.49	0.81	0.03	0.00	5.33
其他	12.55	15.07	4.38	0.55	0.00	32.54
合计	241.06	246.91	95.65	13.37	0.09	587.07

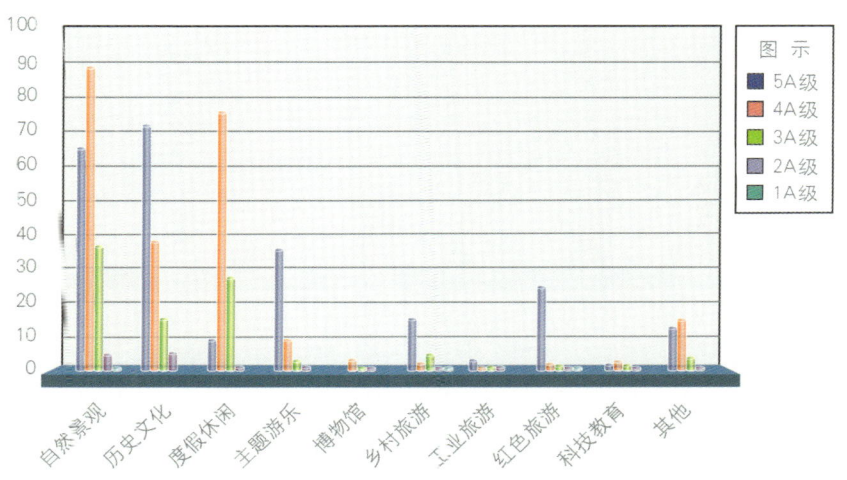

图52 中南地区A级旅游景区总收入类型等级分布图（单位：亿元）

2. 旅游景区分类收入

中南地区国家A级旅游景区旅游总收入构成主要来源于门票收入、商品收入、餐饮收入、交通收入、住宿收入和演艺收入6项收入。

（1）分级收入情况。中南地区全国不同等级A级旅游景区旅游总收入构成中，4A级、5A级旅游景区收入较多，分别为267.06亿元和213.69亿元。其中，5A级旅游景区以门票收入和商品收入为主，分别为90.11亿元和32.62亿元；其次是餐饮、住宿、交通、演艺等收入。4A级旅游景区以门票收入和餐饮收入为主，分别为78.07亿元和65.02亿元；其次是住宿、交通、商品、演艺等收入。

表60 中南地区A级旅游景区分类收入等级统计表（单位：亿元）

收入类型	5A级	4A级	3A级	2A级	1A级	合计
门票收入	90.11	78.07	13.69	6.91	0.03	188.50
商品收入	32.62	19.25	8.96	2.85	0.20	63.89
餐饮收入	32.57	65.02	21.15	9.96	0.22	128.61
交通收入	24.43	38.21	22.07	3.86	0.07	88.49
住宿收入	31.19	63.70	8.46	5.04	0.41	108.87
演艺收入	2.76	3.08	2.67	0.20	0.00	8.71
合计	213.69	267.06	77.00	28.33	0.99	587.07

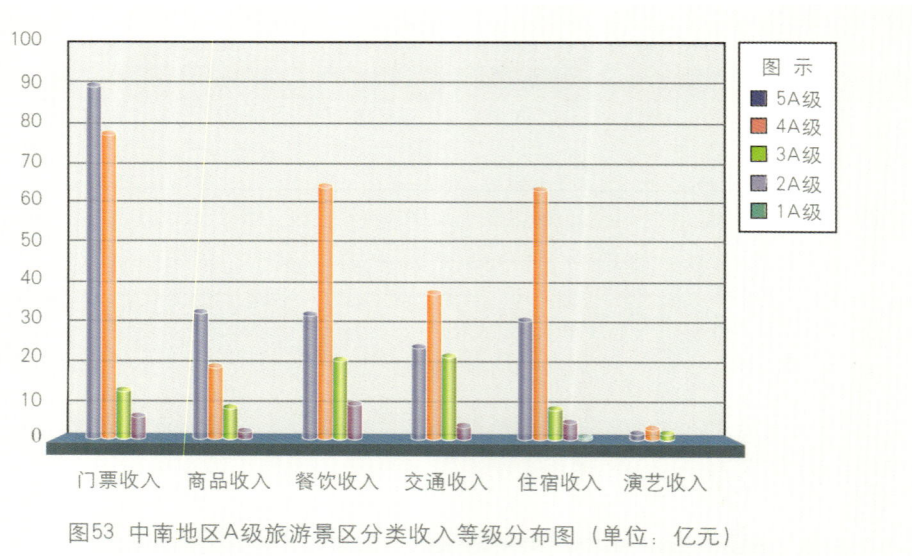

图53 中南地区A级旅游景区分类收入等级分布图（单位：亿元）

（2）分类收入情况。中南地区全国不同类别A级旅游景区旅游总收入构成中，自然景观类和度假休闲类旅游景区所占比重较大，分别为230.74亿元和141.26亿元。其中，自然景观类旅游景区以门票、餐饮收入为主，分别为92.23亿元和47.30亿元；其次是交通、住宿、商品、演艺收入。度假休闲类旅游景区以餐饮、住宿收入为主，分别为45.49亿元和44.68亿元；其次为门票、交通、商品、演艺收入。

表61 中南地区A级旅游景区分类收入类型统计表（单位：亿元）

景区类型	门票收入	商品收入	餐饮收入	交通收入	住宿收入	演艺收入	总计
自然景观	92.23	19.40	47.30	41.86	26.40	3.55	230.74
历史文化	25.62	23.50	17.92	16.77	23.27	0.66	107.74
度假休闲	31.51	9.63	45.49	9.07	44.68	0.88	141.26
主题游乐	24.58	1.47	3.00	0.82	0.66	0.69	31.22
博物馆	1.23	0.59	2.38	1.81	3.01	0.77	9.79

续表61

乡村旅游	1.68	1.80	3.24	1.31	1.15	0.87	10.05
工业旅游	0.92	0.55	0.28	1.96	0.87	0.93	5.52
红色旅游	1.86	3.44	6.84	13.03	5.55	0.06	30.78
科技教育	1.37	0.53	0.00	0.00	0.00	0.00	1.90
其他	7.49	2.99	2.15	1.86	3.28	0.31	18.07
总计	188.50	63.99	128.61	88.49	108.87	8.71	587.07

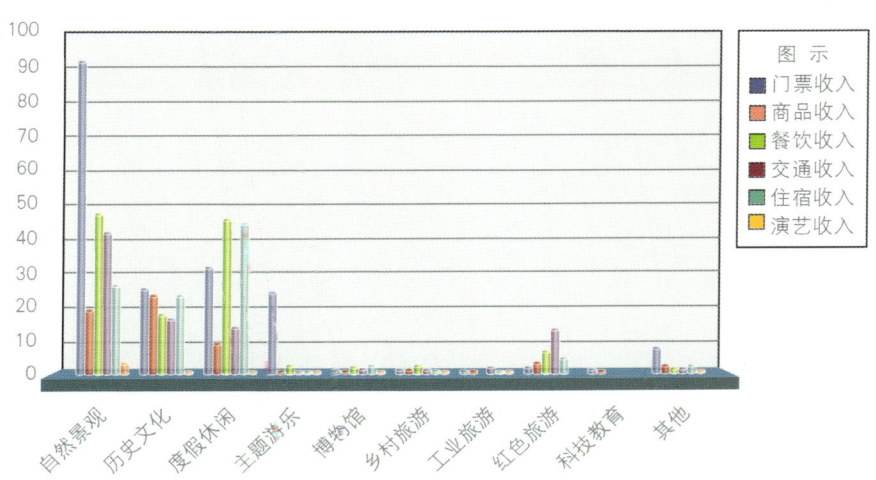

图54 中南地区A级旅游景区分类收入类型分布图（单位：亿元）

3. 旅游景区总投资

中南地区国家A级旅游景区总投资额为285.03亿元。其中4A、5A级旅游景区总投资额较多，分别为155.34亿元和56.82亿元；度假休闲类和自然景观类旅游景区总投资额较多，分别为98.84亿元和73.53亿元。

自然景观类旅游景区中5A级、4A级旅游景区旅游总投资额最多，分别为36.81亿元和21.76亿元；其次为3A级、2A级和1A级旅游景区。度假休闲类旅游景区中4A级、3A级旅游景区的旅游总投资额最多，分别为72.98亿元和14.68亿元；其次是2A级和5A级旅游景区。

表62 中南地区A级旅游景区总投资类型等级统计表（单位：亿元）

景区类型	5A级	4A级	3A级	2A级	1A级	合计
自然景观	36.81	21.76	14.94	3.04	0.02	73.53
历史文化	14.67	10.52	8.72	3.92	0.00	36.74

续表62

度假休闲	3.65	72.98	14.68	6.63	0.00	98.84
主题游乐	1.38	4.32	0.79	5.51	0.00	11.93
博物馆	0.00	1.04	0.49	0.19	0.05	1.77
乡村旅游	0.00	0.39	1.37	0.74	0.00	2.30
工业旅游	0.30	0.02	3.87	0.01	0.00	4.20
红色旅游	0.00	0.74	1.97	0.13	0.00	2.65
科技教育	0.00	1.21	0.05	2.23	0.00	3.48
其他	0.00	42.37	3.11	0.42	0.00	49.60
合计	56.82	155.34	49.99	22.80	0.07	285.03

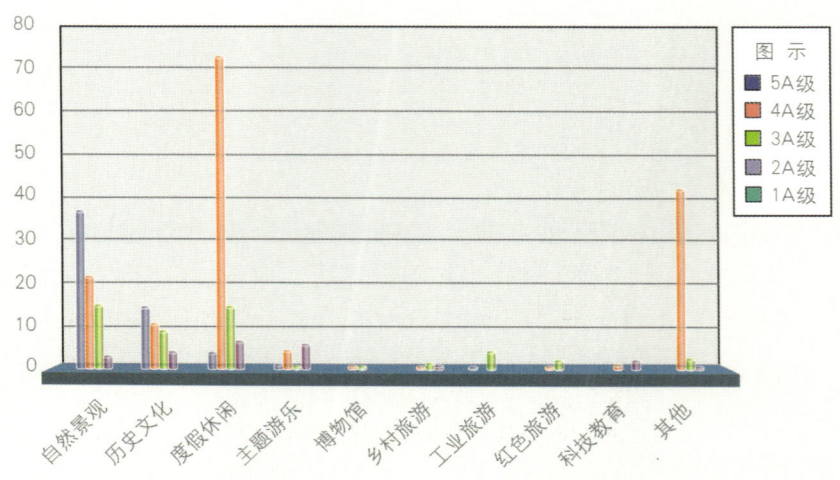

图55 中南地区A级旅游景区总投资类型等级分布图（单位：亿元）

（四）旅游景区经营管理机构与人员情况

1. 经营机构

中南地区国家A级旅游景区经营机构总数为1098家，其中企业经营机构数量最多，为716家，占旅游景区经营机构总数的65.21%；其次是事业单位和行政单位，分别为334家和48家，分别占旅游景区经营机构总数的30.42%和4.37%。

表63 中南地区各类型A级旅游景区经营管理机构情况统计表（单位:家）

经营管理机构类型			数量	合计
行政单位			48	48
事业单位			334	334
企业	内资	国有	154	716
		集体	42	
		股份合作	40	

续表63

企业	内资	国有联营	15	716
		集体联营	12	
		国有与集体联营	11	
		其他联营	8	
		国有独资公司	16	
		其他有限责任公司	65	
		股份有限公司	47	
		私营独资	61	
		私营合伙	15	
		私营有限责任公司	117	
		私营股份有限公司	30	
		其他	35	
	港澳台投资	与港澳台商合资经营	8	
		港澳台商独资	9	
	外商投资	外资企业	9	
		中外合资经营	14	
		外商投资股份有限公司	8	
合计				1098

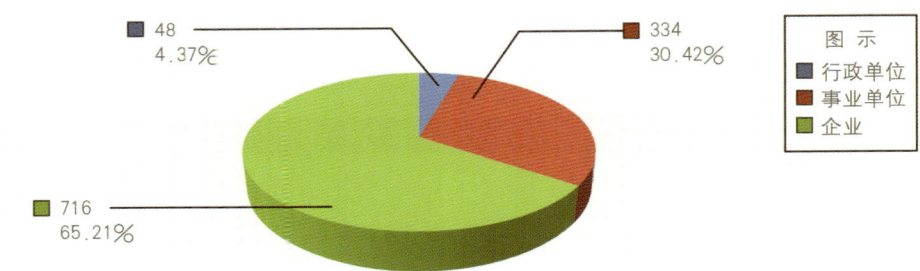

图56 中南地区A级旅游景区经营管理机构情况分布图（单位：家；%）

2. 就业情况

中南地区国家A级旅游景区就业人数总量为138.65万人，其中4A级、5A级旅游景区就业人数较多，分别为53.26万人和56.08万人。4A级旅游景区中，固定用工人数为9.81万人，临时用工人数为43.45万人次；5A级旅游景区中，固定用工人数为7.63万人，临时用工人数为48.45万人次。

表64 中南地区A级旅游景区就业情况等级统计表（单位：人）

	5A级	4A级	3A级	2A级	1A级	合计
就业人数（人次）	560769	532592	219614	63866	9679	1386520
固定用工（人）	76271	98142	44548	23879	838	243678
临时（季节性）用工（人次）	484498	434450	175066	39987	8841	1142842

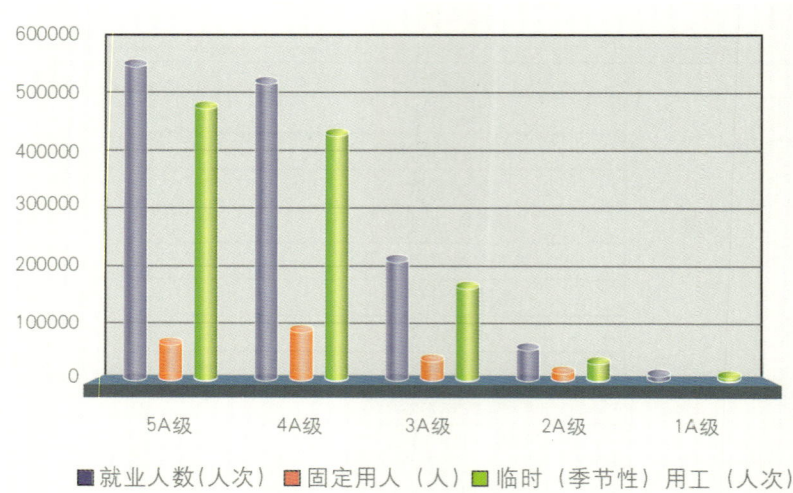

图57 中南地区A级旅游景区就业情况等级分布图（单位：人）

3. 导游员情况

中南地区国家A级旅游景区专职导游员总人数为11305人，其中5A级、4A级旅游景区的专职导游员人数较多，分别为3945人和4157人。

表65 中南地区A级旅游景区导游员数量等级统计表（单位：人）

	5A级	4A级	3A级	2A级	1A级	合计
专职导游员	3945	4157	2688	511	4	11305

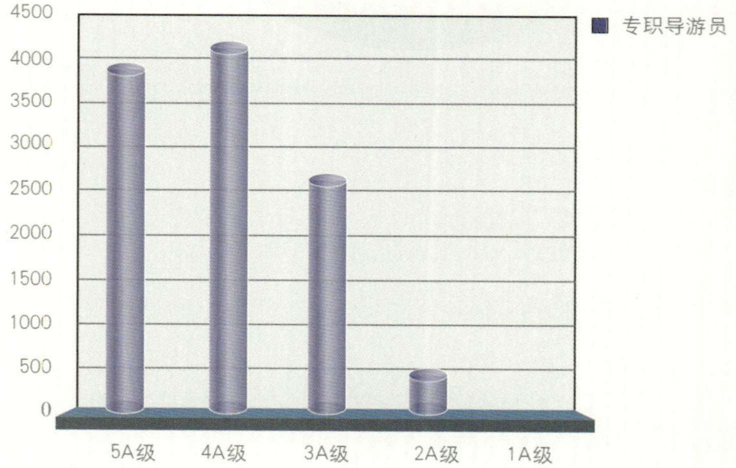

图58 中南地区A级旅游景区导游员数量等级分布图（单位：人）

六、西南地区

（一）旅游景区数量、类型及等级分布情况

西南地区共有国家A级旅游景区665家，占全国A级旅游景区总量的11.01%。其中5A级旅游景区18家，占西南地区A级旅游景区总数的2.71%；4A级旅游景区244家，占西南地区A级旅游景区总数的39.69%；3A级旅游景区197家，占西南地区A级旅游景区总数的29.62%；2A级旅游景区186家，占西南地区A级旅游景区总数的27.97%；1A级旅游景区20家，占西南地区A级旅游景区总数的3.01%。

从旅游景区类型看，西南地区的A级旅游景区以自然景观类和历史文化类为主，数量分别为230家和166家；其次是度假休闲类旅游景区，共有93家；工业旅游、科技教育类A级旅游景区数量较少，均为4家。

从旅游景区类型和景区等级结构综合看，在西南地区5A级、4A级、3A级、2A级旅游景区以自然景观类数量最多，分别为13家、88家、52家和69家；1A级旅游景区以其他类旅游景区最多，数量为9家。

表66 西南地区A级旅游景区类型等级统计表（单位：家）

景区类型	5A级	4A级	3A级	2A级	1A级	合计
自然景观	13	88	52	69	0	230
历史文化	3	50	40	31	0	166
度假休闲	0	27	40	25	3	93
主题游乐	12	2	2	1	0	12
博物馆	0	13	7	8	7	28
乡村旅游	7	24	19	1	1	41
工业旅游	0	1	5	1	0	4
红色旅游	0	13	6	9	0	17
科技教育	0	3	5	1	0	4
其他	2	13	15	21	9	70
合计	18	244	197	186	20	665

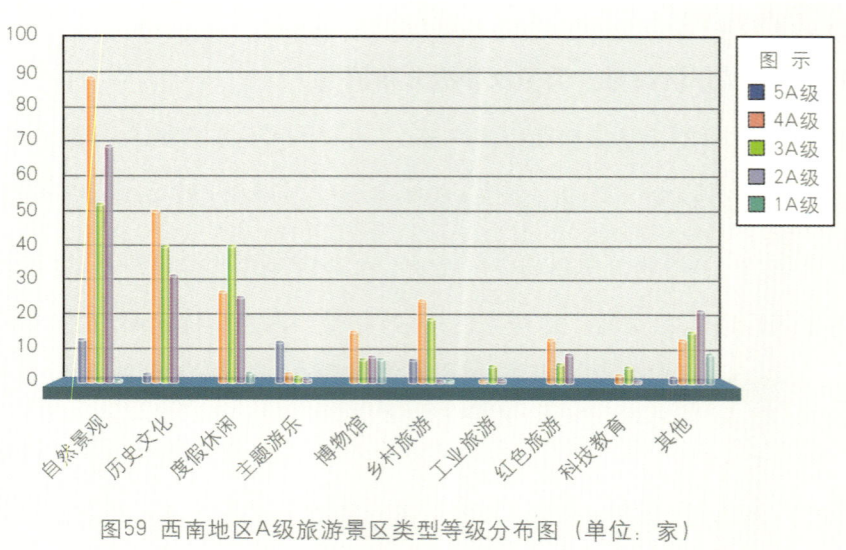

图59 西南地区A级旅游景区类型等级分布图（单位：家）

（二）旅游景区游客接待量情况

1. 接待总量

西南地区国家A级旅游景区旅游接待人数共计3.52亿人次，其中4A级旅游景区游客接待人数最多，为16216.54万人次；其次为3A级、5A级旅游景区，游客接待人数分别为7705.20万人次和7518.86万人次。

从旅游景区类型看，自然景观类旅游景区游客接待人数最多，为13766.78万人次；其次是历史文化类旅游景区，游客接待人数为8626.79万人次；科技教育类和工业旅游类旅游景区游客接待人数最少，分别为388.53万人次和170.01万人次。

表67 西南地区A级旅游景区游客接待量类型等级统计表（单位：万人次）

景区类型	5A级	4A级	3A级	2A级	1A级	合计
自然景观	6278.00	4818.24	1722.62	922.21	25.70	13766.78
历史文化	1040.46	3927.56	2104.62	1506.53	47.62	8626.79
度假休闲	0	1148.19	1497.74	214.48	0	2860.41
主题游乐	0.00	1528.53	57.19	68.05	7.55	1661.33
博物馆	0	1112.49	120.43	121.15	0	1354.07
乡村旅游	0.00	1386.74	1039.23	336.71	15.36	2778.04
工业旅游	0	0.00	135.94	34.07	0	170.01
红色旅游	0	1604.46	398.71	180.75	0	2183.92
科技教育	0	150.68	214.10	23.75	0	388.53
其他	200.40	539.65	414.63	284.61	13.46	1452.74
合计	7518.86	16216.54	7705.20	3692.32	109.70	35242.62

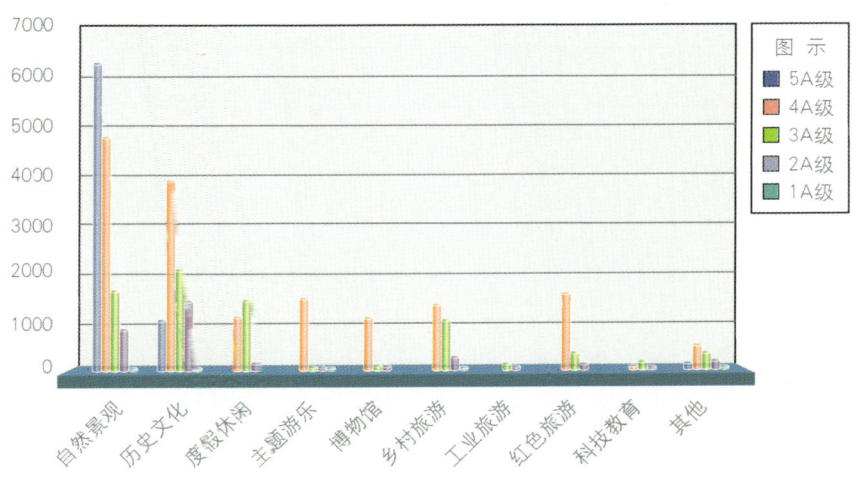

图60 西南地区A级旅游景区游客接待量类型等级分布图(单位:万人次)

2. 政策性免票游客量

西南地区国家A级旅游景区政策性免票游客总量为11774.22万人次,其中4A、3A级旅游景区政策性免票人数较多,分别为7405.03万人次和2320.16万人次;历史文化类和自然景观类旅游景区政策性免票人数较多,分别为3635.62万人次和2620.14万人次。

自然景观类旅游景区中4A级旅游景区的政策性免票人数最多,为1056.00万人次;其次是5A级旅游景区,为628.16万人次。历史文化类旅游景区中4A级旅游景区政策性免票人数最多,为2717.86万人次;其次是3A级旅游景区,为727.53万人次。

表68 西南地区A级旅游景区免票游客接待量类型等级统计表(单位:万人次)

景区类型	5A级	4A级	3A级	2A级	1A级	总计
自然景观	628.16	1056.00	564.00	362.40	9.58	2620.14
历史文化	18.84	2717.86	727.53	114.88	56.51	3635.62
度假休闲	0.00	372.76	376.50	156.95	0.00	906.21
主题游乐	0.00	784.12	16.25	0.00	0.00	800.37
博物馆	0.00	796.92	62.22	148.17	0.00	1007.31
乡村旅游	0.00	1.59	199.96	151.01	18.23	370.79
工业旅游	0.00	0.00	55.10	4.26	0.00	59.36
红色旅游	0.00	1391.35	149.50	208.69	0.00	1749.54
科技教育	0.00	112.04	75.59	31.59	0.00	219.22
其他	28.50	172.39	93.51	110.18	1.08	405.66
合计	675.50	7405.03	2320.16	1288.13	85.40	11774.22

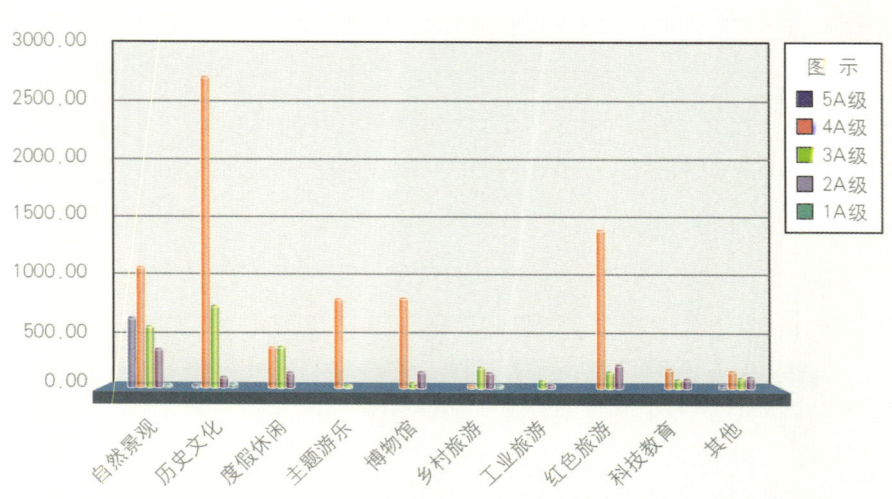

图61 西南地区A级旅游景区免票游客接待量类型等级分布图（单位：万人次）

（三）旅游景区经营与投资情况

1. 旅游景区总收入

西南地区国家A级旅游景区旅游总收入为433.70亿元。其中4A级、5A级旅游景区旅游总收入较多，分别为204.71亿元和148.96亿元；度假休闲类和自然景观类旅游景区旅游总收入较多，分别为95.53亿元和82.32亿元。

自然景观类旅游景区中5A级旅游景区旅游总收入最多，为43.36亿元；其次是4A级旅游景区，为27.45亿元；再次为3A级、2A级和1A级旅游景区。度假休闲类旅游景区中4A级旅游景区的旅游总收入最多，为58.37亿元；其次是5A级旅游景区，为26.45亿元；再次为3A级和2A级旅游景区。

表69 西南地区A级旅游景区总收入类型等级统计表（单位：亿元）

景区类型	5A级	4A级	3A级	2A级	1A级	合计
自然景观	43.36	27.45	9.31	1.54	0.66	82.32
历史文化	14.53	30.37	5.36	4.72	0.00	54.98
度假休闲	26.45	58.37	6.52	3.90	0.29	95.53
主题游乐	9.62	30.84	2.93	0.31	0.46	44.16
博物馆	0.00	6.14	1.13	0.57	0.00	7.84
乡村旅游	0.00	13.46	8.70	8.04	0.55	30.75
工业旅游	0.00	2.35	3.08	0.48	0.00	5.91
红色旅游	38.37	18.31	0.97	0.41	0.00	58.06
科技教育	0.00	3.71	0.72	0.00	0.00	4.43
其他	16.63	13.71	12.42	5.83	1.13	49.72
合计	148.96	204.71	51.14	25.80	3.10	433.70

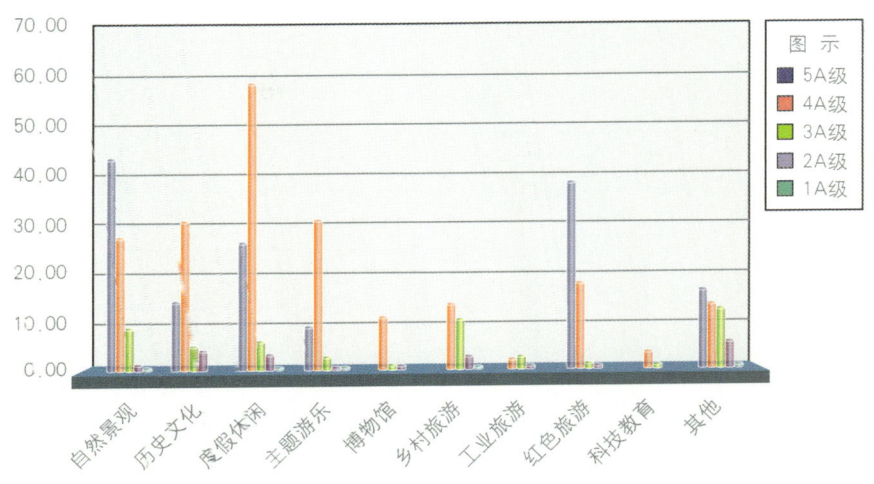

图62 西南地区A级旅游景区总收入类型等级分布图（单位：亿元）

2. 旅游景区分类收入

西南地区国家A级旅游景区旅游总收入构成主要来源于门票收入、商品收入、餐饮收入、交通收入、住宿收入和演艺收入6项收入。

（1）分级收入情况。西南地区全国不同等级A级旅游景区旅游总收入构成中，4A级、5A级旅游景区旅游收入较多，分别为204.80亿元和148.86亿元。其中，5A级旅游景区以门票、商品收入为主，分别为43.13亿元和29.89亿元；其次是餐饮、交通、住宿、演艺等收入。4A级旅游景区以门票收入和餐饮收入为主，分别为62.72亿元亿元和42.7亿元；其次是商品、交通、住宿、演艺等收入。

表70 西南地区A级旅游景区分类收入等级统计表（单位：亿元）

景区级别	门票收入	商品收入	餐饮收入	交通收入	住宿收入	演艺收入	合计
5A级	43.13	29.89	27.50	23.99	20.03	4.32	148.86
4A级	62.72	39.09	42.70	29.77	26.24	4.28	204.80
3A级	11.24	10.11	8.88	11.79	7.85	1.27	51.14
2A级	8.26	5.49	4.31	4.21	3.06	0.47	25.80
1A级	2.17	0.33	0.1	0.28	0.18	0.02	3.10
总计	127.54	84.91	83.49	70.04	57.36	10.36	433.7

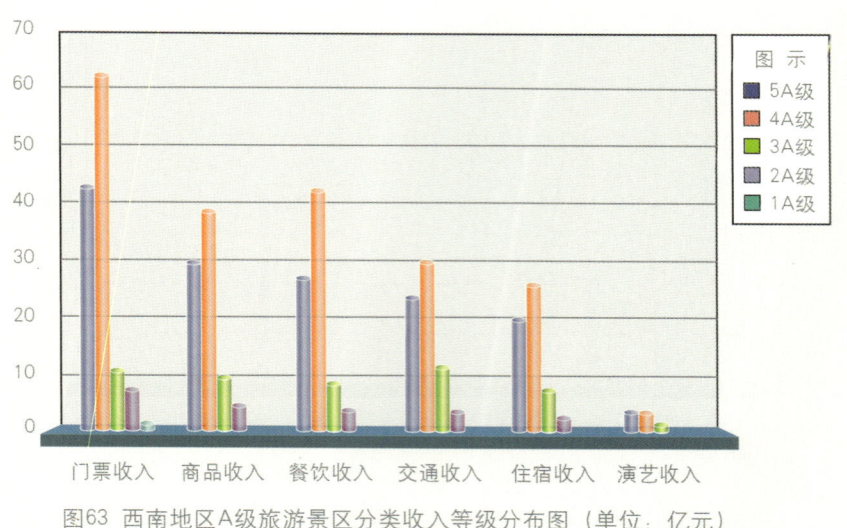

图63 西南地区A级旅游景区分类收入等级分布图（单位：亿元）

（2）分类收入情况。西南地区全国不同类别A级旅游景区旅游总收入构成中，度假休闲和自然景观类旅游景区所比例重较大，分别为95.53亿元和82.33亿元。其中，自然景观类旅游景区以门票、商品收入为主，分别为26.44亿元和19.50亿元；其次是交通、住宿、餐饮、演艺收入。度假休闲类旅游景区以门票、餐饮收入为主，分别为25.23亿元和30.07亿元；其次为住宿、交通、商品、演艺收入。

表71 西南地区A级旅游景区分类收入类型统计表（单位：亿元）

景区类型	门票收入	商品收入	餐饮收入	交通收入	住宿收入	演艺收入	合计
自然景观	26.44	19.50	10.65	12.79	11.34	1.60	82.33
历史文化	19.00	11.05	11.46	8.25	4.92	0.29	54.98
度假休闲	25.23	10.95	30.07	11.43	15.45	2.40	95.53
主题游乐	21.74	11.45	2.42	5.79	0.09	2.66	44.15
博物馆	0.48	1.82	1.20	2.72	0.02	1.60	7.84
乡村旅游	4.72	8.39	4.89	8.48	4.16	0.12	30.75
工业旅游	1.34	1.97	1.07	1.39	0.13	0.00	5.91
红色旅游	13.86	9.76	8.28	13.81	11.23	1.12	58.06
科技教育	1.47	1.92	0.35	0.69	0.01	0.01	4.44
其他	13.27	8.09	13.10	4.70	10.00	0.56	49.71
合计	127.54	84.91	83.49	70.04	57.36	10.36	433.7

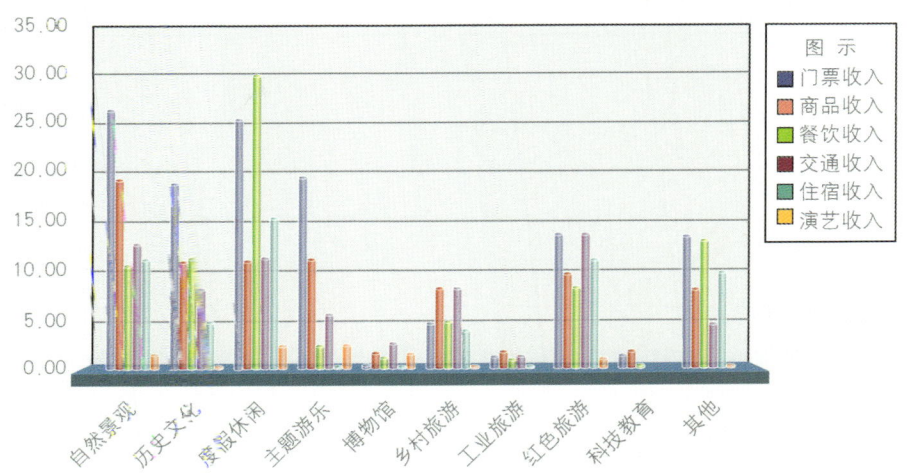

图64 西南地区A级旅游景区分类收入类型分布图（单位：亿元）

3. 旅游景区总投资

西南地区国家A级旅游景区总投资额为165.86亿元，其中4A级、3A级旅游景区总投资额较多，分别为76.16亿元和32.42亿元；自然景观类、历史文化类旅游景区总投资额较多，分别为75.98亿元和28.37亿元。

自然景观类旅游景区中4A级、5A级旅游景区旅游总投资额最多，分别为33.99亿元和23.22亿元；其次为2A级、3A级和1A级旅游景区。历史文化类旅游景区中4A级、2A级旅游景区的旅游总投资额最多，分别为16.42亿元和5.79亿元，其次是3A级、5A级和1A级旅游景区。

表72 西南地区A级旅游景区总投资类型等级统计表（单位：亿元）

景区类型	5A级	4A级	3A级	2A级	1A级	合计
自然景观	23.22	33.99	6.14	12.44	0.19	75.98
历史文化	0.49	16.42	5.66	5.79	0.01	28.37
度假休闲	0.00	9.57	7.70	5.93	0.00	23.20
主题游乐	0.00	3.46	0.42	0.11	0.00	3.99
博物馆	0.00	3.38	0.26	0.05	0.00	3.69
乡村旅游	0.00	4.62	10.09	2.42	0.10	17.23
工业旅游	0.00	0.00	0.84	0.07	0.00	0.91
红色旅游	0.00	2.34	0.74	2.44	0.00	5.52
科技教育	0.00	0.31	0.13	0.01	0.00	0.45
其他	1.05	2.07	0.44	2.51	0.45	6.52
合计	24.76	76.16	32.42	31.77	0.75	165.86

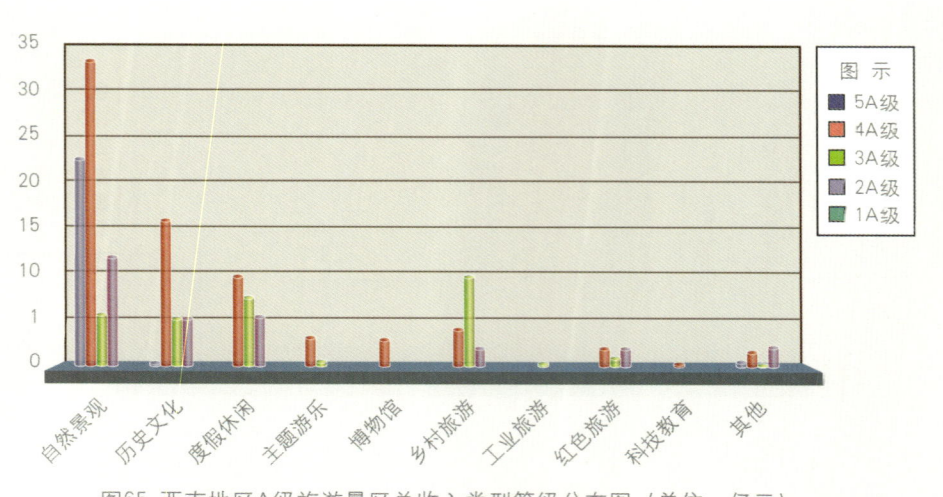

图65 西南地区A级旅游景区总收入类型等级分布图（单位：亿元）

（四）旅游景区经营管理机构与人员情况

1. 经营机构

西南地区国家A级旅游景区经营机构总数为665家，其中企业经营机构数量最多，为404家，占旅游景区经营机构总数的60.75%；其次是事业单位和行政单位，分别为215家和46家，分别占旅游景区经营机构总数的32.33%和6.92%。

表73 西南地区A级旅游景区经营管理机构情况统计表（单位：家）

经营管理机构类型			数量	合计
行政单位			46	46
事业单位			215	215
企业	内资	国有	118	404
		集体	8	
		股份合作	15	
		国有联营	7	
		集体联营	13	
		国有与集体联营	8	
		其他有限责任公司	34	
		股份有限公司	31	
		私营独资	30	
		私营合伙	9	
		私营股份有限公司	22	
		私营有限责任公司	57	
		其他	47	
	外商投资	港澳台投资	5	
合计				665

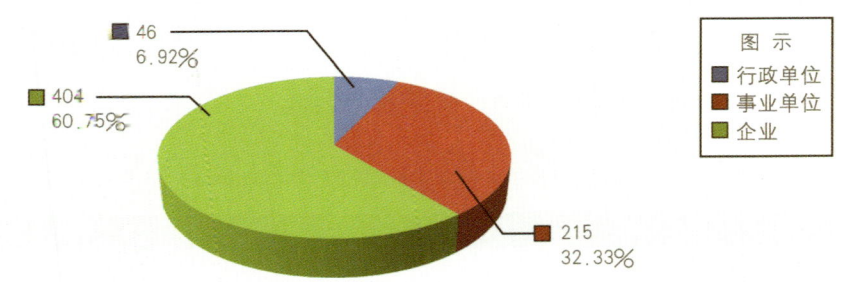

图66 西南地区A级旅游景区经营管理机构情况分布图（单位：家；%）

2. 就业情况

西南地区国家A级旅游景区就业人数总量为35.23万人，其中4A级、3A级旅游景区就业人数较多，分别为14.55万人和10.79万人。4A级旅游景区中，固定用工人数为9.83万人，临时用工人数为4.71万人次；3A级旅游景区中，固定用工人数为6.17万人，临时用工人数为4.62万人次。

表74 西南地区A级旅游景区就业情况类型等级统计表（单位：人）

	5A级	4A级	3A级	2A级	1A级	合计
就业人数（人）	58173	145456	107878	40517	274	352298
固定用工（人）	35984	98331	61719	20551	114	216699
临时（季节性）用工（人次）	22189	47125	46159	19966	160	135599

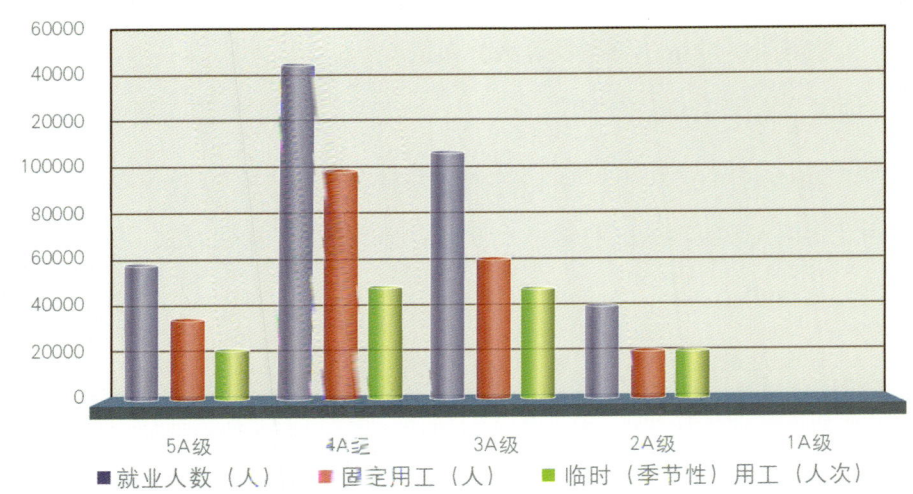

图67 西南地区A级旅游景区就业情况类型等级分布图（单位：人）

3. 导游员情况

西南地区国家A级旅游景区专职导游员总人数为812人，其中4A级、5A级旅游景区专职导游员人数较多，分别为317人和263人。

表75 西南地区A级旅游景区导游员数量类型等级统计表（单位：人）

	5A级	4A级	3A级	2A级	1A级	合计
专职导游员	263	317	155	77	0	812

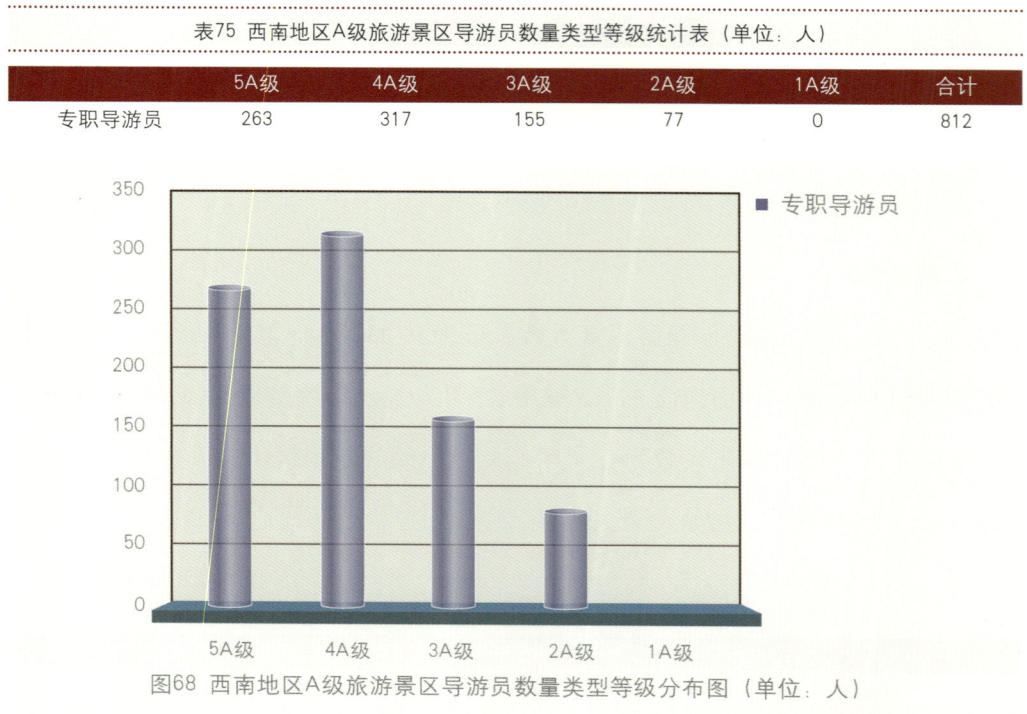

图68 西南地区A级旅游景区导游员数量类型等级分布图（单位：人）

七、西北地区

（一）旅游景区数量、类型及等级分布情况

西北地区共有国家A级旅游景区701家，占全国A级旅游景区总量的11.60%。其中5A级旅游景区18家，占西北地区A级旅游景区总数的2.57%；4A级旅游景区168家，占西北地区A级旅游景区总数的23.97%；3A级旅游景区281家，占西北地区A级旅游景区总数的40.09%；2A级旅游景区215家，占西北地区A级旅游景区总数的30.67%；1A级旅游景区19家，占西北地区A级旅游景区总数的2.71%。

从旅游景区类型看，西北地区的A级旅游景区以自然景观类和历史文化类为主，数量分别为219家和205家；其次是度假休闲类旅游景区，共有97家；工业旅游、科技教育类A级旅游景区数量较少，分别为2家和5家。

从旅游景区类型和景区等级结构综合看，在西北地区5A级、4A级、3A级、2A

级旅游景区以自然景观类数量最多，分别为10家、58家、77家和71家；1A级旅游景区以历史文化类旅游景区最多，数量为8家。

表76 西北地区A级旅游景区类型等级统计表（单位：家）

景区类型	5A级	4A级	3A级	2A级	1A级	合计
自然景观	10	58	77	71	3	219
历史文化	7	48	85	56	8	205
度假休闲	0	11	38	40	5	97
主题游乐	0	2	4	2	0	9
博物馆	1	18	14	7	1	41
乡村旅游	0	3	7	6	0	26
工业旅游	0	0	1	0	1	2
红色旅游	0	4	7	3	0	14
科技教育	0	2	2	2	0	5
其他	0	22	43	16	1	83
合计	18	168	281	215	19	701

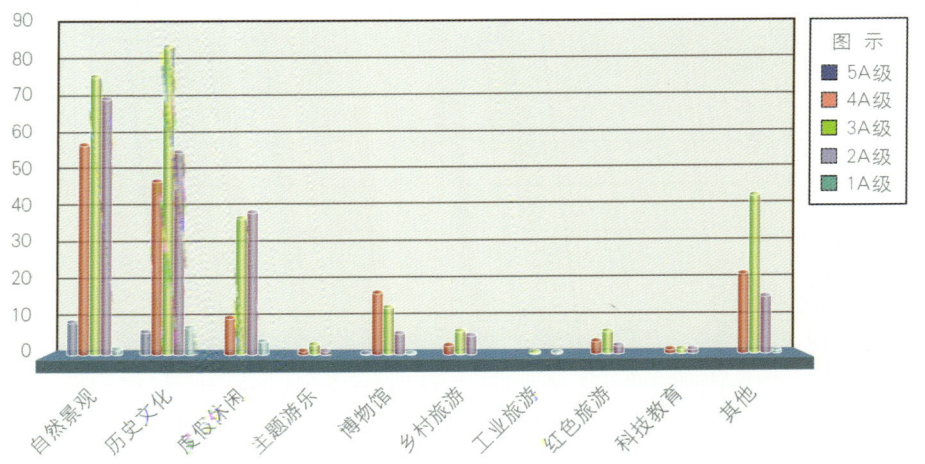

图69 西北地区A级旅游景区类型等级分布图（单位：家）

（二）旅游景区游客接待量情况

1. 接待总量

西北地区国家A级旅游景区旅游接待人数共计2.39亿人次，其中3A级旅游景区游客接待人数最多，为9545.04万人次；其次为4A级、5A级旅游景区，游客接待人数分别为7227.75万人次和5874.98万人次。

从旅游景区类型看，乡村旅游类旅游景区游客接待人数最多，为8957.74万人次；其次是工业旅游类旅游景区，游客接待人数为2630.61万人次；度假休闲类和博物馆类旅游景区游客接待人数最少，分别为20.90万人次和143.51万人次。

表77 西北地区A级旅游景区游客接待量类型等级统计表（单位：万人次）

景区类型	5A级	4A级	3A级	2A级	1A级	合计
自然景观	338.55	915.81	315.37	85.83	5.31	1660.87
历史文化	0.00	235.88	1320.67	208.20	3.90	1768.65
度假休闲	0.00	2.82	17.70	0.00	0.38	20.90
主题游乐	0.00	286.80	283.41	70.37	0.00	640.58
博物馆	0.00	24.39	104.69	14.43	0.00	143.51
乡村旅游	3809.04	1750.67	3184.80	212.90	0.34	8957.74
工业旅游	0.00	904.25	1668.64	57.34	0.38	2630.61
红色旅游	0.00	44.71	168.65	5.74	0.00	219.11
科技教育	0.00	1003.17	208.34	105.76	0.56	1317.83
其他	1727.39	2059.25	2272.79	517.06	6.39	6582.87
合计	5874.98	7227.75	9545.04	1277.64	17.25	23942.66

图70 西北地区A级旅游景区游客接待量类型等级分布图（单位：万人次）

2. 政策性免票游客量

西北地区国家A级旅游景区政策性免票游客总量为9929.73万人次，其中4A级、3A级旅游景区政策性免票人数较多，分别为4775.50万人次和2614.22万人次；自然景观类和历史文化类旅游景区政策性免票人数较多，分别为1973.55万人次和1738.02万人次。

自然景观类旅游景区中2A级旅游景区的政策性免票人数最多，为740.74万人次；其次是4A级旅游景区，为651.23万人次。历史文化类旅游景区中3A级旅游景区政策性免票人数最多，为665.32万人次；其次是4A级旅游景区，为607.13万人次。

表8 西北地区A级旅游景区免票游客接待量类型等级统计表（单位：万人次）

景区类型	5A级	4A级	3A级	2A级	1A级	合计
自然景观	224.42	651.23	331.32	740.74	25.84	1973.55
历史文化	158.20	607.13	665.32	306.77	0.60	1738.02
度假休闲	0.00	22.34	514.59	428.45	20.87	986.25
主题游乐	0.00	1073.15	64.28	220.40	3.02	1360.85
博物馆	51.00	968.94	201.17	128.00	14.75	1363.86
乡村旅游	0.00	0.34	73.16	4.23	0.00	77.73
工业旅游	0.00	1.83	15.03	0.00	2.07	18.93
红色旅游	0.00	455.33	271.44	131.12	0.00	857.89
科技教育	0.00	18.95	57.04	47.71	0.00	123.70
其他	0.00	956.26	420.87	51.71	0.11	1428.95
合计	433.62	4755.50	2614.22	2059.13	67.26	9929.73

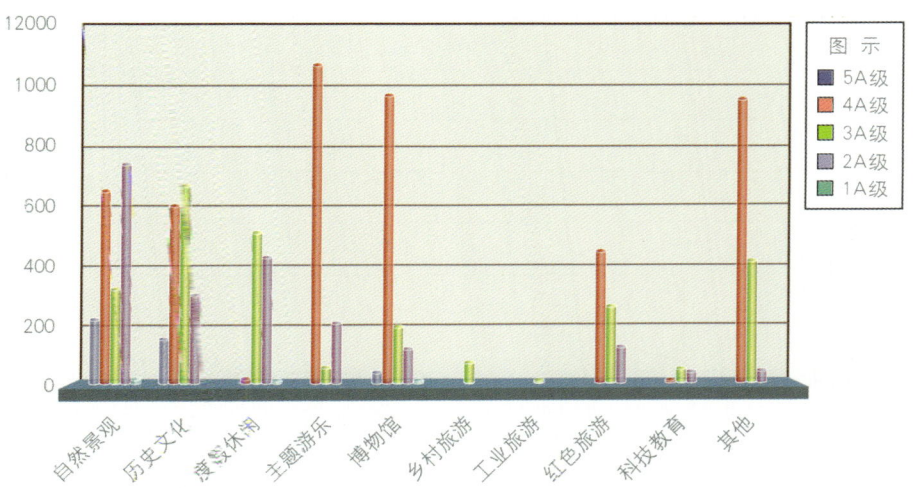

图71 西北地区A级旅游景区免票游客接待量类型等级分布图（单位：万人次）

（三）旅游景区经营与投资情况

1. 旅游景区总收入

西北地区国家A级旅游景区旅游总收入为277.80亿元。其中4A级、5A级旅游景区旅游总收入较多，分别为126.37亿元和101.12亿元；自然景观类和历史文化类旅游景区旅游总收入较多，分别为135.00亿元和65.33亿元。

自然景观类旅游景区中5A级旅游景区旅游总收入最多，为66.21亿元；其次是4A级旅游景区，为48.41亿元；再次为3A级、2A级和1A级旅游景区。历史文化类旅游景区中4A级旅游景区的旅游总收入最多，为32.91亿元；其次是5A级旅游景区，为22.04亿元；再次为3A级和2A级旅游景区。

表79 西北地区A级旅游景区总收入类型等级统计表（单位：亿元）

景区类型	5A级	4A级	3A级	2A级	1A级	合计
自然景观	66.21	48.41	13.96	6.04	0.38	135.00
历史文化	22.04	32.91	9.49	0.89	0	65.33
度假休闲	0	18.98	5.47	2.01	0.04	26.49
主题游乐	0	11.24	3.24	0.34	0	14.82
博物馆	12.87	4.49	1.29	0.06	0.01	18.73
乡村旅游	0	2.01	0.58	0.58	0	3.17
工业旅游	0	0.02	0.00	0	0.03	0.05
红色旅游	0	0.44	0.13	0.01	0	0.58
科技教育	0	0.07	0.02	3.29	0	3.38
其他	0	7.81	2.25	0.19	0.01	10.26
合计	101.12	126.37	36.43	13.41	0.47	277.80

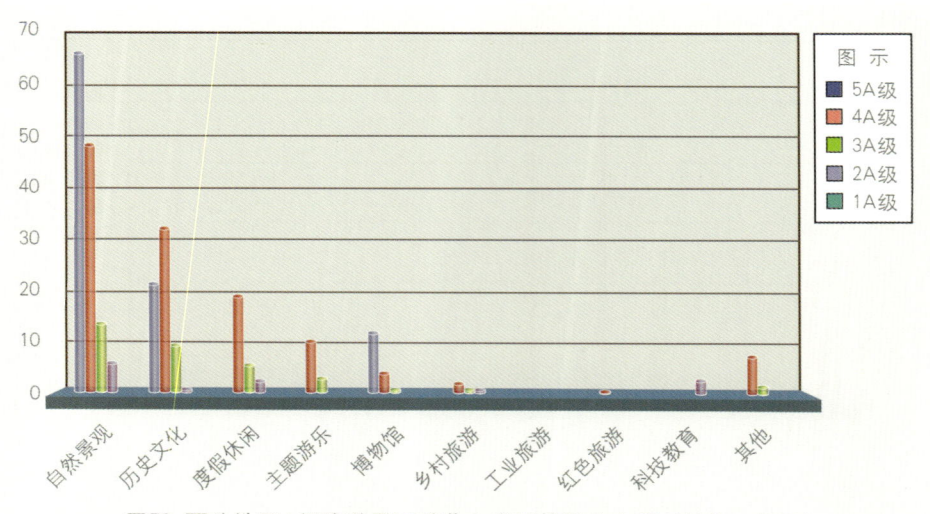

图72 西北地区A级旅游景区总收入类型等级分布图（单位：亿元）

2. 旅游景区分类收入

西北地区国家A级旅游景区旅游总收入构成主要来源于门票收入、商品收入、餐饮收入、交通收入、住宿收入和演艺收入6项收入。

（1）分级收入情况。西北地区全国不同等级A级旅游景区旅游总收入构成中，4A级、5A级旅游景区旅游收入较多，分别为126.37亿元和101.12亿元。其中，5A级旅游景区以门票、交通收入为主，分别为42.88亿元和16.45亿元；其次是住宿、商品、餐饮、演艺等收入。4A级旅游景区以门票收入和餐饮收入为主，分别为37.96亿元和29.87亿元；其次是商品、住宿、交通、演艺等收入。

表80 西北地区A级旅游景区分类收入等级统计表(单位:亿元)

收入类型	5A级	4A级	3A级	2A级	1A级	合计
门票收入	42.88	37.96	14.56	2.30	0.03	97.73
商品收入	12.60	23.98	5.51	2.53	0.10	44.73
餐饮收入	11.61	29.87	14.72	5.08	0.10	61.38
交通收入	16.45	12.48	1.78	1.40	0.08	32.19
住宿收入	13.60	19.42	0.55	1.70	0.17	35.44
演艺收入	3.97	2.67	0.32	0.13	0.00	7.08
合计	101.12	126.37	37.43	13.16	0.47	277.8

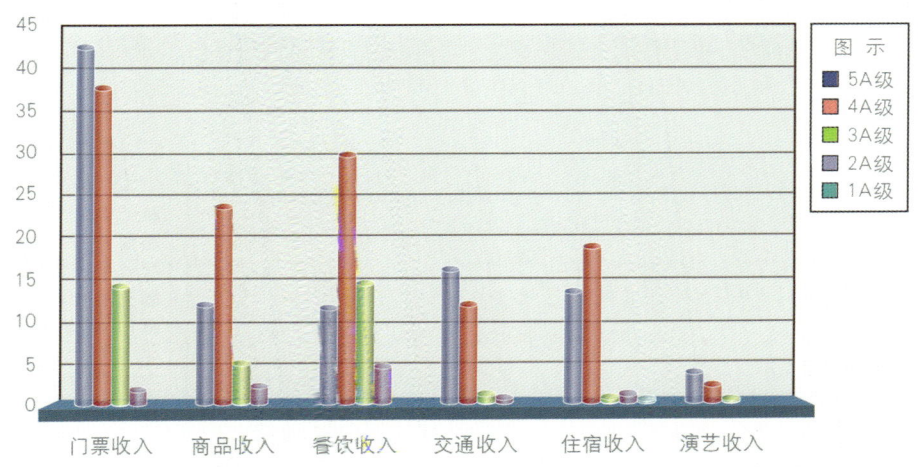

图73 西北地区A级旅游景区分类收入等级分布图(单位:亿元)

(2)分类收入情况。西北地区全国不同类别A级旅游景区旅游总收入构成中,自然景观和历史文化类旅游景区所占比重较大,分别为141.42亿元和40.32亿元。其中,自然景观类旅游景区以门票、餐饮收入为主,分别为42.32亿元和29.57亿元;其次是交通、住宿、商品、演艺收入。历史文化类旅游景区以门票、餐饮收入为主,分别为24.81亿元和7.58亿元;其次为商品、演艺、交通、住宿收入。

表81 西北地区A级旅游景区分类收入类型统计表（单位：亿元）

景区类型	门票收入	商品收入	餐饮收入	交通收入	住宿收入	演艺收入	合计
自然景观	42.32	15.24	29.57	27.44	22.42	4.43	141.42
历史文化	24.81	4.51	7.58	0.85	0.68	1.89	40.32
度假休闲	2.14	9.85	12.17	5.86	8.10	0.07	38.20
主题游乐	5.72	3.40	4.11	0.76	1.97	0.12	16.08
博物馆	17.68	0.19	0.08	0.00	0.06	0.00	18.01
乡村旅游	0.19	2.91	1.36	0.13	0.12	0.35	5.07
工业旅游	0.00	1.17	0.04	0.00	0.00	0.00	1.21
红色旅游	1.27	0.10	1.32	0.58	0.65	0.00	3.92
科技教育	0.19	0.29	0.00	0.00	0.00	0.00	0.48
其他	3.42	6.41	5.15	1.03	1.42	0.16	17.58
合计	97.73	44.08	61.37	36.67	35.41	7.02	277.8

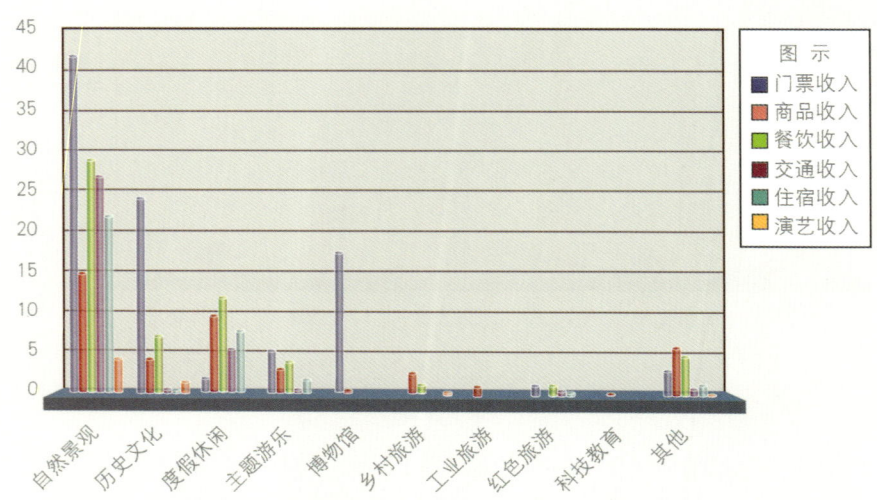

图74 西北地区A级旅游景区分类收入类型分布图（单位：亿元）

3. 旅游景区总投资

西北地区国家A级旅游景区总投资额为116.48亿元，其中4A级、2A级旅游景区总投资额较多，分别为63.89亿元和19.73亿元；自然景观类、历史文化类旅游景区总投资额较多，分别为69.56亿元和19.53亿元。

自然景观类旅游景区中4A、2A级旅游景区旅游总投资额最多，分别为35.65亿元和13.91亿元；其次为5A级、3A级和1A级旅游景区。历史文化类旅游景区中4A级、3A级旅游景区的旅游总投资额最多，分别为15.44亿元和1.86亿元，其次是3A级、5A级和1A级旅游景区。

表82 西北地区A级旅游景区总投资类型等级统计表（单位：亿元）

景区类型	5A级	4A级	3A级	2A级	1A级	合计
自然景观	12.30	35.65	7.65	13.91	0.05	69.56
历史文化	1.31	15.44	1.86	0.84	0.08	19.53
度假休闲	0.00	2.06	4.67	1.31	0.04	8.08
主题游乐	0.00	5.11	1.27	0.03	0.01	6.41
博物馆	0.00	1.38	0.31	0.04	0.11	1.84
乡村旅游	0.00	0.04	0.06	0.06	0.00	0.16
工业旅游	0.00	0.90	0.32	0.00	0.07	1.29
红色旅游	0.00	0.16	0.68	0.14	0.00	0.97
科技教育	0.00	0.20	0.82	2.78	0.00	3.80
其他	0.00	2.95	1.28	0.62	0.00	4.85
合计	13.61	63.89	18.91	19.73	0.35	116.48

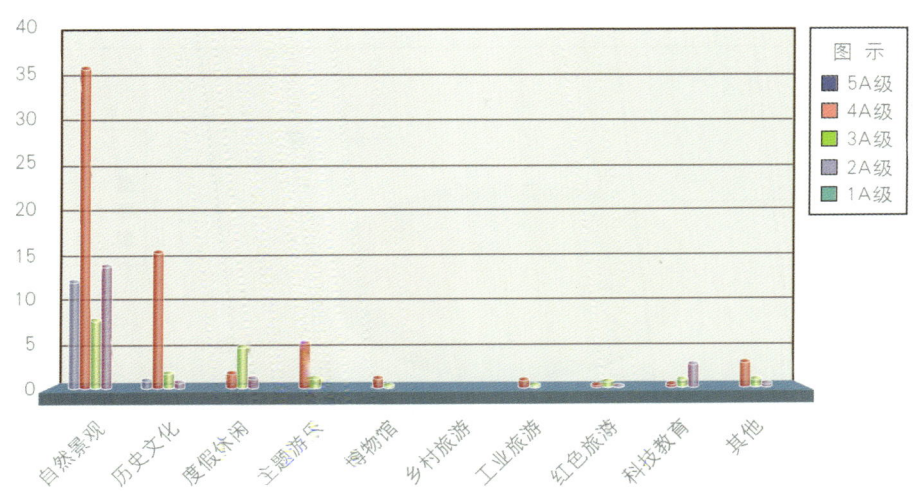

图75 西北地区A级旅游景区总投资类型等级分布图（单位：亿元）

（四）旅游景区经营管理机构与人员情况

1.经营机构

西北地区国家A级旅游景区经营机构总数为701家，其中企业经营机构数量最多，为398家，占旅游景区经营机构总数的56.78%；其次是事业单位和行政单位，分别为190家和113家，分别占旅游景区经营机构总数的27.10%和16.12%。

表83 西北地区级旅游景区经营管理机构情况统计表（单位：家）

经营管理机构类型			数量	合计
行政单位			113	113
事业单位			190	190
企业	内资	国有	95	398

续表83

企业	内资	集体	38	398
		股份合作	24	
		国有联营	16	
		国有独资公司	21	
		其他有限责任公司	41	
		股份有限公司	64	
		私营独资	38	
		私营合伙	8	
		私营股份有限公司	10	
		私营有限责任公司	30	
		其他	5	
	港澳台投资	与港澳台商合资经营	4	
	外商投资	外资企业	4	
合计				701

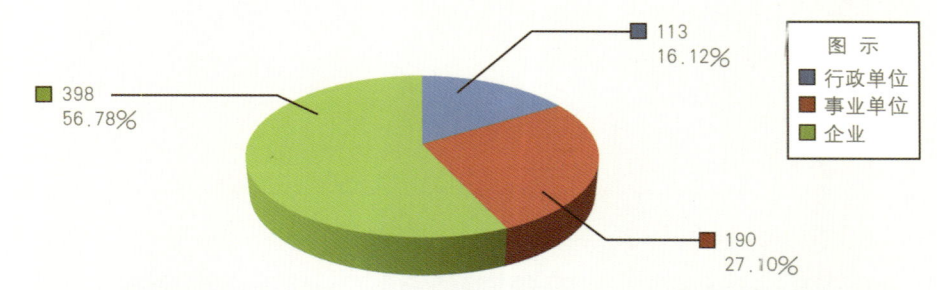

图76 西北地区A级旅游景区经营管理机构情况分布图（单位：家；%）

2. 就业情况

西北地区国家A级旅游景区就业人数总量为16.44万人，其中4A级、5A级旅游景区就业人数较多，分别为7.29万人和3.47万人。4A级旅游景区中，固定用工人数为5.03万人，临时用工人数为2.26万人次；3A级旅游景区中，固定用工人数为2.42万人，临时用工人数为0.95万人次。

表84 西北地区A级旅游景区就业情况等级分布表（单位：人）

	5A级	4A级	3A级	2A级	1A级	合计
就业人数（人）	34670	72913	33732	22846	309	164470
固定用工（人）	30486	50276	24223	15008	238	120231
临时（季节性）用工（人次）	4184	22637	9509	7838	71	44239

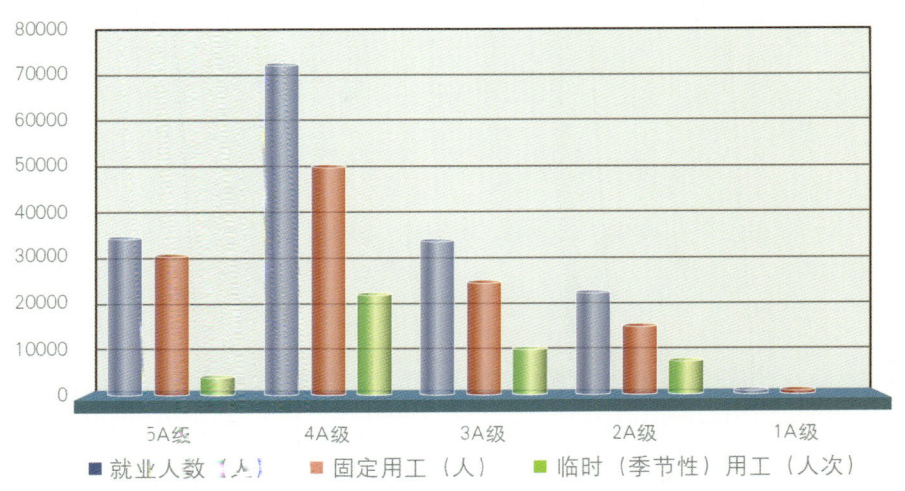

图77 西北地区A级旅游景区就业情况等级分布图（单位：人）

3. 导游员情况

西北区国家A级旅游景区专职导游员总人数为4245人，其中4A级、3A级旅游景区专职导游员人数较多，分别为1470人和1298人。

表85 西北地区A级旅游景区导游员数量类型等级统计表（单位：人）

	5A级	4A级	3A级	2A级	1A级	合计
专职导游员	890	1470	1298	545	42	4245

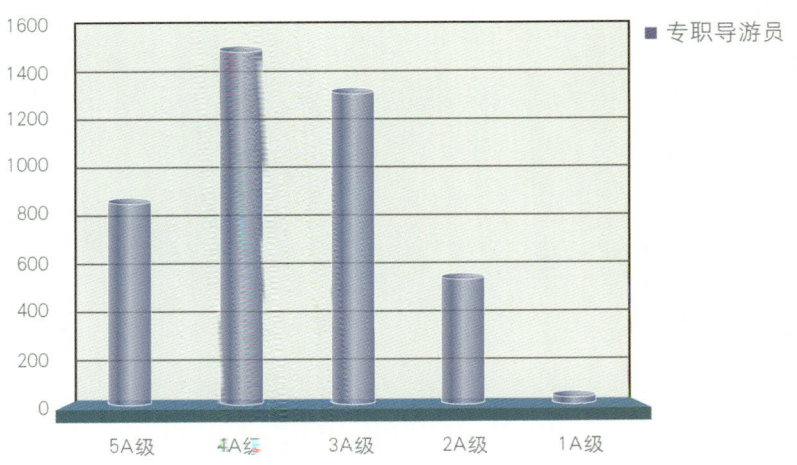

图78 西北地区A级旅游景区导游员数量类型等级统计图（单位：人）

2012
中国旅游景区
发展报告
CHINA TOURIST ATTRACTION DEVELOPMENT REPORT 2012

A级旅游景区名录

5A级旅游景区

□ **北京市 108 – 114**
北京故宫博物院
北京天坛公园
北京恭王府景区
北京颐和园
北京奥林匹克公园
北京明十三陵景区
北京八达岭 – 慕田峪长城旅游区

□ **天津市 115 – 116**
天津古文化街旅游区（津门故里）
天津盘山风景名胜区

□ **河北省 117 – 121**
石家庄市西柏坡景区
秦皇岛市山海关景区
保定市安新白洋淀景区
保定市野三坡景区
承德市避暑山庄及周围寺庙景区

□ **山西省 122 – 124**
大同市云冈石窟景区
晋城市皇城相府生态文化旅游区
忻州市五台山风景名胜区

□ **内蒙古自治区 125 – 126**
鄂尔多斯市响沙湾旅游景区
鄂尔多斯市成吉思汗陵旅游区

□ **辽宁省 127 – 129**
沈阳市植物园
大连市金石滩景区
大连市老虎滩海洋公园•老虎滩极地馆

□ **吉林省 130 – 132**
长春市伪满皇宫博物院
长春市净月潭景区
长白山景区

□ **黑龙江省 133 – 135**
哈尔滨市太阳岛公园
牡丹江市镜泊湖景区
黑河市五大连池景区

□ **上海市 136 – 138**
上海东方明珠广播电视塔
上海野生动物园
上海科技馆

□ **江苏省 139 – 152**
南京市钟山风景名胜区–中山陵园风景区
南京市夫子庙•秦淮风光带景区
中央电视台无锡影视基地三国水浒景区
无锡市灵山景区
无锡市鼋头渚景区
常州环球恐龙城休闲旅游区
苏州市苏州园林(拙政园•虎丘山•留园)
苏州市同里古镇景区
苏州市金鸡湖景区
苏州市周庄古镇景区
南通市濠河景区
扬州市瘦西湖景区
姜堰市溱湖旅游景区
镇江市金山•焦山•北固山旅游景区

□ **浙江省 153 – 162**
杭州市西湖风景名胜区
杭州市千岛湖风景名胜区
杭州市西溪湿地旅游区
宁波市奉化溪口•滕头旅游景区
温州市雁荡山风景名胜区
嘉兴市桐乡乌镇古镇旅游区
嘉兴市南湖旅游区
金华市东阳横店影视城景区
舟山市普陀山风景名胜区
绍兴市鲁迅故里•沈园景区

□ **安徽省 163 – 168**
安庆市天柱山风景区
黄山市皖南古村落(西递•宏村)
黄山市黄山风景区
池州市九华山风景区
六安市天堂寨旅游景区
宣城市绩溪龙川景区

□ **福建省 169 – 174**
厦门市鼓浪屿风景名胜区
三明市泰宁风景旅游区
福建土楼（永定•南靖）旅游景区
南平市武夷山风景名胜区
宁德市白水洋•鸳鸯溪旅游区
泉州市清源山景区

□ **江西省 175 – 178**
九江市庐山风景名胜区
吉安市井冈山风景旅游区
上饶市三清山旅游景区
鹰潭市龙虎山旅游景区

□ **山东省 179 – 186**
青岛市崂山景区
烟台市蓬莱阁 – 三仙山•八仙过海旅游区
烟台市龙口南山景区
济宁市曲阜明故城(三孔)旅游区

泰安市泰山景区
威海市刘公岛景区
枣庄市台儿庄古城景区

□ 河南省 187 – 195
登封市嵩山少林景区
开封市清明上河园
洛阳市龙门石窟景区
洛阳市白云山景区
洛阳市栾川老君山•鸡冠洞旅游区
平顶山市尧山•中原大佛景区
安阳市殷墟景区
焦作市云台山—神农山•青天河景区

□ 湖北省 196 – 202
武汉市黄鹤楼公园
十堰市武当山风景区
宜昌市三峡大坝旅游区
宜昌市三峡人家风景区
宜昌市长阳清江画廊景区
恩施州神农溪纤夫文化旅游区
神农架旅游区

□ 湖南省 203 – 208
长沙市岳麓山•橘子洲旅游区
湘潭市韶山旅游区
衡阳市南岳衡山旅游区
岳阳市岳阳楼•君山岛景区
张家界市武陵源—天门山旅游区

□ 广东省 209 – 215
广州市长隆旅游度假区
广州市白云山风景名胜区
韶关市丹霞山景区
深圳市华侨城旅游度假区
深圳市观澜湖休闲旅游区
梅州市雁南飞茶田景区
清远市连州地下河旅游景区

□ 广西壮族自治区 216 – 218
桂林市漓江景区
桂林市乐满地度假世界
桂林市独秀峰•王城景区

□ 海南省 219 – 221
三亚市南山文化旅游区
三亚市南山大小洞天旅游区
海南呀诺达雨林文化旅游区

□ 重庆市 222 – 226
重庆大足石刻景区
重庆武隆喀斯特旅游区（天生三桥•仙女山•芙蓉洞）
重庆巫山小三峡•小小三峡
重庆市万盛经开区黑山谷景区
重庆酉阳桃花源景区

□ 四川省 227 – 231
成都市青城山•都江堰旅游景区
乐山市峨眉山景区
乐山市乐山大佛景区
阿坝州九寨沟旅游景区
阿坝州黄龙景区

□ 贵州省 232 – 233
安顺市黄果树大瀑布景区
安顺市龙宫景区

□ 云南省 234 – 239
昆明市石林景区
丽江市玉龙雪山景区
丽江市丽江古城景区
中国科学院西双版纳热带植物园
大理市崇圣寺三塔文化旅游区
迪庆州香格里拉普达措景区

□ 陕西省 240 – 244
西安市秦始皇帝陵兵马俑博物馆
西安市华清池景区
西安大雁塔•大唐芙蓉园景区
渭南市华山景区
延安市黄帝陵景区

□ 甘肃省 245 – 247
嘉峪关市嘉峪关文物景区
天水市麦积山景区
平凉市崆峒山风景名胜区

□ 青海省 248 – 249
青海湖景区
西宁市塔尔寺景区

□ 宁夏回族自治区 250 – 252
银川市镇北堡西部影视城
石嘴山市沙湖旅游景区
中卫市沙坡头旅游景区

□ 新疆维吾尔自治区 253 – 257
吐鲁番市葡萄沟风景区
伊犁哈萨克自治州那拉提旅游风景区
昌吉州天山天池风景名胜区
阿勒泰地区喀纳斯景区
阿勒泰地区富蕴县可可托海景区

北京故宫博物院

- 景区地址：北京市东城区景山前街4号
- 邮政编码：100009
- 咨询电话：010-85007422
- 官方网站：www.dpm.org.cn
- 开放时间：
  旺季：4月1日~10月31日 8:30~16:00
  淡季：11月1日~次年3月31日 8:30~15:30
- 景区门票：旺季：60元
  淡季：40元

　　故宫博物院成立于1925年，是建立在明清两代皇宫（紫禁城）的基础上，兼容建筑、藏品与蕴含其中的丰富的宫廷历史文化为一体的国家级大型博物馆。故宫始建于明永乐四年（1406年），建成于永乐十八年（1420年），是我国古代宫城发展史上现存的唯一实例和最高典范，也是世界上现存规模最大、保存最完整的木结构古代宫殿建筑群。1961年被国务院公布为第一批全国重点文物保护单位，1987年被联合国教科文组织列入《世界遗产名录》，2007年被评为首批国家5A级旅游景区，2008年被列为国家一级博物馆。

　　作为全国文物藏品最为丰富的博物馆，故宫博物院收藏文物品类丰富，体系完备，分为25大类，达180余万件（套），其中珍贵文物1684490件（套），占全国珍贵文物数量的42%。陈列展览方面，在保存和复原前三殿（太和殿、中和殿和保和殿）、后三宫（乾清宫、交泰殿和坤宁宫）以及西六宫等处的原状陈列外，又增开了珍宝、钟表、陶瓷、书画等专馆。博物院内设有天府永藏展、龙凤呈祥——清帝大婚庆典展等常设展览，每年也会依特定主题推出临时展览。

北京天坛公园

北京市 5A

- 景区地址：北京市东城区天坛内东里7号
- 邮政编码：100050
- 咨询电话：010－67012483
- 官方网站：www.tiantanpark.com
- 开放时间：
  旺季：4月1日～10月31日 6:00～21:00
  淡季：11月1日～3月31日 6:00～21:00
- 景区门票：旺季：15元
  淡季：10元

　　天坛原是明清两代皇帝祭祀皇天上帝的场所，始建于明永乐十八年（1420年），以后经过不断的改扩建，至清乾隆年间最终建成。天坛占地达273万平方米，主要建筑有祈年殿、圜丘坛、皇穹宇、斋宫、神乐署、牺牲所等。1918年被辟为公园。

　　天坛分为内、外两坛，内坛由圜丘坛、祈谷坛两部分组成，内坛北部是祈谷坛，内坛南部是圜丘坛，一条360米长的丹陛桥连缀两坛。外坛为林区，广植树木，外坛的西南部有神乐署，是明清时期演习祭祀礼乐及培训祭祀乐舞生的场所。

　　天坛公园现有面积205万平方米，保存有祈谷坛、圜丘坛、斋宫、神乐署四组古建筑群，有古建筑92座600余间，是中国也是世界上现存规模最大、形制最完备的古代祭天建筑群。

　　1998年联合国教科文组织世界遗产委员会将天坛列入了《世界遗产名录》；2007年，天坛公园被国家旅游局评定为国家5A级旅游景区；2009年评为全国文明风景旅游区，天坛独特的历史文化内涵、宝贵的科学艺术价值及优美的园林景观获得了世人更广泛的认识和关注。

北京恭王府景区

景区地址：	北京市西城区前海西街17号
邮政编码：	100009
咨询电话：	010-83288149
官方网站：	www.pgm.org.cn

开放时间：
旺季：3月1日~11月15日
  7:30~16:30
淡季：11月16日~次年2月底
  8:00~16:00

景区门票：70元

　　恭王府是中国现存唯一保存完整的清代王府。府主人中有两位曾声名显赫，权倾一时：一位是乾隆皇帝的宠臣和珅（1776~1799年入住）；另一位是咸丰皇帝的六弟恭亲王奕䜣（1852~1898年入住），恭王府也因此得名至今。

　　恭王府由府邸和花园两部分组成，总占地面积6万余平方米，其中府邸占地3.2万余平方米，花园占地2.8万余平方米。府邸为三路五进院落，建筑精湛而规模宏伟。中路建筑屋顶饰以绿色琉璃瓦，以明示仅次于皇宫的亲王府建筑规制。又因曾是和珅府宅，在诸多建筑和装饰上多有逾制，堪称精美绝伦，价值连城。花园又名"萃锦园"，意为集众芳之荟萃，锦绣之精美。整体布局环山嵌水，花繁林茂，亭台楼阁，交相辉映；内有60余处景观与景点，堪称"三绝一宝"的后罩楼、西洋门、大戏楼和"福"字碑，成为花园经典名胜古迹。恭王府积淀着历史的年轮，蕴含着清代王府文化的精深与浩瀚。"一座恭王府，半部清朝史"，便是其真实写照。

　　1982年被国务院列为全国重点文物保护单位；2012年被国家旅游局评定为国家5A级旅游景区。

北京颐和园

北京市 | 5A

- 景区地址：北京市海淀区新建宫门路19号
- 邮政编码：100091
- 咨询电话：010-62881144
- 官方网站：www.summerpalace-china.com
- 开放时间：
  旺季：4月1日～10月31日 6:30～20:00
  淡季：11月～次年3月31日 7:00～19:00
- 景区门票：旺季：30元
  淡季：20元

  颐和园，位于山水清幽、景色秀丽的北京西北郊，始建于1750年，原名清漪园。1860年第二次鸦片战争中，被英法联军烧毁，1886年清政府对其重修，并于两年后改名颐和园。中华人民共和国成立后，颐和园受到政府充分重视和保护，1961年中华人民共和国国务院公布颐和园为第一批全国重点文物保护单位，1998年以"世界几大文明之一的有力象征"的崇高评价被荣列《世界遗产名录》。

  颐和园总面积300.8公顷，园内现存各式宫殿、园林古建筑3000余间，园藏文物4万余件，古树名木1600余株，融会贯通了中国几千年南北各地园林景观艺术，形成以万寿山、昆明湖及诸多宫苑建筑为主体的大型山水园林，其卓越的规划和精美的建筑，完美诠释了古代中国关于人与自然和谐统一的哲学思想、美学观念以及工艺造诣，显示了中国古代皇家宫廷对居住、游览、治国、修心等生活环境的物质和精神需求，是中国悠久造园艺术的经典范例和现存规模宏大、保存完整的中国皇家园林，对东方园林艺术文化产生重要影响。其中佛香阁、长廊、石舫、苏州街、十七孔桥、谐趣园、大戏台等已成为家喻户晓的代表性建筑。

北京奥林匹克公园

北京市 5A

- 景区地址：北京市朝阳区北辰东路15号
- 邮政编码：100101
- 咨询电话：010-84992008
- 官方网站：www.bopac.gov.cn
- 开放时间：全年；6:00~20:00
- 景区门票：免费

北京奥林匹克公园，是第29届北京奥运会的主场馆所在地。公园地处北京市朝阳区，位于北京市中轴线北端，北至清河南岸，南至北土城路，东至安立路、北辰东路，西至林翠路与北辰西路。总占地面积11.59平方公里。园内场馆资源丰富，国家体育场（鸟巢）、国家游泳中心（水立方）、国家体育馆、国家会议中心、中国科技馆等大型现代场馆均坐落在这里。

奥林匹克公园依托亚运会场馆和各项配套设施，交通便捷，人口集中，市政基础条件较好，商业、文化等配套服务设施齐备。

除此之外，园区还拥有世界最开阔的步行广场、亚洲最大的城区人工水系、城市绿化景观和最长的地下交通环廊。是集赛事、会展、文化娱乐和休闲购物于一体的市民公共活动中心景区。

北京明十三陵景区

北京市 5A

🏠 景区地址： 北京市昌平区十三陵
特区办事处
✉ 邮政编码： 102213
📞 咨询电话： 010-60761422
🌐 官方网站： www.mingtombs.com
⏰ 开放时间：
旺季： 4月1日~10月31日
明定陵 8:00~17:30
明长陵 8:00~17:00
明昭陵 8:30~17:00
总神道 8:10~17:50
淡季： 11月~次年3月31日
明定陵 8:30~17:00
明长陵 8:30~16:30
明昭陵 8:30~16:30
总神道 8:30~17:00
¥ 景区门票： 旺季通票：180元
淡季通票：130元

明十三陵位于北京以北30公里的昌平区境内，是明代十三位皇帝的陵寝建筑群，陵区面积80余平方公里。明成祖朱棣及其以后共计明朝十三位皇帝的陵墓建在这里，构成庄严有序的整体布局，故名"明十三陵"。目前对外开放的有四处景区，即长陵、定陵、昭陵、神道。其中定陵地下宫殿是十三陵中第一座被发掘的帝王陵寝。经国务院批准，1956年5月开始试掘，历时一年试掘成功。其玄宫由前、中、后、左、右5座殿室组成，石条起券，总面积1195平方米，出土文物3000余件。1959年就原址建立定陵博物馆，正式对外开放。

明十三陵年均接待中外游人500万人以上。曾被评为"中国旅游胜地四十佳"；荣获首都精神文明建设委员会颁发的"首都文明单位标兵十连冠"；"全国风景名胜区综合整治先进单位"和"全国精神文明建设先进单位"；2007年获评"中国最受游客喜爱的地方"。

北京八达岭－慕田峪长城旅游区

北京市 5A

🏠 **景区地址：**
八达岭景区：北京市延庆县八达岭镇
慕田峪景区：北京市怀柔区慕田峪村

📧 **邮政编码：**
八达岭景区：102102
慕田峪景区：101405

📞 **咨询电话：**
八达岭景区：010-69121226
慕田峪景区：010-61626505

🌐 **官方网站：**
八达岭景区：www.badaling.gov.cn
慕田峪景区：www.mutianyugreatwall.com

🕐 **开放时间：**
八达岭景区：全年；6:30～19:00
慕田峪景区：
　旺季：3月15日～11月15日
　　　　7:00～18:00
　淡季：11月16日～次年3月14日
　　　　7:30～17:00

💴 **景区门票：**
八达岭景区：45元
慕田峪景区：45元

万里长城是中华民族的伟大象征，八达岭长城是中国万里长城最杰出的代表，坐落在北京西北60公里处的延庆县境内。它由关城及其附属城墙组成，雄踞于西北通往北京的咽喉要道最高处，地势险要，素有"北门锁钥"之称，是扼守京畿护卫京城的重要关隘。1961年被国务院列为首批国家重点文物保护单位；1982年被国务院批准为国家重点风景名胜区；1987年被联合国教科文组织列入《世界遗产名录》，并代表万里长城接受联合国颁发的《世界文化遗产证书》；2007年被评定为全国首批国家5A级旅游区。

慕田峪长城位于北京市怀柔区境内，是明初朱元璋手下大将徐达在北齐长城遗址基础上督建而成。作为万里长城的精华段之一，总体景观呈现出"雄险相间、刚柔并济、景色秀美"的特征，堪称京畿翠屏。景区内分布有正关台、大角楼、鹰飞倒仰等著名景观；长城墙体保存完整，较好地体现了长城古韵。1986年被评为新北京十六景之一，1987年被列入《世界遗产名录》，1992年被评为北京旅游世界之最，2011年被评为国家5A级旅游区。慕田峪长城设有国内一流的登城缆车，开发了中华梦石城、施必得滑道等项目，形成了长城文化、石文化和体育健身娱乐的有机结合。

天津古文化街旅游区（津门故里）

天津市 5A

- 景区地址：天津市南开区古文化街
- 邮政编码：300090
- 咨询电话：022-27356123
- 官方网站：www.tianjin.lotour.com/tjguwenhuejia
- 开放时间：全年；全天
- 景区门票：免费

天津古文化街地处天津"三岔口"地区，沿海河西岸，毗邻天津老城厢，是天津市最早的经济、文化、宗教、商贸聚集地。天津古文化街旅游区南起水阁大街，北至通北路，东起张自忠路，西到东马路。古文化街原称"宫南"、"宫北"大街，是以中国三大妈祖庙宇之一的"天后宫"为方位确定的地名，素有"津门故里"之称。古文化街南北街口各有一座仿古建筑牌坊，上书"津门故里"和"沽上艺苑"，全长687米，其街区的走向、建筑风格仍然保持原古文化街的肌理，街面的店铺以清代的"小式、简洁、实用"为主要风格，街区建筑立面的特征是：高低错落、曲直相间。

天津古文化街旅游区自2002年年底开始开发和建设，到2006年年底基本建成，区域内恢复建成了古文化街主街、古文化街戏楼；整修恢复了百年建筑通庆里、有600余年历史的木结构建筑玉皇阁；恢复移植了中国近代天津第一家官办金融机构官银号；新建了民俗文化馆、文化小城、古玩城等大型建筑，总建筑面积达22万平方米，成为集民俗文化、旅游购物、餐饮住宿、娱乐健身于一体的综合性旅游商贸区。

2005年荣获"中国特色商业街"称号，2007年被评为国家5A级旅游区。

天津盘山风景名胜区

天津市 5A

- 景区地址：天津市蓟县官庄镇盘山风景区
- 邮政编码：301900
- 咨询电话：022-29826000
- 官方网站：www.chinapanshan.com
- 开放时间：
  旺季：4月1日~11月15日 5:00~18:00
  淡季：11月16日~次年3月31日 7:00~16:30
- 景区门票：旺季：100元 淡季：80元

　　盘山是国家级风景名胜区、国家5A级旅游区，是自然山水与名胜古迹并著、佛教寺院与皇家园林共称的旅游胜地。盘山位于天津市蓟县境内，西距北京60公里，东距唐山120公里，南距天津110公里，津蓟高速、京平高速可直达景区停车场，京沈高速、102国道直通景区。

　　盘山始记于汉，兴于唐，极盛于清。历史上建有72座寺庙和13座玲珑宝塔，一座皇家园林——静寄山庄。早在唐代就以"东五台山"著称佛界，清康熙年间以"京东第一山"之称驰名中外；民国初年同泰山、西湖、故宫等并列为中国十五大名胜之一。盘山为历代帝王将相、文人墨客竞游之地，魏武帝曹操、唐太宗、辽太宗、金世宗，直到清康熙、乾隆、嘉庆、道光等，都曾巡游盘山，并留下大量的诗文、石刻、碑记。

　　盘山素有"泰山之雄、华山之险、峨眉之秀、雁荡之幽"的美誉。它通体成景，景景入画，集山、石、松、泉、洞于一体。大自然的鬼斧神工造就了盘山的奇峰险壑，尤以"五峰"、"八石"、"三盘"之胜奇特称绝。

　　盘山现已恢复开放了五大景区300余处景点，建设开通了入胜、云松、挂月3条客运索道，景区内有环保观光车。

石家庄市西柏坡景区

河北省 5A

- 景区地址：河北省石家庄市西柏坡纪念馆
- 邮政编码：050411
- 咨询电话：0311-82851366
- 官方网站：www.xibaipo.gov.cn
- 开放时间：全年；8:30～17:30
- 景区门票：免费

西柏坡是毛主席和党中央进入北平，解放全中国的最后一个农村指挥所。1948年5月26日，毛主席和党中央到达西柏坡，西柏坡成为当时中国革命的领导中心。在这里，召开了中国共产党全国土地会议，制定了《中国土地法大纲》，在解放区掀起了轰轰烈烈的土改运动；组织指挥了决定中国命运的辽沈、淮海、平津等24次战役；召开了具有历史意义的七届二中全会。1949年3月23日，毛主席、党中央离开西柏坡赴京成立新中国。

西柏坡纪念馆是全国著名的爱国主义教育基地，主要参观景点包括西柏坡纪念馆是全国著名的爱国主义教育基地，西柏坡中共中央旧址、西柏坡陈列馆、西柏坡丰碑林、西柏坡安全教育馆、廉政教育馆、革命圣地西柏坡纪念碑。

现在西柏坡已经成为"全国百个爱国主义教育示范基地"、"全国廉政教育基地"、"全国文化体制改革工作先进单位"等。

秦皇岛市山海关景区

河北省 5A

- 景区地址：河北省秦皇岛市山海关正合街行政中心
- 邮政编码：066200
- 咨询电话：0335-5136177
- 官方网站：www.shgjq.com
- 开放时间：
  旺季：5月1日～10月31日 7:00～18:00
  淡季：11月1日～次年4月30日 7:30～17:00
- 景区门票：旺季：145元 淡季：75元

　　山的险峻、海的宽广、关的雄伟，在这里浑然一体，形成了自然风景与人文历史合而为一的壮丽景观。老龙头，是明代万里长城的东部起点，融万里长城唯一一段入海石城、唯一一座海上敌台、唯一一座临海楼阁和明代长城东部第一关垛口、第一道关口等精华建筑为一处，长城犹如一条巨龙，由此跃出渤海奔腾西去。"天下第一关"是万里长城三大名关之首，以"两京锁钥无双地，万里长城第一关"著称于世，雄关因科学的选址布局、独特的军事建制，如虎踞龙盘控扼海陆咽喉，成为历代兵家必争之地。甲申大战、庚子之役、直奉大战、山海关保卫战等重要战役均发生在此。始建于宋以前的孟姜女庙，是我国四大民间爱情故事"孟姜女哭长城"的产物，也是我国现存最早、最完整的祭祀孟姜女的庙宇；108级长阶与"海水朝朝朝朝朝朝朝落，浮云长长长长长长长消"长联为庙内两奇。山，有山的性格；海，有海的胸襟；关，有关的英姿；美丽、迷人、雄伟、古朴的山海关等待着世界各地的宾朋来欣赏、来感受、来体会。山海关景区集世界文化遗产、中国历史文化名城、国家首批5A级旅游景区、国家重点风景名胜区、国家级重点文物保护单位、中国长城文化之乡、中国孟姜女文化之乡、国家森林公园、国家地质公园等众多荣誉称号于一身。

保定市安新白洋淀景区

河北省 5A

- 景区地址：河北省保定市安新县
- 邮政编码：071600
- 咨询电话：0312-5116352
- 官方网站：www.hbbaiyangdian.com
- 开放时间：
  旺季：5月1日~10月31日
  8:00~18:30
  淡季：11月1日~次年4月30日
  8:00~17:00
- 景区门票：40元

在广袤的华北平原上，一颗璀璨的明珠在这里熠熠发光，这便是有"华北明珠"之誉的国家5A级旅游景区——白洋淀。白洋淀总面积366平方公里，是华北地区最大的淡水湖泊，白洋淀水域辽阔，风光秀丽，一年四季，景随时易。白洋淀生态独特，形态特殊，是华北地区最大的湿地生态系统。淀中有143个淀泊，其中百亩以上的有99个，如白洋淀、烧车淀、捞王淀、马棚淀等，因白洋淀面积最大，故以命名。白洋淀大小淀泊相通，3700条沟壕水道纵横，39个纯水村星罗棋布，10万亩荷塘接天映日，12万亩芦荡密密莽莽，既有浩浩荡荡的雄魂，又有水苇相间的灵秀，这样的地形地貌，在世界范围内也是绝无仅有，造就了独特的自然风貌和人文景观。

白洋淀是鸟的王国、鱼的乐园、多种水生植物的博物馆，淀内鱼、虾、蟹、贝、莲、藕等水生动植物资源丰富，有着得天独厚的旅游资源。白洋淀历史悠久、人文荟萃，自古即是帝王巡幸之所，英雄辈出之地，历史上不少文人墨客和帝王游历于此，留下许多著名诗文和历史传说。白洋淀人民具有优良的革命传统，闻名中外的雁翎队利用有利地形，驱船为马，投苇当枪，谱写了一曲白洋淀人民抗日救国的英雄赞歌。

保定市野三坡景区

河北省 5A

- 景区地址：河北省涞水县三坡镇·九龙峡
- 邮政编码：074100
- 咨询电话：0312－4568106　400 816 0505
- 官方网站：www.ysp.gov.cn
- 开放时间：
  旺季：4月15日～10月15日 7:00～19:00
  淡季：10月16日～次年4月14日 8:00～18:00
- 景区门票：百里峡景区：90元
  龙门天关景区：40元
  百草畔景区：60元

　　野三坡景区位于河北省保定市涞水县，地处太行山脉与燕山山脉交会处，总面积600平方公里，拥有百里峡嶂谷风光、拒马河生态休闲、白草畔森林氧吧、龙门天关历史文化、鱼谷洞怪洞奇泉、民族园异族风情以及《印象·野三坡》大型音乐舞蹈史画七大旅游产品，并荣获世界地质公园、国家级风景名胜区、国家5A级旅游区、国家森林公园、全国文明单位、中华生态环保示范区、全国科普教育基地、国土资源科普基地等诸多桂冠，是中国北方极负盛名的观光度假胜地。

　　野三坡地处京、津、冀黄金三角的核心地带，距北京市中心110公里，距天津市中心210公里，108国道、109国道、112国道或贯穿景区，或与景区紧密相连；京原铁路从野三坡横穿而过，并有两个站点位于景区核心；正在建设中的张涿高速北起丹拉高速，南接京昆、京珠、张石高速，在景区内设3个出口，为野三坡搭建了一个四通八达的高速路网。

　　2001年，涞水县委、县政府成立了野三坡风景名胜区管理委员会，使景区的管理一体化，将政府管理职能与市场机制有机结合，完善的服务功能，优美的生态环境，使之享有"世外桃源"之美誉。

承德市避暑山庄及周围寺庙景区

河北省 5A

- 景区地址：河北省承德市双桥区内
- 邮政编码：067000
- 咨询电话：0314-2025918
- 官方网站：www.bishushanzhuang.com.cn/webgroup/index.asp
- 开放时间：
  旺季：4月1日~10月9日
  7:00~18:00
  淡季：10月10日~次年3月31日
  8:00~17:30
- 景区门票：旺季：120元
  淡季：90元

避暑山庄及周围寺庙景区位于河北省承德市区北部，始建于清康熙四十二年（1703年），历经康熙、雍正、乾隆三代王朝修建，历时89年建成。占地近564万平方米，是中国现存最大的皇家园林和寺庙群。它文化内涵深厚，建筑风格独特，造园艺术精湛，具有很高的历史、文化、科学价值，先后被评为世界文化遗产、全国重点风景名胜区、国家5A级旅游景区。避暑山庄及周围寺庙由避暑山庄景区、布达拉·行宫景区、普宁寺景区、磬锤峰景区组成。

避暑山庄景区按中国地理形貌选址设计，由亭、阁、轩、榭、庙宇等120余组景观，融南秀北雄为一体，集全国名胜于一园。布达拉·行宫景区由皇家寺庙群中的普陀宗乘之庙和须弥福寿之庙组成，因仿拉萨布达拉宫和日喀则扎什伦布寺而建，俗称小布达拉宫和班禅行宫。普宁寺景区由皇家寺庙群中的普宁寺和普佑寺组成，取普天之下安宁、保佑天下众生之意。磬锤峰景区由皇家寺庙群中的普乐寺、安远庙及磬锤峰国家森林公园组成。作为浓缩中国历史文化多方面成就的百科全书和我国多民族国家团结统一的历史见证实物，世界文化遗产避暑山庄及周围寺庙在国内、国际有着广泛的影响。

大同市云冈石窟景区

山西省 5A

- 景区地址：山西省大同市云冈旅游区
- 邮政编码：037007
- 咨询电话：0352-3029632
- 官方网站：www.yungang.org
- 开放时间：
  - 旺季：4月15日~10月31日 8:00~17:30
  - 淡季：11月1日~次年4月14日 8:30~17:00
- 景区门票：150元

云冈石窟位于大同市城西16公里的武州山南麓，石窟依山开凿，东西绵延一公里，现存大小窟龛254个，主要洞窟45座，造像51000余尊，石窟规模宏大，雕刻艺术精湛，造像内容丰富，形象生动感人，堪称中国佛教艺术的巅峰之作，代表了5世纪世界雕刻艺术的最高水平。

近年来，在山西省委、省政府的大力支持下，大同市委、市政府投巨资完成了"云冈石窟周边环境治理工程"，使云冈景区的游览空间扩大了近10倍，新增的云冈陈列馆、演艺中心、灵岩寺、皮影馆、辽金食货街、游客服务中心等文化旅游服务设施，使景区文化品位进一步提升，景区旅游环境焕然一新，景区硬件设施和管理服务水平堪称国内一流。2011年云冈景区被山西省委、省政府确定为"文化产业发展示范基地"。

1961年3月，云冈石窟被国务院公布为第一批全国重点文物保护单位；2001年12月，被联合国教科文组织列入《世界文化遗产名录》；2007年5月，成为国家首批5A级旅游景区。

晋城市皇城相府生态文化旅游区

山西省 5A

🏠 景区地址：山西省晋城市阳城县北留镇皇城村
📧 邮政编码：048102
📞 咨询电话：0356-4858062
🌐 官方网站：www.hcxf.cn
🕐 开放时间：
　　旺季：4月1日～10月31日
　　　　　7:30～18:30
　　淡季：11月1日～次年3月31日
　　　　　8:00～17:30
💰 景区门票：100元

皇城相府生态文化旅游区位于山西省东南部的晋城市皇城村，与河南焦作、济源相邻，距郑州市145公里，距洛阳市100公里，交通便利，高速通达。

皇城相府生态文化旅游区由皇城相府、九女仙湖、皇城小康新村和生态农业观光园四个景区组成。皇城相府景区是清文渊阁大学士兼吏部尚书加三级、《康熙字典》总阅官、辅佐康熙皇帝半个世纪之久的一代名相陈廷敬的故居，由内城、外城、紫芸阡、西山院等部分组成，御书楼金碧辉煌，中道庄巍峨壮观，斗筑居院院连绵，河山楼雄伟险峻，藏兵洞层叠奇妙，是一处罕见的明清两代城堡式官宦住宅建筑群，被专家誉为"中国北方第一文化巨族之宅"。

九女仙湖景区距皇城相府8公里，是传说中九仙女下凡之地，逶迤于青山峡谷中，引漓江，似三峡，是我国北方重要的自然风光旅游区之一，自古以来就是士绅大夫、文人墨客流连娱游胜地。

生态农业观光园占地66万平方米，是一个集景观养生、休闲度假、生态抚育及会议中心于一体的大型现代高科技农业园区，园中有热带风情植物、奇花异果、空中花园，现代农业高科技的优秀成果在这里展示得淋漓尽致。

忻州市五台山风景名胜区

山西省 5A

- 景区地址：山西省忻州市五台县台怀镇
- 邮政编码：035500
- 咨询电话：0350-6543133
- 官方网站：www.wutais.cn
- 开放时间：
  - 旺季：4月1日~10月31日 全天
  - 淡季：11月1日~次年3月31日 全天
- 景区门票：旺季：168元
  - 淡季：140元

五台山景区地处忻州市五台县北部，繁峙县南部。五台山有着佛教圣地的历史地位，深邃的佛教文化传承，丰富的古建筑文物遗存，雄浑绚丽的自然风光，幽雅宜人的清凉环境，为中国革命史上著名的抗日革命根据地。五台山由五座顶如平台的山峰环抱，气候清凉，被佛经和佛教中传为文殊菩萨化现演教之地，位居中国四大佛教名山之首。

东汉永平十一年（68年），印度高僧迦叶摩腾、竺法兰传法至此，始建寺庙，佛教遂在此发展兴盛，历1900余年。五台山佛教文化博大精深，文物遗存美轮美奂，佛教建筑之多，传承历史之长，为中国和世界所罕见，堪称世界文化遗产的宝库。

五台山还具有众多内涵丰富的革命遗迹和古老的地质构造，广为流传着许多优美动人的神话传说和民间故事，与五台山佛教音乐、僧风民俗等一起成为五台山历史文化的重要构成内容，被誉为"中国古建艺术的宝库"、"中国佛教造像艺术的展览馆"、"中国佛教音乐奇葩"。五台山先后被评为首批国家重点风景名胜区、国家森林公园、国家地质公园、国家自然与文化双遗产、首批国家5A级旅游景区、全国文明风景旅游区、世界文化景观遗产。

鄂尔多斯市响沙湾旅游景区

内蒙古自治区 5A

- 景区地址：鄂尔多斯市达拉特旗响沙湾旅游景区
- 邮政编码：017000
- 咨询电话：0477-3963366
- 官方网站：www.xiangsw.com
- 开放时间：
  - 旺季：5月1日~10月31日 8:30~18:00
  - 淡季：11月1日~次年4月30日 8:30~18:00
- 景区门票：80元

　　响沙湾旅游景区位于鄂尔多斯市达拉特旗中部。从呼和浩特到包头转包东高速可达，南距包头市区50公里。属于沙漠类自然风景区，以世间罕见的响沙奇观闻名于世，是库布其沙漠一颗耀眼的明珠。响沙湾在蒙古语中被称为"布热芒哈"，意思是"带喇叭的沙丘"。高大的沙丘呈月牙形状、有80多米高，横亘数公里，金黄色的沙坡掩映在蓝天白云下，有茫茫沙海入云天的壮丽景象；一年四季只要天气晴朗干燥，从沙顶下滑便会产生"嗡嗡"似直升机马达的轰鸣声。若用双手刨沙，还会发出如同青蛙"呱呱"的叫声，独特奇妙。在响沙密林深处也称"沙漠绿洲"设立了接待站。配备有冲凉房和露天灯光舞场。响沙湾背倚大漠龙头库布其沙漠，面临罕台大川。沙高110米，宽200米，坡度为45度，呈弯月状的巨大沙山回音壁级在大漠边缘，是一处珍稀、罕见、宝贵的自然旅游资源。沙漠存水——沙湖在弯月沙山回音壁南约2公里处，是一个小面积沙池，湖水终年不竭，为难得的"沙漠甘泉"。神秘的沙歌现象吸引中外游客纷至沓来。2009年被国家旅游局评为5A级旅游景区。

鄂尔多斯市成吉思汗陵旅游区

内蒙古自治区 5A

- 景区地址：鄂尔多斯市伊金霍洛旗伊金霍洛镇
- 邮政编码：017208
- 咨询电话：0477-3965566　3965599
- 官方网站：www.chengjisihan.com.cn
- 开放时间：
  旺季：5月1日~10月31日　8:00~18:30
  淡季：11月1日~次年4月30日　8:30~17:00
- 景区门票：旺季：120元　淡季：90元

　　成吉思汗陵是历史伟人成吉思汗的象征，是祭祀这位伟人英灵的神圣场所，是全国重点文物保护单位。依托于成吉思汗陵发展起来的成吉思汗陵旅游区，占地面积10平方公里，控制面积80平方公里，以成吉思汗陵为核心，形成了祭祀文化区、历史文化区、民俗文化区、草原观光区、休闲度假区的整体布局，是世界上唯一的以成吉思汗文化和蒙古族文化为主题的旅游景区。成吉思汗陵以蓝天绿草之间巍然屹立的具有蒙古民族建筑风格的金碧辉煌的陵宫大殿为主题，以诸多文物景点组成。这里松柏耸立，树木成林，绿草如茵，与美丽富饶的巴音昌霍格草原连为一体，营造了独特的草原风光和人文景观。

　　成陵旅游区先后荣膺中国旅游胜地四十佳、全国百家青少年爱国主义教育基地和国家5A级旅游景区，被中央文明办、住房和城乡建设部、国家旅游局评为全国文明风景旅游区创建工作先进单位和全国文化产业示范基地。

沈阳市植物园

辽宁省 5A

- 景区地址：辽宁沈阳市东陵区双园路301号
- 邮政编码：110163
- 咨询电话：024-88038035
- 官方网站：www.syszwy.com.cn
- 开放时间：
  旺季：4月20日~10月15日 9:00~17:00
  淡季：10月16日~次年4月19日 9:00~16:00
- 景区门票：50元

　　沈阳市植物园是2006中国沈阳世界园艺博览会的会址，占地2.46平方公里，被誉为"森林中的世博园"。沈阳市植物园位于沈阳东郊，距市区10公里，交通便利。园中荟萃、展示了东北、西北、华北及内蒙古地区植物资源，集中展示世界五大洲及国内重点城市的园林和建筑艺术特色，是集绿色生态、精品园林、人文景观与休闲娱乐于一体的综合旅游景区。

　　园内建有百合塔、凤凰广场、玫瑰园等主题建筑。自然生态、人工、滨水湿地三大景观浑然天成，代表国际、国内各地区及不同风格植物的百余个风情展园如繁星般点缀其间。园内栽植露地木本植物、露地草本植物和温室植物2000多种，是东北地区收集植物种类最多的植物展园。

　　园内每年定期举办大型花展，其中4~5月的郁金香花展、兰花展，5~6月的牡丹花展、芍药花展，7月的百合花展，8月的大丽花展、荷花睡莲展，9月底到10月中旬的菊花展等精彩纷呈，是北方少有的景观。

大连市金石滩景区

辽宁省 5A

🏠 景区地址：大连市金石滩国家旅游度假区
📮 邮政编码：116650
📞 咨询电话：0411-87900241
🌐 官方网站：www.jinshitan.com
⏰ 开放时间：全年；8:00~18:00
💰 景区门票：180元

　　金石滩国家旅游度假区位于大连东北端的黄海之滨，是中国首批最佳旅游城市——浪漫之都大连的后花园。

　　金石滩，距大连市中心50公里。陆地面积62平方公里，海域面积58平方公里。这里三面环海，冬暖夏凉，气候宜人，海岸线延绵30多公里，诞生于6亿年前的震旦纪岩石形成壮丽的奇石景观，被称为"凝固的动物世界"、"天然地质博物馆"，有"神力雕塑公园"之美誉。这里有金石文化博览广场、大连滨海国家地质公园、国际汽车露营地、金石唐风温泉、金石缘公园、万福鼎公园、中华武馆、金石发现王国主题公园、模特影视艺术中心、金石狩猎俱乐部、金石马术基地、金石国际会议中心、金石高尔夫俱乐部、金湾高尔夫球场等项目。大连国际沙滩文化节、国际冬泳节、葡萄游园会等缤纷多彩的主题庆典给金石滩增添了新鲜活力与无穷魅力。

　　金石滩本着"金石之旅，从让每一位游客满意开始"的服务宗旨，为每一位游客提供优质的游、购、娱、食、住、行服务。

　　2001年获"中国最佳生态环境保护十大风景区"，2010年被评为国家5A级旅游景区。

大连市老虎滩海洋公园·老虎滩极地馆

辽宁省 5A

- 景区地址：辽宁省大连市中山区滨海中路9号
- 邮政编码：116013
- 咨询电话：0411-82689356
- 官方网站：www.laohutan.com.cn
- 开放时间：
  旺季：3月1日~10月31日 7:00~18:00
  淡季：11月1日~次年2月28日 8:00~17:00
- 景区门票：190元

　　大连老虎滩海洋公园·老虎滩极地馆坐落在国家级风景名胜区——大连南部海滨的中部。占地面积118万平方米，有着4000余米的曲折海岸线。园内蓝天碧海、青山奇石、山水交融，构成了绮丽的海滨风光。这里有以展示珊瑚礁生物群为主的大型海洋生物馆——珊瑚馆；展示极地海洋动物和极地体验的大型场馆——极地馆；半自然状态的人工鸟笼——鸟语林；花岗岩动物石雕——群虎雕塑以及化腐朽为神奇的马驷骥根雕艺术馆等闻名全国的旅游景点；有大型跨海空中索道；大连南部海域最大的旅游观光船；特种电影播放场所——四维影院以及惊险刺激的侏罗纪激流探险、海盗船、蹦极、速降等游乐设施。大连老虎滩海洋公园是滨城一道亮丽的风景，每年接待海内外游客200多万人次。被国家旅游局评为首批5A级景区，中国旅游知名品牌，并通过了ISO9001质量管理体系和ISO14001环境管理体系的认证。老虎滩海洋公园是展示海洋文化，突出滨城特色，集观光、娱乐、科普、购物、文化于一体的现代化海洋主题公园。

长春市伪满皇宫博物院

吉林省 5A

- 景区地址：吉林省长春市光复北路5号
- 咨询电话：0431-82866611
  0431-82860547
- 官方网站：www.wmhg.com.cn
- 开放时间：全年
  旺季：8:30～17:00
  淡季：8:30～16:30
- 景区门票：80元

　　长春市伪满皇宫旧址位于长春市光复北路5号，占地面积13.7万平方米，是清朝末代皇帝爱新觉罗·溥仪充当伪满洲国傀儡皇帝时的宫廷旧址，是国内现存并保存完整的三大宫廷遗址之一。它是日本武力侵占中国东北、推行殖民统治的典型物证。

　　长春伪满皇宫遗址核心区现存古建筑多处，以中和门为界分为内廷和外廷。内廷区主要有缉熙楼、御花园、同德殿、书画楼等，是溥仪及其眷属的生活区。外廷区主要有勤民楼、怀远楼、嘉乐殿、宫内府等，是溥仪的政务活动区。此外，还有御用汽车库、马厩、跑马场、花窖、禁卫军营房、铁路专用线、建国神庙、祭祀府、近卫营房等附属设施。

　　经过近十年的全面保护复原建设，长春市伪满皇宫博物馆已经基本恢复伪满皇宫原貌，并形成了东部警示教育区、西部休闲文化展演区、中部"宫廷"文化展示区和南部旅游商服区4个功能区域，景区面积25万平方米。长春伪满皇宫景区现已成为全国5A级旅游景区，全国爱国主义教育示范基地、吉林八景之一。

长春市净月潭景区

吉林省 5A

- 景区地址：长春市净月开发区
- 邮政编码：130122
- 咨询电话：0431-84518000
- 官方网站：www.jingyuetan.com
- 开放时间：全年；全天
- 景区门票：30元

长春市净月潭景区，位于长春市区东南部，距市中心18公里。拥有96.38平方公里的人工森林和4.3平方公里的潭水面积，森林覆盖率达96%。景区地处长白山麓向西部草原的过渡地带，横跨长白山、内蒙古、华山三个植物区系，地貌呈低山丘陵状，有山峰119座，这里的林相整齐，生物资源丰富多样，素有"绿海明珠"、"都市氧吧"之美誉，也被誉为长春市的生态绿核和城市名片。

景区内有东北虎园、碧松净月塔楼、太平钟楼、湿地公园、高尔夫球场、瓦萨博物馆、滑雪场、森林浴场、金代古墓、荷花垂柳园等精品景观景点20余处。

1988年净月潭被命名为国家重点风景名胜区，1989年被批准为国家森林公园，2009年被评为全国文明风景旅游区，2011年被评为国家5A级旅游景区。

长白山景区

吉林省　5A

- 景区地址：吉林省安图县二道白河镇
- 邮政编码：133613
- 咨询电话：0433-5755168
- 官方网站：www.cbs.travel
- 开放时间：
  旺季：5月1日~10月20日
  　　　7:00~17:00
  淡季：10月21日~次年4月30日
  　　　8:00~16:00
- 景区门票：100元

　　巍峨长白山，位于吉林省东南部，地处延边朝鲜族自治州和白山地区境内，是中、朝两国界山，也是图们江、鸭绿江、松花江的三江发源地。闻名中外的美景，一望无际的林海，以及栖息其间的珍禽异兽，使其成为中华十大名山之一。2007年，长白山景区经国家旅游局正式批准为国家5A级旅游景区。

　　长白山名字的由来有三个原因：第一，长白山终年积雪；第二，长白山是由火山喷发形成的，喷发后的火山灰呈灰白或淡黄色，当冰雪消融之后，远观群峰，仍为白色；第三，在远处观望长白山，白云缭绕，直插云霄，故称为"长白山"。长白山是一座休眠火山，历史上有过数次喷发。最后三次喷发的时间分别是1597年8月、1688年4月、1702年4月，多次喷发形成的独特的地貌景观神奇秀丽、巍峨壮观、原始自然，风光无限！

　　长白山是我国与五岳齐名、风光秀丽、景色迷人的关东第一山，因其主峰多白色浮石与积雪而得名，素有"千处积雪万年松，直上人间第一峰"的美誉。

哈尔滨市太阳岛公园

黑龙江省 5A

- 景区地址：哈尔滨市松北区
- 邮政编码：150028
- 咨询电话：0451-88190666
- 官方网站：www.taiyangdao.com.cn
- 开放时间：
  - 旺季：1月1日~2月28日
    5月1日~10月7日
    8:00~17:00
  - 淡季：3月1日~4月30日
    10月8日~12月31日
    8:00~16:30
- 景区门票：30元；
  冬季雪博会期间40元

太阳岛风景区位于哈尔滨市松花江北岸，地处新旧城区之间，总面积为88平方公里，外围保护区面积为50平方公里，景区规划面积为38平方公里，是一处由大面积湿地景观、欧陆风情、冰雪文化、民俗文化等资源构成的融文化、休闲、观光、娱乐、科普教育、度假等功能为一体的风景名胜区，也是目前国内最大的沿江生态区。

已具有25年历史的哈尔滨太阳岛国际雪雕艺术博览会是太阳岛的一个支柱性文化产业，通过几年来的国际化合作，使太阳岛成为展现哈尔滨乃至国际冰雪文化的重要窗口和开展冰雪旅游活动的首要基地。作为国家文化产业示范基地太阳岛风景区已经具有了"十二馆四园一村一镇一剧院"特色鲜明的文化艺术场馆格局，其鲜明的俄域风情和文化艺术，进一步提升了太阳岛的文化品位，特别是近两年来太阳岛生态湿地旅游的发展，不仅为景区带来了一定社会效益，更重要的是拉动了景区的经济效益。

2006年景区荣获年度国家"人居环境范例奖"；2007年晋升国家首批5A级旅游景区；2008年晋升国家水利风景区；2009年被命名为全国精神文明建设先进单位，2010年又晋升为国家级文化产业示范基地；2011年又荣获全国旅游标准化示范景区等多项殊荣。

牡丹江市镜泊湖景区

黑龙江省 5A

- 景区地址：黑龙江省牡丹江市景福街156号
- 邮政编码：157038
- 咨询电话：0453-6911186
- 官方网站：www.jingpohu.gov.cn
- 开放时间：全年；全天
- 景区门票：80元

　　镜泊湖位于黑龙江省东南部，牡丹江流域中上游，距牡丹江市区80公里，总面积1726平方公里，是世界地质公园、国家级风景名胜区、国家5A级旅游景区。镜泊湖岛湾错落，峰峦叠翠，将春花、夏水、秋叶、冬雪集于一湖，将四季不同之美集于一湖。

　　镜泊湖的百里长湖，是世界最大的火山熔岩堰塞湖，从空中俯瞰呈"S"形，纵长45公里，水域面积80平方公里，蓄水量为16亿立方米，最宽处6公里，平均水深20米，湖面平均海拔350米。镜泊湖山中有湖，湖中有岛：有神奇形象的毛公山；有气势轩昂的大孤山；有精巧别致的珍珠门；有古风浓烈的城墙砬子等。

黑河市五大连池景区

黑龙江省 5A

- 景区地址：黑龙江省北部，北至五大连池市、讷河市、嫩江县、孙吴县、北安市
- 邮政编码：164155
- 咨询电话：0456-7222221
- 官方网站：www.wdlc.com
- 开放时间：
  旺季：4月1日~10月31日 6:30~19:30
  淡季：11月1日~次年3月31日 8:30~16:00
- 景区门票：旺季：240元 淡季：105元

　　五大连池景区总面积1060平方公里，境内古老的湖泊被新期火山熔岩流阻塞成五个泊水相连的火山堰塞湖，五大连池因此而得名。五大连池是第四纪火山活动给人类留下的一片珍贵遗产。这里不仅拥有在生态科学和地球物理发展史方面具有重要意义的火山地质地貌，更具有自然美学和环境医学方面独特的观赏和实用价值，是集生态观光、休闲度假、保健康疗、科学考察于一体的高含量、多功能、综合型国际旅游胜地。现已开发黑龙山景区、白龙湖景区、龙门石寨景区、药泉山景区、卧虎山景区、药泉景区、温泊景区、冰洞景区、天池景区、龙门石寨、灰鹤湿地景区、药泉古镇景区十二大观光区，400余处景点和景观供游人观赏。目前，五大连池已获得世界地质公园、世界生物圈保护区两项世界级荣誉，2016年被确定为中国申报"世界自然遗产"的遗产地；同时拥有国家重点风景名胜区、国家级自然保护区、中国旅游胜地四十佳、中国矿泉城、国家地质公园、中国人与生物圈保护区、国家森林公园、中国国家自然遗产、中国著名火山之乡、中国矿泉水之乡、国家5A级旅游景区、最具潜力的中国十大风景名胜区、国土资源科普基地、国家非物质文化遗产（圣水节）14项国家级荣誉。

上海东方明珠广播电视塔

上海市  5A

- 景区地址：上海市浦东新区世纪大道1号
- 邮政编码：200120
- 咨询电话：021-58791888
- 官方网站：www.orientalpearltower.com
- 开放时间：全年；8:00～21:30
- 景区门票：180元

　　东方明珠广播电视塔坐落于繁华的金融区陆家嘴嘴尖，毗邻美丽的黄浦江畔，与外滩万国建筑博览群交相辉映，设计者卓有见地地将11颗大小不等、高低错落的球体建筑和地面设施巧妙地组织在一起，犹如珠串从蔚蓝的天空串联到如茵的草地，描绘出"大珠小珠落玉盘"的梦幻意境，具有浓郁的东方文化气息。东方明珠塔内有350米太空舱、263/259米上球体室内外观光层和90米下球体多个层面可以俯瞰上海美景。

　　上海东方明珠广播电视塔内的"上海城市历史发展陈列馆"以建筑形态和场景的方式反映了上海从6000年前的远古时代，历经唐代建华亭县，元代建上海县，明代、清代的繁荣，至近代西方列强接踵而来，上海发展成一个著名国际都市的历史变迁。整个展馆面积约1万平方米，是集历史、文化、鉴赏、娱乐于一体，具有创新理念的博物馆。

上海野生动物园

上海市 5A

- 景区地址：上海市浦东新区南六公路178号
- 邮政编码：201300
- 咨询电话：021-61180000
- 官方网站：www.shwzoo.com
- 开放时间：
  旺季：3月1日～11月30日 8:00～17:00
  淡季：12月1日～次年2月28日 8:30～16:30
- 景区门票：130元

　　上海野生动物园是由上海市人民政府和国家林业局合作建设的中国首座国家级野生动物园，位于上海浦东新区境内，展区占地153公顷，于1995年11月18日正式对外开放，是首批国家5A级旅游景区。

　　园内汇集着世界各地具有代表性的动物和珍稀动物200余种、上万余头（只），其中有我国特产的重点保护动物大熊猫、金丝猴、金毛羚牛等，也有来自国外的长颈鹿、斑马、羚羊、白犀牛、猎豹等，中国特有重点保护动物种群数量居国内野生动物园之首。

　　上海野生动物园倡导动物健康运动，初步建设有中国特色的动物健康运动中心，园内有4座功能各异的动物健康运动表演练习场馆：人与动物大型广场艺术表演精彩纷呈；大型驯兽表演，惊险刺激；园内一流的海狮表演让您领略动物的聪明与美妙；来自澳洲的赛狗更让您在惊叹速度魅力的同时遐想无限。上海野生动物园建有多个当今世界上最先进的哺乳动物浸入式展区，拉近了人与动物的距离，营造了人与动物、植物充分和谐的环境，被中外游人誉为和谐乐园。

上海科技馆

上海市 5A

- 景区地址：上海市浦东新区世纪大道2000号
- 邮政编码：200127
- 咨询电话：021-68622000转6888
- 官方网站：www.sstm.org.cn
- 开放时间：全年；9:00～17:15
- 景区门票：60元

上海科技馆是上海市政府投资17.55亿元建设的重大社会文化项目，是上海市最主要的科普教育基地和精神文明建设基地。坐落在浦东新区行政文化中心，占地面积6.8万平方米，建筑面积10.06万平方米。上海科技馆建筑雄伟，寓意深远，是上海市标志性景观。馆内设施完备，功能齐全；馆外环境优美，交通便利，是举办各类临展、特展和会议的理想场所。第九次领导人非正式组织会议峰会，上海合作组织峰会，亚洲、非洲银行年会，奥运火炬接力仪式，美国总统奥巴马与中国青年对话等重大会议活动都曾在此举行。另外，地处延安东路260号的上海自然博物分馆和龙吴路1102号的标本馆，也是上海科技馆的组成部分。

上海科技馆常设展览综合了自然博物馆、天文馆和科技馆的基本内容。以"自然·人·科技"为主题，以寓教于乐、生动活泼的展示方法和教育活动激发公众对自然、人类和科技的好奇心和学习兴趣。位于浦东的场馆内共有11个常设展区和2个特别展览。在公共空间还有中国古代科技和探索者两个浮雕长廊以及院士风采长廊。由IMAX立体巨幕、球幕、四维和太空数字四大高科技特种影院组成了国内建成最早、功能最全的上海科技馆科学影城。

南京市钟山风景名胜区
——中山陵园风景区

江苏省 5A

- 景区地址：南京市玄武区石象路7号
- 邮政编码：210014
- 咨询电话：025-84431174
- 官方网站：www.zschina.org.cn
- 开放时间：
  旺季：3月1日～10月31日
  6:30～18:30
  淡季：11月1日～次年2月28日
  6:30～18:00
  （每周一陵寝例行闭馆保养）
- 景区门票：明孝陵：70元
  灵谷寺：35元
  音乐台：10元

巍巍钟山，青松翠柏汇成浩瀚林海，空山鸟语、山灵水秀，清幽的"城市森林"凸显"山水城林"融为一体的独特韵味。又有200余处名胜古迹交相辉映，或镶嵌，或依傍，或矗立，勾勒出一条大象有形的历史文脉。

中山陵、灵谷寺景区以民国文化、生态休闲文化、佛教文化为主。中山陵平面呈警钟形，有"警钟长鸣，唤起民众"之寓意。中山陵是民国建筑的经典之作；音乐台为中山陵纪念建筑之一，是世界上与大自然结合最紧密、最具特色的露天音乐台。灵谷景区是国民革命军阵亡将士纪念建筑群所在地，这里古木参天，曲径通幽，灵谷深松在明、清两代均被列入"金陵胜境"。无梁殿是我国历史最悠久、规模最大的砖砌拱券结构殿宇。

明孝陵景区以明代文化和生态休闲文化为主。明孝陵是明代开国皇帝朱元璋的陵寝，开启了明、清两代帝陵的规制，2003年被列入《世界遗产名录》，是南京唯一的世界文化遗产。景区除包括明孝陵主体建筑外，还包括朱元璋之子朱标的陵墓、孙权墓、梅花山、蒋介石墓址正气亭、六朝祭坛以及新建的梅花谷等景点。

南京市夫子庙·秦淮风光带景区

江苏省 5A

🏠 景区地址：江苏省南京市秦淮区夫子庙
✉ 邮政编码：210001
☎ 咨询电话：025-52269008
🌐 官方网站：www.njfzm.net
⏰ 开放时间：全年；全天
💴 景区门票：免费

　　南京市夫子庙·秦淮风光带景区位于南京主城区的城南，集自然风光、山水园林、庙宇学堂、街市民居、乡土民情于一体。景区因街区内有祭祀中国古代大思想家、教育家孔子的寺庙而得名。景区以夫子庙古建筑群为中心，以十里内秦淮河为轴线，东起东水关公园（通济门水关），西至西水关公园（三山水关，今水西门）。它蕴含着南京城市发展2000多年的历史文化积淀，是南京市重要发祥地之一，也是南京历史上最热闹的文化、商业中心。有世界最大、保留最完好的瓮城——中华门瓮城，有明代被称为"南都第一园"的瞻园，有太平天国史专业博物馆，有明代开国功臣中山王徐达的私家花园——白鹭洲公园，有中国古代最大的科举考场——江南贡院等众多名胜古迹，它们仿佛镶嵌在秦淮风光带上的颗颗璀璨的明珠。古往今来，众多文人墨客如李白、杜甫、王安石、周邦彦、辛弃疾、夏完淳、吴敬梓、孔尚任、郑板桥、朱自清、俞平伯等多来此游览，甚至寓居此地，留下了不少诗文佳话。

　　近几年，夫子庙开始了全面的恢复建设，以清新明丽的建筑风格、鲜明浓郁的文化气息，集中展示了南京古都风貌和改革开放的成果，成为中外嘉宾来宁必到的游览之处。

中央电视台无锡影视基地三国水浒景区

江苏省 5A

- 景区地址：无锡市大浮滨湖1号
- 邮政编码：214081
- 咨询电话：0510-85555252
- 官方网站：www.ctv.com
- 开放时间：全年；8:00～17:30
- 景区门票：120元

中央电视台无锡影视基地三国水浒景区是国内最早把影视文化概念成功运用于旅游开发的主题公园，具有极其鲜明的影视特点和文化特色。2007年，无锡影视基地三国水浒景区作为影视拍摄基地和文化旅游类典型代表，荣膺国家5A级旅游景区。

中央电视台无锡影视基地三国水浒景区位于太湖之滨，自然风光妩媚旖旎，山清水秀，景区拥有吴王宫、甘露寺、吴营水旱寨、汉鼎、宋皇宫、紫石街、清明上河街等体现秦汉宋建筑风貌的大量建筑群体，还拥有"老北京四合院"、"旧上海一条街"、"民国码头"等明清、民国时期的建筑景观，拥有20多个成熟的表演节目，其中《三英战吕布》、《影视特技探索》、《华夏古韵》等歌舞、马战、影视特技类节目场场赢得喝彩，演出经久不衰。

经过多年精心建设，景区影视文化特色日益鲜明，影视文化氛围日趋浓郁，吸引了众多海内外游客和影视剧组，至今已接待《三国演义》、《水浒传》、《唐明皇》、《大宅门》、《神探狄仁杰》、《笑傲江湖》、《射雕英雄传》等500多个剧组。

无锡市灵山景区

江苏省 | 5A

- 景区地址：无锡市滨湖区马山镇灵山路1号
- 邮政编码：214021
- 咨询电话：4501680303
- 官方网站：www.chinalingshan.com
- 开放时间：
  旺季：3月1日~10月31日，春节期间
  7:00~17:30
  淡季：11月1日~次年2月28日
  7:00~17:00
- 景区门票：210元

　　灵山圣境地处秀丽的无锡马山，北依灵山，南临太湖，将源远流长的佛教文化与景色旖旎的自然山水完美结合，是中国最为完整，也是集中展示释迦牟尼成就的佛教文化主题园区。经过17年的开发建设，已经成为中外闻名的佛教文化旅游胜地，每年接待世界各地的游客300余万人次。

　　园区规模气势宏大，内容生动广博，以历史的传承、时代的特色，形成传统文化和现代艺术、佛教文化、科技文明相互交融的独特旅游文化景观。88米高的"灵山大佛"是灵山圣境的标志性景观。它的建成奠定了神州大地"五方五佛"的完美格局，被誉为"东方大佛"。庄严宏伟的灵山大佛坐落于太湖之滨，尽收山水之美、尽显东方佛教传统文化之神韵。世界佛教论坛会址——"灵山梵宫"，建筑气势磅礴，布局庄严和谐。将传统文化元素与鲜明的时代特征完美融合，集世界佛教论坛会址、艺术殿堂、旅游奇观于一身。置身其中，每一步都是开阔，每一眼都是惊奇，每一景都是震撼。

无锡市鼋头渚景区

江苏省 5A

- 景区地址：江苏省无锡市滨湖区鼋渚路1号
- 咨询电话：0510-96889688
- 官方网站：www.ytz.com.cn
- 开放时间：
  旺季：3月~11月 7:00~17:30
  淡季：12月~次年2月 7:30~17:00
- 景区门票：105元

太湖鼋头渚风景区位于江苏省无锡市西南，地处浩渺太湖的西北岸，景区面积平方公里，是国务院颁布的首批国家级风景名胜区——太湖风景名胜区的代表性景区。这里层峦叠翠，林壑优美，山环水抱，碧波万顷，融淡雅清秀与雄奇壮阔为一体，素有"天然画图"之美誉，被郭沫若先生赞为"太湖佳绝处，毕竟在鼋头"。

鼋头渚的美丽景致在明代以前就为人们所向往，被认为是无锡境内的"桃花源"。明初，"太湖春涨"被列为"无锡八景"之一。明末，东林首领高攀龙常在此踟躇吟咏，留有"鼋头渚边濯足"遗迹。而临湖峭壁上的"包孕吴越"和"横云"摩崖石刻既赞美了此处的雄伟气势，更是对此地尽纳吴越山水之美的高度评价。新中国成立后，经统一规划布局，精心缀连，又不断扩建新景，使之日趋完美，成为江南最大的山水园林之一。景区现有"包孕吴越、鼋渚春涛、湖山真意、三山映碧、鹿顶迎晖"等十多处丰富的自然景观，有"横云山庄、湖山歌碑"等文物保护景观，有"聂耳亭、王昆仑故居、无锡人杰苑"等人文景观，还有"江南兰苑、樱花谷"等丰富的植物资源和大批古树名木。景区以其"集湖光山色、名胜古迹和丰富的植物资源于一体"的风景资源和"春花、夏荫、秋色、冬景"四季游览主题和良好的旅游品质，先后荣获了"国家级文明风景名胜区、全国创建文明风景旅游区工作先进单位和全国绿化模范单位、国家5A级旅游景区、江苏省文明单位"等荣誉，成为江南文化名城无锡的最佳"窗口"和文明形象。

常州环球恐龙城休闲旅游区

江苏省 5A

- 景区地址：常州市新北区汉江路1号
- 邮政编码：213022
- 咨询电话：400-616-6600
- 官方网站：www.konglongcheng.com
- 开放时间：全年；9:00~22:30
- 景区门票：100元

  环球恐龙城，位于江苏省常州市新北区现代旅游休闲区内，是一个集主题公园、文化演艺、温泉休闲、游憩型商业及动漫创意于一体的国家5A级旅游景区。

  环球恐龙城涵盖了主题公园、旅游配套、旅游地产等功能业态，将恐龙文化与旅游休闲、科普知识及特色文化完美结合，并在打破传统景区概念的基础上，把旅游休闲的功能分散，进而融合了文化、居住等不同功能，组成一个配套完善、个性鲜明的旅居结合的城市旅游综合体。环球恐龙城现代休闲旅游区内建有世界最大的恐龙主题乐园——中华恐龙园、苏南第一温泉——恐龙谷温泉、世界唯一恐龙主题游憩型商业公园——迪诺水镇、"树立方"恐龙城大剧场、三河三园亲水之旅、香树湾花园酒店、维景国际大酒店等旅游产品，将旅游和生活紧密地融合在一起，形成独具特色的旅游文化创意休闲社区。

苏州市苏州园林(拙政园·虎丘园·留园)

江苏省 5A

🏠 景区地址：
拙政园：江苏省苏州市平江区东北街178号
虎丘园：江苏省苏州市金阊区虎丘山门内8号
留园：江苏省吴江市同里镇中川南路1号

📮 邮政编码：
拙政园：215001
虎丘园：215008
留园：215217

📞 咨询电话：
拙政园：0512-67510286
虎丘园：0512-67232305
留园：0512-63331140

🌐 官方网站：
拙政园：www.szzzy.cn
虎丘园：WWW.TIGERHILL.COM
留园：www.tongli.net

🕒 开放时间：
拙政园：全年；7:30~17:30
虎丘园：全年；7:30~18:00
留园：全年；7:30~18:00

💰 景区门票：
拙政园：70元
虎丘园：60元
留园：40元

苏州园林是中国苏州城内的园林建筑，以私家园林为主，起始于春秋时期的吴国建都姑苏时（前514年），形成于五代，成熟于宋代，兴旺于明代，鼎盛于清代。苏州园林占地面积不大，但以意境见长，以独具匠心的艺术手法在有限的空间内点缀安排，移步换景，变化无穷，其代表园林有拙政园、虎丘园与留园。

拙政园文化底蕴深厚，东部明快开朗，以平冈远山、松林草坪、竹坞曲水为主。中部为拙政园精华所在，以水为主，池广树茂，景色自然，临水布置了形体不一、高低错落的建筑，主次分明。西部水池呈曲尺形，其特点为台馆分峙，回廊起伏，水波倒影，别有情趣，装饰华丽精美。

苏州虎丘山是著名的风景名胜区，已有2500多年悠久历史，素有"吴中第一名胜"之称，宋代大文豪苏东坡"到苏州不游虎丘，乃憾事也"的千古名言，使虎丘成为旅游者到苏州必游之地，是历史文化名城苏州的标志。

拙政园是中国园林的杰出代表，亦是江南私家花园典范，以其悠久的人文历史、丰富的文化内涵、高度的造园成就、疏朗自然的风格、典雅秀丽的景色而著称于世。它是中国四大名园之一且历史最为悠久。

苏州市同里古镇景区

江苏省 5A

- 景区地址：吴江市同里镇中川南路1号
- 邮政编码：215217
- 咨询电话：0512-63331140
- 官方网站：www.tongli.net
- 开放时间：
  旺季：4月1日～10月31日，7:30～17:30
  淡季：11月1日～次年3月31日，7:30～17:15
- 景区门票：100元

　　同里古镇，先后荣获了中国十大历史文化名镇、中国十大魅力名镇、中国十大影视基地、中国人居范例奖、中国旅游百强景区等多项国家级殊荣。其核心景点退思园于2000年被列入《世界文化遗产名录》，并被国务院公布为全国重点文物保护单位。因此，同里景区成为江南水乡古镇中唯一的世界文化遗产所在地。

　　古镇历史悠久，文化底蕴深厚，历史上先后出状元1人、进士42人、举人93人，民风淳朴，传统民俗活动丰富。古镇利用丰富的人文资源和自然景观，大力发展古镇旅游业，赢得游客青睐。

　　同里古镇已有1000多年的镇史。镇外五湖环抱，可谓"诸湖环抱于外，一镇包含其中"，镇内明清建筑鳞次栉比、文物古迹遍地，镇内15条河流纵横交错把古镇划为19个岛屿，而建于各个年代的55座桥又将各个岛屿串联成一体，形成了依水成街、环水设市、傍水成园的水乡风格，以"小桥、流水、人家"的神韵被誉为"东方威尼斯"。

苏州市金鸡湖景区

江苏省 5A

- 景区地址：苏州工业园区现代大道金鸡湖景区
- 邮政编码：215028
- 咨询电话：4007-538-558
- 官方网站：www.sipjnjilake.com
- 开放时间：全年；全天
- 景区门票：免费

　　金鸡湖景区，是江苏省规模最大的开放式城市湖泊公园，全国唯一的商务旅游景区。景区按照城市商务旅游功能布局，以金鸡湖为中心，精心打造文化会展区、时尚购物区、休闲美食区、城市观光区、中央水景区五大功能区。

　　文化会展区以苏州国际博览中心和苏州文化艺术中心为核心，有会展、展览、娱乐、艺术等功能，是世界级演艺界的交流平台和苏城文化艺术的新地标；时尚购物区以圆融时代广场为主体，是苏州城市级商业中心——金鸡湖商圈的重要组成部分。内有天幕商业街，该天幕耗资亿元，全长500米，堪称"世界第一天幕"，它宛如一道炫目的长虹飞架在城市上空，成就了苏州夜晚最梦幻的光影奇观；休闲美食区以李公堤为主体，集中了园区最时尚、最现代的观光、美食、购物、娱乐等创意文化休闲方式，为世人描绘出一幅现代苏州版的"清明上河图"；城市观光区以湖滨大道、香樟园、城市广场为主体，集中体现金鸡湖景区的现代与时尚；中央水景区以摩天轮乐园、月光码头、桃花岛、金鸡湖游艇为主体。

　　景区以拥有国际水准的滨湖景观和浪漫幽雅的湖泊风光，以及完善的商务旅游功能配套，越来越散发出迷人的魅力，吸引着越来越多的国内外商务游客。

苏州市周庄古镇景区

江苏省 5A

- 景区地址：昆山市周庄镇全福路138号
- 邮政编码：215325
- 咨询电话：400-8282-900
- 官方网站：www.zhouzhuang.net
- 开放时间：日游：8:00~16:00
  夜游：16:00~20:00
- 景区门票：日游：100元
  夜游：80元

周庄古镇景区地处江南水乡腹地，上海、苏州、杭州的中心位置。周庄古镇四面环水，宛如漂在水面上的一片荷叶。斑驳狭窄的石板弄堂、错落有致的飞檐翘角、水巷之间，驳岸、拱桥、粉墙、黛瓦相映成趣。国家5A级旅游景区周庄，2001年荣获联合国迪拜最佳人居环境奖，被列入世界文化遗产预备清单。2005年荣获中国第一个综合性环保大奖"中华环境奖"。2006年获得美国加州政府和内华达州政府授予的"世界最佳魅力水乡"称号。

周庄至今保留着全人类最优秀的传统民居建筑，"井"字形河道典雅别致。沿河临街的明代建筑张厅、清代建筑沈厅等都体现出江南水乡民居的精美，贞丰桥畔有柳亚子先生生前从事政治活动的迷楼，后港街上保存着爱国教育家沈体兰童年生活的贞固堂，还有画家陈逸飞笔下的双桥，元代桥楼合璧建筑富安桥。一条条明清老街，民居古建筑鳞次栉比，水镇格局典型而完整，世界建筑大师贝聿铭在考察周庄时欣然题笔："周庄是国宝"。

周庄不但水乡风光清丽雅致，小镇上仍保留着一些独特的生活传统，蕴含着浓郁的江南文化，每年吸引了数以百万计的海内外游客前往。

南通市濠河景区

江苏省 5A

- 景区地址：南通市濠西路19号 濠西书苑（三入口）
- 邮政编码：226006
- 咨询电话：0513-85093121
- 官方网站：www.haohetour.com
- 开放时间：全年；全天
- 景区门票：免费

　　濠河景区位于国家历史文化名城南通的中心，是国内保存最为完整的古护城河之一。史载后周显德五年（958年）"筑城即有河"，全长10公里，水面1040亩，最宽处215米，水波浩渺，极似湖泊；最窄处仅10米，又似丝带彩练，整个濠河曲曲折折，迂回激荡，呈倒置的葫芦形状环抱老城区，形成了"水抱城、城拥水，城水一体"的独特风格，素有"江城翡翠项链"之称。

　　濠河风景名胜区以千年古护城河——濠河为依托，严格保护现存的寺街、西南营、濠南历史街区，保留了典型州府形制的古城格局和风貌；以张謇先生遗留的近代园林建筑、颇具规模的环濠河博物馆群和丰富的非物质文化遗产等累积千年的人文史迹、建筑文化、园林艺术和乡俗风情，开发了一批极具地方特色的旅游项目。

　　丰富厚重的人文景观，秀丽典雅的自然风光，两者交相辉映，显得格外妩媚多姿。沿岸美景令人目不暇接，构成了濠河景区兼具水乡秀色和园林风光的特色景观。濠河风景名胜区是集自然景观与人文景观于一身的环城敞开式国家5A级旅游景区。

扬州市瘦西湖景区

江苏省 5A

- 景区地址：扬州市大虹桥路28号
- 邮政编码：225007
- 咨询电话：0514-87357803
- 官方网站：www.shouxihu.com
- 开放时间：
  - 旺季：3月～5月，9月～11月
    6:30～18:00
  - 淡季：12月～次年2月，6月～8月
    6:30～17:15
- 景区门票：120元

  瘦西湖风景区位于扬州城区，占地面积近3000亩，是国家重点风景名胜区蜀冈—瘦西湖风景名胜区的核心和精华部分、中国大型的湖上园林群，以其悠久丰富的人文景观、秀丽典雅的自然风韵、相互因借的艺术手法，成为古今中外宾客纷至沓来的著名游览胜地。2006年12月，进入中国世界文化遗产预备名录重设目录；2010年，被评为国家5A级旅游景区。

  瘦西湖为我国湖上园林的代表，融古典园林南秀北雄为一体，组合巧妙，构成了一个以湖为主，景外有景、园中有园的艺术境界。历史上曾有二十四景著称于世，串以长堤春柳、四桥烟雨、徐园、小金山、吹台、五亭桥、白塔、二十四桥等两岸景点，俨然一幅天然秀美的国画长卷。

  近年来，风景区倾力打造了内涵深厚、风韵独特的万花园。如今，置身五亭桥上，放眼望去，一幅以水为灵魂，以园林人文景观为内涵，以大明寺为背景的天然国画长卷尽收眼底。群芳争艳、石壁流淙、四相簪花、锦泉花屿等"新八景"与五亭桥、小金山、二十四桥等瘦西湖历史景点相互交融，美不胜收，"诗画瘦西湖"的繁华胜景得到了初步展现。

姜堰市溱湖旅游景区

江苏省 5A

- 景区地址：江苏省姜堰市华港大道1号
- 咨询电话：0523-88623022
- 官方网站：www.qinlake.com
- 开放时间：全年；8:00~17:00
- 景区门票：100元

溱湖旅游景区位于全国著名三大洼地之一的里下河地区，系国家5A级旅游景区，国家级水利风景区、省级风景名胜区、省级旅游度假区、省级生态旅游示范区。

景区规划总面积26平方公里，区内湿地风光秀美、人文底蕴深厚、民俗风情独特，素有"水乡明珠"之称。经过开发和利用，现已形成以溱湖为核心，以溱湖国家湿地公园、溱潼古镇、泰州华侨城、农业生态园四大景区为主体，融湿地观光、古镇旅游、温泉度假、科普教育、民俗体验、休闲娱乐、拓展培训等功能为一体的生态旅游区。一年一度的水乡民间盛会——中国姜堰·溱潼会船节，被国家旅游局列为中国十大民俗文化节庆之一，荣获"中国节庆产业十大博览赛事类节庆金手指奖"、"大世界吉尼斯之最——规模最大的船会活动"称号，被海内外人士盛赞为"天下会船数溱潼"。

按照"溱湖湿地、溱潼古镇、泰州华侨城、农业生态园"四位一体，联动发展，共同打造区域性旅游目的地的发展思路，溱湖旅游景区全面实施"发展大旅游，建设小城市"的发展战略，高起点编制发展规划，着力推动"一湖、一镇、一地、一城、一园"的旅游经济圈建设。

镇江金山·焦山·北固山旅游景区

江苏省 5A

🏠 景区地址： 江苏省镇江市京江路1号
📞 咨询电话： 0511-81980090
🌐 官方网站： www.zhenjiang33.com
🕐 开放时间：
　　旺季：3月1日～11月30日
　　　　　7:00～18:00
　　淡季：1月1日～次年2月28日
　　　　　12月1日～31日
　　　　　7:00～17:30
💰 景区门票： 150元

　　镇江金山·焦山·北固山系国家5A级旅游景区，位于镇江市京江路，望城依江，总面积17.23平方公里，陆地面积7.66平方公里，水面积9.57平方公里。

　　金山·焦山·北固山"一水横陈，连冈三面，做出争雄势"，共同勾画出一幅天造地设、鬼斧神工的山水画卷。金山居首，焦山断后，北固山雄踞其间，沿江逶迤展开，犹如一条出水蛟龙，腾跃于长江之上。金山因《白蛇传》故事而被誉为"神话之山"；焦山因摩崖石刻《瘗鹤铭》而被誉为"书法之山"；北固山因"刘备甘露寺招亲"典故而被誉为"三国之山"。金山重现了以收藏《四库全书》而闻名天下的清"南三阁"之一的金山文宗阁，北固山复建了"万里长江三大名楼"之一的北固楼，凸显了"一湖映三山，诗话品千年"的曼妙神韵。雄浑绮丽的"三山胜境"吸引了众多文人墨客到此寻幽探古，其中李白、杜牧、范仲淹、王安石、苏轼、陆游、辛弃疾等才士名贤都在此留下了大量的名胜古迹和诗词佳话。

　　金山湖位于镇江市区北部，是镇江的生态和文化地标。8平方公里金山湖，北通扬子江，南接大运河，融一湖、二滩、三山、四湾于一体，集万里长江的雄浑浩荡与江南运河的悠扬如歌于一身，流淌着千年文脉，浸染着江南诗性，绘就了一幅"大江风貌，城市山林"的山水长卷。

杭州市西湖风景名胜区

浙江省 5A

- 景区地址：杭州市龙井路1号
- 邮政编码：310007
- 咨询电话：0571-87179617
- 官方网站：www.hzwestlake.com
- 开放时间：全年；全天
- 景区门票：免费

西湖风景名胜区是国务院首批公布的国家重点风景名胜区，也是全国首批十大文明风景旅游区和国家5A级旅游景区。它以秀丽的西湖为中心，三面云山，中涵碧水，面积约60平方公里，其中湖面6.5平方公里。环湖四周，绿荫环抱，山色葱茏，画桥烟柳，云树笼纱。逶迤群山之间，林泉秀美，溪涧幽深。100多处各具特色的公园景点中，有三秋桂子、六桥烟柳、九里云松、十里荷花，更有著名的"西湖十景"和"西湖新十景"以及近年来相继建成开放的多处各具特色的新景点，将西湖连缀成了色彩斑斓的大花环，使其春夏秋冬各有景致，阴晴雨雪均有情趣。西湖不仅独具山水秀丽之美，而且有丰富的文物古迹、优美动人的神话传说，将自然、人文、历史、艺术巧妙地融为一体。西湖四周古迹遍布，文物荟萃，60多处国家、省、市级重点文物保护单位和20多座博物馆（纪念馆）熠熠生辉，是我国著名的历史文化游览胜地。

西湖是目前我国列入《世界遗产名录》的世界遗产中唯一一处湖泊类文化遗产，也是现今《世界遗产名录》中少数几个湖泊类遗产之一。作为全球少数湖泊类世界文化遗产之一，西湖具有非常鲜明的个性，填补了世界遗产中以突出"文化名湖"为主要价值特征的湖泊遗产空白，是对世界遗产类型的重要补充，对提升我国文化在世界的地位将产生积极影响。

杭州市千岛湖风景名胜区

浙江省 5A

🏠 景区地址：淳安县千岛湖排岭南路32号
✉ 邮政编码：311700
📞 咨询电话：400-8811-988
🌐 官方网站：www.qiandaohu.cc
🕐 开放时间：
　　旺季：3月~11月
　　　　　8:00~17:00
　　淡季：12月~次年2月
　　　　　8:40~16:30
¥ 景区门票：旺季：150元
　　　　　　淡季：120元

　　千岛湖风景名胜区位于杭州西郊的淳安县境内，东距杭州129公里，西距黄山130公里，是"杭州—千岛湖—黄山"黄金旅游线上的一颗璀璨明珠。它与杭州西湖，安徽黄山、西递宏村、江西婺源、三清山、福建武夷山等国家级风景区构成了一个有机的旅游网络，千岛湖处于浙赣皖区域旅游合作体的中心部位，上海、江苏、安徽、江西、福建等多个地区大城市都可一路高速直达。

　　千岛湖湖区面积573平方公里，因湖中1078个芊芊翠岛而得名。千岛湖水体积为178亿立方米，水体能见度常年保持在9~12米，属国家一级水体，被誉为"天下第一秀水"。千岛湖以"千岛、秀水、金腰带"为主要特色。这里的岛屿犹如碧玉翡翠，小的似螺黛一丸，大的则是碧岫千寻，娴静如玉，似笋似笏；它的水如揭去面纱的少女，明眸皓齿，柔情依依，展露了秀水真容；它的腰带就像在翡翠上镶了一圈金边，在太阳的照耀下，光芒四射，耀眼无比。千岛湖所在的淳安县建县已有1800年，历史悠久，人文璀璨，素以"锦山绣水，文献名邦"著称。经过近30年的跨越式发展，千岛湖品牌日益响亮，相继获得了首批全国重点风景名胜区、国家5A级旅游景区等称号。

杭州市西溪湿地旅游区

浙江省 5A

- 景区地址：杭州市天目山路518号
- 邮政编码：310023
- 咨询电话：0571-88106688
- 官方网站：www.xixiwetland.com.cn
- 开放时间：
  旺季：4月1日~10月31日
  8:00~17:30
  淡季：11月1日~次年3月31日
  8:30~17:00
- 景区门票：80元

杭州西溪湿地旅游区位于杭州市区西部，距西湖不到5公里。公园总面积11.5平方公里，园内生态资源丰富、自然景观幽雅、文化积淀深厚，曾与西湖、西泠并号为杭州"三西"，是国内唯一的一个集城市湿地、农耕湿地、文化湿地于一体的国家湿地公园，被誉为"杭州之肾"，于2009年5月1日全部建成开放。西溪湿地是一个旅游休闲区，作为"中国第一个国家湿地公园"，西溪拥有得天独厚的自然景观，园内70%的面积为河港、池塘、湖漾、沼泽等水域，其间水道如巷，渚岛棋布，其中曲水寻梅、渔村烟水等"三堤十景"美不胜收，吸引了国内外众多的游客。2012年1月9日，西溪湿地荣膺国家5A级旅游景区称号。西溪湿地也是一个科普宣教区，作为"全国科普教育基地"、"国家生态文明教育基地"，充分利用自己的生态资源，向人们普及湿地知识，特别是中国湿地博物馆的建立，将西溪打造成一个集湿地科普、研究、展示系统产品于一体的"科普西溪"。西溪湿地也是一个文化创意区，吸引了众多国内外名人入驻西溪创意产业园。经过近几年的发展，西溪湿地已经初步形成了以湿地生态为基础，以人文生态为重点，以休闲度假功能为主，兼具观光、会展、美食、演艺、购物、艺术、创意等多种功能于一体的国际旅游综合体雏形。

宁波市奉化溪口·滕头旅游景区

浙江省 5A

🏠 景区地址：浙江省奉化市
📮 邮政编码：315503
📞 咨询电话：0574-88855555
🌐 官方网站：www.xikou-tengtou.com
⏰ 开放时间：
   旺季：4月～10月
         8:00～17:30
   淡季：11月～次年3月
         8:00～17:00
💴 景区门票：230元

奉化溪口—滕头旅游景区辖区面积140平方公里，是首批国家5A级旅游景区。高品位的自然景观、人文景观和佛教文化完美结合，更显无限魅力。

溪口雪窦山是国家重点风景名胜区，重峦叠嶂，风光旖旎，幽谷飞瀑。早在晋代就有尼结庐山顶，开佛教之先河；至唐代形成"浙东唐诗之路"的东支线，佛教禅院"瀑布院"移址雪窦山山心；到宋代被宋真宗敕赐为"雪窦资圣禅寺"，被宋理宗御书为"应梦名山"。寺名历千年而不变，雪窦寺在南宋被朝廷评定为"五山十刹"之一，在明代被列入"天下禅宗十刹"之一，在民国时期一度跨入"五大佛教名山"之列。1987年全国佛教协会会长赵朴初指认雪窦山为"五大佛教名山"之一。

滕头景区自1993年获联合国"全球生态500佳"以来，以"生态农业"、"立体农业"、"碧水蓝天"形成别具一格的生态旅游区。

溪口古镇始建于宋景德三年（1006年），已有1000多年的悠久历史，自南宋起一直为浙东山区的重镇，是通向四明山脉和天台山脉腹地的要冲，也是历史名人蒋介石、蒋经国父子的故乡。至今景区内保存完整的蒋氏遗址、民国史迹仍有22处之多，且总体格局保护良好。蒋氏故居建筑群1996年被列为全国重点文物保护单位，2008年又被中央有关部门列为全国重点涉台文物。

温州市雁荡山风景名胜区

浙江省 5A

- 景区地址：浙江省乐清市雁荡镇雁山路88号
- 邮政编码：325614
- 咨询电话：0577-62178888
- 官方网站：www.wzyds.com
- 开放时间：
  旺季：3月~11月
  　　　6:00~18:00
  淡季：12月~次年2月
  　　　6:00~18:00
- 景区门票：160元

　　雁荡山位于浙江省温州市乐清境内，山水奇秀，天开图画，是世界地质公园、国家首批重点风景名胜区、国家首批5A级旅游景区。总面积450平方公里，有灵峰、灵岩、大龙湫、三折瀑、雁湖、显胜门、仙桥、羊角洞八大景区，素以峰、嶂、洞、瀑、门的奇秀造型而称胜，其中灵峰夜景、灵岩飞渡、龙湫飞瀑尤具神韵，被称为"雁荡三绝"。雁荡山形成于1.2亿年以前，是环太平洋大陆边缘火山带中最完整、最典型的白垩纪流纹质破火山，是流纹质火山岩的"天然博物馆"。对它的开山凿胜始于南北朝，兴于唐，盛于宋，其积淀了千年的宗教历史和山水文化。

　　雁荡山集山水美学、地质科学、历史文化于一身，它属于中国，也属于世界；属于历史，也属于未来。

嘉兴市桐乡乌镇古镇旅游区

浙江省 5A

- 景区地址：嘉兴市桐乡市乌镇石佛南路18号
- 邮政编码：314501
- 咨询电话：0573-88731088
- 官方网站：www.wuzhen.com.cn
- 开放时间：全年；全天
- 景区门票：150元

　　乌镇，1300年来，镇名未变、镇址未变，水域未变、生活方式未变。时光流转，而乌镇依然。蜿蜒青石路、迤逦马头墙，枕水而居、傍水而市，小桥玲珑、窄巷深幽。乌镇秀美古典的水乡风光、宁静幽雅的水乡生活、深厚绵长的历史文化底蕴，让人流连忘返。

　　乌镇景区为中国首个集观光休闲、商务度假于一体的古镇街区。自然风光美不胜收、泛光夜景气势磅礴，名胜古迹、手工作坊、民俗风情、美食佳肴让人流连忘返；风格各异的民宿特色客房和度假酒店，设施齐全的商务会所和会议中心，将古典与现代完美融合；从喧嚣闹市中来到乌镇，仿佛置身世外桃源，清丽的江南风景和质朴的市井人情，构成一幅恬然诗意的画卷。

嘉兴市南湖旅游区

浙江省 5A

- 景区地址：浙江省嘉兴市南溪东1号
- 邮政编码：314002
- 咨询电话：0573-82532848
- 官方网站：www.nanhu.com.cn
- 开放时间：全年；8:00～17:00
- 景区门票：110元

南湖是浙江三大名湖之一，亦有"秀水福地"之称。南湖景区内坐落着会景园、湖心岛、烟雨楼、小瀛洲、壕股塔、揽秀园等景点。1921年，中国共产党第一次全国代表大会在南湖的一艘画舫上完成最后的议程，庄严宣告中国共产党成立，从此，南湖成为全国人民向往的革命圣地。月河历史街区位于南湖西北，是嘉兴市区现存最完整、规模最大、最能反映江南水乡城市居住特色和文化特色的区域之一。街区内随处可见的小桥流水、枕水老宅、商贾店铺、百年老店展现了繁华的水乡古城风貌。七一广场位于南湖南畔，广场主体建筑南湖革命纪念馆新馆以声、光、电等多媒体高科技展示手段生动形象地再现了马克思主义在中国的传播、中国共产党的诞生等历史背景。纪念馆主楼南侧为水景广场，设有以喷泉、激光表演、水幕电影为主要内容的音乐喷泉。

优美的自然风光，灿烂的历史文化，丰富的游玩内容，完善的服务配套共同构成了南湖旅游区独特的旅游风格。使其成为国家首批5A级红色旅游景区。

金华市东阳横店影视城景区

浙江省 5A

- 景区地址：浙江省东阳市横店影视城产业实验区
- 邮政编码：314501
- 咨询电话：0579-86908690
- 官方网站：www.hengdianworld.com
- 开放时间：
  旺季：1月~11月
  7:30~17:30
  淡季：12月
  8:00~17:00
- 景区门票：旺季：380元
  淡季：310元

横店影视城景区位于浙江省东阳市横店镇，是中国特大型民营企业——横店集团的子公司。横店影视城专业从事影视旅游经营，是国家5A级旅游景区，也是全球规模最大的影视拍摄基地。

公司遵循"影视为表、旅游为里、文化为魂"的发展战略，在发展影视配套产业的同时，大力发展以观光与休闲相结合的复合型旅游业。2002年开始，公司对影视旅游资源进行整合：对景区宾馆进行整新改造，完善各类配套设施；在各景区开发与之相配套的演艺节目；对影视拍摄实行统一接待并提供配套服务；构筑完整的营销机制和有效的营销网络；加大宣传力度，强化质量管理，在市场上树立起横店影视城的品牌形象。通过一系列的举措，公司的游客接待量、剧组接待量和经济效益逐年提高。2012年，共接待中外游客1177万人次，接待中外影视拍摄剧组150个，是国内旅游增长最快的主题旅游区。近年来，公司先后荣获"中国最佳旅游目的地"、"中国十大影视城"、"全国旅游系统先进集体"、"浙江省文化产业示范基地"、"浙江省文明风景旅游区"、"浙江服务名牌"、"浙江省服务业重点企业"、"全国旅游标准化示范单位"等称号。

横店影视城正在成为一处独具魅力的中国超大型影视旅游主题公园和"梦幻之城"、"快乐之都"。

舟山市普陀山风景名胜区

浙江省 5A

- 景区地址：浙江省舟山市普陀山梅岑路115号
- 邮政编码：316107
- 咨询电话：0580-3191919
- 官方网站：www.putuoshan.cn
- 开放时间：
  旺季：2月~11月
  　　　6:45~22:00
  淡季：12月~次年1月
  　　　6:45~16:30
- 景区门票：旺季：160元
  　　　　　淡季：140元

　　普陀山位于浙江省杭州湾以东，是中国佛教四大名山之一、国务院首批公布的国家重点风景名胜区之一，素有"海天佛国"、"南海圣境"之称。全岛面积12.5平方公里，形似苍龙卧海。

　　普陀山四面环海，风光旖旎，幽幻独特，被誉为"第一人间清净地"。山石林木、寺塔崖刻、梵音涛声，皆充满佛国神秘色彩。岛上树木丰茂，古樟遍野，鸟语花香，素有"海岛植物园"之称。岛四周金沙绵亘、白浪环绕，渔帆竞发，青峰翠峦、银涛金沙环绕着大批古刹精舍，构成了一幅幅绚丽多姿的画卷。不少名胜古迹，都与观音结下了不解之缘，流传着美妙动人的传说。

　　历经数十年艰辛的建设、开发和保护，普陀山风景名胜区管理日趋规范化、制度化，旅游秩序井然，景区社会稳定，相继荣获了"国家级安全山、文明山、卫生山"、国家5A级旅游区、全国旅游消费者权益示范单位、全国文明风景旅游区示范点等荣誉；2004年，顺利通过ISO14000国家示范区验收，获得了进军国际旅游市场的"绿色名片"，环境保护和生态建设得到了国际认可。优越的人文环境、一流的旅游服务使普陀山常年游人如织，佛事四季不断。

绍兴市鲁迅故里·沈园景区

浙江省 5A

- 景区地址：绍兴市鲁迅中路
- 邮政编码：312000
- 咨询电话：0575-85132084
  0575-85135140
- 官方网站：www.luxunhome.com
- 开放时间：全年开放
  8:00～17:00
- 景区门票：40元

鲁迅故里，是鲁迅先生青少年时期生活的地方，是绍兴市区保存最完好、最具文化内涵和水城经典风貌的历史街区。一条窄窄的青石板两边，一溜粉墙黛瓦、竹丝台门、花格木窗建筑，原汁原味的三味书屋、百草园、鲁迅故居、鲁迅祖居、周家新台门得以完整保护，长庆寺、土谷祠、静修庵、恒济当铺、咸亨酒店等鲁迅笔下遗迹穿插其间。鲁迅纪念馆建筑造型独特、展览手段新颖、陈列内容丰富。现在的鲁迅故里已成为一条独具江南风情、古城、文化的历史街区，成为一个原汁原味解读鲁迅作品、品味鲁迅笔下风物、立体感受鲁迅当年生活情境的真实场所，成为了绍兴的"镇城之宝"。沈园为宋代江南著名园林。相传，南宋伟大的爱国诗人陆游初娶唐琬，伉俪情深，后被迫仳离。绍兴二十一年（1151年）两人邂逅于沈园。陆游感慨怅然，题《钗头凤》词于园壁间，极言"离索"之痛。唐琬见而和答之，情意凄绝，不久悒郁而逝成为千古绝唱。陆游为此抱憾终身，数次造访，赋诗十余首，沈园也因这段刻骨铭心的爱情故事而载入典籍。2012年10月30日，国家旅游局授予鲁迅故里·沈园景区5A级旅游景区。

安庆市天柱山风景区

安徽省 5A

景区地址：安徽省潜山县天柱山大道112号
邮政编码：246300
咨询电话：400-0556-900
官方网站：www.tzs.cn
开放时间：
　旺季：3月16日~11月15日
　　　　6:00~21:00
　淡季：11月16日~次年3月15日
　　　　7:00~20:00
景区门票：旺季：150元
　　　　　淡季：110元

　　天柱山位于安徽省潜山县境内，又名皖山，安徽省简称"皖"即源于此。景区总面积413.14平方公里，其中主景区面积102.72平方公里。天柱山是世界地质公园、首批国家重点风景名胜区、国家5A级旅游景区、国家森林公园、国家地质公园、全国科普教育基地、国家自然与文化遗产地。

　　天柱山位于神奇的北纬30°线上，以其古朴天然的自然景观和底蕴深厚的文化资源而著称，不仅有着峰雄、石奇、洞幽、水秀的花岗岩美景，而且汇集了超高压变质带、古新世脊椎动物化石等具有特殊科考价值的世界级地质遗迹，与新石器晚期文化遗址、禅宗文化、道教文化、戏曲文化等人文景观交相辉映。天柱山已成为极具魅力的观光度假、休闲养生、地质科考和文化体验的胜地。

黄山市皖南古村落（西递·宏村）

安徽省 5A

🏠 景区地址：
西递：安徽省黄山市黟县西递镇
宏村：安徽省黄山市黟县宏村镇

📧 邮政编码：245501

📞 咨询电话：
西递：0559-5155444
宏村：0559-5523864

🌐 官方网站：
西递：www.chinaxidi.com.cn
宏村：www.hongcun.com.cn

🕐 开放时间
西递：全年；7:30~18:00
宏村：全年；6:00~20:30

💰 景区门票
西递：104元
宏村：104元

　　西递村，是黄山旅游线上的一颗璀璨明珠。西递村始建于北宋皇祐年间，距今已有960余年历史。这里既有古徽州精湛的"三雕"建筑艺术，又有深厚的徽州地域文化。多年来，被许多专家学者誉为："我们终于找到了中国古代和现代历史的衔接点"、"西递是古民居建筑的艺术宝库"、"人类古代文明的见证，传统特色建筑的典型作品，人与自然结合的光辉典范"。

　　宏村，是古徽州历史遗存的一个神奇村落，是古黟桃花源里一座奇特的牛形水系古村落。宏村被誉为"中国画里的乡村"，南宋绍兴年间，宏村人独具匠心开仿生学之先河，建造出堪称"中国一绝"的人工水系村落。2000年11月宏村被列入《世界遗产名录》，2011年5月被国家旅游局评为国家5A级旅游景区。宏村还是国家重点文物保护单位、中国历史文化名村、中国十佳最具魅力名镇、中国最美的村镇、首批全国生态文化村。

黄山市黄山风景区

安徽省 5A

- 景区地址：安徽省黄山市黄山风景区
- 邮政编码：245801
- 咨询电话：0559-5561111
- 官方网站：www.chinahuangshan.gov.cn
- 开放时间：
  旺季：3月1日~11月30日
  6:00~17:00
  淡季：12月1日~次年2月28日
  7:00~16:30
- 景区门票：旺季：230元
  淡季：150元

黄山位于安徽省南部，保护区面积490平方公里，规划区面积160.6平方公里。三大主峰——莲花峰、天都峰、光明顶中，最高峰莲花峰海拔1864.8米。因传说中华民族的人文始祖轩辕黄帝在此"修炼而仙"，747年，大唐皇帝将这座山命名为"黄山（黄帝之山）"。景区内峰峦叠嶂，巧石林立，青松争奇，烟云万象，构成了千变万化的壮丽景观，素以奇松、怪石、云海、温泉、冬雪"五绝"驰名。作为中国山水的经典代表和中华民族的重要象征，黄山先后入选中国十大风景名胜、《世界遗产名录》以及国家5A级旅游景区。

近十年来，黄山获得联合国教科文组织"文化景观保护与管理国际荣誉奖"、世界旅游业理事会"目的地管理奖"；成为全球可持续旅游委员会成员中首个亚洲旅游景区、世界自然保护联盟成员中首个中国旅游景区；与世界旅游组织、联合国教科文组织合作建设了"世界遗产地可持续旅游发展黄山观测区"；目前正在同全球可持续旅游委员会、联合国基金会、联合国环境署、世界旅游组织合作建设"全球目的地可持续旅游标准黄山实验区"。

池州市九华山风景区

安徽省 5A

- 景区地址：安徽省池州市
- 邮政编码：242811
- 咨询电话：0566-2831288
- 官方网站：www.jiuhuashan.com.cn/main/index.php
- 开放时间：
  旺季：1月16日~11月14日 全天
  淡季：11月15日~次年1月15日 全天
- 景区门票：旺季：190元
  淡季：140元

　　九华山位于安徽省池州市境内，是以佛教文化和自然与人文圣境为特色的国家级重点风景名胜区，是中国佛教四大名山之一、国家首批5A级旅游景区。景区规划面积120平方公里，保护面积174平方公里，由11大景区和1个景观廊带组成。九华山以地藏菩萨道场驰名海内外。地藏菩萨圣像观瞻总高度139米，莲花座及像体高99米，为世界第一高地藏菩萨露天铜像。弘愿堂是国内最大的地藏文化展示中心，采用木雕、石雕、瓯塑、铜雕、彩绘等形式，全方位弘扬地藏大愿精神。莲花净土由四层莲花瓣组成，共有136块汉白玉，最下层悬挑6米，为世界最大单体汉白玉莲花造型。

　　九华山群峰竞秀，怪石林立，九大主峰如九朵莲花，千姿百态，各具神韵，素有"莲花佛国"之称。连绵山峰形成的天然睡佛，成为自然景观与佛教文化有机融合的典范。九华山森林覆盖率达90%以上，有1460多种植物和216种珍稀野生动物。还有云海、日出、雾凇、佛光等自然奇观，气象万千，美不胜收，素有"秀甲江南"之誉。

六安市天堂寨旅游景区

安徽省 5A

- 景区地址：安徽省金寨县天堂寨景区
- 邮政编码：242811
- 咨询电话：0564-7528098
- 官方网站：www.ttzly.com
- 开放时间：全年；全天
- 景区门票：115元

　　天堂寨位于大别山腹地安徽省金寨县的西南部，集国家森林公园、国家地质公园、国家5A级旅游景区、国家级自然保护区于一体。天堂寨古称"多云山"，景区内常年云雾缭绕、峻峰林立、群瀑飘逸。最高峰海拔1729.13米，为大别山主峰之一；景区内有大小瀑布108道，其中落差达50米以上的18道。"山中一夜雨，到处是飞瀑"，甚为壮观。峡谷内，山体雄浑，溪水幽深。森林覆盖率96.5%，是一座天然大氧吧，被誉为"华东最后一片原始森林"。天堂寨脚下的南河村，是远近闻名的长寿村，这里，星罗棋布的古民居、原始古朴的民间风情，让人流连忘返。

　　走进天堂寨，感受大自然的神奇瑰丽，品味乡野的淳朴善良，慰藉自己劳碌的身心，正成为许多人的休闲方式和养生选择。

宣城市绩溪龙川景区

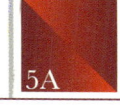

安徽省 5A

- 景区地址：安徽省绩溪县瀛洲镇龙川村
- 邮政编码：245300
- 咨询电话：0563-8315763
- 官方网站：www.longchuanly.com
- 开放时间：
  - 旺季：11月~次年2月
    - 8:30~16:30
  - 淡季：3月~10月
    - 8:00~17:00
- 景区门票：75元

龙川景区距国家历史文化名城安徽省绩溪县城11公里，与苏、浙、沪黄金旅游经济圈中的黄山、九华山、太平湖、杭州、千岛湖等著名旅游区相邻，处于安徽省"两山一湖"旅游经济圈之中。

龙川，山水秀美。村东龙峰耸立，村西凤山欲对峙，北有登源河蜿蜒而至，南有天马山奔腾而上。龙川村依青山傍碧水，龙川水绕村东流，汇入登源河。俯瞰村貌呈船形，颇具龙舟出海之势，堪称风水宝地。

龙川是胡姓聚族而居的古村落，已有1600余年的历史，传至"锦"字辈已有48世。龙川人文景观与自然景观珠联璧合，浑然天成；胡氏宗祠为江南第一祠，享有"木雕艺术博物馆"和"民族艺术殿堂"的美誉，1988年1月13日被国务院评为全国重点文物保护单位；奕世尚书坊是明代正宗石雕牌楼，为徽派石雕之最，1986年被评为安徽省重点文物保护单位。

厦门市鼓浪屿风景名胜区

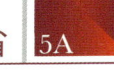 福建省 5A

- 景区地址：福建省厦门市思明区鼓浪屿晃岩路62号
- 邮政编码：361000
- 咨询电话：0592-2061777
- 官方网站：www.glyylq.com
- 开放时间：
  旺季：6月~9月
  7:30~21:00
  淡季：10月~次年5月
  7:30~20:30
- 景区门票：100元

鼓浪屿是国家级重点风景名胜区、首批国家5A级旅游景区、国家级文明风景旅游区、中国最值得外国人去的50个地方之一，是镶嵌在海上花园中的一颗璀璨明珠。

宋代以前，鼓浪屿还是水草丰茂、渺无人烟的小岛，名圆沙洲。宋末元初，闽南渔民与李姓族人上岛开发，逐渐形成聚落。明末清初，民族英雄郑成功屯兵鼓浪屿操练水师，于1662年挥师东征收复被荷兰殖民者侵占38年之久的台湾岛。鸦片战争后，厦门被辟为"五口通商"口岸，1902年，鼓浪屿沦为公共租界，英、美、法、德、日等13个国家先后在岛上设立领事馆。其间，外国人和华侨在鼓浪屿兴建了大量建筑，这个特定时期，各种建筑风格荟萃，中西合璧，构成今天鼓浪屿"万国建筑博览岛"的雏形。

鼓浪屿拥有旖旎的自然风光，深厚的音乐文化底蕴，悠久的中西文化，丰富的历史人文积淀，以及散发着浓郁欧陆风情的万国建筑群。2006年，原鼓浪屿三个景点单位——日光岩管理处、园林管理所、皓月园管理所合并为厦门市鼓浪屿游览区管理处。管理处包含日光岩、菽庄花园、皓月园、国际刻字馆、风琴馆5个核心景点及开放式延平公园、笔山公园和爱国主义教育基地——毓园。鼓浪屿有两年一度的鼓浪屿钢琴节；每年一次的厦门中秋博饼节等特色传统民俗节庆。

三明市泰宁风景旅游区

福建省 5A

- 景区地址：福建省三明市泰宁县
- 邮政编码：354400
- 咨询电话：0598-7833822
- 官方网站：www.fjtn.com/fjtn0/index.asp
- 开放时间：
  旺季：3月1日~10月31日 7:30~15:30
  淡季：11月1日~次年2月28日 7:30~14:30
- 景区门票：121元

　　泰宁旅游区位于福建省西北部，面积130平方公里，2011年8月评为国家5A级旅游景区，还拥有世界自然遗产、世界地质公园、中国十佳魅力名镇、国家级风景名胜区等称号。泰宁景区的特点可用"四个一"来概括：即"一个皇帝赐名的地方"，朱熹、李纲、杨时等古圣先贤曾在此收徒、著书立说；北宋时期更是科甲连第、人文鼎盛，加之绕城而过的金溪有与山东曲阜泗水河同样西流的灵异，宋哲宗于1086年将孔子阙里府号"泰宁"赐作县名，沿用至今。"一方原生野性的山水"，泰宁丹霞地貌与湖、溪、潭、瀑等水体景观相互交融，造就了峡谷大观园、洞穴博物馆、水上丹霞等奇特景致；泰宁县森林覆盖率达80%；泰宁先人巧择岩穴地形，演绎形成了独步天下的岩寺文化、穴居文化、学子文化、岩葬文化、隐逸文化等丹霞岩穴文化。"一脉厚重辉煌的历史"，5000多年前，闽越人的祖先就在这里刀耕火种；2000多年前，福建历史上第一位有文字记载的君王闽越王无诸在此建立行宫、巡游校猎并长眠于此；1000多年前，泰宁开始建场设县，宋朝为闽中之大邑，是福建最早开化的地区之一；红军曾三进三出三次解放泰宁，泰宁一度成为当时中国革命的军事指挥中心。"一座古韵犹存的明城"，拥有江南保存最完好、规模最宏大的明代民居古建筑群落。此外，还有被列入全国首批非物质文化遗产名录、南方珍贵地方戏种之一的梅林戏，鼓乐铿锵、舞姿豪放的傩舞，上下腾挪、游移变幻的桥灯等。

福建土楼（永定·南靖）旅游景区

福建省 5A

🏠 景区地址：
永定：福建省龙岩市永定县湖坑镇洪坑村
南靖：福建省南靖县书洋镇书山路12号

📮 邮政编码：
永定：364100
南靖：363608

📞 咨询电话：
永定：400-6615222
南靖：400-8885111

🌐 官方网站：
永定：www.hakkatulou.com
南靖：www.fjtlw.gov.cn

🕐 开放时间：
永定：全年：7:00~19:00
南靖：全年：7:00~19:00

💰 景区门票：
永定：90元
南靖：130元

福建土楼是世界上独一无二、神话般的民居建筑奇葩，它以历史悠久、风格独特、规模宏大、结构精巧、功能齐全、内涵丰富而闻名于世，在中国传统民居建筑中独树一帜，被誉为"东方文明的一颗璀璨明珠"，是福建省十大著名旅游品牌之一。福建土楼客家民俗文化村就是其中的典型代表。

如果说永定是一个没有大门的中国土楼博物馆，那么福建土楼客家民俗文化村就是浓缩的福建土楼（永定）博物馆。现有居500余户、2000多人。至今犹存40多座明清时期迄今大小不一、造型各异的客家土楼。景区有最富丽堂皇的"圆楼王子"——振成楼，有如同布达拉宫的宫殿式土楼——奎聚楼，有五凤楼的经典——福裕楼，有"袖珍圆楼"——如升楼等，它们依山傍水，错落有致，与青山、绿水、田园融为一体，组成一幅巧夺天工、多姿多彩的绚丽画卷。

南靖是福建土楼的故里，现存各类土楼15000多座，其中大造型土楼1300多座，堪称"土楼王国"。南靖先后荣获"遗产保护杰出成就奖"、"中国最佳文化生态旅游品牌景区"、"国际王牌旅游景区"、"国际王牌旅游目的地"、"中国闽南生态文化保护区"、"中国最美的民居建筑"、"国家5A级旅游景区"等荣誉称号。

南平市武夷山风景名胜区

福建省  5A

- 景区地址：福建省武夷山市迎宾路景区园林科技大楼5楼
- 邮政编码：354303
- 咨询电话：0599-5112228
- 官方网站：www.whwy.org
- 开放时间：
  - 旺季：6月~9月 6:00~18:00
  - 淡季：10月~次年5月 6:30~17:30
- 景区门票：150元（两日游）

　　武夷山风景名胜区位于福建省西北部，总面积70平方公里，是国务院首批公布的国家级重点风景名胜区。1999年12月，作为文化与自然双重遗产被联合国教科文组织列入《世界遗产名录》，2006年1月被中央文明办等三部委评为首批十大全国文明风景旅游区，2006年12月被国家旅游局授予首批5A级旅游景区。武夷山风景区地质为红色砂砾岩构成的低山丘陵，山峰海拔一般在400米左右，最高峰三仰峰海拔729.2米。自然风光独树一帜，"三三秀水清如玉"的九曲溪与"六六奇峰翠插天"的三十六峰、九十九岩的绝妙结合，异于一般自然山水，是以奇秀深幽为特征的巧而精的天然山水园林。武夷山九曲溪景观形象丰富多彩，变化无穷，凭借一只竹筏顺流而下，即可阅尽武夷秀色，此乃武夷山景观的精华。拥有丰富的人文景观和历史文化遗存，武夷山"架壑船棺"、"虹桥板"及占地面积48万平方米的闽越王所居的汉城遗址，是消逝3000多年的古文明和古文化传统习俗的独特的实物见证。

宁德市白水洋·鸳鸯溪旅游区

福建省 5A

- 景区地址：福建省屏南县双溪路圣阳新村
- 邮政编码：352300
- 咨询电话：0593-3322832
- 官方网站：www.yye.com.cn
- 开放时间：全年；全天
- 景区门票：165元

　　白水洋·鸳鸯溪风景区是融珍贵野生动植物景观与奇特自然山水景观为一体的生态型世界地质公园与国家级风景名胜区，距福州170公里。白水洋·鸳鸯溪四面青山环抱，以白水洋平底基岩河床、鸳鸯溪峡谷、瀑布、奇岩及鸳鸯猕猴等野生动植物景观为特色，生物种类丰富，风光秀美，不仅是旅游者心目中的"人间仙境"，也是科考探索者的"天堂"，有"奇特景观、亲水天堂"、"爱侣圣地"、"鸳鸯故乡、猕猴乐园、人间仙境"的美誉。景区内森林覆盖率90%以上，林中生长着众多的红豆杉、柳杉、银杏等古树名木和奇花异草，栖息着众多的珍稀动物，其中鸳鸯溪景区目前是全球唯一的鸳鸯猕猴自然保护区，环境清幽，保持着原始的自然风貌。

　　白水洋·鸳鸯溪景区融洋、溪、瀑、峰、岩、洞、潭、林为一体，主要景点有一塔两寺三湖四岛五门七溪十二瀑十三滩十八潭二十二峰，500多处景观动静交融，形态各异，争奇竞秀，景点组合度高，其中白水洋水上广场、鸳鸯溪峡谷、百丈漈水濂洞为国家特级景点。景区内"水如九寨秀，山似黄山美"，山水刚柔相济，恬静秀美，水中倒映着青山、绿树、蓝天、白云，一步一色，气象万千。

泉州市清源山景区

福建省 5A

- 景区地址：福建省泉州市清源山风景名胜区
- 邮政编码：362712
- 咨询电话：0595-22771928
- 官方网站：www.qingyuanmount.com
- 开放时间：全年；7:00~17:30
- 景区门票：55元

　　清源山景区位于海峡西岸历史名城泉州市，总面积62平方公里，由清源山、灵山、九日山三大片区组成，区内有著名的老君岩、碧霄岩、弘一法师舍利塔、千手岩、瑞像岩、南少林寺、锦绣庄民间艺术园等景点。清源山为国家重点风景名胜区、国家5A级旅游景区、国家自然与文化双遗产地。清源山自然与文化资源丰富，融石刻石雕、海交、宗教、建筑等历史文化与奇石、泉瀑、山林自然景观为一山，是中华民族宝贵的自然与文化遗产。景区内有国家重点文物保护单位3处、省级重点文物保护单位7处和市、县级重点文物保护单位21处。清源山属于亚热带海洋性季风气候，是近海区域较有代表性的野生动物栖息地，有陆生脊椎动物资源179种。森林覆盖率90%以上，有珍稀古树名木54株，具有极高观赏价值。

　　清源山素有"道教圣地"、"三清之源"之誉。早在秦代就有"大道修真"，山中留有大量文物古迹，尤以三十六岩洞、十八胜景闻名于世。现存有唐、宋、元时期道教、佛教、藏传佛教大型石雕7处9尊；元、明、清三代花岗岩仿木结构佛像石室3处；历代摩崖600多方。

九江市庐山风景名胜区

江西省 5A

- 景区地址：江西省九江市
- 邮政编码：332900
- 咨询电话：0792-8296565
- 官方网站：china-Lushan.com
- 开放时间：
  旺季：4月1日~11月30日
  6:00~20:00
  淡季：12月1日~次年3月31日
  6:00~20:00
- 景区门票：旺季：180元
  淡季：135元

庐山位于江西省北部，京九线和长江交会点，北临长江，东傍鄱阳湖，自古以"雄、奇、险、秀"而闻名于世，是我国的一座千古文化名山，世界遗产地、世界地质公园、首批国家5A级旅游景区、爱国主义教育基地。庐山旅游资源极其丰富，素以风景名山、文化名山、教育名山、宗教名山、政治名山著称于世。风景区内有16大自然奇观，474处景点，庐山的历史文化源远流长，是中国田园诗的诞生地、中国山水诗的策源地、中国山水画的发祥地。2000年来，李白、白居易等1500多位文学家、政治家、艺术家相继登临庐山生活、游览，写下15000余首赞颂庐山的诗词歌赋。庐山是中国古代教育的圣地，白鹿洞书院创建于940年，位居中国古代四大书院之首。庐山有完备的宗教文化，集佛教、道教、天主教、基督教、伊斯兰教于一山。庐山有近代国际别墅群落，至今保留完好的有英、美、德、法等25个国家风格各异的别墅1000余栋。在中国名山中，唯独庐山拥有这样大规模和高品位的"世界村"。

吉安市井冈山风景旅游区

江西省 5A

- 景区地址：江西省井冈山市茨坪镇
- 邮政编码：343600
- 咨询电话：400-188-0796
- 官方网站：www.jgstour.com
- 开放时间：全年；7:30~17:30
- 景区门票：156元

井冈山位于江西省西南部，是我国为数不多的生物多样性保存完好，植被和景观资源丰富的生态名山，更是一座与中国现代史息息相关的政治名山。

井冈山是生态之山。春天，杜鹃盛开，争奇斗艳；夏天，瀑布银河，清凉世界；秋天，丹桂飘香，杉黄枫红；冬天，银装素裹，一派北国风光。井冈山环境优美，风光绮丽，空气清新，森林覆盖率达92%，有"天然氧吧"之称，是理想的旅游避暑疗养胜地。井冈山是财富之山。因为第四版百元钞的背景图案就是井冈山的主峰。井冈山是成功之山。毛泽东、朱德等老一辈无产阶级革命家在这里创建了中国第一个农村革命根据地，井冈山也因此被誉为"中国革命的摇篮"和"中华人民共和国的奠基石"。

今天的井冈山，交通便捷，形成了一个集航空、铁路、公路于一体的立体式交通网络。服务设施健全，共有各类宾馆130多家，旅游休闲、康体健身、文化娱乐等项目齐全。

上饶市三清山旅游景区

江西省 5A

- 景区地址：江西省上饶市玉山县与上饶德兴市交界处
- 邮政编码：334000
- 咨询电话：0793-8218891
- 官方网站：www.sqs.gov.cn
- 开放时间：
  旺季：2月1日~12月31日
  6:00~20:00
  淡季：1月1日~1月31日
  6:00~19:00
- 景区门票：旺季：150元
  淡季：130元

三清山位于江西省上饶市东北部，它同时拥有世界自然遗产、世界地质公园、国家5A级旅游景区等国际国内顶尖品牌。因玉京、玉虚、玉华三峰峻拔，宛如道教玉清、上清、太清三位最高尊神列坐山巅而得名。景区总面积756.6平方公里，主峰玉京峰海拔1819.9米。

三清山自然风光与人文景观荟萃。10亿年的地质演化形成了奇峰耸天、幽谷千仞的山岳绝景奇观，不同成因的花岗岩地貌密集分布，展示了世界上已知花岗岩地貌中分布最密集、形态最多样的峰林；2373种高等植物、1728种野生动物，构成了东亚最具生物多样性的环境；1600余年的道教历史孕育了丰厚的道教文化内涵，按先天八卦布局的三清宫古建筑群，被誉为"中国古代道教建筑的露天博物馆"。

三清山自古以来有"天下第一仙山，世上无双福地"之美誉。宋代大文豪苏东坡曾写下"览胜遍五岳，绝景在三清"名句。现代散文家秦牧赞："云雾的家乡，松石的画廊"。奇松、怪石、流泉、飞瀑、神光……近观、远望绝色奇景尽收眼底。

鹰潭市龙虎山旅游景区

江西省 5A

- 景区地址：江西省鹰潭市南郊13公里
- 邮政编码：335005
- 咨询电话：400-10-51766
- 官方网站：www.longhushan.com.cn
- 开放时间：
  - 旺季：3月1日~11月30日 7:30~17:30
  - 淡季：12月1日~2月28日 7:30~17:30
- 景区门票：旺季：260元 淡季：185元

"中国道都"龙虎山位于江西省鹰潭市南郊13公里处，自古以"神仙都所"、"人间福地"而闻名天下，是我国道教的发源地和历史悠久的道教名山。

龙虎山风景名胜区规划面积262平方公里，现由七大景区、一个外围独立景点组成。其中仙水岩景区、正一观景区、上清宫景区、马祖岩景区、应天山景区、天门山景区、圣井山景区为风景区的主体，鬼谷洞为风景区的外围独立景点。龙虎山的山水自然天成，美轮美奂。泸溪河（流经上清镇、龙虎山一带，俗称上清溪）发源于福建光泽和江西资溪的崇山峻岭之中，似一条逶迤的玉带，把龙虎山的奇峰怪石、茂林修竹串联在两岸。由红色砂砾岩构成的丹霞地貌与泸溪河相伴，构成了"一条涧水琉璃合，万叠云山紫翠堆"的奇丽景象。丹崖碧水、山水交融，且和源远流长的道教文化、千古未解的古越崖墓之谜完美结合，交相辉映。

龙虎山的丹霞地貌，奇峰秀出，造型景观惟妙惟肖，集"雄、奇、险、秀、幽"的形态美和空间协调美于一身，是人们旅游休闲、探险、科考、采风、修学的极好目的地。景区99峰24岩，比较密集地分布在泸溪河两侧，可以说是景在水中，水在景里，乘筏顺泸溪河漂流而下，定会让您找到人在画中游，筏在仙境漂的感觉。

历史上的许多文人墨客，如王安石、文天祥、徐霞客等，都曾在泸溪河畔留下赞美丹崖碧水的诗文，成为龙虎山宝贵的文化遗存。

青岛市崂山景区

山东省 5A

- 景区地址：青岛市崂山风景区
- 邮政编码：266100
- 咨询电话：0532-33899000
- 官方网站：www.qdlaoshan.cn
- 开放时间：
  - 旺季：4月~10月 6:00~19:00
  - 淡季：11月~次年3月 7:00~17:00
- 景区门票：旺季：90元 淡季：60元

崂山位于山东半岛南部，青岛市区东北部，濒临黄海，风景游览区面积161平方公里，绕山海岸线长达87.3公里，素以"海上名山第一"著称，被称为"道教全真天下第二丛林"。崂山是1982年国务院首批审定公布的国家级风景名胜区，被评为全国文明风景旅游区和国家5A级旅游景区。

崂山山海相连，海天一色，雄伟壮观。花岗岩地貌景观独具特色，山体呈垂直节理发育，球状风化明显，峰顶耸立，重峦叠嶂，深涧幽谷，壁立千仞；象形石千姿百态，比比皆是；山海接合部，岬角、岩礁、滩湾交错分布，形成瑰丽的海上奇观。

崂山风景区属温带海洋性气候，冬无严寒，夏无酷暑，气候温和宜人。这里植物品种繁多，古树名木葱郁苍劲，森林覆盖率达68%，为著名的国家森林公园。崂山泉水清澈丰富，水质优良，形成无以计数的涧流溪水，构成一幅幅秀丽的山水画卷。

崂山是道教的传播要地，始于汉唐，宋、元两代发展到鼎盛时期，明清不衰，盛时有"九宫八观七十二庵"之说。同时，佛教在此也曾有与道教此消彼长的发展历史。崂山以仙山福地之盛誉，备受帝王将相、达官要人之青睐，文人墨客之尊崇。

烟台市蓬莱阁－三仙山·八仙过海旅游区 —— 蓬莱阁景区

山东省 5A

- 景区地址：山东省蓬莱市迎宾路7号
- 邮政编码：265600
- 咨询电话：0535-5643012
- 官方网站：www.plg.com.cn
- 开放时间：
  旺季：4月～10月
  　　　6:30～18:30
  淡季：11月～次年3月
  　　　7:00～17:00
- 景区门票：100元

　　蓬莱阁旅游区1980年对外开放，坐落于蓬莱城北的丹崖山上，游览面积5.8平方公里。蓬莱阁是中国古代四大名楼之一，因"八仙过海"的美丽传说而成为东方"神仙文化"的发源地，更以"海市蜃楼"奇观享誉海内外；蓬莱水城早在隋唐时期就成为中国四大通商口岸之一，是"东方海上丝绸之路"的起点，世界旅游组织称赞"该遗迹是中国乃至世界上现存保护最完好的水城，具有独特和超凡的价值"。作为国家首批5A级旅游景区、全国重点文物保护单位、国家重点风景名胜区，蓬莱阁旅游景区不仅具有丰富的文化内涵，而且依山面海，风景秀美，地理位置得天独厚，是驰名中外的旅游胜地，素以"人间仙境"著称于世。

烟台市蓬莱阁－三仙山·八仙过海旅游区 —— 三仙山·八仙过海景区

山东省 5A

- 景区地址： 山东省蓬莱市海滨路9号
- 邮政编码： 265600
- 咨询电话： 0535-5364777
- 官方网站： www.bxgh.cn
- 开放时间： 全年；全天
- 景区门票： 免费

三仙山风景区由三和大殿、蓬莱仙岛、方壶胜境、瀛洲仙境、瀛洲书院、珍宝馆、玉佛寺、十一面观音阁、万方安和等景观组成。园内叠山理水创意精奇、亭台楼阁气势雄伟、飞檐翘角金碧辉煌，加之古木参天奇石各异、碧水荡漾珍禽嬉戏，兼具北方皇家园林之雄与南方私家园林之秀，集中国古典园林之大成，展示出一幅人与自然和谐、天人合一的美妙画卷，素有"神话仙境，蓬莱再现"的美誉。

蓬莱八仙过海景区是神话传说中八仙过海的地方，造型宛如横卧海上的宝葫芦，由八仙坊、八仙桥、望瀛楼、八仙祠、会仙阁、拜仙台等景观组成，八仙过海景区拥有我国最大的海上园林、最大的海上奇石林、最长的海上长廊、最高的海上楼阁，以八仙为主题的玉器、瓷器、漆雕、木雕、石雕随处可见，堪称巨大的藏宝库，因而享有"人间仙境、休闲天堂"的美誉。

烟台市龙口南山景区

山东省 5A

- 景区地址：龙口市东江镇南山旅游度假区
- 邮政编码：265708
- 咨询电话：0535-8615090
- 官方网站：www.nanshanlvyou.com
- 开放时间：
  - 冬季：7:30~17:00
  - 夏季：7:30~18:00
- 景区门票：
  - 南山宗教历史文化园：120元/人
  - 南山主题公园——欢乐峡谷：20元/人

　　烟台市龙口南山景区为国家5A级旅游景区，位于山东省龙口市黄城西南7公里处，最高海拔480米，整个景区分为宗教历史文化园、主题公园——欢乐峡谷和东海旅游度假区三大部分。

　　宗教历史文化园主要包括南山禅寺、香水庵、南山道院、华严世界、南山大佛等景点。南山禅寺、南山道院等景点均为晋、唐遗迹，千年古刹。南山旧称卢山，史料记载，晋代卢童子居山修道，食千年茯神而跨鹤升仙。卢山因卢仙而声名远播，宋代神宗还御封卢仙为道教冲禧真君。由此从晋到清历经1000多年，山中香火不绝，寺观林立，其中最著名的是南山禅寺和卢山观，有黄县三观八寺之首的美誉。锡青铜坐佛——南山大佛（高38.66米，重380吨）和室内玉佛——南山药师玉佛（高13.66米，重660吨）成为景区两大亮点。2009年9月落成的南山华严世界，包括五方五佛殿、药师颂动感音乐喷泉和转经回廊等，为南山旅游景区再添宗教文化胜景。主题公园——欢乐峡谷主要建有南山大院、马术俱乐部、宠物园、欢乐岛、观音岛、菩提岛等。东海旅游度假区海岸线长达20公里，分为海滨旅游区、高尔夫康乐区、疗养休闲区、别墅住宅区、商贸服务区、文化教育区等。

济宁市曲阜明故城(三孔)旅游区

山东省 5A

- 景区地址：山东省曲阜市明故城
- 邮政编码：273100
- 咨询电话：0537-4712402
- 官方网站：www.qfwhlyjt.gov.cn
- 开放时间：全年；8:00-17:00
- 景区门票：150元

曲阜孔府、孔庙、孔林，统称"三孔"，为首批全国重点文物保护单位，中国旅游胜地四十佳，世界文化遗产，全国一百个爱国主义教育示范基地之一，首批国家5A级旅游景区，位于曲阜明故城内。"三孔"是中国历代纪念孔子，推崇儒学的表征，以丰厚的文化积淀、悠久历史、宏大规模、丰富文物珍藏，以及科学艺术价值而著称。

孔庙，是祭祀孔子的庙宇，是儒家文化最具代表性的古典建筑群，以"建筑时间最久远、保存最完整"著称于世，被誉为"天下第一庙"，与北京故宫、承德避暑山庄并称中国三大古建筑群。孔庙主体建筑大成殿为"东方三大殿"之一。孔府，本名"衍圣公府"，是孔子嫡裔子孙世代居住的官邸，是世界上保存最完整、历史最悠久的"衙宅合一"的典型贵族庄园，充分体现了中国传统建筑风格和东方民居特色，被誉为"天下第一家"。

孔林，是孔子及其家族的专用墓地，也是世界上规模最大、延时最久、墓葬最多、保存最完整的家族墓地，被誉为"天下第一林"。

泰安市泰山景区

山东省 5A

- 景区地址：山东省泰安市红门路45号
- 邮政编码：271000
- 咨询电话：0538-8066077
- 官方网站：www.mount-tai.com.cn
- 开放时间：
  旺季：2月1日～11月30日 全天
  淡季：12月1日～次年1月31日 全天
- 景区门票：旺季：127元
  淡季：100元

　　泰山古称"岱宗"、"岱山"，世称"东岳"，为"五岳之首"、"五岳独尊"，位于山东省中部，总面积426平方公里，主峰玉皇顶海拔1545米。泰山以其有容乃大的气魄将历史文化、自然景观、地质地貌完美和谐地融合在一起，被誉为"中国历史文化的缩影"、"中华民族精神的象征"。自古泰山便被视为社稷稳定、政权巩固、国家昌盛、民族团结的象征，也成为几千年来中国唯一受过皇帝封禅的名山。据史书记载，秦代以前曾有72位帝王到泰山祭告天地，秦以后又相继有12位皇帝来泰山封禅朝拜。泰山目前有保存较好的古建筑群26处、寺庙58座、古遗址128处、碑碣1239块、摩崖刻石1800余处，泰山古建筑群为全国重点文物保护单位。泰山形成于28亿年前的太古代，地质年代久远，有群峰拱岱、山水相依、气势磅礴、雄伟壮丽的山系，"稳如泰山"、"重如泰山"即源于泰山独特的地质特征。泰山现有百龄以上古树名木18000多株，其中23株被列入《世界遗产名录》。1982年，泰山被国务院公布为第一批国家重点风景名胜区；1987年，泰山被联合国教科文组织列为首例世界文化与自然双遗产；2006年泰山被联合国教科文组织评为世界地质公园，成为世界文化、自然、地质三重遗产。

威海市刘公岛景区

山东省 5A

- 景区地址：山东省威海市海威路2号
- 邮政编码：264200
- 咨询电话：0631-5287807
- 官方网站：www.liugongdao.com.cn
- 开放时间：全年；全天
- 景区门票：138元

刘公岛位于山东半岛最东端的威海湾口内，距市区2.1海里，乘游船20分钟便可到达。刘公岛东西长4.08公里，南北最宽处1.5公里，面积3.15平方公里，最高点旗顶山海拔153.5米。全岛植被茂密，森林覆盖率达到87%，素有"海上仙山"和"世外桃源"的美誉，是全国唯一的"海上国家森林公园"。刘公岛空气清新，冬暖夏凉，气候宜人，是避暑、度假、疗养的理想之地。1881年，中国近代第一支北洋海军在刘公岛成立。1894年，中日甲午战争爆发，北洋舰队全军覆没。甲午战败后刘公岛被英国强租42年。

刘公岛上有清朝北洋水师提督署、水师学堂、古炮台、丁汝昌寓所、铁码头、英国殖民统治时期遗留下来的欧式建筑，还有刘公岛博览园、刘公岛鲸馆、刘公岛国家森林公园、熊猫馆、台湾梅花鹿和长鬃山羊馆、麋鹿馆、高尔夫博物馆等多处景观，是国家重点风景名胜区、全国爱国主义教育示范基地、国家5A级旅游景区、国家文化产业示范基地、红色旅游经典景区、海峡两岸交流基地、全国首批国家级海洋公园、全国首批旅游标准化示范单位和全国低碳旅游示范区。

枣庄市台儿庄古城景区

山东省 5A

- 景区地址：枣庄市台儿庄区
- 咨询电话：0632-6679038
- 官方网站：www.tezgc.com
- 开放时间：全年；全天
- 景区门票：160元

　　台儿庄形成于汉，发展于元，繁荣于明清。清代《峄县志》记载乾隆皇帝赐为"天下第一庄"，呈现"商贾迤逦，一河渔火，歌声十里，夜不罢市"的繁盛景象。在1938年春的中日战争中化为废墟。2008年中共枣庄市委、市政府重建台儿庄古城。

　　台儿庄古城2平方公里，集"运河文化"和"大战文化"于一城，融"齐鲁豪情"和"江南韵致"为一域。自2010年开放以来，接待中外游客500多万人次，成为全国首个海峡两岸交流基地、首个国家文化遗产公园、首个国家非物质文化遗产博览园、国家级文化产业试验园区、国家版权贸易基地，2012年11月被评为国家5A级旅游景区。

登封市嵩山少林景区

河南省  5A

- 景区地址：河南省登封市少林景区
- 邮政编码：452470
- 咨询电话：0371-62745000
- 官方网站：www.songshan.gov.cn
- 开放时间：
  - 旺季：4月1日~10月31日 7:30~18:00
  - 淡季：11月1日~次年3月31日 8:00~17:30
- 景区门票：100元

嵩山少林景区是世界著名的旅游胜地，是国家旅游局首批公布的国家5A级景区。景区内人文景观丰富，自然景观奇特。人文景点集中于景区核心区2.18平方公里以内，主要有"天下第一名刹"之称的禅宗祖庭和少林武术发祥地的少林寺，有中国现存规模最大、数量最多的塔林，还有中国现存最早的庙阙——少室阙以及武术馆、达摩洞、初祖庵、二祖庵、十方禅院、甘露台等景观；其中少林寺常住院、塔林、初祖庵、少室阙被联合国教科文组织第34届世界遗产大会于2010年8月1日审议通过，并列入登封"天地之中"历史建筑群世界文化遗产。自然景观集中于少室山三皇寨，融会了前寒武纪时期著名的"嵩阳、中岳、少林"三大造山、造陆运动，是嵩山世界地质公园最佳观景处，代表景观有猴子观天、云峰虎啸、御寨落日、少室秋色等40余处。

开封市清明上河园

河南省 5A

- 景区地址：开封市龙亭西路5号
- 邮政编码：475000
- 咨询电话：0378-5663819
- 官方网站：www.qingmings.com
- 开放时间：
  旺季：5月1日~10月31日
  9:00~22:00
  淡季：11月1日~次年4月30日
  9:00~17:30
- 景区门票：100元

　　清明上河园是以宋代著名画家张择端的传世名作《清明上河图》为蓝本，在清明上河图故地——七朝古都开封以1:1的比例复原再现的大型文化主题公园。景区于1998年开业以来，先后荣获中国旅游知名品牌、全国旅游系统先进集体、国家文化产业示范基地、全国青年文明号集体等多项荣誉称号；2010年清明上河园荣膺国家5A级旅游景区。清明上河园坐落在风景秀丽的龙亭湖西侧，景区分为两个既相互联系又各具特色的功能区：市井民俗区和皇家园林区。市井民俗区着重表现宋代民俗文化和市井风情，设有综合服务、休闲购物、驿站、民俗风情、特色食街、宋文化展示等8个功能区及校场、虹桥、民俗、宋都4个文化广场。皇家园林区是将《清明上河图》向城内和皇家园林的延续，充分展示了北宋东京汴梁的繁荣和昌盛，设有3个相互联系而又功能不同的区域：皇家园林景观游乐区、水上综合游乐区、宋代科技文化区。三大区域各有特色，分别再现了宋代古建筑的独特魅力、北宋时东京汴梁的水域景色以及宋代科技的发达。2008年4月推出总投资1.35亿元的大型水上实景演出《大宋·东京梦华》，在业界获得巨大反响。

洛阳市龙门石窟景区

河南省

- 景区地址：洛阳市洛龙区龙门中街13号
- 邮政编码：471023
- 咨询电话：0379-65980827
- 官方网站：www.lmsk.c
- 开放时间：
  - 旺季：2月1日~3月31日 8:00~18:00（停止售票：17:00）
  - 4月1日~10月7日 7:30~18:30（停止售票：17:30）
  - 淡季：10月8日~10月31日 7:30~18:00（停止售票：17:00）
  - 11月1日~次年1月31日 8:00~17:30（停止售票：16:00）
- 景区门票：120元

龙门石窟是我国三大石窟艺术宝库之一，1961年被国务院公布为全国第一批重点文物保护单位；1982年公布为全国重点风景名胜区；2000年11月被联合国教科文组织列入《世界遗产名录》；2006年1月，被中央文明办、国家建设部、国家旅游局联合授予"全国文明风景旅游区"称号；2007年5月，被国家旅游局评为全国首批5A级旅游景区。位于洛阳市南6公里的伊河两岸，这里两山对峙，伊水中流，形若门阙，故称"伊阙"，隋朝始称龙门。龙门石窟自北魏孝文帝（493年）迁都洛阳始凿，历经400余年的雕刻，现存窟龛2300多个，雕像10万余尊，碑刻题记30多万字。两山窟龛造像以数量之多，规模之大，题材多样，雕刻精美，蕴含丰富而蜚声中外。龙门石窟以大量的实物形象和文字资料从不同侧面反映了中国古代政治、经济、宗教、文化等许多领域的发展变化，对中国石窟艺术的创新与发展做出了重大贡献。龙门石窟是北魏、唐代皇家贵族发愿造像最集中的地方，是皇家意志和行为的体现，具有典型的皇家风范。其中奉先寺规模最大，是唐代雕刻艺术中最具代表性的作品。

洛阳市白云山景区

河南省 5A

🏠 景区地址：河南省洛阳市嵩县白云山景区
📧 邮政编码：471421
📞 咨询电话：0379-66590158
🌐 官方网站：www.chinabym.net
🕐 开放时间：
　　旺季：4月1日~10月31日
　　　　　7:00~19:00
　　淡季：11月1日~次年3月31日
　　　　　（原则上封山，不接待游客）
💴 景区门票：80元

　　白云山位于河南省洛阳市嵩县西南部伏牛山原始林区，总面积45平方公里，是国家级森林公园、国家级自然保护区、国家5A级旅游景区、中国十佳休闲胜地、中国最美的十大森林公园、世界地质公园。2005年荣膺"手机网络人气组"和"媒体大众组"双项冠军，被评为"中国最美的地方"，2010年被确定为"全国公共场所类科普教育基地"。景区地跨长江、黄河、淮河三大流域，地处北亚热带向暖温带过渡区。平均海拔1800米，1300米以上的山峰有103座，有脊椎动物204种，植物1991余种，被专家誉为"自然博物馆"。景区内森林覆盖率高达98.5%，夏季最高温度不超过26℃，是理想的避暑度假和休闲胜地。白云悠悠、林海莽莽、山峻石奇、飞瀑流泉是白云山自然风光的真实写照；地跨三域、山水大观、原始林海、避暑胜地是白云山的四大特色。白云山既有北国山水的雄伟之态，又有南方山水的俏丽之容。目前已开发有九龙瀑布、玉皇顶、白云峰、原始森林、小黄山五大观光区和白云湖、森林氧吧、高山牡丹园、留侯祠、芦花谷五大休闲区。玉皇顶海拔2216米，有"中原极顶"、"绿色心脏"之誉，是中原地区观云海日出的最佳地点。

洛阳市栾川老君山·鸡冠洞旅游区

河南省 5A

- 景区地址：洛阳市栾川县栾川乡七里坪村
- 邮政编码：471500
- 咨询电话：0379-66871977
- 官方网站：www.laojunshan.cn
- 开放时间：
  旺季：3月1日~11月30日 8:00~18:00
  淡季：12月1日~次年2月28日 8:00~17:00
- 景区门票：80元

　　老君山风景区位于栾川县城东区，面积2666公顷，是伏牛山世界地质公园、国家5A级旅游景区，国家级自然保护区。老君山古号景室山，因道教始祖老子归隐修炼而得名，是八百里伏牛山主峰，海拔2217米。老君山形成于19亿年前的大陆造山运动，造就了其千姿百态、群峰竞秀、拔地通天、气势磅礴的景观，塑造了"华夏绿色心脏、世界地质奇观"的主体形象。老君山庙宇道观群历史悠久，道教文化源远流长，自北魏建老君庙以来，已成为中原香客的朝拜中心，明万历十九年（1591年）颁赐老君山道经诏谕，封为"天下名山"。已建成灵官殿、淋醋殿、救苦殿、老君庙、道德府等庙宇群落，且文物古迹众多。老君山集自然景观与道教文化于一身，终以其雄险奇秀的神采成为中华大地的瑰宝。目前已开发建设了8大景区138个景点，是旅游观光、祭拜朝圣、休闲度假、科考探险、动植物观赏的理想目的地。

平顶山市尧山·中原大佛景区

河南省　5A

- 景区地址：河南省平顶山市鲁山县
- 邮政编码：467343
- 咨询电话：0375-5767999
- 官方网站：www.yaoshanly.com
- 开放时间：
  旺季：3月1日~11月30日
  　　　6:00~18:00
  淡季：12月1日~次年2月28日
  　　　8:00~17:00
- 景区门票：旺季：80元
  　　　　　淡季：55元

　　尧山·大佛景区，由尧山景区和中原大佛景区两个独立景区组成，总面积282.3平方公里。

　　尧山景区总面积268平方公里，已被命名的景观多达240多处，海拔在2000米以上的山峰有30多座，其中，主峰玉皇顶海拔2153.1米，整个景区集"雄、险、秀、奇、幽"于一体，原始森林、云海瀑布、山花湖泊、珍禽异兽及众多的人文景观构成了完整的风景体系，被誉为"中原独秀、天然氧吧"。景区内有3条精品索道，其中以尧山索道最为壮观，该索道全长3000米，落差1000米，给游人增添了探险、摄影、赏雪景、看日出、观云海的无限乐趣。

　　中原大佛景区与尧山景区毗邻，总面积14.3平方公里。景区内的大佛塑像是当今世界最高的铜铸佛像，大气磅礴，巍巍壮观，2008年载入《吉尼斯世界纪录》。佛身高208米，奉建佛像用黄金108公斤，合金铜3300多吨，特殊钢材15000吨。大佛法相庄严，慈祥端庄，荟萃了中原佛教造像史上不同时期、不同地域佛像塑造艺术之精华。巨佛在重峦叠嶂之间拔地而起，龙脉环绕、巍峨挺拔，金光万丈，撼人心魄。另外，景区内的"天瑞吉祥世纪钟"净重116吨，也是当今世界上最大的外击式青铜钟，2002年载入《吉尼斯世界纪录》。

安阳市殷墟景区

河南省 5A

- 景区地址：河南省安阳市殷墟路北端
- 邮政编码：455000
- 咨询电话：0372-3932171
- 官方网站：www.ayyx.com
- 开放时间：
  旺季：5月1日～10月31日 8:00～17:30
  淡季：11月1日～次年4月30日 8:00～17:00
- 景区门票：90元

　　安阳殷墟位于安阳市西北郊小屯村，是世界文化遗产、国家5A级旅游景区、国家考古遗址公园、中国考古学的诞生地、甲骨文发祥地，又是中宣部公布的全国百个爱国主义教育示范基地之一，并荣获全国首批旅游景区国家级青年文明号，属历史遗址类型的全国重点文物保护单位。

　　殷墟是中国第一个有文献记载并为甲骨文和考古发掘所证实的商代都城遗址，面积约36平方公里。这里有中国最早的都城殷墟宫殿遗址；中国最早成熟的文字甲骨文；国内最早的车马坑遗迹和中国最早的女将军妇好墓；世界出土最大的青铜器司母戊鼎。经过近百年的考古发掘，先后发现了众多商代宫殿宗庙建筑基址、王陵大墓、祭祀坑、聚落遗址、家族墓地群、手工业作坊遗址、甲骨窖穴等，出土了数量惊人的甲骨文、青铜器、玉器等精美文物，全面系统地展现出3300年前中国商代都城的风貌。景区分为宫殿区和王陵区两部分。有仿殷大殿、殷墟博物馆、车马坑、妇好墓、甲骨窖穴等展厅。

　　1961年3月，殷墟被公布为第一批国家重点文物保护单位。2001年3月，殷墟被评为"中国20世纪100项考古大发现"之首。2006年7月13日，殷墟因具有全球突出普遍价值和良好的管理与展示，在第30届世界遗产委员会会议上被列入《世界遗产名录》。2010年殷墟被评为首批国家考古遗址公园。

焦作市云台山–神农山·青天河景区——云台山景区

河南省 5A

- 景区地址：河南省焦作市修武县
- 邮政编码：454150
- 咨询电话：0391-7709001
- 官方网站：www.yuntaishan.net
- 开放时间：
  旺季：3月1日~11月30日 6:00~18:00
  淡季：12月1日~次年2月28日 7:00~17:00
- 景区门票：旺季：120元
  淡季：60元

　　云台山位于距河南省省会郑州西北70公里的焦作市修武县境内，总面积240平方公里，含红石峡、潭瀑峡、泉瀑峡、茱萸峰、叠彩洞、猕猴谷、子房湖、万善寺、百家岩、青龙峡、峰林峡11处景点，是一处以太行山岳与丰富水景为特色，以峡谷类地质景观和悠久的历史文化为内涵，集科学价值和美学价值于一身的综合性风景名胜区。云台山是河南省唯一拥有世界地质公园桂冠和国家首批5A级旅游景区、全国文明风景旅游区、国家级风景名胜区、国家自然遗产、国家森林公园、国家水利风景区、国家级猕猴自然保护区、国家文化产业示范基地8个国家级称号于一身的风景名胜区。云台山四季分明，景色各异，春赏山花、夏看山水、秋观红叶、冬览冰挂。景区内有单级落差314米的亚洲第一高瀑——云台天瀑；有被誉为"华夏第一奇峡"的红石峡；被誉为"华夏第一秀水"的潭瀑峡；有唐代大诗人王维写下千古名句"遥知兄弟登高处，遍插茱萸少一人"的茱萸峰；有融山的俊秀、水的神韵为一体，被赞为"人间天上一湖水，万千景象在其中"的云台天池——峰林峡；有生态旅游最佳去处"云台第一大峡谷"——青龙峡；还有将中国山水园林文化从宫廷推向民间的"竹林七贤"隐居地——百家岩等精品景点。云台山历史文化积淀深厚，是儒、释、道景观并存的宗教名山。

焦作市云台山-神农山·青天河景区 —— 神农山·青天河景区

河南省 5A

🏠 景区地址：
神农山：河南省沁阳市
青天河：河南省焦作市博爱县寨豁乡

📮 邮政编码：
神农山：454532
青天河：454150

📞 咨询电话：
神农山：0391-536036
青天河：0391-8572910

🌐 官方网站：
神农山：www.sns.cn
青天河：www.qingtianhe.cn

🕙 开放时间：
神农山：旺季 3月~11月；
　　　　7:00~19:00
　　　　淡季 12月~次年2月；
　　　　7:00~18:00
青天河：全年 8:00~18:00

💴 景区门票：
神农山：80元
青天河：60元

　　神农山风景名胜区立于河南省沁阳市，面积102平方公里，是世界地质公园、国家5A级旅游景区、国家重点风景名胜区、国家级猕猴自然保护区、儒释道文化名山。神农山自然风光优美。亿万年沧海桑田的变迁，造就了其千峰竞秀、谷壑幽深的绮丽风光。世界地质奇观龙脊长城，是神农山最具代表性的自然景观。龙脊长城一岭九峰，蜿蜒起伏，犹如一条神龙盘横在太行之巅，山势峻峭，景色绝佳，令人叹为观止。神农山是全国闻名的"四大怀药"——怀山药、怀牛膝、怀地黄、怀菊花的原产地，还是全国数量最多、分布最集中的珍稀树种野生龙鳞松的原产地。

　　集江南水乡与北国田园风光于一体，被誉为"北方三峡"的青天河风景名胜区，位于河南省焦作市西北部博爱县境内，系世界地质公园、国家级风景名胜区、国家5A级旅游景区、国家水利风景区、太行山国家级猕猴自然保护区、中国青少年科学考察探险基地、河南省最具魅力的十佳风景名胜区、河南省十佳旅游热点景区，景区面积106平方公里，由大坝、大泉湖、三姑泉、西峡、佛耳峡、靳家岭、月山寺七大游览区、308个景点组成。

武汉市黄鹤楼公园

湖北省　5A

- 景区地址： 武汉市武昌区蛇山西坡特1号
- 邮政编码： 430060
- 咨询电话： 027-88877330
- 官方网站： www.cnhhl.com
- 开放时间：
  旺季：4月1日~10月31日 7:30~18:30
  淡季：11月1日~次年3月31日 7:30~17:30
- 景区门票： 80元

　　黄鹤楼位于中国中部中心城市、湖北省省会武汉市的武昌蛇山，是湖北省和武汉市的标志性建筑。

　　黄鹤楼始建于三国吴黄武二年（223年），屹立于黄鹄矶而得名。近1800年的历史，见证了城市的发展与变迁，是历史文化名城武汉不可或缺并最为耀眼的记忆符号。

　　黄鹤楼依山傍水，占尽形胜，景纳万端；优美的神话传说和历代不绝的名家赋咏，更为黄鹤楼平添了诗情与浪漫，使之成为蜚声中外的历史名楼。历史上的黄鹤楼屡建屡毁，最后一座毁于清光绪十年（1884年）。

　　现代黄鹤楼于1985年重新对外开放，其楼姿之雄伟，气势之壮观为历代黄鹤楼所未有，绿地率达82.83%。园内现有四大景区，以主楼为中心，已建成白云阁、落梅轩、岳飞广场等大小景点70多个，是集观光、购物、文化、休闲于一体，人文与自然景观兼备，具有江南园林风格的风景名胜区。

十堰市武当山风景区

湖北省 5A

- 景区地址：湖北省十堰市武当山旅游经济特区
- 邮政编码：441900
- 咨询电话：0719-5668567
- 官方网站：www.wudangshan.gov.cn
- 开放时间：
  旺季：3月~10月
  7:00~18:00
  淡季：11月~次年2月
  7:30~17:30
- 景区门票：240元

武当山，又名太和山，位于湖北省十堰市境内，景区面积312平方公里。武当山是我国著名的道教圣地、太极拳的发祥地、国家5A级旅游景区、国家重点风景名胜区。1994年武当山古建筑群被列入《世界遗产名录》；近年来，武当武术、武当宫观道乐、武当山庙会先后被列入《国家非物质文化遗产名录》。

武当山属自然景观和人文景观完美结合的山岳型风景名胜区，以其绚丽多姿的自然景观、规模宏大的古建筑群、源远流长的道教文化、博大精深的武当武术著称于世，被誉为"亘古无双胜境，天下第一仙山"。

武当仙境，神秘空灵；武当武术，玄妙飘灵；武当文化，华夏魂灵，武当山"灵"。

宜昌市三峡大坝旅游区

湖北省 5A

- 景区地址：湖北省宜昌市三峡坝区江峡大道13-5
- 邮政编码：443100
- 咨询电话：400-1-175-185
- 官方网站：www.sxdaba.com
- 开放时间：
  旺季：4月1日~10月31日 8:00~18:00
  淡季：11月1日~次年3月31日 8:00~17:30
- 景区门票：105元

三峡大坝旅游区位于长江三峡西陵峡中段、湖北省宜昌市三峡坝区内，1997年正式对外开放，2007年被国家旅游局评为首批国家5A级旅游景区，总占地面积12.8平方公里，现拥有坛子岭园区、185园区、截流纪念园。坛子岭景区是三峡坝区最早开放的景区，该景区所在地为大坝建设勘测点，海拔262.48米，是观赏三峡工程全景的最佳位置，不仅能欣赏到三峡大坝的雄浑壮阔，而且能观看壁立千仞的"长江第四峡"双向五级船闸。185观景点位于三峡大坝坝顶公路的左岸端口处，因与三峡坝顶齐高，同为海拔185米而得名。站在平台上向下俯瞰，就如同身临坝顶，可以感受到大坝的高度，同时，现在海拔135米的水位也使我们能在这儿领略到平湖的感觉。截流纪念园背倚青山，面朝大坝，在领略三峡自然风光的同时，还可以享受到巍巍大坝的雄伟壮阔及大坝泄洪时的荡气回肠。三峡大坝旅游区作为国家工业旅游示范点和新三峡旅游的标志性景区，以世界上最大的水利枢纽工程——三峡工程为依托，全方位展示工程文化和水利文化，为游客提供融游览、科教、休闲、娱乐为一体的多功能服务，将现代工程、自然风光和人文景观有机结合，使之成为国内外友人向往的旅游胜地。

宜昌市三峡人家风景区

湖北省 5A

- 景区地址：湖北省宜昌市夷陵区三斗坪镇石牌村
- 邮政编码：443100
- 咨询电话：0717-8850588
- 官方网站：www.sanxiarenjia.com
- 开放时间：全年；8:00～3:00
- 景区门票：180元

　　三峡人家，由宜昌三峡环坝旅游发展集团历经15年倾情打造，这是一个将自然山水、影视科技与区域文化完美结合，全国独树一帜的创新型景区。三峡人家风景区网罗了三峡的所有景观自然元素与文化旧梦，是中国首创的原生态、场景式、体验型大型民俗旅游区。

　　三峡人家以其"一肩挑两坝，一江携两溪"的独特地理优势，及原汁原味的西陵百里画廊，融合地质文化、巴文化、楚文化、土家文化、峡江文化、抗战军事文化，是长江三峡黄金旅游线上的一颗璀璨明珠，走进三峡人家您将经受一次烟雨迷离的文化梦幻洗礼。

　　三峡人家融合三峡文化之精髓，巴风楚韵，峡江今昔，一览无余。壮阔的长江哺育了三峡文化，它是巴楚民族传统艺术的精华，巴楚文化在这里交融、繁衍、发展。当博大与神秘结缘，辉煌与厚重联姻，三峡人家就注定是新三峡旅游的古老传奇。

　　白墙青瓦石板路，小桥汽水吊脚楼，枯藤老树喜鹊窝，机枪碉堡旧战壕，奇石溶洞古城堡，当游客进入景区的一刹那，心注定将永远留在这里，徜徉在仙境般的梦幻景致，这里的美让人心醉，这里的美更让人窒息。

宜昌市长阳清江画廊景区

湖北省 5A

- 景区地址：长阳土家族自治县龙舟坪镇清江路88号
- 邮政编码：444300
- 咨询电话：0717-5319721
- 官方网站：www.qjhlw.com
- 开放时间：
  旺季：3月1日～11月30日 8:00～18:00
  淡季：12月1日～次年2月28日 9:00～16:00
- 景区门票：158元

清江画廊风景区的经营开发主体为湖北清江画廊旅游开发有限公司，公司通过7年多时间的打造，品牌效益有了新的提升，年接待能力达到100万人次。目前已被国家命名为5A级旅游景区。

清江画廊主景区东起清江隔河岩大坝倒影峡，西至清江水布垭大坝盐池温泉，涵盖沿线所有旅游资源，高峡出平湖，东西纵深长达100公里，总面积达120平方公里。景区内山清水秀，风光满眼，青山绿如缎带，江水蓝如宝石。早晚，江面雾气升腾如蓬莱仙境；四季，野花点缀如天女花裙，被誉为"东方的多瑙河"和"中国最美丽的山水画卷"。

景区内主要有倒影峡、仙人寨、北纬30°岛、黎化南将军山、武落钟离山等景点，各景点风格迥异，各有千秋。

恩施州神农溪纤夫文化旅游区

湖北省 5A

- 景区地址：湖北省恩施州巴东县信陵镇
- 邮政编码：444300
- 咨询电话：0718-4335245
- 官方网站：www.badongtour.com
- 开放时间：
  旺季：3月1日~11月30日
  6:00~17:00
  淡季：12月1日~次年2月28日
  8:00~16:00
- 景区门票：150元

　　神农溪是长江走出巫峡进入香溪宽谷之后的第一条支流，发源于神农架南坡，因神农炎帝在神农架采药后顺溪而下得名，全长60公里，共分3个峡段（龙昌峡、鹦鹉峡、神农峡）和1条支流（绵竹峡）。千百年来，神农溪雄踞于千重大山和万道深壑之间，最后在湖北巴东县境内的西壤口悄然涌入浩瀚长江的怀抱。神农溪有17条溪流与之交汇，资源丰富，景观甚多。百米高的瀑布有8处，象形山工30余处，大小溶洞60余处。有各类植物3700多种，其中30多种受到国家重点保护；各类动物1000多种，其中40多种受到国家重点保护。土家文化、纤夫文化底蕴厚重。鬼斧神工的自然景观与深厚浓郁的地域文化相互融合，彰显出很高的观赏和游憩价值。游客游览国家5A级旅游景区神农溪，乘坐原始、古老的"豌豆角"木质扁舟拉纤和放漂，一路上尽情地领略优美动人的土家族山歌，粗犷豪放的巴山舞，还有高亢激昂的纤夫号子。古老淳朴的纤夫拉纤及原始的"豌豆角"扁舟漂流，已成为长江线上唯一保存的纤夫文化活化石。这里已成为长江三峡中一个峡谷幽深、绿树成荫、水清倒影、风景如画的著名旅游胜地。

神农架旅游区

湖北省 5A

- 景区地址：湖北省神农架林区木鱼镇
- 邮政编码：442400
- 咨询电话：0719-3456999
- 官方网站：www.hbsnj.net
- 开放时间：
  神农顶：全年开放；8:30~17:30
  宫门山：全年开放；8:30~17:30
- 景区门票：神农顶：230元
  宫门山：120元

神农架旅游区雄踞秦巴山脉东端，与武陵山脉咫尺共扼长江三峡，是记录地球地质事件和环境变迁的地质史书，是集成亚热带至寒温带的气候标尺，是长江和汉水的分水岭、中华农耕文明的发祥地，拥有北半球中纬度保存完好的北亚热带森林生态系统和丰富的生物多样性，拥有神农架穹隆"华中屋脊"纷繁多样的地质地貌、气象水文景观，拥有让世人魂牵梦绕的野人、白化动物等自然之谜，与百慕大三角、埃及金字塔、撒哈拉大沙漠、珠穆朗玛峰共同演绎了北纬31°带上的瑰丽多姿与神奇神秘。

神农架是联合国教科文组织"人和生物圈保护区网"成员、国家级自然保护区、国家森林公园、国家地质公园、国家湿地公园，是国家旅游局确定的全国六大生态旅游区之一。

稀有的资源、独特的景观、历时5年卓有成效的保护与建设，使神农架旅游区成为一个以科技为支撑的创新型景区，汇聚了华中地区原生态旅游的精华。

长沙市岳麓山·橘子洲旅游区

湖南省 5A

🏠 景区地址：
岳麓山：长沙市岳麓区登高路58号
橘子洲：长沙市岳麓区橘子洲2号

📮 邮政编码：410001
☎ 咨询电话：0731-86447958
🌐 官方网站：www.hnyls.com
🕐 开放时间：
旺季：2月1日~11月31日
7:00~22:00
淡季：12月1日~次年2月28日
7:00~22:00

💴 景区门票：岳麓山景区：免费
橘子洲景区：免费

岳麓山·橘子洲旅游区位于国家首批历史文化名城长沙湘江之滨，依江面市，现有岳麓山景区、橘子洲景区、岳麓书院、新民学会旧址四个核心景区，为世界罕见的集山、水、洲、城于一身的国家5A级旅游景区、全国重点风景名胜区。岳麓山因南北朝刘宋时《南岳记》"南岳周围八百里，回雁为首，岳麓为足"而得名。景区内现有植物174科559属977种，并有大量珍贵的濒危树种和年代久远的古树名木。岳麓山四季风景宜人、秀美多姿，而"万山红遍、层林尽染"的独特红枫秋景更是古今闻名。位于湘江中心的橘子洲，介于名山与城市间，浮袅袅凌波上，四面环水，绵延数十里。是宋代潇湘八景之一"江天暮雪"的所在地，被誉为"中国第一洲"。岳麓山·橘子洲旅游区不仅拥有山、水、洲、城的独特自然景观，更因其深厚的历史文化底蕴而蜚声中外。始建于北宋的岳麓书院至今已有1000余年历史，有"千年学府"之称；有"汉魏最初名胜，湖湘第一道场"之称的古麓山寺，距今已有1700余年的历史；景区内有黄兴、蔡锷等名人墓葬，文物古迹众多；以"心忧天下、敢为人先、百折不挠、兼收并蓄"为精髓的湖湘文化，以毛泽东、蔡和森等伟人足迹为代表的名人文化；融儒、佛、道为一体的宗教文化在这里激荡弘扬，交相辉映，影响深远。

湘潭市韶山旅游区

湖南省 5A

- 景区地址：韶山市日月路1号
- 邮政编码：411300
- 咨询电话：0731-55682485
- 官方网站：www.ssly.gov.cn
- 开放时间：
  - 旺季：2月1日~10月31日 8:00~18:00
  - 淡季：11月1日~次年1月31日 8:00~17:00
- 景区门票：220元

韶山是伟大领袖毛泽东同志的故乡，因远古舜帝南巡至此奏韶乐引凤来仪而得名。韶山市位于湖南省中部，面积210平方公里，总人口约11万。韶山区位优越，交通便捷，是首批中国优秀旅游城市、国家5A级旅游景区、国家重点风景名胜区、全国四大革命纪念地之一、全国爱国主义教育示范基地、国家重点红色旅游区。近年来，韶山市按照"旅游立市、工业强市、生态靓市"的发展战略和"净化景区、繁荣城区、发展园区"的发展思路，大力发展红色旅游、新型工业和现代农业，经济社会发展步入快车道。2008年，韶山成为国家可持续发展实验区、全国平安市、湖南省旅游产业发展十强市、湖南省文明城市。

衡阳市南岳衡山旅游区

湖南省 5A

- 景区地址：湖南省衡阳市南岳区
- 邮政编码：421000
- 咨询电话：0734-5662250
- 官方网站：www.nanyue.net.cn
- 开放时间：
  旺季：5月1日~10月30日 全天
  淡季：11月1日~次年4月30日 全天
- 景区门票：100元

南岳衡山，中华五岳名山之一，位于湖南省衡阳市境内。七十二群峰，重峦叠嶂、气势磅礴，主峰祝融峰海拔1300.2米，景区面积100.7平方公里。素以"五岳独秀"、"宗教圣地"、"文明奥区"、"中华寿岳"著称于世。现为国家重点风景名胜区、国家5A级旅游景区、国家级自然保护区、全国文明风景旅游区。

南岳衡山是生态福地。景区内有植物1700多种，其中珍贵树种45科4800余株；脊椎动物284种，昆虫1335种。春赏花、夏观海、秋望日、冬赏雪，四季美景令人心旷神怡，流连忘返。

南岳衡山是宗教圣地。道、佛同居一山，共存一庙。寺庙宫观林立，高僧高道云集，有道教一洞天、三福地，有佛教的天下法院、"南禅祖庭"。南岳衡山是文明奥区。清光绪年间，有书院17处，居全国第一。曾国藩赞："天下书院，楚为盛；楚之书院，衡为盛。"胡安国、张栻、朱熹、王船山均在此传道授业，影响深远。南岳衡山是中华寿岳。《辞源》释"寿岳"即南岳衡山。唐玄宗于南岳投龙祈寿。宋徽宗在南岳御题"寿岳"石刻。康熙帝撰文曰："南岳为天南巨镇，上应北斗玉衡，亦名寿岳。""福如东海，寿比南山"的"南山"即衡山。

岳阳市岳阳楼·君山岛景区

湖南省 5A

🏠 景区地址：湖南省岳阳市洞庭北路60号
📮 邮政编码：414000
📞 咨询电话：0730-8830338
🌐 官方网站：www.yyljsd.com
🕐 开放时间：
　　旺季：3月1日～11月30日
　　　　岳阳楼景区：7:00～18:30
　　　　君山岛景区：8:00～18:00
　　淡季：12月1日～次年2月28日
　　　　岳阳楼景区：7:30～18:00
　　　　君山岛景区：8:30～17:30
💴 景区门票：岳阳楼：80元
　　　　　　君山岛：60元

　　岳阳楼·君山岛景区占地面积3.54平方公里，是融楼、岛、湖自然风光和人文景观为一体的精品景区，古朴典雅、庄重和谐。岳阳楼景区西面以浩渺洞庭湖为依托，南面以巴陵广场的后羿斩巴蛇巨型石雕为龙头，向北为瞻岳门古城门、绵延千米的青砖城墙、旅游购物和特色湖区餐饮的汴河街、沿湖石刻的洞庭诗韵画廊、恢复古貌的交通门、民本广场、景区南大门。进入南大门，则是精致典雅的唐、宋、元、明、清五个朝代的青铜铸造微缩景观，双公祠供奉滕子京和范仲淹铜像供游人仰哲思贤，新旧碑廊如玉带，蜡像馆、小乔墓、怀甫亭如落珠，落珠之处，就是被古建筑三醉亭和仙梅亭映衬和簇拥的灰顶黄瓦的雄伟岳阳楼。整个景区南北贯穿数千米，有景点景观48处，亭台楼阁、祠坊廊轩、铜雕石刻、园艺小品等错落有致，浑然一体，逐层递进，妙处频生，被誉为儒家文化的殿堂。君山岛是洞庭湖中的独立小岛，与岳阳楼隔洞庭湖相望，被道教尊为天下第十一福地。君山岛上名胜古迹众多，文化底蕴深厚，在文化与风景交融中衍生出神秘的神话与传奇，其中尤以"柳毅传书"、"湘妃泪洒斑竹"等古代爱情故事久负盛名。

张家界市武陵源－天门山旅游区
——武陵源景区

湖南省

- 景区地址：张家界市武陵源区
- 邮政编码：427400
- 咨询电话：0744-5618109
- 官方网站：www.zjwly.gov.cn
- 开放时间：
  旺季：3月1日~11月30日
  7:00~18:00
  淡季：12月1日~次年2月28日
  8:00~17:00
- 景区门票：245元

武陵源景区主要由张家界国家森林公园和索溪峪、天子山、杨家界3个自然保护区组成，面积390.8平方公里。景区内沟壑纵横，岩峰高耸，绿树翠蔓，兽鸟成群，有"大自然迷宫"、"天下第一奇山"的美誉，被地质学家称之为"地球的纪念物"，被广大游人誉为"扩大的盆景，缩小的仙境"。1982年，张家界被列为国家森林公园；1988年8月，武陵源被列为国家重点风景名胜区，1992年12月被联合国教科文组织列入《世界遗产名录》，2004年3月被列入首批世界地质公园，2007年3月荣获中国首批5A级旅游景区称号。

武陵源以石英砂岩峰林峡谷地貌为其主要特征，共有石峰3103座，峰体分布在海拔500米~1100米，高度由几十米至四百米不等，这种特殊的地貌形态被命名为"石英砂柱峰"地貌。石英砂岩峰林地貌的特点是质纯、石厚，石英含量为75%~95%，岩层厚520余米。武陵源地形复杂，气候温和，雨量丰富，森林发育茂密，它们与武陵源的大山浑然一体构成一幅原始苍茫的画卷。

张家界市武陵源－天门山旅游区
——天门山景区

湖南省

- 景区地址：湖南省张家界市永定区官黎坪天门山索道下站
- 邮政编码：427000
- 咨询电话：0744-8366666
- 官方网站：www.tianmenshan.com.cn
- 开放时间：
  旺季：3月1日~11月30日 8:00~16:30
  淡季：12月1日~次年2月28日 8:00~16:00
- 景区门票：旺季：258元
  淡季：225元

　　天门山位于湖南省张家界市，距市区8公里，海拔1518.6米，是张家界的最高山，也是张家界的文化圣地。天门山因自然奇观天门洞而得名，有着"张家界之魂"和"湘西第一神山"的美誉，是国家5A级景区。天门山的山势陡险峻拔，景色雄奇壮丽，被称为张家界的天然画屏。

　　天门山隆起始于燕山运动，喜马拉雅山造山运动使山体剧烈抬升千米以上，周围被断层节理深深切割；加上长期风雨侵蚀的岩溶作用，造就成嵯峨高峙、凌空独尊的喀斯特地貌。其山顶相对平坦，保存着完整的原始次生林，有着很多极为珍贵和独特的植物品种，，林覆盖率达90%。其间古树参天、藤蔓缠绕、青苔遍布，石笋、石芽举步皆是，处处如天成的盆景，被誉为世界最美的空中花园和天界仙境。

广州市长隆旅游度假区

广东省 5A

- 景区地址：广州市番禺区番禺大道
- 邮政编码：511430
- 咨询电话：020-84780333
- 官方网站：www.chimelong.com
- 开放时间：各子景点开放时间不同，详见景区公告
- 景区门票：各子景点单独售票

广州市长隆旅游度假区是国家5A级景区。长隆旅游度假区综合了主题公园、文化演艺、科普教育、餐饮酒店、休闲度假等完善的现代服务配套设施，旅游产品结构丰富、主题特色鲜明，加上交通条件便利、游览范围集中、游客接待量大，拉动了周边相关经济发展，取得了较好的社会效益和经济效益，成为广东省旅游文化的"名片"，品牌效应影响全国、辐射东南亚。长隆旅游度假区包括长隆欢乐世界、长隆水上乐园、长隆国际大马戏、香江野生动物世界、长隆酒店、广州鳄鱼公园、长隆高尔夫练习中心、香江大酒店、香江海鲜酒家9家子公司，毗邻而建，又各占鳌头，共同组成"都市中心的世界级旅游王国"。长隆旅游度假区被评为"全国旅游先进单位"和文化部的"文化产业示范基地"。长隆国际大马戏被文化部、国家旅游局评定为《国家文化旅游重点项目名录（旅游演出）》；长隆酒店被评为"中国最佳生态主题酒店"、"中国最佳度假酒店"；长隆水上乐园荣获"全球必去水上乐园"大奖；长隆欢乐世界被评为中国广州最具竞争力旅游品牌和最佳旅游景区；香江野生动物世界被评为广东省"最受市民欢迎的科普教育基地"。

广州市白云山风景名胜区

广东省 5A

- 景区地址：广州市广园中路
- 邮政编码：510500
- 咨询电话：020-3722222
- 官方网站：www.baiyunshan.com.cn
- 开放时间：全年；全天
- 景区门票：5元

　　白云山，是新"羊城八景"之首、国家5A级景区和国家级风景名胜区。它位于广州市的东北部，为南粤名山之一，自古就有"羊城第一秀"之称。山体相当宽阔，由30多座山峰组成，为广东最高峰九连山的支脉。面积20.98平方公里，主峰摩星岭高382米，峰峦重叠，溪涧纵横，登高可俯览全市，遥望珠江。每当雨后天晴或暮春时节，山间白云缭绕，蔚为奇观，白云山之名由此得来。

　　白云山景色秀丽，自古以来就是广州有名的风景胜地。如"蒲涧濂泉"、"白云晚望"、"景泰僧归"等，均被列入古代"羊城八景"。20世纪60年代和80年代，白云山分别以"白云松涛"和"云山锦绣"胜景两度被评为新"羊城八景"之一。清末时有白云寺、双溪寺、能仁寺、弥勒寺等古寺及白山仙馆、明珠、百花冢等名胜古迹。每逢九九重阳佳节，羊城人民更以登白云山为乐事，届时，扶老携幼，人流熙熙攘攘的热闹场景便构成羊城一幅独特的风情画。

韶关市丹霞山景区

广东省 | **5A**

- 景区地址：广东省韶关市仁化县
- 邮政编码：512000
- 咨询电话：0751-6291630
- 官方网站：www.danxiashan.org.cn
- 开放时间：全年；全天
- 景区门票：节假日：120元
  平时：100元

丹霞山位于广东省韶关市东北郊，总面积292平方公里，是中国低海拔山岳型风景区的杰出代表。是国家级风景名胜区、国家级自然保护区、国家地质公园和国家5A级旅游区。2004年2月13日，成为全球首批世界地质公园。2010年8月1日，联合国内6省6处丹霞地貌景观以"中国丹霞"列入《世界遗产名录》。

丹霞地貌是指有陡崖的陆相红层地貌。丹霞山以赤壁丹崖为特色，是世界"丹霞地貌"命名地，具有典型性、多样性和不可替代性。在地层、构造、地貌表现、发育、环境演化等方面的研究，是世界丹霞地貌区中最为详细和深入的，丹霞山已经成为全国乃至世界丹霞地貌科学研究基地、科普旅游和教学实习基地。园内有大小石峰、石堡、石墙、石柱等600多座，群峰如林、疏密相生、错落有致、造型奇绝、鬼斧神工，宛如一方红宝石雕塑园，又称"中国红石公园"。丹霞山集雄、险、奇、秀、幽于一身，超凡脱俗，别具一格，乃大自然之瑰宝。

丹霞山分为丹霞景区、韶石景区、巴寨景区、飞花水景区、仙人迹景区和锦江、浈江风光带。目前已开发的丹霞景区有长老峰游览区、阳元石游览区、翔龙湖游览区和锦江画廊游览区，是以自然观光为主，融科普、考察、攀岩、探险、休闲度假为一体的旅游景区。

深圳市华侨城旅游度假区

广东省 | 5A

- 景区地址：深圳市华侨城
- 邮政编码：518053
- 咨询电话：0755-26600248
- 官方网站：www.chinaoct.com
- 开放时间：全年；9:30~18:30
- 景区门票：锦绣中华民俗村：150元
  世界之窗：160元
  欢乐谷：200元

深圳华侨城旅游度假区始建于1985年，占地6平方公里，是中国首批5A级旅游景区、首批全国文明风景旅游区和国家级文化产业示范园区。度假区以主题公园为核心，以海滨生态旅游、都市娱乐休闲、酒店、文化设施、体育场所、旅游院校、旅行社等相关设施为配套，形成了一个多元化的旅游度假区。1989年度假区以国内首创微缩的手法兴建了中国第一个大型文化主题公园——锦绣中华微缩景区，开创了中国文化主题公园发展的先河。1991年荟萃我国多个民族的民间艺术、民俗风情和民间建筑特色的中国民俗文化村建成开业，1994年成功塑造了"深圳世界之窗"主题公园。1998年10月，度假区投资4亿元的第四个主题公园深圳欢乐谷建成。它以"引领时代潮流，创造时尚文化"为经营理念，以"动感、时尚、欢乐、梦幻"为品牌特征，创立了注重参与体验的新型旅游文化品牌，连续多年名列亚太地区十大主题公园之一。目前，度假区内拥有首座按白金五星级标准建造的精品主题酒店——华侨城洲际大酒店，中国首座文化主题商务型酒店——深圳威尼斯皇冠假日酒店，中国第一所校企联办国家"211工程"学院——暨南大学深圳旅游学院，中国第一家企业建造的国家级美术馆——何香凝美术馆，以及深圳市重点创意文化项目OCT-LOFT等旅游文化项目设施。

深圳市观澜湖休闲旅游区

广东省 5A

- 景区地址：广东省深圳市宝安区观澜高尔夫大道1号
- 邮政编码：518110
- 咨询电话：0755-28020388
- 官方网站：www.missionhillschina.com
- 开放时间：
  旺季：9月1日～次年1月
  5:30～24:00
  淡季：2月～8月
  6:30～24:00
- 景区门票：免费

　　观澜湖休闲旅游度假区，横跨深圳和东莞两个城市之间，占地面积12.626平方公里，项目区控制辐射面积近20平方公里。

　　从1992年开始，观澜湖集团先后投资逾100亿元人民币，兴建了包括51片网球场的亚洲第一大网球中心，几大国际会所，多家休闲酒店，大型国际会议中心，SPA养生中心，生态休闲游憩园以及丰富的商业、美食、运动休闲设施，还有观澜湖高尔夫及网球学院，国家网球和高尔夫球运动培训基地，国际生态高尚住区，以及都市休闲综合体观澜湖新城。形成了集运动、赛事、养生、商务、会展、培训、娱乐、居住于一体的观澜湖国际休闲旅游度假区。其中的观澜湖高尔夫球会，拥有12个国际级球场及系列配套设施，是全球唯一汇聚五大洲球场风格的世界第一大高尔夫休闲胜地。

梅州市雁南飞茶田景区

广东省 5A

- 景区地址：广东省梅州市梅县雁洋镇长教村
- 邮政编码：514000
- 咨询电话：0753—2828888
- 官方网站：www.yearning.cn
- 开放时间：全年；全天
- 景区门票：80元

　　梅县雁南飞茶田景区位于广东省梅县雁洋镇，总占地667公顷，是融茶叶生产和旅游度假为一体的国家5A级旅游景区。雁南飞茶田以源远流长的客家文化、博大精深的茶文化和生态优美的旅游文化为内涵，种植了优质茶叶、水果3100多亩，园林绿化900多亩，成功研制了金单枞乌龙茶、金桂兰乌龙茶等12个系列茗茶。赏心悦目的自然环境和园林艺术，传统与现代相得益彰的围龙屋建筑，精彩优美的客家歌舞和茶艺表演，可口的客家美食，吸引了无数海内外游客前来休闲度假。

　　景区主要景点：雁南飞神石、雁南飞大道、游客中心和茶情阁、茶艺表演、笑傲江湖瀑布、龙那山生态谷、仙茶阁、高级别墅区。

　　"雁南飞"这个富有诗意的名字寓意客家人对"北雁南飞"的根本认同；"茶中情"表达了雁南飞经茶文化为内涵，与茶结缘，与茶会友，与茶传情。目前，雁南飞已种植白叶单丛为主的标准化茶田2600亩，建起了现代化的茶叶工厂。

清远市连州地下河旅游景区

广东省 5A

- 景区地址：广东省连州市东陂镇大洞村
- 邮政编码：513400
- 咨询电话：0763-6678683
- 官方网站：www.lzdxh.com
- 开放时间：全年；8:00~17:00
- 景区门票：150元

连州地下河，位于粤北古城连州，巍巍五岭山脉的喀斯特地貌，形成了这一神秘瑰丽的洞河奇观。

连州地下河的石钟乳，不但数量为天下最，如形状物更为天下奇。洞中石柱高耸，石花烂漫，石幔磷光，璀璨耀眼，如临仙境。现代散文大家秦牧感叹地将之称为"神秘瑰丽的地下河"。

连州地下河的钟乳石还有非常高的药用价值，是古代进贡朝廷的重要贡品。唐代大诗人刘禹锡任连州刺史时在他的《连州刺史厅壁记》中记载："（连州）山秀而高，灵液渗漉，故石钟乳为天下甲，岁贡三百铢。"

连州地下河整个溶洞分为上、中、下三层，全长1500米，穿越四座山头，游览面积达6万平方米。上、中两层为陆地层，既可观赏千姿百态的钟乳石，欣赏梦幻般的瑶池仙境，还可感悟亿万年的地壳运动，沧海桑田，溶洞形成等科普知识，惊叹那天工造物的鬼斧神工。第三层是一条可乘船游览的地下河流。洞口还蕴藏着一道飞珠溅玉，如白练当空飞舞的飞瀑。此景不但是中国仅有，在世界也堪称一绝。

连州地下河还是世界一级濒危珍稀植物——报春苣苔的繁殖地。报春苣苔以其珍稀奇贵被誉为植物界的"国宝"。

天工造奇景，奇景贻世人。2011年8月被评为国家5A级景区。

桂林市漓江景区

广西自治区 | 5A

🏠 景区地址：广西桂林市象山区福旺苑38号
📮 邮政编码：541000
📞 咨询电话：0773-2580092
🌐 官方网站：www.liriver.com.cn
🕐 开放时间：
　旺季：4月1日～11月30日
　　　8:40～10:40开船
　淡季：12月1日～次年3月31日
　　　8:40～9:40开船
💴 景区门票：
　旺季：210～450元
　淡季：190～380元

　　漓江历史上曾名桂水，或称桂江、癸水、东江，流经广西壮族自治区第三大城市，政治、经济、交通、文化及旅游中心——桂林市，以流域孕育的独特绝世而又秀甲天下的自然景观——桂林山水，其风景秀丽，山清水秀，洞奇石美，是驰名中外的风景名胜区。漓江属珠江水系的桂江上游河段。发源于兴安、资源县交界处海拔1732米的越城岭老山界南侧，属中亚热带季风气候区。漓江流域拥有丰富的自然山水景观。早在南宋时期，"桂林山水甲天下"就已名扬天下。漓江，这条潆绕在祖国南疆的秀丽江水，自古以来以其悠久的历史文明，令无数文人墨客为之倾倒。"江山惹得游人醉，印入肝肠都是诗"便是无数游人抒发的感慨。现在使用的人民币贰拾元的背景图案，就是漓江一景。

　　"江作青罗带，山如碧玉簪"，以漓江风光和溶洞为代表的山水景观有山清、水秀、洞奇、石美"四绝"之誉。从桂林至阳朔的83公里漓江河段，也称漓江精华游，还有"深潭、险滩、流泉、飞瀑"的佳景，是岩溶地形发育典型、丰富和集中地带，集中了桂林山水的精华，令人有"船在水中游，人在画中游"之感。2005年桂林漓江景区荣获5A级景区称号。

桂林市乐满地度假世界

广西自治区

- 景区地址：广西桂林市兴安县志玲路
- 邮政编码：541300
- 咨询电话：0773-6229893
- 官方网站：merry-land.com.cn
- 开放时间：
  - 旺季：3月1日～10月31日
    - 主题乐园：9:00～17:30
    - 球场：6:00～18:00
  - 淡季：11月1日～次年2月28日
    - 主题乐园：9:00～17:00
    - 球场：7:00～18:00
- 景区门票：150元

桂林乐满地度假世界坐落于"中国十大魅力名镇"、"中国最美小镇"兴安县，依傍桂北得天独厚的自然环境以及灵湖景区旖旎风光而建，由度假酒店、主题乐园、高尔夫球场三部分组成，是一所集自然、浪漫、闲逸、尊贵、欢乐于一体的高档次、大规模、多样风格、内容丰富的大型综合性旅游度假场所，亦是全国首批5A级旅游景区、首批旅游标准化示范企业、中国自驾车旅游品牌十大景区。

乐满地主题乐园是一个集时尚、缤纷、浪漫、动感、刺激与欢乐于一体的大型游乐场所。园区辟有欢乐中国城、美国西部区、梦幻世界区、海盗村、南太平洋区、欧洲区、曼陀罗园、哥萨克战略游戏区等特色主题区，集30多项大型游乐设施错落其间。各区的建筑、表演、音乐、商品、餐饮等都具有鲜明的主题特色。

乐满地高尔夫俱乐部设有美式丘陵国际标准36洞高尔夫球场，一年四季气候宜人，花香满园。是国内首座使用美国官方认证的果岭老鹰草的球场。这个以十余年光阴打造的球场，依着灵湖的曲线，也傍着远山融为一体，独揽桂林山水盛景。

桂林市独秀峰·王城景区

广西自治区 5A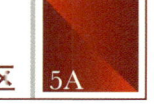

- 景区地址：广西桂林市王城1号
- 邮政编码：541000
- 咨询电话：0773-2803149
- 官方网站：www.glwangcheng.com
- 开放时间：全年开放
  - 旺季：3月1日~12月7日 7:30~18:30
  - 淡季：12月8日~次年2月28日 8:00~17:30
- 景区门票：70元

独秀峰·王城景区坐落在桂林市中心，位于美丽的漓江之畔，景区有目前全国保存最为完好的明朝藩王府遗址、科举文化陈列馆、抗战文化遗址、摩崖石刻等，是桂林城市和历史文化的发祥地。自秦代置郡县以来，独秀峰山脚下这块土地，一直都是广西政治、文化、教育的中心。元朝末代皇帝妥欢帖睦尔登基前曾在这里修行；朱元璋称帝后，独秀峰下被辟为王府。清朝时期，这里是华南最大的乡试贡院所在地，可同时供5500名仕子同时参加考试，从这里走出了500余名进士和4位状元；民国初年，孙中山先生以此地为大本营，运筹北伐大计，后为广西省政府。是广西政治、文化活动的中心。

王府的天然靠山独秀峰素有"南天一柱"的美誉，登山306级可达峰顶，是鸟瞰桂林全景的最佳观景台。峰壁上汇集了从唐朝到近代的摩崖石刻共220余块，"桂林山水甲天下"这一千古名句的真迹就镌刻在独秀峰山上。自古以来，独秀峰·王城景区为游览胜地，其历史悠久，文化内涵深厚，是全国重点文物保护单位、国家5A级旅游景区、广西文化产业示范基地。

三亚市南山文化旅游区

海南省 5A

- 景区地址：海南省三亚市崖城镇南山文化旅游区
- 邮政编码：572025
- 咨询电话：0898-88837888
- 官方网站：www.nanshan.com
- 开放时间：全年；8:00～17:30
- 景区门票：150元

　　南山，面朝南海，坐落在三亚市西南20公里处，是中国最南端的山。南山文化旅游区是依托南山独特的山海天然形胜和丰富的历史文化渊源开发建设的全国罕见的超大型生态和文化景区，是佛教文化主题旅游区，是国家首批5A级旅游景区。南山文化旅游区规划面积50平方公里，其中海域面积10平方公里，组织实施佛教文化苑、天竺圣迹、福寿天地、神话雕塑、大门景观区以及酒店、度假村等项目。其中南山佛教文化苑于1995年动工兴建、1998年建成开放，目前已形成一寺（南山寺）、一苑（南山海上观音苑）、两园（慈航普度园、吉祥如意园）、一谷（长寿谷）、一湾（小月湾）的旅游景观群。还有辑入《吉尼斯世界纪录大全》的国宝"金玉观世音"和世界上规模最大、工艺最精湛的室内三十三观音群像；体现中华古钟文化的梵钟苑；更有举世瞩目的矗立在南海之滨的108米高的"南山海上观音"，"一体化三尊"，造型挺拔、气势恢宏，高越天下。这项被誉为"世界级、世纪级"的佛教造像工程历时6年，已于2005年4月24日（佛历三月十六）举行了举世瞩目、千载一时的盛大开光大典。南山之美，南山之奇，已被越来越多的人关注。

三亚市南山大小洞天旅游区

海南省 5A

- 景区地址:海南省三亚市崖城镇
- 邮政编码:572025
- 咨询电话:0898-88830188
- 官方网站:www.sanyapark.com
- 开放时间:全年;7:00~19:00
- 景区门票:135元

三亚大小洞天旅游区位于三亚市以西40公里,始创于南宋(1187年),是海南省历史最悠久的风景名胜,是我国最南端的道家文化旅游胜地,被誉为"琼崖八百年第一山水名胜"。旅游区自古因奇特秀丽的海景、山景、石景与洞景著称于世,享有"海山奇观"的美名。这里的青山碧海、摩崖石壁、神宫洞府、奇岩巧石构成了一幅山水合璧、天地共美的绚丽画卷。

这里人文璀璨,辉映古今,名人胜迹,壮扬海山。唐代高僧鉴真东渡日本途中于大小洞天登岸,留下千古史话;宋代道教南宗五祖白玉蟾曾在此修炼和传法布道。1962年,郭沫若同志到此游览访古,写下了《游崖县鳌山》一诗,并美称其为"南溟奇甸"。

大小洞天旅游区已通过了ISO9001质量管理体系认证和ISO14001环境管理体系认证,并先后获得"海南省质量信得过企业"、"海南优秀专项旅游产品(生态景观游)"、"全国用户满意服务"、"最具影响力的海南十大旅游景色知名品牌"、"海南省创建学习型企业示范单位"等荣誉称号,并于2007年5月荣膺国家首批5A级旅游景区,是一个以中国传统的道家文化为主题,融热带海滨风光、民俗风情、休闲度假为一体的国际化旅游风景区。

海南呀诺达雨林文化旅游区

海南省 5A

- 景区地址：海南省保亭县三道镇
- 邮政编码：572300
- 咨询电话：0898-83883333
- 官方网站：www.yanoda.com
- 开放时间：
  旺季：10月1日～次年4月30日
  8:00～18:00
  淡季：5月1日～9月30日
  8:00～18:00
- 景区门票：125元

　　海南呀诺达雨林文化旅游区位于海南省保亭县，距三亚市区仅35公里，距凤凰机场52公里，是名副其实的三亚后花园。景区北与五指山、七仙岭比肩相连；东眺南海万顷波涛，美丽的海棠湾近在咫尺，与南中国第一温泉南田温泉仅一水之隔。在三亚市最新修编的旅游总体规划中，呀诺达景区位于大三亚旅游规划中的生态景观轴上，是"三亚旅游圈"的"金三角"地区。

　　景区集热带雨林、峡谷奇观、流泉叠瀑、黎峒风情、热带瓜果、南药、温泉多种旅游资源于一体。在气候上，它是避暑消寒之谷；在地质上，它是瀑布溪水之谷；在养生上，它是南药温泉之谷；在文化上，它是"黎族"风情之谷。在这里，独具特色的热带雨林六大奇观可以让你身心震撼；长达数公里雄伟瑰丽的峡谷奇观会让你目不暇接；飞瀑流泉、飞花溅雪让你流连忘返；悠久精美的黎锦工艺让你叹为观止；甘美如饴的黎家香醇让你如梦如幻；常年不断的热带瓜果让你爱不释手。这里集山奇、林茂、水秀、谷深于一身，可以称得上是海南岛的"香格里拉"，人间的"世外桃源"。

重庆大足石刻景区

重庆市 | 5A

- 景区地址：重庆市大足区宝顶镇
- 邮政编码：402360
- 咨询电话：023-4378577
- 官方网站：www.dzshike.com
- 开放时间：
  旺季：3月1日～11月30日
  　　　8:30～17:00
  淡季：12月1日～次年2月28日
  　　　8:30～17:30
- 景区门票：
  旺季：135元
  淡季：90元

　　大足石刻是重庆市大足区境内所有石窟造像的总称。1999年，因其为"无与伦比的天才杰作"而被联合国教科文组织列入《世界遗产名录》。

　　大足石刻始于初唐，盛于两宋，以鲜明的民族化、世俗化、生活化特色，被誉为中国石窟艺术风格的典范之作，世界石窟艺术史上的最后丰碑。其中以北山、宝顶山、南山、石门山、石篆山石窟最具特色。以雕刻细腻、精美典雅著称的北山石窟，可谓是中国"观音造像的陈列馆"。

　　南山石窟是中国唐宋时期神系最完备的道教造像群。佛、道合一的石门山石窟和儒、释、道"三教"合一的石篆山石窟，显示了中华民族博采兼收，推陈出新的博大胸襟。宝顶山石窟更是一座宏伟精深、充满人间情趣美的佛教艺术殿堂，造像雄伟壮观之中，蕴含深刻的人生哲理。

　　大足石刻现已接待58个国家和地区的中、外游客2000多万人次，其中不乏国家元首及重要贵宾，参观者无不为中华民族这座艺术宫殿所倾倒。2007年，被评为国家首批5A级旅游景区。

重庆武隆喀斯特旅游区
（天生三桥·仙女山·芙蓉洞）

 重庆市　5A

- 景区地址：重庆市武隆县
- 邮政编码：408500
- 咨询电话：400-802-3666
- 官方网站：www.vlkst.com
- 开放时间：
  旺季：3月1日～10月3 日
  8:00～17:00
  淡季：11月1日～次年2月28日
  8:00～17:00
- 景区门票：旺季：315元
  淡季：220元

武隆喀斯特旅游区（天生三桥·仙女山·芙蓉洞）位于重庆市武隆县东北部，距重庆市主城区133公里，景区总面积135.1平方公里，主要分为天生三桥、芙蓉洞、仙女山三大旅游景点，均为国家5A级旅游景区。天生三桥和芙蓉洞是中国南方喀斯特世界自然遗产的重要组成部分，是解读长江三峡发育演化的一把钥匙，极具观赏和科考价值。仙女山国家森林公园有"南国草原"之美誉，是旅游、休闲、度假的胜地。

天生三桥由天龙桥、青龙桥、黑龙桥组成，气势磅礴、恢宏，其规模庞大、气势磅礴称奇于世，是亚洲最大的天生桥群。桥平均高度为200米以上，桥面宽约100米，三座桥呈纵向排列，平行横跨在羊水河峡谷上，将两岸山体连在一起，在距离几百米之内就有如此宏大的三座天生石拱桥实属国内罕见、世界稀有。

仙女山海拔2033米，拥有森林33万亩，天然草原10万亩，夏季平均气温22摄氏度。炎热的夏季，在火炉重庆有"天上广寒宫，人间清暑殿"之称的仙女山平均气温比重庆主城区低十几摄氏度，由此享有"山城夏宫"之美誉。

芙蓉洞是世界上较大的溶洞群之一，洞内全长2700米，几乎包括了钟乳石所有沉积类型。洞内的"生命 武隆芙蓉洞之源""珊瑚瑶池""巨幕飞爆""石花之王""犬牙晶花池"并称为芙蓉洞"五绝"被世界洞穴专家誉为"斑斓辉煌的地下艺术宫殿"。

重庆巫山小三峡·小小三峡

重庆市 5A

- 景区地址：重庆市巫山县镇宁口路
- 邮政编码：404700
- 咨询电话：023-57756666
- 官方网站：www.sanxiatrip.com
- 开放时间：全年；全天
- 景区门票：一票制：150元
  （小三峡—小小三峡景区）

重庆巫山小三峡被誉为"中华奇观"、"天下绝景"，先后被评为"国家级风景名胜区"、"中国旅游胜地四十佳"、"国家首批5A级旅游景区"、"国家森林公园"、"重庆市最佳文明景区"。

小三峡是大宁河流经巫山境内的龙门峡、巴雾峡、滴翠峡的总称，全长50公里。

境内峡谷雄伟险峻，中通一线、遮天蔽日；峰与天相接，舟从地窟行；林木翠竹、峻岭奇峰、多姿多彩、变幻无穷。时有云雾缭绕、清幽秀洁，时有飞瀑急湍、成双成对的鸳鸯、攀岩嬉戏的猴群、展翅纷飞的水鸟、碧水畅游的鱼类、山石花草木，无处不成诗，无处不成画。

小小三峡是大宁河支流马渡河下游的三撑峡、秦王峡、长滩峡三段峡谷的总称，全长20公里。其间奇峰多姿，悬崖对峙，壁立万仞，山水相映，风光旖旎，犹如一处玲珑奇巧的峡谷盆景。趣味横生，既可体验艇过浪尖的惊险感受，又可随波逐流尽情欣赏两岸一线天风光，还可触摸水中鹅卵石，真有挡不住的诱惑。

蓄水后的小三峡，更加魅力无穷，别有情趣。三雄俊美的峡谷串联着4个波光粼粼的湖泊（大宁湖、东坪湖、双龙湖、大昌湖），如一串珍珠，风格各异的大小船只荡漾其中，出峡复入峡、风景转更佳，请君同船坐，畅游小三峡。

重庆市万盛经开区黑山谷景区

重庆市 5A

- 景区地址：重庆市万盛经济技术开发区
- 邮政编码：400800
- 咨询电话：023-48279999
- 官方网站：www.hsgtour.net
- 开放时间：
  旺季：3月1日~10月7日 8:00~15:30
  淡季：10月8日~次年2月28日 9:00~15:00
- 景区门票：150元

重庆黑山谷景区主要有黑山谷和龙鳞石海两大核心游览区，距离万盛城区20公里，面积110平方公里。

黑山谷全长13公里，有五峡、七区、十二峰、三十六桥、九十九瀑、一百零八潭等绝美景观。山顶与谷底高差最大在1200米左右。河谷两岸坡度一般达70°~80°。谷中森林覆盖率高达97%，负氧离子浓度高达11万个/立方厘米，如同一个天然大氧吧，被誉为"中国最美养生峡谷"。

龙鳞石海是典型的碳酸盐岩溶蚀喀斯特地貌，以地表石林、地下溶洞、古生物化石等景观为主，形成于距今6亿年~4.65亿年显生宙、古生代之寒武纪、奥陶纪时期，是中国至今发现最古老的石林。

重庆黑山谷景区动植物种类繁多，有国家一级保护动植物黑叶猴、云豹、银杉、珙桐等，被誉为"渝黔生物基因库"。景区及周边，世代生活着一支被称作"红头苗"的苗族同胞，他们的踩山会、若琐节、芦笙舞、木鼓舞等传统节日和民族歌舞久负盛名。

2012年10月29日，重庆黑山谷景区荣膺国家5A级旅游景区称号。

重庆酉阳桃花源景区

重庆市 5A

- 景区地址：重庆市酉阳县桃花源街232号
- 邮政编码：409800
- 咨询电话：023-75532359
- 官方网站：www.zgyythy.com
- 开放时间：
  旺季：5月1日～9月30日 7:30～18:00
  淡季：10月1日～次年4月30日 8:00～17:30
- 景区门票：120元

　　中国·酉阳桃花源旅游景区位于渝、鄂、湘、黔四省市边区接合部的重庆市酉阳土家族苗族自治县，总面积50平方公里，距重庆主城340公里，距湖南长沙430公里。有武陵山机场、渝怀铁路、渝湘高速公路、319国道等二级公路与外界相连。由古桃源、伏羲洞、桃花源国家森林公园、酉州古城、桃花源广场、桃花源风情小镇、二酉山世外桃源文化主题公园七个部分组成。集秦晋历史和田园农耕文化、土家民族文化、自然山水和地质奇观于一体。浓缩了中国武陵山区最优美、最完整的原生态山水田园风光和丰富的土家族、苗族文化。与陶渊明《桃花源记》描述的"世外桃源"毫厘不爽，极其吻合。是现代人们远离尘世喧嚣、步入秦晋田园、探寻科学奥秘、回归绿色天堂的理想旅游目的地。

成都市青城山·都江堰旅游景区

四川省 5A

🏠 景区地址：四川省都江堰市都江堰大道231号
📞 邮政编码：611830
📞 咨询电话：4001151222
🌐 官方网站：www.djy517.com
🕐 开放时间：
　　旺季：3月1日～11月30日
　　　　　8:00～18:00
　　淡季：12月1日～次年2月28日
　　　　　8:00～17:30
💴 景区门票：90元

　　青城山·都江堰风景名胜区作为世界遗产地、国家级重点风景名胜区、国家5A级旅游景区和全国重点文物保护单位，2000年被列入《世界遗产名录》，2006年7月"大熊猫栖息地生态走廊"被列入《世界自然遗产名录》，同年被国家环保总局评为"ISO14000示范区"。都江堰创建于公元前256年，距今已有2250多年的历史，是当今世上唯一留存、以无坝引水为特征的水利工程，成为自然与文化、人类与环境、水利工程与山水风光和谐融合、天人合一的千古奇观。青城山秦时就被敕封为国家祭祀山川的圣地，是道教的发源地、天师道的祖庭，中国道教文化活的博物馆，享有"道教仙山、避暑仙境"的美誉。景区内拥有丰富的自然资源和丰厚的历史文化内涵，具有很高的历史文化科学价值和观赏、游憩价值。青城山·都江堰旅游景区林木葱郁，自古是野生动物的天堂，是中国五大动植物基因库之一。其西与青藏高原与横断山脉为邻，陆栖动物具有明显的过渡性。既有东洋界动物，又有古北界动物。在分布类型上，既有东南亚热带型，又有横断山脉——喜马拉雅山型和南中国型。

乐山市峨眉山景区

四川省 5A

- 景区地址：四川省峨眉山市
- 邮政编码：614000
- 咨询电话：4008196333
- 官方网站：www.ems517.com
- 开放时间：
  - 旺季：4月1日~10月31日 6:00~17:00
  - 淡季：11月1日~次年3月31日 7:00~16:00
- 景区门票：旺季：150元 淡季：90元

　　峨眉山位于中国四川省峨眉山市境内，景区面积154平方公里，最高峰万佛顶海拔3099米，是著名的旅游胜地和佛教名山；是一个集自然风光与佛教文化于一体的中国国家级山岳型风景名胜区。1996年12月6日被列入《世界遗产名录》。

　　峨眉山平畴突起，巍峨、秀丽、古老、神奇。它以优美的自然风光、悠久的佛教文化、丰富的动植物资源、独特的地质地貌而著称于世。被人们称为"仙山佛国"、"植物王国"、"动物乐园"、"地质博物馆"等，素有"峨眉天下秀"之美誉。唐代诗人李白诗曰："蜀国多仙山，峨眉邈难匹"；明代诗人周洪谟赞道："三峨之秀甲天下，何须涉海寻蓬莱"；当代文豪郭沫若题书峨眉山为"天下名山"。古往今来，峨眉山就是人们礼佛朝拜、游览观光、科学考察和休闲疗养的胜地。峨眉山千百年来香火旺盛、游人不绝，永葆魅力。

乐山市乐山大佛景区

四川省 5A

🏠 景区地址： 四川省乐山市市中区
　　　　　　凌云路2435号
✉ 邮政编码： 614000
📞 咨询电话： 0833-23022121
🌐 官方网站： www.ems517.com
⏰ 开放时间：
　　旺季：4月1日~10月7日
　　　　　6:30~18:00
　　淡季：10月8日~次年3月31日
　　　　　8:00~17:30
¥ 景区门票：90元

　　乐山大佛景区位于岷江、青衣江、大渡河三江汇流处，与历史文化名城乐山市中心城区隔江相望，有全国重点文物保护单位3处，省级、市级文物保护单位5处，自然人文景点50多处。景区依山傍水、风光秀丽、名胜众多、景点相连，恰似一幅美不胜收的画卷。景区面积17.88平方公里，包括乐山大佛、凌云寺、麻浩崖墓、乌尤寺、离堆、三江汇流、凤洲岛等区域。人文景观和自然景观独具特色，山下江河争流、波光云影、沙鸥翔集、帆影点点；山上繁花似锦、茂林修竹、朱楼画檐、丹崖峭壁。景区内有世界最大摩崖石刻弥勒坐像——乐山大佛、自然和人文奇观——"巨型睡佛"、青衣别岛——乌尤山、古老的墓葬形式——东汉麻浩崖墓、佛教艺术荟萃——东方佛都、宋元古战场遗址——三龟九顶城、水上游江观佛诸壮景。此外，尚有著名历史文化景观和景点：秦时离堆、汉时尔雅台、海师洞、凌云寺、灵宝塔、龙湫虎穴、九曲栈道、东坡楼、注易洞等。历代名士墨迹众多，佛教文化底蕴深厚。

阿坝州九寨沟旅游景区

四川省 5A

- 景区地址：阿坝州九寨沟县
- 邮政编码：623400
- 咨询电话：0837-7739753
- 官方网站：www.jiuzhai.com
- 开放时间：
  旺季：4月1日～11月15日
  　　　7:00～16:00
  淡季：11月16日～次年3月31日
  　　　8:30～16:00
- 景区门票：旺季：220元
  　　　　　淡季：80元

　　九寨沟位于四川省阿坝藏族羌族自治州九寨沟县境内，是国家级自然保护区，国家重点风景名胜区。保护区面积643平方公里，海拔2000～4760米；游览面积为55平方公里，游览区海拔2000～3100米。年均气温6℃～14℃。因沟内有树正、荷叶、则查洼等9个藏族村寨而得名。景区四周群山耸峙，有雪峰数十座，直插云霄，终年白雪皑皑。河谷地带奇水荟萃，其间有呈梯形分布的大小湖泊114个，瀑布群17个，钙华滩流5处，泉水47眼，湍流11段，以1870米的海拔高差，在12座雪峰之间穿林跨谷，珠连玉接，呈Y字形串珠，逶迤近60公里，形成了中国唯一、世界罕见的以高山湖泊群和瀑布群以及钙华滩流为主体的风景名胜区。湖泊小者数平方米，最大的长海长达7公里。湖水终年碧蓝澄澈，色彩斑斓，在阳光照射下，呈现出蓝、黄、橙、绿等多种色彩，绚丽夺目。天气晴朗时，蓝天、白云、雪山、森林倒映湖中，水光浮翠，美丽如画，并随季节推移呈现出不同的色彩和风韵，有"九寨归来不看水"之说。沟内古老的藏族村寨、石磨房、栈道、经幡和藏羌歌舞等，富有浓郁而神秘的藏族特色，构成了九寨沟独特的旅游文化。九寨沟冬无严寒，夏季凉爽，四季景色各异。以翠湖、叠瀑、彩林、雪峰、蓝冰、藏情"六绝"著称于世。此外，九寨沟的动植物资源也十分丰富。

阿坝州黄龙景区

四川省 5A

- 景区地址：四川省松潘县黄龙瑟尔嵯寨
- 邮政编码：623300
- 咨询电话：0837-7249958
- 官方网站：www.huanglong.com
- 开放时间：
  旺季：4月1日~11月15日 7:30~17:00
  淡季：11月16日~3月31日 10:00~17:00
- 景区门票：旺季：200元
  淡季：60元

　　黄龙风景名胜区位于中国四川省阿坝藏族羌族自治州松潘县境内的岷山山脉南段，属青藏高原东部边缘向四川盆地过渡地带，面积共2386平方公里，核心景区面积1830平方公里，外围保护地带面积556平方公里。

　　黄龙风景名胜区拥有独特的地质地貌结构，冰川遗存、江源地貌均保存完好。有珍贵的生物种质资源，其景观类型丰富、造型奇特、规模巨大、结构精巧、内涵深邃、格调明快，具有很高的生态价值、科学价值及美学价值。它以彩池、滩流、雪山、峡谷、森林"五绝"而著称于世。巨型地表钙华坡谷，如一条金色巨龙，蜿蜒于原始林海和石山冰峰之间，构成了黄龙奇、峻、雄、野的环境特色，使其享有"世界奇观"、"人间瑶池"之誉，被称为"中国一绝"。

安顺市黄果树大瀑布景区

贵州省 5A

- 景区地址：贵州省安顺市镇宁布依族苗族自治县黄果树镇
- 邮政编码：561208
- 咨询电话：0853-3596501
- 官方网站：www.hgscn.com
- 开放时间：
  旺季：4月1日~10月31日 6:00~18:30
  淡季：11月1日~次年3月31日 7:00~18:00
- 景区门票：旺季：180元
  淡季：160元

　　黄果树大瀑布景区是国家重点风景名胜区，国家5A级旅游区。景区总规划面积115平方公里，由大瀑布、天星桥、石头寨、郎弓、滴水滩瀑布、霸陵河六大景区组成，可开发的具有参观游览和科考价值的瀑布18个、溶洞4个、石林3处，主要景点31处，最具代表性的景观有黄果树大瀑布、天星桥水上石林等。整个风景区地势自西北向东南倾斜，海拔300~1400米，地势起伏变化大，河流切割深，是典型的喀斯特地形地貌。风景区气候适宜，属中亚热带气候，年平均气温15.6℃，每立方厘米负氧离子含量为2.8万个，素有"天然大氧吧"之称。风景区内民族风情浓郁，典型民族村代表有"中国第一个布依族民族保护村寨——滑石哨"和"中国蜡染之乡——石头寨"。景区以黄果树大瀑布为核心，以瀑布群为主体，在以大瀑布为中心的20公里直径范围内分布着18个雄、奇、险、秀，大小不同、风格各异、多姿多彩的瀑布群，形成一个庞大的瀑布"家族"，有"九级十八瀑布"之称。黄果树辖区少数民族聚集，民族风俗风情丰厚，有着极其丰富的自然、人文旅游资源。

安顺市龙宫景区

贵州省 5A

- 景区地址：贵州省安顺市西秀区龙宫镇
- 邮政编码：561021
- 咨询电话：0853-3661049
- 官方网站：www.china-longgong.com
- 开放时间：
  旺季：3月1日~11月30日
  7:40~18:00
  淡季：12月1日~次年2月28日
  8:10~17:30
- 景区门票：旺季：150元
  淡季：120元

龙宫为国家级风景名胜区，与举世闻名的黄果树大瀑布毗邻。距贵州省省会贵阳市116公里，距贵州旅游中心城市——安顺市仅27公里，全程高速公路直驱，交通十分便利。

龙宫风景区总体面积60平方公里，有着很多禀赋极高的风景资源。"吞石为洞，吐石为花，神宫赖水造；聚水成渊，覆水成瀑，生景依石生"，是龙宫景观的真实写照。步入龙宫，就是步入"喀斯特景观博物馆"，翻开了一幅"喀斯特的清明上河图"。其地上景与地下景、洞内景与洞外景交替展现，令游客目不暇接、乐不思归。除以"水旱溶洞最多、最为集中和天然辐射剂量率最低"获两项世界纪录外，还有着许多神奇秀丽的喀斯特景观，其中备受游客推崇的有：一是被游客誉称为"中国第一水溶洞"的地下暗河溶洞；二是"全国最大的洞中寺院——龙宫观音洞"；三是"全国最大的洞中瀑布——龙宫龙门飞瀑"；四是"山不转水转的旋水奇观——龙宫漩塘"。

龙宫风景区1984年正式对外开放，1988年被评为国家重点风景名胜区，2000年被国家旅游局评为全国首批4A级旅游景区，2004年被中国社会科学院西部大开发研究活动中心评为西部最具魅力景区，2007年被评为5A级旅游景区。

昆明市石林景区

云南省 5A

- 景区地址：云南省昆明市石林彝族自治县
- 邮政编码：652200
- 咨询电话：0871-6711439
- 官方网站：www.chinastoneforest.com
- 开放时间：
  全年：7:00～17:30
- 景区门票：175元

　　石林名胜风景区距云南省最大的旅游集散中心——省会昆明仅78公里，被誉为"上帝的盆景"、"大自然的雕塑博物馆"。这里四季如春，气候宜人，物产丰富，全年适于旅游，是观光度假、避寒消暑的上佳之地。景区先后荣获"世界自然遗产"、"世界地质公园"、"国家级风景名胜区"、"国家5A级旅游景区"、"全国文明风景旅游区"等荣誉称号。

　　石林喀斯特地质地貌奇观分布范围广袤，气势恢宏，类型多样，保护面积达350平方公里，景区景点众多，现已建成对外开放的有石林风景区、乃古石林风景区、大叠水风景区、长湖风景区、圭山国家森林公园等。世代居住在石林地区的彝族撒尼人，创造了与石林一样令人震撼、感动的"阿诗玛"民族文化。其系统的语言文字、丰富的诗文传说、绚丽的民族服饰、奔放的民族歌舞、粗犷的传统竞技，无不体现出古老民族的文化韵味和地域特征，与优美的自然风光交相辉映，构成了"天人合一"的石林胜景。

　　这里鲜花常开，巴江蜿蜒；这里奇石耸立，飞瀑流长；这里和美如诗，热情好客；这片土地充满神奇，率性欢乐！火的热情释放美好，石的风骨铸造传奇！

丽江市玉龙雪山景区

云南省 5A

- 景区地址：云南省丽江市古城区福慧路121号
- 邮政编码：674100
- 咨询电话：0888-5161501
- 官方网站：www.lijiangtour.com
- 开放时间：
  旺季：6月1日~9月30日 6:00~18:00
  淡季：10月1日~次年5月31日 8:00~16:00
- 景区门票：105元

丽江玉龙雪山5A级旅游景区位于青藏高原东南边缘，横断山脉分布地带，是云岭山脉中最高的一列山地，也是世界上北半球纬度最低的一座有现代冰川分布的极高山，它坐落在云南省丽江市古城区西北部，自古就是一座壮美的风景雪山。玉龙雪山山体呈南北走向，长约45公里，宽约20公里，它有大小山峰60余座，主体部分平均海拔在4000米以上，13座高峰南北纵向，耸入云天，气势雄壮，主峰扇子陡海拔5596米，由于山势陡峻，雄伟异常，迄今仍是无人登顶的处女峰。玉龙雪山东麓从南到北依次分布着甘海子、云杉坪、牦牛坪等高山草甸，形成多姿多彩的牧场风光。

甘海子是一个天然草甸牧场，地势平缓起伏，海拔在3000米以上，辽阔的草甸上散落着低矮的灌木，绿草如茵，牦牛悠游，一派高原牧场景象。云杉坪又名"锦绣谷"，是一块隐藏在原始云杉林中的巨大草坪，四季景色各异。牦牛坪纳西语称"班弄国"，意为美丽神秘的天堂，这里世代生活着彝族、藏族的牧民，民风古朴，民族风情浓郁，世外桃源般的雪谷和高山森林，美不胜收。玉龙雪山森林景观随山体海拔变化，多种气候条件和地理条件的动植物共存一山，被誉为我国高山动植物资源宝库。

丽江市丽江古城景区

云南省 5A

- 景区地址：云南省丽江市古城区五一街文治巷72号
- 邮政编码：674100
- 咨询电话：0888-5105612
- 官方网站：0888-5115669
- 开放时间：全年；全天
- 景区门票：80元

　　丽江古城位于云南省滇西北高原，始建于宋末元初，盛于明清，迄今已有800余年历史。古城古朴自然，兼有水乡之容、山城之貌，是国内至今保存最完整、最具民族特色的古城镇之一，属纳西族聚居区，其核心大研古城面积539公顷，原住居民6200多户，2.5万人，70%为纳西族。丽江古城以土司衙署、流官衙署、四方街商贸集市区三大建筑群为依托，遍布了独具民族风格的土木结构民居。丽江古城西靠狮子山，北枕象山、景虹山，东南连开阔坝子，既较好地挡住了西北寒流，又充分利用了东南光照。源自黑龙潭的玉泉水分为三条河流入城，入屋绕墙，穿街串户，形成"家家流水，户户垂杨"的高原泉城奇观。丽江古城作为历史上南方丝绸之路和茶马古道上的重要通道，历经百年沧桑，孕育了灿烂的多元文化，至今古城中依然能体会到藏文化、汉文化、东巴文化的和谐，能感受到神奇文化的异彩。丽江古城是叠加了宋以来各个历史阶段的历史性城镇，是中国少数民族城市建设成就的杰出范例；是中国民居中具有鲜明特色和风格，是自然与人工美、艺术与适用经济的有机统一体；它包容着丰富的民族传统文化，集中体现纳西民族的兴旺与发展，是研究人类文化发展的重要史料。丽江古城于1986年被列入国家历史文化名城，1997年12月4日被列入《世界遗产名录》，2006年被评为全国文明风景旅游区，2011年7月成为国家5A级旅游景区。

中国科学院西双版纳热带植物园

云南省 5A

- 景区地址：云南省勐腊县勐仑镇
- 邮政编码：666300
- 咨询电话：0691-8715914
- 官方网站：www.xtbg.cas.cn
- 开放时间：全年；8:00~18:00
- 景区门票：80元

中国科学院西双版纳热带植物园地处西双版纳傣族自治州勐腊县勐仑镇。具有"亚洲多瑙河"之称的湄公河——澜沧江支流罗梭江在这片土地上骤然转向，划出了一个葫芦形半岛，植物园就坐落在这个景色如画的小岛上。

西双版纳植物园自1959年创建，历经50多年的发展，如今这个植物的宝岛、科研的圣地、旅游的天堂，科学与艺术、教育与旅游、欣赏与保护携手前行，1100多公顷的面积和13000多种植物雄踞全国植物园之首，也是世界著名的植物园之一，成为我国保存热带珍稀濒危植物的"诺亚方舟"、国家科普教育基地和西双版纳唯一的5A级旅游景区。

这里气候温暖，全年无冬，成为全国屈指可数的避寒胜地。一年四季，这个罗梭江环绕的小岛始终以树木葱茏、绿草如茵、繁花似锦、硕果累累的面貌呈现在您的眼前。园内"板根现象"、"老茎生花"、"绞杀现象"、"独树成林"和"空中花园"等热带雨林奇观比比皆是，特别是在春末夏初，这里的夜晚便会被数以万计萤火虫的微光点缀得如梦似幻，和满天星空遥相呼应，仿佛人间仙境。

大理市崇圣寺三塔文化旅游区

- 景区地址：云南省大理古城北郊
- 邮政编码：671005
- 咨询电话：0872-2666107
- 官方网站：www.dalisanta.net
- 开放时间：全年；7:00~18:30
- 景区门票：121元

崇圣寺三塔文化旅游区保护利用范围5.68平方公里，位于大理古城北郊，苍山东坡山麓，是集苍洱风光、文物古迹、佛教文化、休闲度假于一体的国内著名的国家5A级旅游景区，国家重点风景名胜区，并通过ISO9001-14001国际质量/环境管理体系认证。崇圣寺三塔始建于唐、宋时期，为古代崇圣寺五大重器之首，主塔千寻塔高69.13米，建于唐代南诏国时期，为16级方形密檐式空心砖塔，典型的唐代建筑风格。南、北小塔高度均为42.19米，建造于宋代大理国时期，为10级八角形楼阁式空心砖塔，典型的宋代建筑风格。1961年，三塔因其极高的历史、艺术和科学价值被国务院公布为首批全国重点文物保护单位，并成为历史文化名城大理的标志和象征。崇圣寺始建于唐开元年间，鼎盛于宋代，以崇圣寺三塔、南诏建极大钟、雨铜观音像、"佛都"匾和三圣金像五大重器著称于世。曾有9位大理国国王在崇圣寺出家修行，为南诏、大理国时期著名的王家寺院，清咸丰、同治年间惜毁于兵燹和自然灾害，五大重器仅存三塔。恢复重建的崇圣寺以8个全国之最，集历代建筑之精华，汇佛教雕塑、彩绘之经典而成为全国最大的汉传佛教单体寺院。寺内599尊（件）铜铸贴金佛像、法器格调高雅、内涵丰富；白族木雕《大理国描工张胜温画梵像卷》、佛本身的故事、观音十八化等精雕细凿、独具匠心，堪称珍品。

迪庆州香格里拉普达措景区

云南省 5A

- 景区地址：迪庆州香格里拉县建塘镇红坡村双桥
- 邮政编码：650699
- 咨询电话：0887-8232533
- 官方网站：www.puda-cuo.com
- 开放时间：
  旺季：4月1日~次年10月31日 7:30~16:00
  淡季：11月1日~3月31日 8:30~16:00
- 景区门票：190元

　　普达措国家公园位于滇西北"三江并流"世界自然遗产中心地带，由国际重要湿地碧塔海自然保护区和"三江并流"世界自然遗产红山片区之属都湖景区两部分构成，距香格里拉县城22公里。公园地处滇西北亚高山寒温性针叶林植被带，由属都湖、弥里塘和碧塔海三个景点组成，拥有地质地貌、湖泊湿地、森林草甸、河谷溪流、珍稀动植物等丰富的高原景观资源，原始生态环境保存完好。它集环境保护、生态文化旅游、环境教育和社区受益功能于一体，在保护国家和世界自然文化遗产的前提下，为国内外游客提供观光机会。目前，供游客游憩的区域面积约300平方公里。

　　"普达措"为梵文音译，意为"舟湖"，是"碧塔海"的藏语原名。最早文字记载于藏传佛教噶玛巴活佛第十世法王（1604~1674年）。

　　公园的旅游资源由自然生态景观资源和人文景观资源两部分构成。自然生态景观资源分地质地貌景观资源、湖泊湿地生态旅游资源、森林草甸生态旅游资源、河谷溪流旅游资源、珍稀动植物和观赏植物资源五大部分。人文景观资源主要包括宗教文化、农牧文化、民俗风情以及房屋建筑等。

　　公园雨量充沛、气候宜人，景色随季节更替而不断变化。良好自然条件，使得植物生长茂盛，植被丰富，俨然就是一个天然的植物园。此外，多处断层崖、林间小溪、深沟峡谷等独特小景交错分布，也具有极高的地理科学价值与旅游观赏价值。

西安市秦始皇帝兵马俑博物馆

陕西省 5A

- 景区地址：陕西省西安市临潼区秦陵街
- 邮政编码：710600
- 咨询电话：029-81399000
- 官方网站：www.bmy.com.cn
- 开放时间：
  旺季：3月1日~11月30日 8:30~17:00
  淡季：12月1日~次年2月28日 8:30~16:30
- 景区门票：旺季：150元
  淡季：120元

秦始皇帝陵博物馆是以秦始皇兵马俑博物馆为基础，以秦陵博物馆丽山园为依托的一座大型遗址性博物馆。同时，秦始皇帝陵博物馆也是以丽山园及其背景环境为主体，基于考古遗址本体及其环境的保护与展示，融合了教育、科研、游览、休闲等多项功能的城市公共文化空间。

2006年被《环球游报》等31家媒体评为"中国最值得外国人去的50个地方"金奖。2007年被国家旅游局批准为国家首批5A级旅游景区。2007年，博鳌国际旅游论坛组委会颁发的鉴于"秦始皇兵马俑博物馆"丰富而独特的旅游资源，突出的行业地位以及强劲的吸引力，授予"国家旅游名片"荣誉称号，作为向世界推广中国旅游形象的标志性品牌之一。2008年被国家文物局评为首批"国家一级博物馆"。

秦始皇帝陵博物馆现有面积3386亩，目前主要以一、二、三号兵马俑坑展厅、铜车马展厅及秦陵博物馆丽山园为主，随着博物馆的不断建设和发展，日后会相继建成石铠甲坑、文吏俑坑及百戏俑坑等展厅。

西安市华清池景区

陕西省

- 景区地址：陕西省西安市临潼区华清路038号
- 邮政编码：710600
- 咨询电话：029-83812003
- 官方网站：www.hqc.cn
- 开放时间：
  旺季：3月1日～11月30日
  7:00～19:00
  淡季：12月1日～次年2月28日
  7:30～18:00
- 景区门票：旺季：110元
  淡季：80元

　　华清池位于西安市临潼区骊山北麓，距西安30公里，南依骊山，北临渭水，内有自然造化的天然温泉和旖旎秀美的山水风光，吸引了周、秦、汉、隋、唐等历代天子帝王在此修建离宫别苑。华清池景区以1300多年前唐玄宗与杨贵妃的爱情故事和20世纪30年代震惊中外的"西安事变"而闻名于世，是我国历史上著名的皇家园林。

　　景区内现有以唐宫廷文化为核心的宫苑文化区、御汤文化区、爱情文化区、梨园文化区、道教文化区五大文化区。主要景点有中国唯一出土的皇家御用汤池遗址"莲花汤"（御汤）、"海棠汤"（贵妃池）等，有中国最早的皇家艺术学院——唐华清宫梨园遗址，有西安事变旧址——五间厅以及飞霜殿、长生殿、御膳阁、九龙湖、芙蓉湖和山水唐音等几十处著名的山水园林建筑景观。

　　华清池历史悠久，文化底蕴深厚，是全国重点风景名胜区、全国重点文物保护单位和全国首批5A级旅游景区，先后被评为中国百家名园、国家文化产业示范基地、全国文明单位。

西安大雁塔·大唐芙蓉园景区

陕西省 5A

- 景区地址：陕西省西安市曲江新区杜陵邑南路6号
- 邮政编码：710061
- 咨询电话：400 0176 798
- 官方网站：www.qujiangtour.com.cn
- 开放时间：全年；7:00~19:00
- 景区门票：
  大慈恩寺：
      淡季：30元；旺季：50元
  大唐芙蓉园：
      淡季：68元；旺季：90元
  其他均为免费开放区域

　　西安曲江大雁塔·大唐芙蓉园景区位于古都西安的东南部——曲江新区，景区北起小寨东路，南至曲江池南路，西起翠华南路，东至芙蓉东路，总面积3.8平方公里。景区以世界一流、国内独有的大慈恩寺大雁塔为依托，以唐文化为核心。景区由大雁塔·大唐芙蓉园景区及唐文化娱乐休闲景区两个功能分区构成。前者凸显文化体验功能，后者则以娱乐、休闲功能为主，是集食、住、行、游、购、娱于一体，实现历史与现代、时尚与传统完美融合的旅游景区。

　　大雁塔·大唐芙蓉园景区包括大慈恩寺大雁塔景区、大唐芙蓉园、大雁塔文化休闲景区及唐大慈恩寺遗址公园，集中体现了盛唐文化的灵魂与精髓。

　　唐文化娱乐休闲景区主要包括曲江池遗址公园、唐城墙遗址公园以及大唐不夜城。景区拥有景致优美的遗址公园和商业核心大唐不夜城，是西安曲江大雁塔·大唐芙蓉园景区的娱乐、休闲区域。

渭南市华山景区

陕西省 5A

- 景区地址：陕西省渭南华阴市玉泉路
- 邮政编码：714200
- 咨询电话：0913-4362691
- 官方网站：www.huashan16.com
- 开放时间：
  旺季：3月1日~11月30日 全天
  淡季：12月1日~次年2月28日 全天
- 景区门票：旺季：180元
  淡季：100元

　　华山风景名胜区位于陕西省渭南华阴市境内，是著名的五岳之一。以"奇、险、峻、秀"驰名天下，素有"奇险天下第一山"之称。距西安100公里。郑西高铁、陇海铁路、连霍高速、310国道均从景区穿过。它南接秦岭、北瞰黄渭，扼守着大西北进出中原的门户，资源丰富，景观独特，文化内涵丰厚。华山是中华民族文化的发祥地之一，据清代著名学者章太炎先生考证，"中华"、"华夏"皆因华山而得名。

　　华山是由一块完整硕大的花岗岩石体构成的，它的历史衍化可追溯到1.2亿年前，据《山海经》记载："太华之山，削成四方，其高五千仞，其广十里。"华山有东、西、南、北、中五峰，主峰区有南峰"落雁"，东峰"朝阳"，西峰"莲花"，三峰鼎峙，有"势飞白云外，影倒黄河里"之势，人称"天外三峰"。还有云台、玉女二峰相辅于侧，36小峰罗列于前，虎踞龙盘，气象森森，因山上气候多变，形成"云华山"、"雾华山"、"雨华山"、"雪华山"给人以仙境美感。是所谓的西京王气之所系。

　　华山景区先后荣获国务院首批颁布的"国家重点风景名胜区"、"国家5A级旅游景区"、"国家标准化示范景区"、"全家低碳旅游示范区"、"全国文明风景旅游区示范点"、"中华十大名山"等殊荣。

延安市黄帝陵景区

陕西省 5A

- 景区地址：延安市黄陵县东关179号
- 邮政编码：727300
- 咨询电话：0911-5212742
- 官方网站：www.hdlinfo.com
- 开放时间：
  旺季：3月1日～11月底
  　　　7:30～18:30
  淡季：12月1日～次年2月底
  　　　7:30～18:30
- 景区门票：旺季：90元
  　　　　　淡季：50元

　　黄帝是中华民族五千年历史文明的开创者，是我国各族人民共同敬仰和爱戴的人文始祖，姓姬，名轩辕，号有熊，出生于陕北黄土高原，因土为黄色而被尊称为黄帝。早在5000年以前，黄帝率领远古部落先民，以聪颖的智慧、超凡的创造力和坚忍不拔的精神，在黄河流域进行了具有改造自然和改造人类双重意义的伟大实践，最终统一了黄河流域和中原各部族；创造了文字、音律、医药、农业、指南车等，极大地推动了社会生产力的发展，奠定了华夏文明的基础。因此，黄帝被历代尊崇为中华民族的始祖，成为中华民族团结统一的象征和标志。中国是世界四大文明古国之一，以悠久的历史、灿烂的文化著称于世，而黄河流域正是抚育5000年文明历史的摇篮，在这里书写5000年文明巨章第一页的伟人，就是为中华民族的创立而开天辟地的始祖——轩辕黄帝。

　　黄帝陵是中华民族始祖轩辕黄帝的陵寝，位于陕西省延安市黄陵县城北1公里的桥山之巅，是国务院公布的第一批全国重点文物保护单位，古墓葬第一号，号称"华夏第一陵"。自春秋战国时期就举行官方祭祀轩辕黄帝的活动，特别是秦汉以后，这里已成为官方祭祀的场所，2004年起，清明节公祭黄帝陵活动已成为中华民族传统的国家大典。自1997年以来，黄帝陵已先后荣获"全国爱国主义教育示范基地"、"全国重点风景名胜区""国家5A级旅游景区"和"全国文明风景旅游区"，是中国著名的祭祀文化之乡，黄帝陵祭典已成为国家级非物质文化遗产。

嘉峪关市嘉峪关文物景区

甘肃省 5A

- 景区地址：甘肃省嘉峪关市雄关区峪泉镇
- 邮政编码：735100
- 咨询电话：0937-6396110
- 官方网站：www.jygcc.com.cn
- 开放时间：
  旺季：5月1日~10月31日 8:30~20:00
  淡季：11月1日~次年4月30日 8:30~17:30
- 景区门票：旺季：120元
  淡季：100元

　　嘉峪关文物景区位于河西走廊中部著名的丝绸之路旅游线路上，是以嘉峪关关城为核心，以长城文化为主题，同时体现丝路文化特色的一处大型综合性文物旅游景区。它是以万里长城的西端，素有"中外钜防"、"河西第一隘口"之称，被誉为"天下第一雄关"的嘉峪关关城为主体，依托关城脚下的自然风貌开发建设的大型文物旅游景区。景区主要建设项目按其功能划分为：关城游览区、文化展示区、休闲度假区、戏水荡舟区、购物区、儿童娱乐区和管理区。整个景区布局合理、环境舒适，各类建筑、装饰古朴典雅，与关城相互映衬，进入其中则处处绿草如茵、花团锦簇、渠道纵横、小桥流水、水磨清泉、鸟啼鹿鸣，令人心旷神怡。景区内设长城博物馆、休闲别墅、田园山庄、水上乐园、人工沙滩、仿古集市、骑马射箭场、西部民居、黑山石雕群等人文景观，有仿古出关、军傩舞、士兵巡城及换岗值守、兵器演练、太平鼓和仿古铜炮、空气压缩炮以及动力三角翼、沙滩车等经营表演项目，既突出了长城文化的主题，又体现出古丝路文化和西部多民族文化的风情，同时结合所提供的多种服务方式和便利的旅游条件与环境有机地构筑出一个历史与现代相结合的旅游网络。2007年5月，嘉峪关文物景区被评为国家首批5A级旅游景区。

天水市麦积山景区

甘肃省 5A

- 景区地址：甘肃省天水市麦积区麦积镇
- 邮政编码：741026
- 咨询电话：0938-2729661
- 官方网站：www.517mjs.cn
- 开放时间：
  旺季：4月1日~10月31日 8:00~17:30
  淡季：11月1日~次年3月31日 8:00~17:30
- 景区门票：70元

麦积山风景名胜区位于甘肃省天水市麦积区内，地处西秦岭北支的东端，秦岭、贺兰山、岷山三大山系交会处，中国版图中心带；长江、黄河两大流域分水岭穿过景区。规划面积215平方公里，由麦积山、仙人崖、石门、曲溪、街亭温泉5个子景区180多个风景点组成，景区内动植物物种丰富多样，气候典型独特，石窟文化保存完好，1982年被国务院审定公布为首批国家级风景名胜区，是中国国家自然与文化双遗产、全国重点文物保护单位、国家森林公园、国家地质公园、全国文明风景旅游区创建先进单位、最具潜力的中国十大风景名胜区、国家5A级旅游景区。

景区文化底蕴深厚，从秦到明清形成了一条清晰的文化链，佛、道、儒宗教文化和谐共处，艺术特点鲜明，石窟文化尤为绚丽夺目。麦积山石窟始建于5世纪初，保存了221座洞窟，7866尊泥塑石雕，1000余平方米壁画，题材丰富，艺术精湛，被誉为"东方雕塑陈列馆"，是中国"四大石窟"之一。仙人崖石窟是麦积山石窟文化的延伸，窟、殿、像、画风韵犹在。

景区在我国南北、气候、生态过渡带上，气候温润，冬无严寒，夏无酷暑，山峦叠翠，拥有丰富多样的生物类型和物种，以及雄伟险峻的花岗岩峰峦、红色砂砾岩的赤壁丹崖、幽深曲折的变质岩、郁郁葱葱的森林等类型多样、景色秀丽的自然景观，被称为"陇上林泉之冠"，具有极高的旅游价值，是丝绸古道黄金旅游线上一颗耀眼的艺术明珠和最具潜力的旅游胜地。

平凉市崆峒山风景名胜区

甘肃省 5A

- 景区地址：甘肃省平凉市崆峒西路158号
- 邮政编码：744000
- 咨询电话：0933-8711212
- 官方网站：www.kongtongtour.com
- 开放时间：
  旺季：4月1日~10月31日 7:00~19:00
  淡季：11月1日~次年3月31日 8:00~18:00
- 景区门票：旺季：120元 淡季：60元

　　崆峒山位于甘肃省平凉市，是古丝绸之路西出关中之要塞。景区规划面积126平方公里，主峰海拔2123米，森林覆盖率达90%以上。其间峰峦雄峙，危崖耸立，似鬼斧神工；林海浩瀚，烟笼雾锁，如缥缈仙境；高峡平湖，水天一色，有漓江神韵。既展北方山势之雄伟，又兼南方景色之秀丽。凝重典雅的八台九宫十二院四十二座建筑群七十二处石府洞天，气魄宏伟，底蕴丰厚，集奇险灵秀的自然景观和古朴精湛的人文景观于一身，具有极高的观赏、文化和科考价值。自古就有"中华道教第一山"和"西镇奇观"之美誉。被尊为人文始祖的轩辕黄帝曾亲临崆峒山，向智者广成子请教治国之道和养生之术；秦皇、汉武亦慕名登临；司马迁、杜甫、白居易、赵时春、林则徐、谭嗣同等文人墨客笔下多有赞誉。崆峒武术更是被誉为中国五大武术流派之一。1994年以来，崆峒山获得了国家首批5A级旅游景区、国家重点风景名胜区、国家地质公园、国家级自然保护区、"中国最具吸引力的地方"、"中国最值得外国人去的50个地方"、首批"中国旅游文化示范地"、"中国十大道教文化旅游胜地"、"中国最美的十大宗教名山"、"中华民族文化生态旅游最佳目的地"和"中国最具投资价值旅游景区"等桂冠，成为古丝绸之路上的热点旅游景区和甘肃省黄金品牌旅游景区。

青海湖景区

青海省 5A

🏠 景区地址: 青海省青藏公路109
国道151公里处
📧 邮政编码: 810000
📞 咨询电话: 0974-8519680
🌐 官方网站: www.qhhly.cn
🕐 开放时间:
旺季: 4月15日~10月15日
8:30~18:00
淡季: 10月16日~次年4月14日
8:30~18:00
💰 景区门票:
旺季: 100元
淡季: 50元

　　青海湖是中国最大的内陆咸水湖，世界第二大咸水湖，湖面面积4402平方公里，湖面海拔3200米，环湖360公里。青海湖有着万鸟翔集的鸟岛，风情万种的金银滩，悠远沧桑的三角城遗址，一望无际的油菜花海，缥缈神秘的海心山和多姿多彩的二郎剑、仙女湾、金沙湾、沙岛等诸多风景名胜，使青海湖成为名副其实的旅游者的天堂。

　　拥有东方气质的青海湖纯洁妍美、意蕴深远，草原的优美、湖的浩瀚与沉静交织在一起，使青海湖显得更加博大、壮阔。青海湖优美的自然风光、浓郁的民族风情、历史文化底蕴深厚，是体会宁静、品味自然，观光、度假、考察的理想之地。

　　1992年青海湖被列入国际重要湿地名录，成为拉姆萨尔湿地保护公约中著名的湿地保护区；1997年经国务院批准为国家级自然保护区，名列我国八大鸟类自然保护区之首；2005年10月被《中国国家地理》杂志评为"中国最美的五大湖泊"之首；2006年被国家建设部列入国家自然遗产名录、"中国最值得外国人去的50个地方"之一；2007年博鳌国际旅游论坛，青海湖景区被授予"国家旅游名片"称号；2011年又荣膺5A级旅游景区的称号，并以"绝代圣境，世间神湖"的美誉获中国十大最美湖"冠军"，被评为中国最美八大骑行天堂之一，吸引着八方来客。

西宁市塔尔寺景区

青海省 5A

- 景区地址：青海省西宁市湟中县鲁沙尔镇
- 邮政编码：810000
- 咨询电话：
  0971-2235630（湟中县旅游局）
  0971-2232357（塔尔寺管委会）
- 官方网站：www.kumbum.org
- 开放时间：全年；8:00~17:00
- 景区门票：80元

　　塔尔寺景区位于青海省西宁市湟中县鲁沙尔镇西南隅的莲花山坳中，是我国藏传佛教格鲁派（俗称黄教）创始人宗喀巴大师的诞生地，是藏传佛教六大寺院之一。

　　塔尔寺已有600多年的历史，元至正十七年（1357年），即藏历第六绕迥火鸡年，宗喀巴大师诞生在现今的大金瓦殿大金塔处，后在他的诞生地围绕不同寻常的菩提树及十万狮子吼佛像为胎藏，修建了一座莲聚纪念塔，后几经扩建并装饰成为大金塔，并镶嵌各种珠宝。明嘉靖三十九年（1560年），静修僧仁庆宗哲坚赞在此塔以南的山麓建一小寺。明万历十一年（1583年），三世达赖喇嘛索南嘉措来青海，驻锡塔尔寺，嘱咐仁庆宗哲坚赞在大师纪念塔右侧修建了一座弥勒佛殿。因先有塔而后有寺，故汉语名称为"塔尔寺"。

　　整座寺依山叠砌、蜿蜒起伏、错落有致、气势磅礴，景色壮丽非凡，大、小金瓦殿、四大经院和酥油花院等建筑错落有致，布局严谨，风格独特。殿内栩栩如生的酥油花，绚丽多彩的壁画和色彩绚烂的堆绣被誉为"塔尔寺艺术三绝"。同时寺内还珍藏有历史、文学、哲学、医药、立法等方面的学术专著和大量佛教典籍。每年举行的"四大法会"等佛事活动更是热闹非凡，游人如潮。2012年11月被评为国家5A级旅游景区。

银川市镇北堡西部影视城

宁夏自治区 5A

- 景区地址：宁夏银川市西夏区镇北堡
- 邮政编码：750021
- 咨询电话：0951-2136068
- 官方网站：www.chinawfs.com
- 开放时间：
    旺季：4月1日～10月31日
        8:00～18:00
    淡季：11月1日～次年3月31日
        8:30～17:30
- 景区门票：100元

  镇北堡西部影视城地处雄浑的贺兰山东麓，距银川市火车站25公里，距河东机场60公里，110国道和银川北环高速直达，是贺兰山东麓旅游景区的亮点。镇北堡西部影视城成立于1993年，董事长张贤亮率领全体员工在保护文物的基础上，通过智力策划、设计、创意，运用现代化企业管理理念，将一片荒凉、两座废墟打造成银川市首家国家5A级旅游景区，被国务院和文化部评为"国家文化产业示范基地"和"国家级非物质文化遗产代表作名录项目保护性开发综合实验基地"。镇北堡西部影视城兼有三块"金字招牌"，在全国绝无仅有，创造了中国旅游产业的奇迹，堪称"中国一绝"。被游客评为"中国最受欢迎旅游目的地"和"中国最佳旅游景区"，并被誉为"宁夏之宝"。镇北堡西部影视城享有"中国电影从这里走向世界"的美誉，有各类影视片重要场景140余处，成为中国古代北方小城镇的缩影，集中了大量中华传统物质文化与非物质文化，再现了我们祖先的生活方式、生产方式和娱乐方式。

石嘴山市沙湖旅游景区

宁夏自治区 5A

- 景区地址：宁夏银川平罗县西大滩
- 邮政编码：753402
- 咨询电话：0952-6685079
- 官方网站：www.nxshahu.com
- 开放时间：
  旺季：4月1日～10月31日
  8:00～18:00
  淡季：11月1日～次年3月31日
  9:00～17:00
- 景区门票：旺季：60元
  淡季：40元

沙湖是我国北方重要的荒漠湿地鸟类自然保护区。保护区有荒漠沙丘、水域湖泊和沼泽湿地，良好的环境条件成为各种候鸟、留鸟迁徙和繁殖的最佳栖息地。每年4～10月，有13目30科130多种鸟儿在此云集，最多时可达150多万只，它们在这里朝出暮归、长相厮守、和谐相处，构成了一个人鸟欢歌的和谐世界。沙湖已经成为中国最具特色的观鸟胜地。保护区有脊椎动物144种，其中鱼类16种、两栖类3种、爬行类10种、鸟类98种、兽类17种。其中，国家一级重点保护的有黑鹳、中华秋沙鸭、大鸨和白尾海雕4种；大天鹅、大鲵等14种。沙湖陆生植物63种、水生浮游植物61属，包括荒漠旱生、水域、沼泽湿地、水生和盐生植物等。沙湖湿地保护区环境独特、恬静幽雅，适于水禽栖息繁衍和候鸟迁徙驿站，是一座巨大的生物资源"基因库"。宁夏湿地博物馆建筑面积4520平方米，划分为湿地与鸟类知识介绍、人鸟同乐表演、鸟类生态行为观察、4D科普教育电影厅等功能区，是区内建筑规模最大、展示内容最丰富、科技手段最先进、科普教育最生动的首家专业化湿地博物馆。博物馆通过展板、模型、标本等全面讲述湿地的定义、类型、形成、主要功能，介绍世界、中国、宁夏湿地概况，全球候鸟、中国候鸟迁徙路线等知识，并通过触摸屏知识问答等加深印象，已经成为科普教育基地。

中卫市沙坡头旅游景区

宁夏自治区 5A

- 景区地址：宁夏中卫市城西16公里处
- 邮政编码：755000
- 咨询电话：0955-7681481
- 官方网站：www.spttour.com
- 开放时间：
  旺季：4月1日~10月31日 8:00~18:00
  淡季：11月1日~次年3月31日 9:00~17:00
- 景区门票：旺季：90元
  淡季：65元

沙坡头旅游景区位于宁夏回族自治区中卫市城区以西16公里，地处腾格里沙漠东南边缘。沙坡头集大漠、黄河、高山、绿洲于一体，既具西北风光之雄奇，又兼江南景色的秀美，自然景观独特，人文景观丰富。沙坡头旅游区是国家首批5A级旅游景区、国家级自然保护区，是中国三大鸣沙沙坡鸣钟所在地。沙坡头的治沙成果在1994年被联合国授予"全球环保500佳"的荣誉称号，被世人称为"沙都"。2004年6月被国家体育总局授予"中国全民健身著名景观"，同年10月被中央电视台评为"中国十大最好玩的地方"；2005年10月被《中国国家地理》杂志评为"中国最美的五大沙漠"之一；2006年2月被《环球》杂志评为"中国最值得外国人去的50个地方"之一。2007年1月被评为"2006中国西部亿万读者喜爱的旅游景点"。这里有中国最大的天然滑沙场——"沙坡鸣钟"；有总长820米、横跨黄河的"天下黄河第一索"沙坡头黄河滑索；有黄河文化的代表——古老水车；世界第一条成功横穿沙漠铁路——包兰铁路；还有黄河上最古老的交通工具——羊皮筏子；可以骑骆驼遨游沙海，徒步或自驾穿越腾格里沙漠到达沙漠中的伊甸园——通湖草原，体验挑战生命禁区的快意感觉；乘坐沙海冲浪车，咫尺之间领略大漠孤烟、长河落日的奇观。

吐鲁番市葡萄沟风景区

新疆自治区 5A

🏠 景区地址：新疆维吾尔自治区吐鲁番市葡萄沟沟口
📮 邮政编码：838000
📞 咨询电话：0995-8614806
🌐 官方网站：www.turpangrapevalley.com
⏰ 开放时间：
　　旺季：5月1日～10月20日
　　　　　8:00～20:30
　　淡季：10月21日～次年4月30日
　　　　　10:00～19:00
¥ 景区门票：旺季：60元
　　　　　　淡季：36元

　　葡萄沟旅游景区位于吐鲁番市东北7公里处，南北走向，横穿火焰山，沟长8公里，最宽处约2公里，海拔300米，景区面积26平方公里，沟内流水潺潺，瓜果飘香，凉爽宜人，是吐鲁番旅游避暑胜地。2005年被评为全国农业旅游示范基地，2006年被自治区旅游局推荐为全国旅游先进单位。2007年4月被国家旅游局评为国家5A级旅游景区。景区包含五个旅游景点，即葡萄沟游乐园、王洛宾音乐艺术馆、达瓦孜民俗风情园、阿凡提游乐园、绿洲葡萄庄园。景区（点）主要游览项目有：葡萄博物馆、千泪泉瀑布、民俗馆、彭真题词碑、民俗陈列馆、世界大馕坑、阿凡提故居、葡萄文化长廊、巴依豪宅、古衙门办公点等。主要经营项目有：西部酒城、瓜果品尝点、民族风味餐厅等；娱乐项目有：民族歌舞表演（收费项目）、达瓦孜高空表演等。目前景区居住着维吾尔、回、汉3个民族共计约1万人。主要以葡萄种植和葡萄干晾制为主，耕地面积7400亩。风景秀丽的葡萄沟，以盛产优质葡萄而闻名中外。这里主要种植无核白葡萄，还有马奶子、红葡萄、喀什哈尔、日加干、琐琐等13个品种。

伊犁哈萨克自治州那拉提旅游风景区

新疆自治区 5A

- 景区地址：伊犁州新源县那拉提镇
- 邮政编码：830002
- 咨询电话：0999-5301108
- 官方网站：www.nalati.com
- 开放时间：
  - 旺季：6月1日~9月30日 8:00~23:00
  - 淡季：10月1日~次年5月31日 8:30~22:00
- 景区门票：旺季：75元 淡季：60元

　　那拉提景区地处新疆伊犁哈萨克自治州新源县境内，交通便利，218国道和316省道东西贯连景区，217国道和218国道在那拉提交会，西距伊宁市256公里，东距乌鲁木齐465公里，是连接南北疆东进西出的交通枢纽，是伊犁河谷的东大门。

　　那拉提意为"最先见到太阳的地方"。那拉提景区是新疆十大景区之一，2011年1月跻身国家5A级旅游景区行列。规划总面积960平方公里，平均海拔1800米，年降水量880毫米，夏季平均温度20℃左右，冬暖夏凉，气候宜人。共有景观98处，其中自然景观资源73处，人文景观资源25处，有包括天仙、天风、天鹰、天意、天牧、天成、天境7大自然景观和草原部落、哈萨克大营、巴依老爷茶庄三大人文景观组成的高品位景点10处。那拉提景区属于典型的高山河谷草原地貌，由雪山、冰川、森林、沟谷、草甸、河流、瀑布及历史民俗风情组合而成，具有"塞外江南"之美称。在新疆浩瀚的大漠中，那拉提犹如一块镶嵌在黄绸缎之上的翡翠，以自己独特的美丽吸引着游人。这里居住着以热情好客、能歌善舞而著称的天山儿女——哈萨克族，至今仍保留着浓郁古朴的民俗风情和丰富的草原文化。2005年4月，那拉提草原被上海吉尼斯世界总部授予"哈萨克的人口最多的草原"，以那拉提草原为代表的伊犁草原被《中国国家地理》杂志评为全国六大最美的草原之一。

昌吉州天山天池风景名胜区

新疆自治区 5A

- 景区地址：新疆阜康市准噶尔路501号
- 邮政编码：830001
- 咨询电话：0994-8358888
- 官方网站：www.xjtstc.com
- 开放时间：
  旺季：5月1日~10月20日 7:30~20:00
  淡季：10月21日~次年4月30日 10:00~18:00
- 景区门票：旺季：170元 淡季：80元

　　天山天池，古称"瑶池"，地处新疆维吾尔自治区昌吉回族自治州阜康市境内，距乌鲁木齐市97公里，交通、电信十分便利。景区规划总面积为548平方公里，分8大景区，15个景群，38个景点，是我国西北干旱地区典型的山岳型自然景观。它以完整的垂直自然景观带和雪山冰川、高山湖泊为主要特征；以远古瑶池西王母神话以及宗教和独特的民族民俗风情为文化内涵，适宜于开展游览观光、科普考察、探险览胜、休闲健身和民族风情游。自然资源具有世界级的吸引力。天池景区资源种类划分为2个大类、8个中类、35个小类。在全国64种旅游资源中天池景区有6种，占全国旅游资源的9.4%。天山天池景区具有五个方面的世界级特性：一是从海拔5445米博格达高峰到500米的沙漠景区，在80公里直线距离内保存着几亿年完整的地质演变结构，这在世界范围内也是不多见的；二是海拔高度1910米的天池在全国乃至世界都是排在前列的第四纪高山冰碛湖；三是位于海拔2800米以上的马牙山景区由火山岩形成的高山石林，在世界范围内都是稀缺的；四是距今3000年左右的博格达峰岩画山是中国乃至世界上都罕见的远古先民创造的历史画卷；五是具有亚洲第一次证实在中侏罗纪时代出现的甲龙——"明星天池龙"和世界绝品副肯氏水龙兽——"九龙壁"化石为代表的具有极高科研价值的古生物化石。此外，景区地域内的人文资源也具有国际性的影响力。

阿勒泰地区喀纳斯景区

新疆自治区 5A

🏠 景区地址：新疆阿勒泰地区
　　　　　布尔津县友谊峰路2号
📠 邮政编码：836600
📞 咨询电话：0906-6524464
🌐 官方网站：www.kns.gov.cn
⏰ 开放时间：
　　旺季：4月21日~10月9日
　　　　　8:00~20:00
　　淡季：10月10日~次年4月20日
　　　　　9:00~19:00
💰 景区门票：150元
　　（不含禾木景区、白哈巴景区）

　　喀纳斯景区位于新疆阿尔泰山中段，地处中国与哈萨克斯坦、俄罗斯、蒙古国接壤的黄金地带。景区规划面积10030平方公里，位居世界第一。喀纳斯景区素有"人类净土"之美誉，区内共有大小景点55处，分属33种基本类型，主要包括喀纳斯国家级自然保护区、喀纳斯国家地质公园、白哈巴国家森林公园、贾登峪国家森林公园、喀纳斯河谷、禾木河谷、那仁草原、禾木草原及禾木村、白哈巴村、喀纳斯村国内外享有盛名的八大自然景观区和三大人文景观区。

　　喀纳斯景区地理位置和自然条件优越，区内森林草原相间，自然垂直带谱明显，现代冰川保存完整，生态系统独特，自然风景优美。喀纳斯景区是蒙古族图瓦人在我国唯一的聚居地，被誉为人类农耕文明之前游牧文化的活博物馆。喀纳斯的风景因四季而不同、因朝暮而变化，是科考探险、休闲度假、摄影创作的理想胜地。

　　2000年以来，喀纳斯景区先后荣获国家5A级景区、国家地质公园、国家森林公园、中国西部十佳景区、中国摄影家创作基地、中国最美十大湖泊、中国最美十大秋色、中国人与生物圈网络成员单位、全国文明景区示范点等数十项荣誉和品牌，并首批入选《中国国家自然遗产、国家自然与文化双遗产预备名录》。

阿勒泰地区富蕴县可可托海景区

新疆自治区 5A

- 景区地址：新疆阿勒泰地区富蕴县
- 邮政编码：836100
- 咨询电话：0906-8728810
- 官方网站：www.keketuohai.com.cn
- 开放时间：
  旺季：5月1日~10月31日
  9:00~19:00
  淡季：11月1日~次年4月30日
  9:00~19:00
- 景区门票：90元

　　可可托海地质公园地处新疆东北部的富蕴县境内，面积788平方公里，海拔1100~2400米，由卡拉先格尔地震断裂带、可可苏里、伊雷木湖及额尔齐斯大峡谷四部分组成，可可托海国家地质公园以超大型花岗伟晶岩稀有金属矿、富蕴大地震遗迹和额尔齐斯河的变质花岗岩地貌为特色，公园内保存着大量的极其珍贵的地质遗迹和地质景观，在许多方面都具有世界唯一性。公园内有8处绿柱石产地，有世界罕见的超大型稀有金属矿"三号矿坑"，它是目前世界上已知最大和最典型的含稀有金属矿的花岗伟晶岩脉之一。公园内有形态各异的花岗岩山峰，它们与我国东部黄山、华山、泰山等地的花岗岩地貌不同，额河源的花岗岩山峰多呈钟状、穹状、锥状，主要的山峰有飞来峰、神钟山、洪泰吉峰、倒靴峰、骆驼峰、神象峰等20多个景点。

4A级旅游景区

4A级旅游景区

北京市

景区名称	地址	景区门票(元) 旺季	淡季	官方网站
北京明城墙遗址公园	北京市东城区崇文门东大街9号	10		www.bjmcq.com
北京市东城区龙潭公园	北京市东城区龙潭路8号	2		www.ltpark.net
北京市中山公园	北京市东城区中华路4号	3		www.zhongshan-park.cn
北京市孔庙和国子监博物馆	北京市东城区国子监街13~15号	30		www.kmgzj.com
北京市景山公园	北京市东城区景山西街44号	2		www.bjjsgy.com
北京市规划展览馆	北京市东城区前门东大街20号	30		www.bjghzl.com.cn
北京市前门商业区	北京市东城区前门商业区	0		www.bjdch.gov.cn
北京动物园	北京市西城区西外大街137号	15	10	www.bjzoo.com
北京市北海公园	北京市西城区文津街1号	10	5	www.beihaipark.com.cn
北京市陶然亭公园	北京市西城区太平街19号	2		www.trtpark.com
北京市什刹海旅游风景区	北京市西城区什刹海	0		www.bjsch.net
首都博物馆	北京市西城区复兴门外大街16号	0		www.capitalmuseum.org.cn
北京市朝阳区元大都城垣遗址公园	北京市朝阳区安外小关街甲38号	0		www.chylhj.gov.cn
北京欢乐谷	北京市朝阳区东四环小武基北路	200	160	www.bj.happyvalley.cn
北京市蟹岛绿色生态农庄	北京市朝阳区金盏乡蟹岛路1号	0		www.xiedao.com
北京中国紫檀博物馆	北京市朝阳区建国路23号	50		www.redsandalwood.com
北京中华民族园	北京市朝阳区民族园路1号	90	60	www.emuseum.org.cn
北京市朝阳公园	北京市朝阳区朝阳公园南路1号	5		www.sun-park.com
北京市丰台区北宫国家森林公园	北京市丰台区长辛店镇大灰厂东路55号	10	5	www.bjbgfp.com
北京世界公园	北京市丰台区花乡大葆台158号	65		www.beijingworldpark.cn
北京世界花卉大观园	北京市丰台区南四环中路235号	50		www.gowf.cn
北京市南宫旅游景区	北京市丰台区长青路99号	30		www.nangonglvyou.com
中国人民抗日战争纪念馆	北京市丰台区卢沟桥宛平城内街101号	0		www.1937china.org.cn
北京市八大处公园	北京市石景山区八大处路3号	10		www.badachu.com.cn
北京石景山游乐园	北京市石景山区石景山路25	10		
北京凤凰岭自然风景公园	北京市海淀区凤凰岭路19号	25		www.bjfhl.com
北京利达海洋生物馆	北京市海淀区高梁桥斜街乙18号	120		www.bj-sea.com
北京市香山公园	北京市海淀区香山买卖街40号	10		www.xiangshanpark.com.cn
北京市玉渊潭公园	北京市海淀区西三环中路10号	2		www.yytpark.com
北京市植物园	北京市海淀区香山卧佛寺内	10	5	www.beijingbg.com
北京市紫竹院公园	北京市海淀区中关村南大街35号	0		www.zizhuyuangongyuan.com
北京市圆明园遗址公园	北京市海淀区清华西路28号	10		www.yuanmingyuanpark.com
中央电视塔	北京市海淀区西三环中路11号	70		www.zydst.cn
北京戒台景区	北京市门头沟区永定镇戒台寺	45		www.jietaisi.net
北京市潭柘寺景区	北京市门头沟区潭柘寺镇	55		www.tanzhesi.cn
北京圣莲山旅游风景区	北京市房山区史家营乡柳林水村	60		www.bjsls.com.cn
北京市房山区石花洞风景名胜区	北京市房山区河北镇南车营村	70		www.shihuadong.org.cn
北京市十渡风景名胜区	北京市房山区十渡镇十渡村	0		www.shidu.bjfsh.gov.cn

景区名称	地址	景区门票(元) 旺季 淡季	官方网站
北京市云居寺景区	北京市房山区大石窝镇水头村南	40	www.yunjusi.com
北京市周口店北京人遗址博物馆	北京市房山区周口店大街1号	30	www.zkd.cn
北京市顺义奥林匹克水上公园	北京市顺义区白马路19号	20	www.shunyi2008.cn
北京龙脉温泉疗养院	北京市昌平小汤山	300	www.longmai-wenquan.com
北京市小汤山现代农业科技示范园	北京市小汤山镇后葡沟村西	30	www.nyy.bjchp.gov.cn
北京市居庸关长城景区	北京市昌平区南口镇居庸关长城	20 15	www.mingtombs.com
北京市温都水城景区	北京市昌平区北七家镇	50	
北京市银山塔林景区	北京市昌平区延寿镇银山塔林	15	www.mingtombs.com
中国航空博物馆	北京市昌平区小汤山镇	40	www.chn-am.com
北京野生动物园	北京市大兴区榆堡万亩林	80	www.bjwildlifepark.com
北京红螺寺旅游区	北京市怀柔区怀柔镇红螺东路2号	54	www.hongluosi.com
北京市青龙峡旅游区	北京市怀柔区怀北镇大水峪村	45 25	www.qinglongxia.cn
北京雁栖湖旅游区	北京市怀柔区怀北镇雁水路3号	34	www.yanqihu.com
北京湖溶飞旅游区	北京市平谷区黄松峪乡佛山大街5号	65	www.jddrd.com
北京京东大峡谷	北京市平谷区山东庄镇鱼子山村	60	www.jddxg.com
北京京东石林峡景区	北京市平谷区黄松峪乡雕窝村73号	60	www.jdslx.com
北京市平谷青龙山旅游区	北京市平谷区东高村镇大旺务村688号	300	www.yuyangshi.com.cn
北京市金海湖景区	北京市平谷区金海湖镇海子村	28	www.jinhaihu.com
北京密云黑龙潭旅游区	北京市密云县石城镇大关桥	45	www.bj-hlt.com
北京密云桃源仙谷风景名胜区	北京市密云县石城镇石城村	45	www.bjtyxg.com
北京张裕爱斐堡国际酒庄	北京市密云县巨各庄镇蔡家洼	100	www.changyuafip.com
北京八达岭水关长城景区	北京市延庆县八达岭镇石佛寺村	40	www.bdlsg.cn
北京延庆百里山水画廊景区	北京市延庆县千家店镇	60	www.bjyq.gov.cn
北京市龙庆峡旅游景区	北京市延庆县旧县镇龙庆峡	100 40	www.bjlongqingxia.cn

天津市

景区名称	地址	景区门票(元) 旺季 淡季	官方网站
天津广播电视塔	天津市河西区卫津南路1号	50	www.travel.enorth.com.cn
天津水上公园	天津市南开区水上公园路	0	www.tjwaterpark.com.cn
天津市大悲禅院	天津市河北区天纬路40号	5	www.tjdabeiyuan.com
天津海河意式风情区	天津市河北区北岸桥畔	0	www.yifengqu.com
天津宁园	天津市河北区中山北路1号	0	www.tjningyuan.com
"天津之眼"摩天轮	天津市河北区李公祠大街与五马路交叉口	70	www.tj-eye.com
天津热带植物观光园	天津市西青区外环线7号桥北300米	60	www.tjzwy.com

4A级旅游景区

景区名称	地址	景区门票(元) 旺季 淡季	官方网站
天津杨柳青博物馆	天津市西青区杨柳青镇估衣街47号	27	
天津宝成博物苑景区	天津市津南区海河二道闸南侧	30	www.qishiyuan.com
天津市松江乡村休闲旅游区	天津市津南区八里台镇国家农业科技园区内	60	www.cnsjclub.com
天津滨海航母主题公园	天津市滨海新区汉沽北路269号	160	www.binhaipark.cn
天津仁爱团泊湖国际休闲博览园	天津市静海县团泊镇团泊村	198	
蓟县独乐寺	天津市蓟县城内武定街41号	40	www.dulesi.com
天津黄崖关长城	天津市蓟县下营镇黄崖关村	50	www.huangyaguan.net

河北省

景区名称	地址	景区门票(元) 旺季 淡季	官方网站
正定隆兴寺	河北省石家庄市正定县中山东路109号	50	www.longxingsi.com.cn
灵寿县水泉溪自然风景区	河北省石家庄市灵寿县南营乡木佛塔村	50	www.shuiquanxi.com
石家庄市灵寿秋山景区	河北省石家庄市灵寿县陈庄镇长峪村草坡庄	50　35	www.qiu-shan.cn
五岳寨风景旅游区	河北省灵寿县南营乡大地村	50	www.wuyuezhai.com
河北赞皇棋盘山风景区	河北赞皇县黄北坪乡段里沟	45　30	www.hbqps.com
嶂石岩风景名胜区	河北省石家庄市赞皇县嶂石岩乡嶂石岩村	50　30	www.zhangshiyan.net
东方巨龟苑景区	河北省石家庄市平山县东冶村	65	www.dfjgy,cn
佛光山生态风景区	河北省平山县北冶乡柏树庄村	60　40	www.hebeifgs.com
河北白鹿温泉旅游区	河北省石家庄市平山县温塘镇鹿台村南	188	www.hbblwq.com
黑山大峡谷自然风景区	河北省平山县营里乡黑山关村	50	www.heishandaxiagu.com
拦道石红色生态风景区	河北省平山县拦道石村	50	www.landaoshi.cn
平山县西苑温泉度假村	河北省平山县温塘镇西苑温泉度假村	130	www.xiyuanwenquan.com
平山县天桂山风景名胜区	河北省石家庄市平山县天桂山	65　49	www.tianguishaan.com
平山县驼梁景区	河北省石家庄市平山县合河口乡前大地村	65　45	www.tuoliangshan.net
石家庄市平山县藤龙山景区	石家庄市平山县王坡乡湾子村	65	www.tenglongshan.net
沕沕水生态风景区	石家庄市平山县北冶乡	60	www.huhushui.net
平山县紫云山景区	河北省平山县北冶乡南冶村	40	psziyunshan@163.com
赵县赵州桥景区	石家庄市赵县大石桥村	40	www.cnzhaozhouqiao.com
鹿泉市抱犊寨风景区	石家庄市鹿泉抱犊寨	50　30	www.baoduzhai.com.cn
河北天山健身服务有限公司	河北省石家庄市高新技术产业开发区天山大街116号		www.tshsj.com.cn
辛集国际皮革城	河北省辛集市教育路北段东侧	0	www.xinjipidu.com
河北国御温泉度假小镇	河北省藁城市藁新路6号	186	www.gdywq.com
唐山南湖生态风景区	唐山市路南区建设南路	0	www.tssouthlake.gov.cn
唐津运河生态旅游度假区	河北省唐山市丰南区	0	www.fnqlyj.com
李大钊纪念馆及故居	河北省唐山市乐亭县觅园街1号	0	www.cnlidazhao.com
唐山市乐亭县月坨岛	河北省乐亭县马头营镇捞渔尖村月坨岛	110	www.yuetuodao.com

景区名称	地址	景区门票(元) 旺季	淡季	官方网站
河北迁西景忠山宗教文化旅游区	河北唐山市迁西县三屯营镇	50		www.jingzhongshan.net
迁西县青山关景区	唐山市迁西县上营乡青山口村	40		www.qingshanguan-china.com
唐山市迁安市山叶口景区	唐山市迁安市	50	30	
曹妃甸湿地景区	河北省唐海县曹妃甸	20		www.caofeidianshidi.com
清东陵旅游区	河北省遵化市东陵满族乡	120	80	www.qingdongling.com
遵化万佛园景区	河北省遵化市东陵乡元宝山村	50		www.gongmu.com
开滦国家矿山公园	河北省唐山市新华东道54号	140	120	www.kailuanpark.cn
秦皇岛新澳海底世界	秦皇岛海港区河滨路81号	60	20	www.qhd-xinaouww.com
秦皇求仙入海处景区	河北省秦皇岛市海港区南山街56号	50		
长寿山景区	河北省秦皇岛市山海关区城东北9公里处	30	10	www.shg.com.cn
角山景区	河北省秦皇岛市山海关古城北3公里处	30	10	www.shg.com.cn
乐岛海洋公园	秦皇岛市山海关龙海大道148号	100	30	www.lertao.com.cn
秦皇岛市燕塞湖景区	秦皇岛市山海关区小陈庄北	90	40	
北戴河碧螺塔酒吧公园	秦皇岛市北戴河东海滩路中段	100		www.biluota.com
北戴河区鸽子窝公园	秦皇岛市北戴河区鸽赤路	20	5	www.zgbdh.com
秦皇岛野生动物园	河北省秦皇岛滨海大道中段	80	40	www.qhdzoo.com
祖山景区	秦皇岛青龙满族自治县祖山镇	80		www.zushan.net
昌黎县华夏庄园	昌黎县昌抚公路西侧	30		www.hxcofco.com
昌黎县旅游滑沙活动中心	昌黎县黄金海岸沿海路15号	80		www.clhszx.com
秦皇岛市昌黎沙雕大世界景区	昌黎县黄金海岸南区	75		www.sddsj.cn
抚宁县南戴河国际娱乐中心	秦皇岛市南戴河	120		www.ndh.com.cn
晋冀鲁豫革命纪念园	邯郸市邯山区陵园路60号	0		www.jjlulsly.com
邯郸市丛台公园	邯郸市中华北大街159号	5		
邯郸市赵苑公园	邯郸市联纺路桥西200米路南	0		
响堂山风景区	河北邯郸峰峰矿区	25		
涉县八路军一二九师纪念馆	河北省涉县河南店镇赤岸村	0		www.shxlyw.com.cn
涉县太行五指山旅游区	河北省涉县河南店镇南庄	70		www.thwzs.com
涉县娲皇宫景区	涉县索堡镇索堡村	60		www.shxlyw.com
河北古武当山旅游开发区	武安市活水乡常杨庄村	60	50	www.hbgwds.com
河北京娘湖景区	邯郸市武安市活水乡口上村	60		www.hbjnh.com
河北武安市长寿村旅游景区	河北省武安市长寿村	30		www.thsccsc.com
武安市东山文化博艺园	武安市东环与北环交叉口东行500米	20		www.china-dongshan.cn
武安市兰春故乡朝阳沟景区	河北省武安市馆陶乡朝阳沟村	60		www.chaoyanggoujingqu.com
前南峪生态旅游区	河北省邢台县浆水镇前南峪村	70	35	www.qnyjq.com
邢台县奇峡群旅游区	邢台县路罗镇贺家坪村	50		www.TAIHANGQIXIAQUN.com
邢台天河山景区	邢台白岸乡清泉村	70	35	www.tianheshan.com
邢台市邢台县九龙峡景区	河北省邢台县浆水镇营房台村	60		www.xtjiulongxia.com
邢台县云梦山	河北省邢台县冀家村乡石板房村	0		
邢台市邢台县天梯山游览区	河北省邢台县西黄村镇东牛庄村	50		www.tiantishan.cn
临城县崆山白云洞旅游区	临城县西竖镇山南头村西	70		www.hbksbyd.com

4A级旅游景区

景区名称	地址	景区门票(元) 旺季	淡季	官方网站
邢台丰乐园	邢台市临城县东5公里处	30		
内丘县扁鹊庙旅游区	内丘县南赛乡神头村	40		www.bianquemiao.com
直隶总督署景区	河北省保定市裕华西路301号	30		www.zlzds.com.cn
满城汉墓景区	保定市满城县中山西路	60		www.bdlyj.gov.cn
冉庄地道战遗址旅游区	河北省保定市清苑县冉庄镇冉庄村	0		www.rzddz.com
野三坡鱼谷洞景区	保定市涞水县三坡镇马各庄村	65		www.ysp.cn
阜平县天生桥瀑布群风景区	河北省阜平县天生桥镇朱家营村	50		www.tsqpb.com
晋察冀边区革命纪念馆	保定市阜平县城南庄镇	0		www.jinchaji.com
白石山景区	涞源县白石山镇	150		www.baishishan,net.cn
河北易县清西陵景区	河北省易县城西10公里处	120	80	www.qingxiling.com
易县狼牙山风景区	河北省易县狼牙山镇东西水村	57		www.langyashanjingqu.com
曲阳北岳庙	保定市曲阳县城内北岳路	30		www.beiyuemiao.cn
曲阳县虎山风景区	曲阳县范家庄乡虎山村	50	30	www.hushanyou.com
安家沟生态旅游区	张家口市桥西区东窑子镇石匠窑村	20		
大境门景区	张家口市桥西区大境门	10		
鸡鸣山风景区	河北省张家口市下花园区鸣山路南	40		www.jimingshan.com
中都原始草原度假村	张北县郝家营乡	100		www.zd-resort.com.cn
沽水福源度假村	河北省沽源县城东8公里闪电湖畔	50	30	www.gushuifuyuan.com
沽源县天鹅湖旅游区	沽源县城北3公里处	20		www.tianehu.net
塞外庄园	沽源县城东6公里闪电水库北岸	0		
怀来黄龙山庄旅游区	河北省怀来县新保安镇于洪寺村北	60		www.hbhlsz.com
涿鹿中华三祖圣地黄帝城文化旅游区	河北省张家口市涿鹿县矾山镇水磨村西	80		
赤城县温泉度假村	赤城县赤城镇周里沟村	0		
万龙滑雪场	张家口市崇礼县红花梁马场	0		www.wlski.com
磬锤峰国家森林公园	河北省承德市双桥区喇嘛寺村	50		www.bishushanzhuang.com
双塔山风景区	承德市双滦区滨河大街98号	50		
兴隆溶洞景区	河北省承德市兴隆县北水泉乡陶家台村	180	130	www.qhlvyou.com
金山岭长城景区	河北省承德市滦平县巴克什营镇花楼沟村	65	55	www.cdchangcheng.com
董存瑞烈士陵园	河北省隆化县荣顺街112号	0		www.cunrui.cn
京北第一草原旅游区	丰宁满族自治县大滩镇	0		www.fnta.gov.cn
塞罕坝国家森林公园	围场满族蒙古族自治县坝上地区	150		
御道口草原森林风景区	围场满族蒙古族自治县坝上地区	150		
东光县铁佛寺景区	东光县普照大街59号	15		www.tifosi.com
吴桥杂技大世界	河北省吴桥县京福路1号	160		www.wqzjdsj.com
廊坊市文化公园	河北省廊坊市和平路与北凤道交叉口	0		www.lfwhyszx.com
廊坊市自然公园	西昌路与京山铁路交会处	0		
廊坊市金丰农科园	廊坊市广阳区和平路北端	0		www.jinfengjt.com
金钥匙家具会展中心旅游区	香河县秀水街东段南侧	0		www.xhhome.com
中信国安第一城国际会议展览	河北省香河县经济技术开发区	80		www.grand-epoch-city.com
茗汤温泉水疗养生度假村	河北省廊坊市霸州区经济技术开发区45号	268		www.mingtangspa.com

景区名称	地址	景区门票(元) 旺季 / 淡季	官方网站
武强年画博物馆	河北省武强县武强镇新开街1号	0	www.wqnh.gov.cn
联邦·空中花园	翟营南大街386号	20	www.sjzkzhy.com
石家庄市正定县正定荣国府	正定县兴荣路51号	30	www.rongguofu.com
唐山市滦县青龙山景区	唐山市滦县王店子镇青龙山里	20	
苍岩山景区	井陉县苍岩山镇	50	www.cangyanshan.net

山西省

景区名称	地址	景区门票(元) 旺季 / 淡季	官方网站
九龙国际文化生态园	太原民航路1号	100	
东湖醋园	太原市马道坡26号	0	
太原动物园	太原市东山马路2号	10	
太原市森林公园	太原市大同路北36号	0	www.tysslgy.com
中国煤炭博物馆	太原市迎泽西大街2号	60	www.coalmus.org.cn
晋祠博物馆	太原市晋源区晋祠镇	70 / 50	
太原蒙山大佛景区	太原市晋源区罗城寺底村	90	
恒山风景区	山西大同浑源恒山南路	185 / 175	www.byhs.net
翠枫山自然风景区	山西省阳泉市郊区平坦镇后峪	50 / 35	www.sxcfs.cn
藏山旅游风景名胜区	山西省阳泉市盂县苌池镇藏山村	80	www.chinacangshan.com
太行水乡景区	山西省长治市平顺县	50	www.pslyw.com
天脊山景区	平顺县东寺头乡羊老岩村	60	www.tjsdxg.cn
太行山大峡谷	山西省壶关县桥上乡	300 / 150	www.sxthsdxg.net
八路军太行纪念馆	山西省武乡县太行街363号	0	www.balujun.org
武乡太行龙洞	山西省武乡县蟠龙镇石泉村	50 / 30	
柳氏民居旅游区	山西省沁水县土沃乡西文兴村	48	
沁水历山旅游区	沁水县中村镇下川村	100 / 80	
蟒河旅游区	阳城县蟒河镇	72 / 60	www.manghe.cn
王莽岭景区	陵川县古郊乡营盘村	100 / 50	www.wangmangling.com
珏山—青莲寺景区	晋城市东南10公里	60	www.jueshan.com
丹朱岭旅游区	高平市寺庄镇釜山村北	50	www.danzhuling.com
应县木塔景区	应县城内塔前街	60	
右玉县旅游区	山西省朔州市右玉县	0	www.stwyy.cn
常家庄园	晋中市榆次区东阳镇车辋村	60	www.cnchang.com
乔家大院	山西祁县乔家堡村	72	www.sxqjdy.com
平遥双林寺彩塑艺术馆	山西省平遥县中都乡桥头村双林正街28号	40	www.shuanglinsi.com
平遥城隍庙财神庙	山西平遥城隍街51号	150	

4A级旅游景区

景区名称	地址	景区门票(元) 旺季 / 淡季	官方网站
平遥文庙学宫博物院	山西省平遥县城隍庙街67号	150	
平遥县衙博物馆	山西省平遥县衙门街77号	0	www.xianya.Pingyaotrip.com
平遥县中国票号博物馆	平遥城内西大街38号	150	www.rishengchang.com
平遥协同庆博物馆	山西省平遥县南大街45号	0	
平遥镇国寺	平遥县襄垣乡郝洞村	30	www.pingyaotrip.com
王家大院	山西省灵石县静升镇静升村	66	www.sxwjdy.com
绵山风景区	介休城东南20公里处	110 / 90	www.cnsanjia.com
关帝庙	山西省解州镇五一路145号	70 / 60	www.guandimiao.com.cn
舜帝陵庙	运城市盐湖区北相镇	48 / 40	www.ycsdl.com
运城盐湖景区	运城市盐湖区城南	258	www.chinadeadsea.com
李家大院景区	山西省运城市万荣县高村乡闫景村	50	www.sxljdy.com
垣曲历山风景区	山西省垣曲县历山镇	180 / 144	www.lsta.cc
永乐宫景区	芮城县永乐北街78号	50 / 40	www.yonglegong.com.cn
鹳雀楼景区	山西省永济市蒲州古城西	60 / 50	www.sxgql.com
普救寺景区	山西省永济市蒲州镇西厢村	70 / 50	www.pujiusi.com.cn
五老峰景区	山西省永济市舜都大道北段33号	80 / 60	www.sxwlf.com
河边民俗博物馆	山西省定襄县河边镇1号	50	www.yanxishanguju.net
汾河源头景区	山西省忻州市宁武县东寨镇	80	www.chinaluyashan.com
芦芽山景区	山西省忻州市宁武县东马坊乡	80	www.chinaluyashan.com
万年冰洞景区	山西省忻州市宁武县东寨镇	360	www.chinaluyashan.com
临汾尧庙华门景区	临汾市尧都区尧庙村	35 / 15	
洪洞大槐树祭祖园	洪洞县古槐北路公园街002号	80 / 60	www.sxhtdhs.com
古县牡丹文化景区	山西省临汾市古县石壁乡三合村	30	www.guxianlvyou.cn
黄河壶口风景名胜区	山西吉县壶口镇	91	
云丘山旅游风景区	山西省临汾市乡宁县关王庙乡大河村	80 / 40	www.yunqiushan.cn
杏花村汾酒工业园景区	山西省吕梁市汾阳市杏花村	50	www.xhcly.com.cn

内蒙古自治区

景区名称	地址	景区门票(元) 旺季 / 淡季	官方网站
昭君博物院	呼和浩特市玉泉区呼清路9公里处	65	
呼和浩特神泉生态旅游景区	呼和浩特市托克托县旧城郝家窑	35	www.nmgshenquan.com
蒙牛–中国乳都绿色生态观光园	呼和浩特市和林格尔县盛乐经济园区	0	www.mengniu.cn
伊利工业旅游景区	呼和浩特市金川开发区、金山开发区	0	www.yili.com
南海湿地景区	包头市东河区二里半水产路	20	www.btnhjq.com
北方兵器城	包头市青山区兵工路	15	www.bfbqc.cn

景区名称	地址	景区门票(元)		官方网站
		旺季	淡季	
五当召景区	包头市石拐区五当召	60		www.wdzly.com
阿斯哈图石林景区	克什克腾旗白音查干苏木白音乌拉嘎查	100		
赤峰克旗达里湖景区	内蒙古赤峰市克旗达来诺日渔场	70		www.kqdlh.com
喀喇沁旗亲王府博物馆	喀喇沁旗王爷府镇	50		
大青沟旅游区	内蒙古通辽市科左后旗大青沟自然保护区	45		www.nmgdqg.com
库伦三大寺旅游景区	库伦旗库伦镇文明街	50		www.klxcb.com
大秦直道文化旅游景区	内蒙古自治区鄂尔多斯市东胜区罕台镇	80	40	www.daqinzhidao.com
九城宫旅游景区	鄂尔多斯市东胜区罕台镇	0		www.nmjcg.com
东联影视动漫城	鄂尔多斯市东胜区罕台镇（东胜西15公里）	120		www.dlly.com
恩格贝生态示范区	达拉特旗恩格贝生态示范区	0		www.egb.gov.cn
释尼召沙漠绿海乐园	鄂尔多斯达拉特旗树林召镇草原村	50		
鄂尔多斯文化旅游村	鄂托克前旗上海庙镇特布德嘎查	30		
七星湖沙漠生态旅游景区	鄂尔多斯市杭锦旗库布其沙漠腹地	100		www.kbqqixinghu.com
察罕苏力德生态游牧旅游区	鄂尔多斯市乌审旗察罕陶海草原	60	48	www.jiumeng1995.com
海拉尔农业发展园区	呼伦贝尔市海拉尔区学府路7号	0		www.fdb.hailar.gov.cn
世界反法西斯战争海拉尔纪念园	海拉尔区侵华日军海拉尔要塞北山遗址	60		www.0470.gov.cn
中国达斡尔民族园	呼伦贝尔莫边达瓦达斡尔族自治旗尼尔基镇七家子村	20		
呼和诺尔旅游景区	陈巴尔虎旗巴彦哈达	20		
金帐汗旅游部落	陈巴尔虎旗头站东	20		
满洲里国门景区	满洲里市西	40	35	
满洲里市俄罗斯套娃广场	满洲里市华埠大街北侧	20		www.mzltaowa.com
满洲里市中俄互市贸易旅游区	满洲里市西	0		
吊桥公园	扎兰屯市中央北路2号	0		
维信内蒙古草原生态旅游度假区	乌拉特前旗巴音花镇	30		
京能岱海旅游度假区	乌兰察布市凉城县岱海镇	40		www.daihai.cn
察尔湖生态旅游度假区	内蒙古乌兰察布市兴和县	0		www.chaerhu.com
格根塔拉草原景区	四子王旗查干补力格苏木格日勒图雅嘎查	0		www.gegentala.com
阿尔山国家森林公园	兴安盟阿尔山市林海街	180	150	www.aesly.com
海神旅游度假区	兴安盟阿尔山温泉街	298	218	www.hs-wq.com
白垩纪恐龙国家地质公园	二连浩特市东北9公里处	50		www.elhtly.com
贝子庙景区	锡林郭勒盟锡林浩特市	20		
蒙古汗城旅游区	锡林郭勒西乌旗以南15公里处	40		www.mghcly.com
多伦湖景区	多伦县城东南15公里	40		
贺兰山广宗寺(南寺)旅游区	阿拉善左旗巴润别立镇	80	50	www.als.gov.cn
月亮湖旅游区	阿拉善左旗腾格里沙漠腹地	56		www.moonlake.com.cn

4A级旅游景区

辽宁省

景区名称	地址	景区门票(元) 旺季 淡季		官方网站
沈阳故宫	沈阳市沈河区沈阳路171号	60		www.sypm.org.cn
沈阳科学宫	沈阳市沈河区青年大街201号	75		www.sykxg.org
五爱市场景区	沈阳市沈河区热闹路65号	0		
张氏帅府博物馆	沈阳市沈河区朝阳街少帅府巷46号	50		www.syzssf.com
沈阳九一八历史博物馆	沈阳市大东区望花南街46号	0		www.918museum.org.cn
沈飞航空博览园	沈阳市皇姑区陵北街1号	30		www.weibo.com/2427392984
沈阳市北陵公园	沈阳市皇姑区泰山路12号	6		www.qingzhaoling.cn
棋盘山风景区	沈阳棋盘山风景区内	20		www.qps.com
沈阳森林野生动物园	沈阳市棋盘山国际风景旅游开发区内	80		www.qfl.cn
沈阳市东陵公园	沈阳市东陵区东陵路210号	40		
沈阳怪坡风景区	沈阳市沈北新区清水台镇	40		www.gowuai.com
沈阳三农博览园	新民市大柳屯镇长岗子村	50		www.sysnbly.com
棒棰岛宾馆	大连市中山区迎宾馆1号	20	10	www.bcdhotel.com
大连森林动物园	大连市西岗区迎春路60号	120	100	www.dlzoo.com
大连圣亚海洋世界	大连市沙河口区中山路608-6-8号	190		www.sunasia.com
大连市自然博物馆	大连市沙河口区黑石礁西村街40号	0		www.dlnm.org
大连现代博物馆	大连市沙河口区会展路10号	0		www.modernmuseum.dl.gov.cn
大连西郊国家森林公园	大连市甘井子区红旗中路299号	0		www.qsx.dltour.gov.cn
旅顺白玉山景区	大连市旅顺口区白山街198号	40		www.dllstour.com
旅顺东鸡冠山景区	大连市旅顺口区启新街	20		www.dllstour.com
旅顺日俄监狱旧址博物馆	旅顺向阳街139号	25		www.lsprison.com
关向应纪念馆	大连金州新区向应街道大关屯173号	0		www.guanxiangying.com
大连冰峪旅游度假区	大连庄河市仙人洞镇	120		www.dlbingyu.com
千山风景名胜区	鞍山市千山东路79号	80	60	www.qianshan.ln.cn
玉佛苑景区	鞍山市千山中路35号	70		www.asyfy.com.cn
抚顺市雷锋纪念馆	抚顺市望花区雷锋路东段61号	0		www.leifeng.org.cn
和睦国家森林公园	抚顺市新宾满族自治县永陵镇	50		www.hmslgy.com
赫图阿拉城	抚顺市新宾满族自治县永陵镇	60		www.lnhtal.com
猴石国家森林公园	抚顺市新宾满族自治县木奇镇东韩家村	50		www.fshssls.com
红河谷漂流景区	抚顺市清原县大苏河乡三十道河村	140		www.hhgpl.com
本溪水洞风景区	本溪市本溪县谢家崴子	150	120	www.lnbxsd.cn
关门山森林公园	本溪满族自治县小市镇	60		www.gmslyw.com
关门山水库风景区	本溪满族自治县小市镇陈英村	60		www.d.lotour.com
大雅河漂流景区	本溪市桓仁县普乐堡镇	80		www.wnsjq.com
五女山风景区	本溪市桓仁县桓仁镇沿河街	80		www.wnsjq.com
抗美援朝纪念馆	丹东市振兴区山上街7号	0		www.kmycjng.com
鸭绿江风景名胜区	丹东市振兴区六纬路31号	70	60	www.yljtour.com
天华山森林公园	丹东市宽甸满族自治县灌水镇	65	60	www.tianhuashan.cn

景区名称	地址	景区门票(元)		官方网站
		旺季	淡季	
天桥沟森林公园	丹东市宽甸满族自治县双山子镇	150		www.youkecn.com
丹东凤凰山景区	凤城市郊东南3公里处	80	60	www.cnfhs.com
辽沈战役纪念馆	锦州市凌河区北京路5段1号	0		www.jzlszy.com
北普陀山景区	锦州市太和区钟屯乡	50		www.jzbpts.com
奉国寺景区	锦州市义县东街18号	50	30	www.yxfgs.com
笔架山景区	锦州市渤海大街1号	50		www.jzbjsd.com
望儿山风景区	熊岳镇望儿山村	40		www.wangershan.com
月亮湖公园	营口经济技术开发区辽东湾大街南段	0		www.byqtour.com
海棠山景区	阜新蒙古族自治县大板镇	50		www.htsfjq.com
瑞应寺景区	阜新蒙古族自治县佛寺镇佛寺村	30		www.ruiyingsi.com
广佑寺景区	辽阳市白塔区中华大街60号	40		www.gys.com.cn
鼎翔旅游区	盘锦市兴隆台区新生街	110		www.liaoheshidi.com
盘锦红海滩风景区	盘锦市赵圈河镇兴盛村	80		www.honghaitan.com
清河省级旅游度假区	铁岭市清河区	20		
铁煤蒸汽机车博物馆	调兵山市晓明镇政府对面	80		www.steam-locomotive.cn
葫芦山庄	葫芦岛市北港经济开发区	60	30	www.hlsz.cn
龙湾海滨景区	葫芦岛市龙港区海滨路南段12号	0		www.longwan.com
九门口长城旅游区	绥中县李家乡新堡子村	60		www.jmksscc.com
兴城古城景区	兴城市春和街	80	70	www.xchb.org.cn
兴城海滨国家风景名胜区	兴城市兴海南路5段21号	0		www.xchb.org.cn
辽宁闾山旅游区	锦州市北镇鲍家乡桃园村	60	50	www.daluhua.net

吉林省

景区名称	地址	景区门票(元)		官方网站
		旺季	淡季	
长春长影世纪城	长春市净月开发区长双公路4.5公里处	240		www.changying.com
长春世界雕塑公园	长春市人民大街9518号	60		www.ccsculpture.org
长春莲花山滑雪场	长春莲花山生态旅游度假区四家乡青山村	10		www.lhsski.com
吉林北山风景区	吉林市船营区德胜路51号	0		www.jlbsishan.com
吉林松花湖风景名胜区	吉林市丰满区丰满街1号	10		www.gojl.com.cn
吉林市北大湖滑雪场	吉林市北大湖体育旅游经济开发区	20		www.beidahuski.com
蛟河市拉法山国家森林公园	吉林省蛟河市北部17公里处	60		www.lafashan.net
伊通满族自治县博物馆	四平市伊通满族自治县人民大路1129号	20		
伊通县牧情谷旅游风景区	四平市伊通满族自治县营城子镇郊	30		
通化白鸡峰国家森林公园	通化市金厂镇上龙头村	20		www.thslc.com
通化市杨靖宇烈士陵园	通化市靖宇路888号	0		www.yjyly.com

4A级旅游景区

景区名称	地址	景区门票(元) 旺季	景区门票(元) 淡季	官方网站
吉林龙湾群国家森林公园	辉南县	135		www.longwan.cn
高句丽文物古迹旅游景区	集安市迎宾路249号	120		www.jawwj.cn
前郭县查干湖旅游度假区	长白高速公路沿查干湖景区下路口	0		www.chaganhu.com
镇赉莫莫格国家级自然保护区	白城市镇赉县莫莫格蒙古族乡	80		
通榆向海景区	通榆县向海乡	90		
延边海兰湖风景区	延吉市河龙村与龙井市龙河村境内	80		www.ybhlh.com
安图峡谷浮石林景区	长白山保护开发区池北区	85		www.cbs-sy.com
吉林集安五女峰国家森林公园	吉林省集安市北部	50		www.jlwnf.com
敦化六鼎山文化旅游区	吉林省敦化市六鼎山文化旅游区	80	40	www.jindingdafo.com

黑龙江省

景区名称	地址	景区门票(元) 旺季	景区门票(元) 淡季	官方网站
哈尔滨北方森林动物园	哈尔滨市哈牡公路46公里处	80		www.hrbzoo.com
哈尔滨极地馆	哈尔滨市太阳岛大道3号	130		www.hrbpolarland.com
哈尔滨建筑艺术馆	哈尔滨市石头道街98号	30		www.sofia.com.cn
哈尔滨游乐园	哈尔滨市南岗区东大直街1号	5		www.hebyly.cn
伏尔加庄园	哈尔滨市香坊区哈成路16公里处	100		www.hrbvolgamanor.com
二龙山风景区	哈尔滨市宾县宾州镇	30		www.263u.com.cn
黑龙江省科学技术馆	哈尔滨市太阳岛风景区	24		www.hstm.cn
龙塔	哈尔滨市南岗区长江路178号	50		www.longta.net
北大荒现代农业园	哈尔滨市香坊区香福路146号	50		
亚布力滑雪旅游度假区	尚志市亚布力镇东南20公里处	0		www.yabuliski.com
龙沙公园	龙沙区公园路36号	0		www.qqhr.gov.cn
明月岛风景区	建华区新江路168号	10		www.qqhr.gov.cn
黑龙江扎龙国家级自然保护区	齐齐哈尔市铁锋区齐扎公路23公里处	50		www.chinazhalong.gov.cn
虎头旅游风景区	虎林市虎头镇	100	70	www.Hllyw.com
萝北县名山旅游风景区	鹤岗市萝北县名山镇	25	15	
黑龙江集贤安邦河国家湿地公园	集贤县永安乡北星村北	40	30	www.jxxsdly.cn
大庆油田历史陈列馆	大庆市萨尔图区中七路32号	0		
大庆铁人王进喜纪念馆	让胡路区世纪大道与铁人大道交会处	0		www.wangjinxi.com
大庆北国温泉养生休闲广场	林甸县庆丰街南三段路西	158		www.beiguowq.com
连环湖温泉景区	大庆市杜尔伯特蒙古族自治县	168		www.lhhwqjq.com
回龙湾国家森林公园	伊春市美溪区鹤伊公路110公里处	60	30	www.hlwtour.com
五营国家森林公园	伊春市五营区	60		www.wygjslgy.cn

景区名称	地址	景区门票(元) 旺季	淡季	官方网站
黑龙江省凉水国家级自然保护区	伊春市带岭区北约25公里处	25		www.lsbhq.com
嘉荫神州恐龙博物馆	伊春市嘉荫县红光乡	65	45	www.zgklzx.com
伊春市小兴安岭桃山景区	桃山林业局	50	30	www.tsjlyw.com
大亮子河国家森林公园	汤原县	50		www.tyxlyw.cn
黑龙江省东宁县要塞旅游景区	东宁县三岔口镇	0		
黑河市爱辉历史陈列馆	黑河市爱辉区爱辉镇	0		www.aihuihistorymuseum.com
漠河县北极村旅游风景区	大兴安岭漠河县北极镇	60		
月牙湖中国北方民族园	绥滨县忠仁镇忠仁新区	0		
嘉荫茅兰沟国家森林公园	嘉荫县向阳乡茅兰沟村	50	35	www.maolangou.cn
密山市北大荒书法长廊	黑龙江省密山市青年水库	20		
兴凯湖新开流景区	黑龙江省密山市兴凯湖养殖场附近	30		www.xkhly.net
黑龙江梅花河山庄度假村	伊春市乌马河林业局伊东经营所前行1公里处	0		www.yichunxinhao.com
汤旺河林海奇石风景区	黑龙江省汤旺河区苗圃	80	40	www.chinanationalpark.net
紫菱湖	黑龙江省宁安市东平安街185号	0		
农垦当壁镇兴凯湖旅游度假区	黑龙江省密山农垦当壁镇	40		www.khanka.cn
黑龙江省森工平山旅游区	黑龙江阿城境内	30		
金上京历史博物馆	黑龙江省阿城区城南2公里处	0		www.aclyj.com
雪乡国家森林公园	黑龙江省海林市大海林林业局	75		zhongguoxuexiang.com
火山口地下森林景区	黑龙江省牡丹江市景福街156号	0		
中央大街步行街区	黑龙江省道里区红霞街89号	0		www.zhongyangstreet.com

上海市

景区名称	地址	景区门票(元) 旺季	淡季	官方网站
上海博物馆	上海市人民大道201号	0		www.shanghaimuseum.net
上海城市规划展示馆	上海市黄浦区人民大道100号	30		www.supec.org
上海豫园	上海市安仁街218号	40		www.yugarden.com.cn
上海植物园	上海市龙吴路1111号	40	15	www.shbg.org
上海动物园	上海市长宁区虹桥路2381号	40		www.shanghaizoo.cn
上海长风公园·长风海洋世界	上海市普陀区大渡河路189号、451号	160		www.shcfpark.com
上海共青森林公园	上海市军工路2000号	15		www.shgqsl.com
上海锦江乐园	上海市闵行区虹梅路201号	60		www.jjlysh.com
上海嘉定州桥景区	上海市嘉定区沙霞路68号	5		www.jiadingzhouqiao.com
上海古猗园	上海市嘉定区沪宜公路218号	12		www.guyigarden.com
上海马陆葡萄艺术村	上海市嘉定区马陆镇大治东路285号	0		www.yishucun.malu.gov.cn
上海南翔景区	上海市嘉定区南翔镇解放街206号	30		www.nxlj.cn

4A级旅游景区

景区名称	地址	景区门票(元) 旺季	淡季	官方网站
上海金茂大厦88层观光厅	上海市浦东新区世纪大道88号	120		www.jinmao88.com
上海海洋水族馆	上海市浦东新区陆家嘴环路1388号	160		www.sh-soa.com
上海环球金融中心观光厅	上海市浦东新区世纪大道100号	150	120	www.swfc-observatory.com
上海世纪公园	上海市浦东锦绣路1001号	10		www.centurypark.com.cn
上海鲜花港景区	上海市浦东新区东海农场振东路2号	100		www.shflowerport.com
中国航海博物馆	上海市浦东新区临港新城申港大道197号	80	50	www.mmc.gov.cn
上海枫泾古镇景区	上海市金山区枫泾镇亭枫公路8588弄28号	50		www.shfj.cn
上海金山城市沙滩景区	上海市金山区沪杭公路7741号	0		www.jsbol.com
上海东林寺景区	上海市金山区朱泾镇东林街150号	30		www.donglinsi.org
上海方塔园	上海市松江区中山东路235号	12		www.shfangtayuan.com
上海欢乐谷	上海市松江区佘山林湖路888号	200		www.sh.happyvalley.cn
上海佘山国家森林公园	上海市松江区佘山外青松公路9258号	0		www.sheshantravel.com
上海月湖雕塑公园	上海市松江区佘山度假区林荫新路1158号	120		www.yuehussp.com
上海陈云故居•青浦革命历史纪念馆	上海市青浦区	0		www.cyjng.net
上海大观园	上海市青浦区金泽镇金商路701号	60		www.sh-daguanyuan.com
上海市东方绿舟景区	上海市沪青平公路6888号	50		www.orientalland.com.cn
上海太阳岛旅游度假区	上海市青浦区朱家角镇沈太路2588号	30		www.sunisland.asia
上海朱家角古镇	上海市朱家角区朱家角镇西井街84号	80	60	www.zhujiajiao.com
上海碧海金沙景区	上海市奉贤海湾旅游区海涵路2号	50	20	www.sh-bhjs.com
上海都市菜园景区	上海市奉贤区海湾镇海兴路888号	45		www.shuvg.cn
上海海湾国家森林公园	上海市奉贤区随塘河路1677号	50		www.shfpark.com
上海东平国家森林公园	上海市崇明县北沿公路2188号	70		www.dpslpark.com
上海明珠湖•西沙湿地景区	上海市崇明县三星镇三华公路333号	45		www.mingzhuhu.net
上海前卫生态村景区	上海市崇明县竖新镇前卫村	60		www.qwstc.com
上海顾村公园	上海市沪太路4788号	20		www.gucunpark.net
上海宋庆龄故居纪念馆	上海市淮海中路1843号	20		www.shsoong-chingling.com

江苏省

景区名称	地址	景区门票(元) 旺季	淡季	官方网站
南京市玄武湖景区	南京市玄武巷1号	0		www.xuanwuhu.net
中共代表团梅园新村纪念馆	南京市玄武区汉府街18-1号	0		www.myxc.com.cn
南京市博物馆朝天宫景区	南京市莫愁路188号	20		www.njmm.cn
侵华日军南京大屠杀遇难同胞纪念馆	南京市水西门大街418号	0		www.nj1937.org
阅江楼风景区	南京市下关建宁路202号	40		www.yuejianglou.com

景区名称	地址	景区门票(元) 旺季	淡季	官方网站
南京栖霞山风景名胜区	南京市栖霞区栖霞街88号	35	20	www.njqxs.com
南京科技馆	南京市雨花台区紫荆花路9号	40		www.njstm.crg.cn
雨花台风景名胜区	南京市雨花路215号	17		www.travel-yuhuatai.com
南京明文化村阳山碑材风景区	南京市江宁区汤山街道坟头村	48		
南京总统府景区	南京市长江路292号	40		www.njztf.cn
崇安寺旅游景区	无锡市市中心	0		www.1street.com.cn
薛福成故居钦使第·薛家花园	无锡市学前街152号	25	12	www.wxxjhy.cn
无锡市东林书院	无锡市解放东路867号	16	8	www.wxdlsy.com
无锡市博物院	无锡市南长区钟书路100号	10		www.wxmuseum.com
无锡市鸿山遗址博物馆	无锡市新区鸿山街道飞凤路8号	50		www.hsyzbwg.cn
无锡梅园横山风景区	无锡市梁溪西路卞家湾13号	60		www.wuximeiyuan.com
无锡市动物园	无锡市钱荣路99号	100		www.wuxizoo.com.cn
无锡市蠡园公园	无锡市滨湖区环湖路18号	45	30	www.wxlihu.com
无锡市锡惠园林文物名胜区	无锡市听松坊53号	70		www.xihuipark.cn
无锡市南禅寺景区	江苏省无锡市向阳路32号	0		www.ncsjq.com
江阴滨江要塞旅游度假区	江阴市山前路288号	50		
江阴江苏学政文化旅游区	江阴市人民中路118号	0		
无锡市竹海公园	宜兴市湖父镇竹海村	80		www.yxzhuhai.cn
宜兴陶祖圣境风景区	无锡市宜兴市湖㳇镇竹海村	105		www.tz-sj.net
宜兴市龙背山森林公园	宜兴市宜城街道人民南路南端	0		www.lbsslgy.cn
宜兴市善卷洞风景区	宜兴市	130		www.shanjuandong.cn
宜兴市团氿风景区	宜兴市氿南路1号	0		www.jsyxyy.com
徐州汉文化景区	徐州市云龙区兵马俑路1号	90		www.hwhjq.com
淮海战役烈士纪念塔(馆)景区	徐州市解放南路2号	0		www.huaita.com.cn
彭祖园	徐州市秦山路	15		www.pzy.cn
徐州汉画像石艺术馆	徐州市泉山区云龙湖东路	30		
徐州市云龙湖风景名胜区	徐州市泉新路1号	15		www.xzyllh.gov.cn
沛县汉城景区	沛县汉城南路1号	0		www.liubang.org
新沂市马陵山风景名胜区	新沂市南马陵山	50		www.malingshan.net
艾山九龙风景区	邳州市铁富镇	50		
常州市红梅公园	常州市天宁区丹青路28号	0		www.redplumpark.com
天宁禅寺·天宁宝塔风景区	常州市延陵中路636号	80		www.tianningsi.org
常州亚细亚影视城	常州市怀德北路29号	45		www.czyxy.com
青枫公园	常州市钟楼区星港路	0		www.qfpark.com
常州南大街商贸休闲旅游区	常州市南大街	0		www.zgczndj.com
常州博物馆	常州市龙城大道1288号	0		www.czmuseum.com
常州春秋淹城旅游区	常州市武进区武宜南路588号	160		www.cn-yc.com.cn
环球动漫嬉戏谷	常州市武进太湖湾旅游度假区太北路1号	200		www.joyland.ccjoy.com
溧阳市天目湖南山竹海景区	溧阳市戴埠镇李家园	90		www.tmhtour.com
天目湖旅游度假区	溧阳市天目湖	65		www.tmhtour.com

4A级旅游景区

景区名称	地址	景区门票(元) 旺季	淡季	官方网站
天目湖御水温泉景区	溧阳市戴埠镇李家园村888号	218		www.tmhtour,com
苏州市盘门风景名胜区	苏州市东大街道49号	45		www.szpanmen.com
苏州市网师园	苏州市沧浪区带城桥路阔家头巷11号	30	20	www.szwsy.com
苏州平江历史文化街区	苏州市平江区平江路	0		www.PingjiangRoad.com
苏州七里山塘景区	苏州市广济路218号	45		www.shantang.com.cn
苏州狮子林景区	苏州市园林路23号	30	20	www.szszl.com
苏州寒山寺	苏州市金阊区寒山寺弄24号	20		www.hanshansi.org
苏州西园戒幢律寺	苏州市留园路西园弄18号	25		www.jcedu.org
苏州白马涧龙池景区	苏州市新区华山路南	50		www.szlongchi.com
甪直古镇	苏州市吴中区甪直镇晓市路21号	78		www.luzhitour.net
苏州乐园	苏州市新区狮子山	130		www.szal.cn
苏州东山景区	苏州市吴中区东山镇	80		www.thdsly.com
苏州工业园区重元寺	苏州市工业园区唯亭镇阳澄环路333号	20		www.chongyuansi.org
木渎古镇	苏州市木渎镇山塘街188号	60		www.mudu.com.cn
苏州穹窿山景区	苏州市吴中区兵圣路	80		www.szqls.com
苏州太湖国家湿地公园	苏州市高新区镇湖绣品街	90		www.taihusd.com
苏州市吴中区越溪旺山景区	苏州市吴中区越溪街道旺山村	55		www.wangshansz.com
苏州太湖西山风景区	苏州市吴中区金庭镇	100		www.taihuxishan.com
苏州西山景区·绿光农场	江苏省吴中区金庭镇	48		www.szglf.com.cn
苏州东山景区·雕花楼	江苏省吴中区东山镇紫金路58号	60		www.diaohualou.cn
苏州东山景区·（启园、紫金庵）	江苏省吴中区东山镇	75		www.taihutravel.com
苏州东山景区·三山岛	江苏省吴中区东山镇	60		www.ssdly.com
常熟服装城购物旅游区	常熟市商城中路1号	0		www.csfz.com
常熟市方塔古迹名胜区	常熟环城东路方塔园	25		www.cs-fangta.cn
常熟市沙家浜风景区	常熟市沙家浜	100	80	www,sjbtour.com
蒋巷乡村旅游景区	常熟市支塘镇蒋巷村	50	40	www.jiangxiangcun.cn
虞山尚湖旅游度假区	尚湖风景区	80		www.csyssh.com
张家港凤凰山风景区	张家港市凤凰镇西凤路	30		www.zjgfh.net
锦溪古镇游览区	昆山市锦溪镇	65		www.chinajinxi.com.cn
昆山亭林园	昆山市马鞍山东路1号	20		
千灯古镇游览区	昆山市千灯镇尚书路1号	40		www.chinaqiandeng.com
吴江静思园	吴江云梨路919号	70		www.jsycn.com
南通博物苑	南通市濠南路19号	15		www.ntmuseum.com
中国工农红军第十四军纪念馆	江苏省南通市如皋福寿东路148号	0		www.hi jun.com
南通狼山风景名胜区	南通市临港路5号	50		www.chinalangshan.gov.cn
中国珠算博物馆	南通市濠北路58号	0		www.chinaabacusesmuseum.com
如皋市水绘园风景区	如皋市碧霞路299号	50		www.rgshy.cn
花果山风景区	连云港市郁林路5号	100	50	www.huaguoshan.gov.cn
连云港连岛旅游区	连云港市连云区连岛街道	50	30	www.lygld.cn.
连云港市渔湾景区	连云港市云台乡	40		

景区名称	地址	景区门票(元)		官方网站
		旺季	淡季	
连云港市孔望山风景区	连云港市盐河路198号	40		www.cnkws.cn
东海羽泉景区	江苏省连云港市东海县温泉镇	0		www.donghaiwenquan.com
赣榆县抗日山风景区	赣榆县班庄镇	0		www.kangrishan.cn
东海国际水晶珠宝城	东海县迎宾大道2号	0		www.sjzbc.com
古淮河文化生态景区	淮安市清河新区河畔路1号	50		www.guhuaihe.com
淮安市博物馆	淮安市健康西路146-1号	0		www.habwg.com
淮安府署景区	淮安市楚州区东门大街38号	60		
周恩来故居	淮安市楚州区驸马巷7号	0		
周恩来纪念馆	淮安市淮安区桃花垠	0		
铁山寺国家森林公园	淮安市盱眙县	80		www.tsspark.com
盱眙县第一山风景名胜区	盱眙县盱城镇淮河北路	30		
盱眙县黄花塘新四军军部纪念馆	淮安市盱眙县黄花塘镇黄花塘村	0		www.n4ahht.com
盱眙县明祖陵旅游区	盱眙县明祖陵镇境内	50		
串场河海盐文化景区	盐城市东进中路9号	0		
新四军纪念馆	盐城市建军东路159号	0		
大纵湖旅游景区	盐城市盐都区大纵湖镇	78		www.dzhly.com
中华麋鹿园	盐城市大丰市	50	35	www.chinamlw.org
扬州大明寺	扬州市平山堂路8号	45		
扬州市个园	扬州市盐阜东路10号	45	35	www.ge-garden.net
扬州市何园	扬州市徐凝门大街66号	45		www.he-garden.net
扬州市茱萸湾风景区	扬州市茱萸湾路888号	45		www.yzzyw.com
扬州博物馆·中国雕版印刷博物馆	扬州市文昌西路468号	0		www.yzmuseum.com
扬州京华城休闲旅游区	扬州市京华城路168号	0		www.cpcity.com.cn
西津渡历史文化街区	镇江市西津渡街25号	30		www.xijindu.com.cn
镇江博物馆	镇江市伯先路85号	0		www.zj-museum.com.cn
镇江南山风景区	镇江市竹林路98号	40	30	www.nanshanly.com
镇江中国醋文化博物馆	镇江市丹徒新城广园路66号	30		www.cu-museum.com
宝华山国家森林公园	句容市宝华山山北六棵松1-2号	50		www.baohuas.com
茅山风景名胜区	句容市	90		www.maoshanchina.com.cn
宿迁市雪枫公园 (彭雪枫纪念馆)	宿迁市黄河北路288号	0		
中国杨树博物馆	泗阳县农场	0		www.zgysbwg.com
泗洪洪泽湖湿地公园	宿迁市泗洪县	60	45	www.shhzsdgy.com
泰州市姜堰溱潼古镇景区	江苏省姜堰市溱潼镇人民路16号	40		www.qintong.gov.cn
虞山尚湖风景区·虞山风景区服务部	江苏省北门大街45号	35		www.csyushan.com
窑湾古镇	江苏省新沂市窑湾镇	60		lmhly@163.com
江苏海门叠石桥国际家纺馆·家纺产业旅游区	江苏省海门市三星镇叠石桥大岛路188号	0		www.dsqly.com
泰州市凤城河风景区	泰州市东南园10号	260		www.fengchenghe.com

4A级旅游景区

浙江省

景区名称	地址	景区门票(元) 旺季 / 淡季	官方网站
杭州市清河坊历史文化景区	杭州市上城区河坊街180号	0	www.qinghefang.com.cn
杭州宋城旅游景区	杭州市之江路148号	120	www.showhz.com
杭州东方文化园	杭州市萧山区义桥镇	128	www.dfwhygroup.com
杭州极地海洋公园	杭州市萧山区湘湖路777号	220	www.hz-polar.com
杭州乐园	杭州市萧山区湘湖路92号	160	www.hzparadise.net
浙江湘湖旅游度假区	杭州市萧山区风情大道2758号	0	www.xhly.xs.zj.cn
杭州双溪漂流景区	杭州市余杭区径山镇双溪竹海路7号	100	www.shuangxitour.com
杭州余杭超山风景名胜区	杭州市余杭区塘栖镇	60	www.cstour.cn
良渚国家遗址公园	杭州市余杭区良渚街道	0	www.lzmuseum.cn
桐庐垂云通天河景区	杭州市桐庐县瑶琳镇东琳村	84	www.cytth.zhelv.net
杭州新安江旅业大慈岩景区	杭州市建德市大慈岩镇	65	www.xajlvye.com
杭州新安江旅业灵栖洞景区	杭州市建德市航头镇	54	www.xajlvye.com
杭州新安江旅业七里扬帆景区	杭州市建德市梅城镇	65	www.xajlvye.com
杭州野生动物世界	杭州市富阳市杭富路九龙大道1号	180 / 170	www.hzsp.com
严子陵钓台风景区	桐庐县富春江镇云源路4号	100	www.tonglu-tour.com
瑶琳仙境景区	桐庐镇瑶琳南路110号	100	www.tonglu.com
富阳富春桃源风景旅游区	富阳市胥口镇上练村	110	www.fcty.com
杭州龙门古镇	富阳市龙门镇	68	www.hzlongmen.com
大树王国·天目山景区	临安市天目山镇天目山景区	130	www.hztms.cn
杭州大明山风景旅游区	临安市清凉峰镇白果村	110	www.zjdms.com
杭州浙西大峡谷景区	临安市龙井桥	110	www.xiagu.com.cn
临安东天目山景区	临安市太湖源镇东天目村、上阳村	90	www.dtmshan.com
宁波天一阁博物馆	宁波市天一街10号	30	www.tianyige.com.cn
宁波海洋世界	宁波市江东区桑田路936号	130	www.nbhysj.com
绿野山庄景区	宁波江北慈城镇五星村	20	www.lvye-villa.com
宁波保国寺古建筑博物馆	宁波市江北区洪塘街道	20	www.baoguosi.com.cn
慈城古县城	宁波市江北区慈城镇	145	www.cicheng.org
凤凰山海港乐园	宁波市北仑区辽河路728号	160	www.harborland.com.cn
九峰山景区	宁波市北仑区柴桥街道	30	www.jiufengshan.com
九龙湖旅游区	宁波市镇海九龙湖镇环湖路168号	35	www.nb965.cn
宁波郑氏十七房旅游景区	宁波市镇海区解浦镇郑家开源路	60	www.17house.net
招宝山景区	宁波市镇海招宝山路10号	60	www.zhzbs.com
梁祝文化公园	宁波市鄞州区高桥镇梁祝村	40	www.liangzhupark.com
宁波博物馆	宁波市鄞州区首南中路1000号	0	www.nbmuseum.cn
天宫庄园休闲旅游区	宁波市鄞州区下应街道湾底村	60 / 45	www.nbtgzy.cn
五龙潭景区	宁波市鄞州区龙观乡	50	www.wulongtan.net
雅戈尔动物园	宁波市东钱湖旅游度假区鄞县大道	100	www.nbzoo.com
石浦中国渔村景区	象山县石浦镇皇城沙滩	60	www.spzgyc.com

景区名称	地址	景区门票(元) 旺季 / 淡季		官方网站
松兰山滨海度假区	象山县丹城向东5公里处	30	10	
宁波前童古镇景区	宁海县前童镇	70		www.qiantongguzhen.com
宁海温泉旅游区	宁海县深川镇	0		www.nhslwq.com
丹山赤水风景区	余姚市大岚镇柿林村	50		www.dscs.cn
天下玉苑旅游景区	余姚市大隐镇	80		www.china-yufo.com
达蓬山文化旅游区	慈溪市龙山镇	140		www.nbdps.cn
宁波大桥生态农庄景区	慈溪市杭州湾跨海大桥管理局西侧	50		www.52farm.cc
江心屿景区	温州市鹿城区江心屿	25		www.zgjxy.com
温州乐园	温州市瓯海区茶山街道	100		www.wzly.net.cn
洞头景区	温州市洞头县	135		www.dtly.cn
楠溪江风景名胜区	温州市永嘉县	0		www.nxj.cn
南雁荡山国家级风景名胜区	平阳县南雁镇	30	25	www.you8.com
百丈飞瀑景区	文成县篁庄村	0		www.66wl.com
铜铃山国家森林公园	温州市文成县叶胜林场	70		www.wztls.net
寨寮溪风景名胜区	瑞安市高楼镇	25		www.razlx.com
南北湖风景区	嘉兴市海盐县澉浦镇	80		www.nanbeihu.com.cn
海宁盐官观潮景区	海宁市古邑路1号	100		www.qianjiangchao.com
浙江平湖东湖景区	平湖市环城东路	10		www.phdhjq.com
湖州太湖旅游度假区	湖州市区北部，太湖南岸	80		www.southtailake.com
湖州南浔旅游区	湖州市南浔镇适园路18号	100		www.chinananxun.com
莫干山风景区	德清县莫干山风景区97号	80		www.mogan-mountain.com
下渚湖国家湿地公园	湖州市德清县三合乡	0		www.xzhfjq.com
金钉子远古世界景区	湖州市长兴县槐坎乡新槐村	72		www.jindingzi.net
新四军苏浙军区旧址群景区	长兴县槐坎乡温塘村	0		www.cxxsj.org
安吉江南天池度假村	安吉县天荒坪镇	80		www.jntianchi.com
安吉竹子博览园	安吉县城南	80		www.cnbamboo.cn
中南百草原景区	安吉县递铺镇三官村	100		www.znc.cn
绍兴会稽山景区(大禹陵)	绍兴市越城区	50		www.shaoxingtour.cn
绍兴鲁迅故里景区	绍兴市鲁迅中路235号	0		www.luxunhome.com
绍兴市东湖景区	绍兴市越城区皋埠镇	40		www.sxdonghu.com
绍兴市兰亭风景区	绍兴市区西南12公里处	40		www.shaoxingtour.cn
浙江柯岩风景区	绍兴县柯岩大道558号	100		www.keyan.com.cn
新昌大佛寺风景旅游区	新昌县人民西路117号	100		www.xinchangtour.com
华东国际珠宝城	诸暨市山下湖镇	0		www.cpjcity.com
五泄风景区	诸暨市五泄镇	80		www.wuxie.com.cn
西施故里旅游区	诸暨市苎萝东路2号	100		www.wuxie.com.cn
双龙风景旅游区	金华市婺城区罗店镇	90		www.shuanglongdong.com
浦江仙华山风景名胜区	浦江县仙华街道仙华山村	55		www.pjlyw.com
诸葛八卦村景区	兰溪市诸葛镇诸村	80		www.zhugevillage.cn
义乌中国国际商贸城购物旅游区	义乌市银海路	0		www.cccgrowp.com

4A级旅游景区

景区名称	地址	景区门票(元)		官方网站
		旺季	淡季	
横店红色旅游城	东阳市横店镇八一村	50		
横店华夏文化园	横店华夏大道566号	95		www.hengdianworld.com
横店明清民居博览城	横店康庄南街188号	95		www.hengdianworld.com
浙江东阳中国木雕城	东阳世贸大道188号	0		www.dycwc.com
天脊龙门景区	衢州市衢江区坑口乡龙门村	65		www.qzly.com.cn
药王山景区	衢州市衢江区黄坛口乡黄泥岭村	48		www.qzly.com.cn
江郎山景区	江山市石门镇江郎山村	60		www.jsu.gov.cn
廿八都古镇景区	江山市廿八都镇	75		www.jsu.gov.cn
清漾景区	江山市石门镇清漾村	50		www.zjjsqy.com
中国根艺美术博览园	开化县芹南路88号	80		www.zuigenchina.com
龙游石窟景区	龙游县小南海镇石岩背村	65		www.longyoushiku.com
台州市海洋世界	台州市广场中路38号	120		www.tzsea.com
桃花岛风景旅游区	舟山市普陀区桃花岛	58	30	www.taohuadao.com.cn
朱家尖景区	舟山市普陀区朱家尖街道大同路70号	60	30	www.zhujiajian.com/traffic
玉环大鹿岛景区	玉环县大鹿岛景区	60	45	www.yhdld.com
天台山风景名胜区	天台县电大路2号	140		www.tts.gov.cn
仙居风景名胜区	台州市仙居县白塔镇	55		www.zjxianju.com
长屿硐天风景名胜区	温岭市新河镇	200		www.changyudongtian.com
临海市江南长城景区	临海市崇和路258号	65		www.lhlytz.com
丽水市东西岩风景区	丽水市老竹镇境内	45		www.dongxiyan.com
中国青田石雕文化旅游区	青田县涌泉街26号	60		
青田石门洞旅游区	青田县高市乡练岙村	90		www.qtsmd.com
缙云仙都风景名胜区	丽水市缙云县	130		www.china-xiandu.net
缙云仙都黄龙风景区	丽水市缙云县五云镇	50		www.zjhuanglong.com
丽水市遂昌县千佛山景区	丽水市遂昌县石练镇黄皮村	80		www.zjqfs.com
遂昌金矿国家矿山公园	丽水市遂昌县濂竹乡花园岭	98		www.scjkpark.com
遂昌县南尖岩景区	遂昌县王村口镇石笋头村	80		www.scnjy.com
遂昌县神龙飞瀑景区	遂昌县安口乡桂洋村	70		www.scslg.com
丽水市云和梯田景区	丽水市云和县崇头镇	80		www.yytt.com.cn
云和湖仙宫景区	云和县紧水滩镇	98		www.yhly.yunhe.gov.cn
丽水景宁云中大漈景区	丽水市景宁畲族自治县大漈乡	80		www.yzhdj.com
景宁中国畲乡之窗景区	丽水景宁县大均乡大均村	90		www.zgsxzc.com
龙泉市龙泉山旅游区	龙泉市凤阳山	80		www.zjlqs.com
达利丝绸世界	新昌县南岩高新技术开发区	0		www.hfsilkworld.com
玉环漩门湾观光农业开发有限公司	玉环县楚南塘	60		www.yhggy.cn
绍兴县大香林乡村休闲旅游区	绍兴县湖塘街道型塘岭下村	40		www.dxl.cc
龙麒源景区	西坑镇梧溪村			www.wclqy.cn
百山祖景区	丽水市庆元县百山祖乡车根村林学路66号	80		www.qybsz.com
东阳花园村	东市南马镇花园村	80		www.chinahuayuancun.com
海天一洲景区	慈溪市庵东镇虹桥大道一号	0		www.hzwkhdq.com

景区名称	地址	景区门票(元)		官方网站
		旺季	淡季	
宁波市黄贤森林旅游区	浙江省奉化市裘村镇黄贤村	70		www.hxslgy.cn
中雁风景区	浙江省乐清市白石镇玉虹北路	50		www.zy34.com
海宁中国皮革城	浙江省海宁市海州西路201号	0		www.chinaleather.com
宁波老外滩	浙江省宁波市江北区中马路157~159号	0		www.nblwt.com
宁波松兰山旅游度假区	浙江省象山松兰山旅游度假区	30	10	
嘉兴市梅花洲景区	浙江省嘉兴市凤桥镇三星路10号	60		www.mhzty.com
古镇西塘景区	浙江省嘉善县西塘镇南苑路258号	100		www.xitang.com.cn
磐安百杖潭景区	磐安县仁川镇石下村	0		www.pabzt.cn

安徽省

景区名称	地址	景区门票(元)		官方网站
		旺季	淡季	
安徽省博物馆	合肥市安庆路268号	0		www.ahm.cn
合肥三国遗址公园	合肥市庐阳区三十岗公园路1号	25		www.hfsgyzgy.com
李鸿章故居旅游区	合肥市淮河路步行街208号	20		www.lihongzhang.org.cn
安徽徽园景区	合肥市繁华大道276号	20		www.ah-huiyuan.com
合肥野生动物园	合肥市望江西路600号	35		www.hfzoo.com
合肥包公园	合肥市芜湖路72号	50		www.baogongyuan.com
安徽元一双凤湖国际旅游度假区	合肥市双凤开发区双凤湖畔	0		
合肥丰乐生态园	合肥市双凤开发区魏武路中段	30		
安徽岱山湖旅游度假区	合肥市肥东县古城镇岱山水库	30		www.dslake.com
三河古镇旅游景区	合肥市肥西县三河镇	70		www.guzhensanhe.com
紫蓬山景区	合肥市肥西县紫蓬山	0		www.zps.gov.cn
安徽金孔雀温泉旅游度假村	庐江县汤池镇滨河路	128		www.peacockspa.com
安徽省芜湖市赭山风景区	芜湖市九华中路177号	0		
方特欢乐世界·方特梦幻王国	芜湖市银湖北路华强城市广场A座3层	200		www.fangte.com
鸠兹风景区	芜湖市镜湖区中和路以东	0		
王稼祥纪念园	芜湖市镜湖区中山北路23号	0		www.crt.com.cn
安徽大浦新农村旅游区	芜湖市南陵县许镇大浦乡	138	68	www.dpxcsj.com
安徽丫山花海石林旅游区	芜湖市南陵县何湾镇	80	60	www.yar3.com
蚌埠龙子湖风景区	蚌埠市经济开发区环湖西路	0		bbjjkfq.www.cn
淮河蚌埠闸水利风景区	安徽省蚌埠市禹会区黑虎山路1号	0		www.hhbbzfjq.com
张公山风景区	蚌埠市张公山路132号	0		www.zgsfjq.com
安徽禾泉农庄	蚌埠市怀远县涂山	20		www.ahhqnz.com
安徽上窑国家森林公园	淮南市大通区上窑镇	10		
淮南市龙湖景区	淮南市田家庵区人民北路160号	0		www.long hu park.com
淮南八公山风景区	淮南市八公山区丁山路	40		www.bgsly.com
淮南市焦岗湖旅游景区	淮南市毛集实验区	80	40	www.jiaoganghu.cn

4A级旅游景区

景区名称	地址	景区门票(元) 旺季	淡季	官方网站
相山风景区	淮北市相山区相山路1号	0		www.xsfjq.cn
安庆市菱湖风景区	安庆市湖心中路3号	0		
安庆市独秀园景区	安庆市大观区十里乡	0		www.aqdxy.com
安庆巨石山生态文化旅游区	安庆市宜秀区罗岭镇小龙山村	90		www.aqjjs.com
孔雀东南飞旅游景区	怀宁县小市镇	120	80	www.kqdnf.com
安徽浮山旅游景区	安庆市枞阳县浮山镇	120		www.zyfushan.com
花亭湖风景名胜区	太湖县	30		www.hth.gov.cn
五千年文博园	安庆市太湖县高速路口处	120		www.wqnwby.com
安徽省石莲洞国家森林公园	宿松县城南	80	60	www.shiliandong.com
明堂山景区	岳西县河图镇	90	70	www.mingtangshan.com
天峡旅游景区	安庆市岳西县河图镇	90	70	www.9999tt.com
桐城市嬉子湖生态旅游区	桐城市嬉子湖镇双店村	50		www.ahxzh.com
黄山市花山谜窟景区	黄山市屯溪区屯光镇	91		www.huashanmiku.cn
黄山市新徽天地醉温泉度假城	黄山市屯溪区花山路	218		www.hszwq.com
东黄山旅游度假区	黄山市黄山区谭家桥黄山茶林场	0		www.ehuangshan.net
翡翠谷景区	黄山市黄山区汤口镇山岔村	75		www.hsfeicui.com
黄山芙蓉谷景区	黄山市黄山区耿城镇辅村	98		www.hsfrg.com
黄山九龙瀑景区	黄山市汤口镇	62		www.jiulongpu.com
太平湖风景区	黄山市黄山区太平湖镇	55	35	www.tph.gov.cn
黄山丰乐湖风景区	黄山市徽州区呈坎镇	55		www.demaotang.com
黄山市徽州呈坎八卦村	黄山市徽州区呈坎镇	80		www.hslsck.com
黄山市徽州区潜口民宅博物馆	徽州区潜口镇潜口村潜黄路1号	0		
黄山市唐模景区	黄山市徽州区	80		www.tangmocun.cn
歙县牌坊群·鲍家花园景区	黄山市歙县郑村镇棠樾村	100		www.paifangqun.com
新安江山水画廊景区	歙县深渡镇深渡码头	118		
雄村景区	歙县雄村乡雄村106号	80	40	
中国徽州古城景区	黄山市歙县徽城镇渔梁马家坞	80		
齐云山风景名胜区	黄山休宁县齐云山镇	75	55	www.anhuiqys.com
归园·赛金花故居	黄山市黟县宏村镇	47		
南屏景区	黄山市黟县碧阳镇	43		www.hongcun.com.cn
牯牛降风景区	黄山市祁门县历口镇	70		www.hsgnj.com
安徽省琅琊山国家森林公园	滁州市琅琊古道30号	95	80	www.zuiwengt.com
阜阳市生态乐园	阜阳市欧阳修路666号	40		
安徽八里河风景区	颍上县八里河镇	80		www.balihe.com
迪沟生态旅游风景区	颍上县迪沟开发区	50		
凤阳县狼巷迷谷风景区	滁州市凤阳县殷涧镇	80		www.fyxlyw.com
凤阳县小岗村乡村旅游区	滁州市凤阳县小溪河镇小岗村	30		www.fyxlyw.com
皇藏峪国家森林公园	宿州市萧县皇藏峪	80		www.chinahcy.net
安徽皖西大裂谷旅游风景区	六安市金安区张店镇	70	40	www.wanxidaliegu.com
大别山石窟景区	六安市金安区张店镇	80	20	www.dbssk.cn

景区名称	地址	景区门票(元) 旺季 淡季		官方网站
东石笋景区	六安市金安区毛坦厂镇	50		www.tianyetravel.com
悠然南山度假区	六安市金安区中店乡	0		
独山革命旧址群景区	六安市裕安区独山镇	60	30	www.yuanly.com
横排头国家水利风景区	六安市裕安区独山镇	60	30	www.yuantouy.com
龙井沟景区	六安市裕安区独山镇	80	50	www.yuantouy.com
寿县楚文化博物馆	六安市寿县西大街	0		
寿县古城暨八公山景区	六安市寿县古城	40		
霍邱县临淮岗风景区	霍邱县临淮岗乡	50	40	www.hqlyj.cn
六安市舒城县万佛湖景区	舒城县	55		www.wanfohu.com.cn
安徽中策燕子河大峡谷	金寨县燕子河镇	65		www.yanzihe.cn
大别山主峰(白马尖)景区	霍山县太阳乡	110	90	
佛子岭景区	霍山县佛子岭镇	25		
南岳山景区	霍山县衡山镇	0		
古井酒文化博览园	亳州市古井镇	60		www.gjjwhbly.com
花戏楼景区	亳州市谯城区咸宁街1号	30		www.bzwhly.com
石台县蓬莱仙洞旅游景区	石台县仁里镇杜村	80	60	www.plxj.cn
九华天池风景区	池州市贵池区马衙街道	80		www.jhtctour.com
秋浦胜境大王洞风景区	安徽省池州市贵池区牌楼镇穿山村	95	70	www.dawangdong.cn
秋浦河景区	池州市石台县矶滩乡	100	80	www.ahzdda.com
石台牯牛降风景区	石台县大演乡新农村	100	80	www.guniujiang.com
金梅岭军事旅游景区	宣城金坝梅村	60	30	www.jinmeiling.com
敬亭山旅游景区	宣城市敬亭山	0		www.xcjts.com.cn
中国宣酒文化园	宣城市工业干道28号	60		www.xuanjiu.com
白马山庄国际旅游度假村	宣城市宣州区狸桥镇	0		www.bmsz-golf.com
太极洞景区	广德县新杭镇	80		www.taijidong.com
查济古建筑群景区	宣城市泾县桃花潭镇	58		www.zhaji.net
泾县桃花潭风景区	泾县桃花潭镇	58		www.ahjxly.com
皖南事变烈士陵园	泾县水西东路24号	0		www.wnsbly.com
新四军军部旧址纪念馆	泾县云岭镇	0		www.crt.com.cn
绩溪县龙川景区	绩溪县瀛洲镇龙川村	75		
绩溪徽杭古道景区	绩溪县伏岭镇	68		www.hushiqiye.com
绩溪县太极湖村景区	绩溪县伏岭镇	60		www.lcssf.com
绩溪县鄣山大峡谷风景区	绩溪县	60		www.zhangshanxg.com
江村景区	旌德县白地镇	60		www.cnjiangcun.com
恩龙世界木屋村	宁国市宁港路8公里处	90		www.enlong.com.cn
杏花村旅游景区	安徽省池州市杏花村大道108号	88		xhctour.com
青阳县九子岩景区	安徽省池州市青阳县朱备镇	80		www.jiuziyan.net
怪潭景区	石台县横渡镇横渡村钓鱼台村民组	80		www.gtfjq.com
马鞍山采石风景名胜区	安徽省采石镇唐贤街41号	80		www.caishiji.com
濮塘休闲度假区	安徽省霍里街道濮塘街	0		

4A级旅游景区

景区名称	地址	景区门票(元) 旺季 淡季	官方网站
肥西县老母鸡家园	安徽省肥西县上派镇三岗内	0	
金寨红军广场景区	安徽省金寨县梅山镇红村路	0	www.jzgmbwg.com
天井湖风景区	安徽省铜陵市长江西路1929号	0	
中国(合肥)非物质文化遗产园	安徽省长丰县岗集镇卧龙山自然生态风景区	98	www.cichpark.com
梅山水库景区	安徽省金寨县梅山镇史河路365号	15	www.mssk.com.cn
安徽芜湖马仁奇峰森林旅游区	安徽省芜湖市繁昌县孙村镇	80	www.mrqf.com

福建省

景区名称	地址	景区门票(元) 旺季 淡季	官方网站
福州市于山风景区	福州市鼓楼区于山顶1号	0	www.fuzhou.gov.cn
三坊七巷景区	福州市鼓楼区营房里10号	120	www.sfqx.gov.cv
福州中国船政文化景区	福州市港口路83号	0	www.czwh.org.cn
福州国家森林公园	福州市晋安新店上赤桥4号	10	www.forestry.gov.cn
福州市鼓山风景区	福州市晋安区鼓山景区	0	
青云山风景名胜区	永泰县岭路乡青云山	124	www.qingyunshan.com
永泰天门山风景区	永泰县葛岭镇溪洋村	35	
石竹山风景区	福清市宏路镇	25	www.dream-szs.com
天生农庄旅游景区	福清市新厝镇农业示范开发园区	45	www.fqtsly.com
厦门胡里山炮台景区	厦门市思明区曾厝安2号	25	www.hlspt.cn
厦门同安影视城	厦门市同安区五显镇	40	www.taysc.com
厦门市园林植物园	厦门市虎园路25号	40	www.xiamenbg.com
天竺山森林公园旅游景区	厦门市海沧区东孚镇洪塘村西塘社	10	www.xmtzs.cn
厦门日月谷温泉度假村	厦门市海沧区孚莲路1888、1889号	268	www.riyuegu.com
厦门海沧大桥旅游区	厦门市东渡路127-17号	80	www.bobingyuan.com
陈嘉庚纪念胜地景区	厦门市集美鳌园路24号	30	www.tankahkee.cn
厦门园林博览苑景区	厦门市集美区集杏海堤中段北侧	60	www.xmgardenexpo.com
厦门翠丰温泉	厦门市同安区汀溪街777号	168	www.trithorn-resort.com
莆田工艺美术城	沈海高速公路莆田站出口处	0	www.gymsc.com
湄洲岛国家旅游度假区	莆田湄洲岛湄洲大道1588号	50	www.mzd.gov.cn
瑞云山风景区	三明市梅列区陈大镇大源村	40	www.smmlly.com
格氏栲国家森林公园	三明市三元区莘口镇楼源小湖	30	
沙县小吃文化城	福银高速沙县出口处	0	www.sxxcc.com
玉华洞风景名胜区	将乐县古墉镇梅花村	75	www.cnyhd.cn
桃源洞景区	永安城北9公里处205国道旁	110	www.591u.com.cn
泉州开元寺景区	泉州市鲤城西街176号	10	www.qzdkys.com
清源山风景名胜区	泉州市清源山游客中心东侧	55	www.qingyuanmount.com
崇武古城风景区	泉州市惠安县崇武镇	45	www.chongwugucheng.cn

景区名称	地址	景区门票(元) 旺季　淡季	官方网站
安溪清水岩风景旅游区	泉州市安溪县蓬莱镇	15	www.qsmount.com
牛姆林生态旅游区	泉州市永春县下洋镇溪塔村	45	www.niumulin.com
石牛山景区	德化县水口镇赤石口	20	www.rocky-ox.cn
漳州市金汤湾旅游区	漳州市云霄县陈岱镇岱南村	239	www.tritonbay-resort.com
火山岛自然生态风景区	漳州漳浦前亭镇	80	www.huoshandao.net
天福茶博物院	漳浦盘陀茶文化镇	30	museum.tenfu.com
漳州东南花都花博园	漳州市漳浦县官浔镇	50	www.zzdnhd.com
东山风动石·塔屿风景区	东山县铜陵镇公园街	60	www.风动石.net
平和县三平风景区	漳州市平和县文峰镇	30	www.sanpingsi.com
福建土楼（华安）旅游区	漳州市华安县仙都镇大地村	90	www.tulou61.com
龙佳生态温泉山庄	漳州市龙海角美镇	40	www.trip.longjia.com
南平溪源峡谷旅游景区	南平市延平区四鹤街道上洋村	10	www.xyxg.com
华阳山风景区	顺昌县下沙村黄坑自然村	80	www.huayangshan.com
天成奇峡景区	邵武市肖家坊镇将上村	185　　165	www.tcqxiy.com
大安源生态旅游景区	武夷山市北部洋庄乡大安村	120	www.wysday.com
龙硿洞风景名胜区	龙岩市新罗区雁石镇龙康村	55	
古田会址旅游区	上杭县古田镇	0	www.gthyjng.com
冠豸山风景区	龙岩市连城县莲峰镇	115　　90	www.52gzs.com
连城天一温泉旅游区	龙岩市连城县文亨镇汤头村	128	www.fjtywq.com
九鹏溪景区	漳平市南洋乡	50	www.zpjiupengxi.com
太姥山风景名胜区	福鼎市太姥山镇	115	www.517time.com

江西省

景区名称	地址	景区门票(元) 旺季　淡季	官方网站
八一起义纪念馆	南昌市中山路380号	0	www.ncuprising.com
天香园景区	南昌市青山湖南大道	50	www.txy.0791htsm.com
滕王阁景区	南昌市东湖区仿古街	50	www.cntwg.com
宝葫芦农庄	南昌市新建县生米镇	130	www.chinabaohulu.com
浮梁古县衙旅游区	景德镇市浮梁县旧城	50	www.flgxy.jdzol.net
瑶里风景区	景德镇市浮梁县瑶里镇曹家坦	150	www.chinayaoli.com
洪岩仙境景区	景德镇市乐平洪岩镇	81	www.jxhyxj.com
锦绣昌南旅游区	景德镇市迎宾大道368号	0	www.taoci999.com
得雨生态园	景德镇市瓷都大道11号	10	www.jxdeyu.com
古窑民俗博览区	景德镇市瓷都大道古窑路1号	95	www.chinaguyao.com
安源纪念馆	萍乡市安源区	0	www.aymuseum.com
西海温泉景区	九江市永修县	198	www.xhspring.com

4A级旅游景区

景区名称	地址	景区门票(元) 旺季 淡季	官方网站
庐山龙湾温泉旅游区	九江市星子县温泉镇	166	www.china-longwan.com
庐山天沐温泉旅游区	九江市星子县温泉镇	168	www.ls.tianmu.net
仙女湖景区	新余市仙女湖	120	www.xiannvhu.gov.cn
通天岩景区	赣州市章贡区水西镇黄沙村	60	www.tongtianyan.com.cn
五龙客家风情园	赣州市沙河大道18号	40	www.jxganlong.com.cn
江西客家博物院	赣县杨仙大道	60	www.hakkamuseum.com
丫山风景区	赣州市大余县黄龙镇	30	www.zy1199.com
阳岭国家森林公园	赣州市崇义县	60　40	www.chongyitour.com
三百山风景区	安远三百山镇	50	www.sbsly.com
关西新围景区	龙南县关西镇关西村	10	
九曲度假村	赣州市定南县天九镇	40	www.mingjun.com
翠微峰景区	赣州市宁都县梅江镇	60	www.jxcwf.com
三僚景区	兴国县梅窖镇三僚村	80	www.jxsanliao.com
汉仙岩景区	会昌县筠门岭镇营坊村	30	www.hanxianyan.com
通天寨景区	石城县琴江镇大畲村	60	www.scttz.com
叶坪景区	瑞金市叶坪乡叶坪村	35	www.rjjing.com.cn
中央革命根据地博物馆	瑞金市城西龙珠路1号	0	www.rjjng.com.cn
美陂古村景区	吉安市青原区文陂镇美陂村	60	
明月山景区	宜春市温汤镇	120	www.myswq.com
明月山天沐温泉旅游区	宜春市温汤镇	268	www.tianmu.net
武功山景区	萍乡麻田月形街	70	www.wugongshan.cn
三爪仑国家森林公园	靖安县	30　25	www.sanzhualun.com
大觉山风景区	抚州市资溪县建设中路12号	60	www.jxdjs.com
上饶集中营旅游区	上饶市信州区陵园路66号	30	www.srjzy.com.cn
龟峰景区	上饶市弋阳县城西南10公里处	105	www.guifengly.com
江湾景区	婺源县江湾镇	180	www.wuyuan.cc
李坑景区	婺源县秋口镇李坑村	180	www.wuyuan.cc
灵岩风景区	婺源县大鄣山乡通源村	180	www.wuyuan.cn
思溪延村景区	上饶市婺源县思口镇思溪延村	180	www.wuyuanly.com,cn
文公山景区	婺源县中云镇汪家村	180	www.wuyuan.cc
卧龙谷景区	婺源县大鄣山乡上村	180	www.wuyuan.cc
鸳鸯湖景区	婺源县赋春镇	60	www.jxyyh.com
赣州市宝葫芦农庄	赣州市章贡区水西镇赤珠、湖边镇石人前之间	20	www.baohulufarm.com

山东省

景区名称	地址	景区门票(元) 旺季 淡季	官方网站
济南大明湖风景名胜区	济南市明湖路271号	30	www.daminglake.com

景区名称	地址	景区门票(元) 旺季	淡季	官方网站
济南千佛山风景名胜区	济南市历下区经十一路18号	30		
济南市趵突泉公园	济南市趵突泉南路1号	40		www.baotuquan.net
济南金象山旅游区	济南市历城区仲宫镇	120	30	www.jinxiangshan.com
济南跑马岭野生动物世界	济南市历城区柳埠镇跑马岭	80		www.jnysdwsj.cn
九顶塔中华民俗欢乐园	济南市历城区柳埠镇秦家庄	120	80	www.9dingta.com
红叶谷生态文化旅游区	济南市历城区仲宫镇锦绣川水库南3公里处	60		www.hongyegu.com.cn
济南国际园博园	济南市长清区大学科技园区大学路	60		www.jinanguojiyuanboyuan
济南植物园	济南市章丘埠村	30		www.jinanzhiwuyuan.com
章丘市百脉泉公园	章丘市汇泉路2017号	50		
青岛海滨风景区	青岛市京山路11号	20		www.qdseaside.cn
青岛海底世界	青岛市南区莱阳路1号	120	100	www.qdhdworld.com
青岛啤酒博物馆	青岛市登州路56号	60	50	www.tsingtaomuseum.com
青岛葡萄酒博物馆	青岛市市北区延安一路68号	50		www.wine-museum.cc
青岛天幕城景区	青岛市市北区辽宁路80号	0		
青岛金沙滩景区	青岛市开发区金沙滩路	0		www.hdta.gov.cn
华东·百利酒庄景区	青岛市崂山区九水东路	50		www.huadongwinery.com
青岛海昌极地海洋世界	青岛市崂山区东海东路60号	180	150	www.qdpolar.com
石老人农业观光园	青岛市崂山区	50	30	www.slrggy.com
青岛宝龙乐园	青岛市城阳区崇阳路510号	120		www.baolongleyuan.com
青岛国际工艺品城景区	青岛市城阳区黑龙江中路187号	0		www.qdaccity.com
青岛少海风景区	胶州市香港路1号	0		www.qingdaoshaohai.com
天泰温泉度假区	青岛市即墨市温泉镇驻地	20		www.tiantaigolfclub.com
平度茶山风景区	青岛市平度市店子镇茶山风景区	40	20	www.qdchashan.com
大珠山风景名胜区	青岛市滨海大道南1公里处	40	20	www.dazhushanta.com
青岛琅琊台风景名胜区	胶南市琅琊镇琅琊台	50		www.qd-lyt.com
聊斋城景区	淄博市淄川区洪山镇蒲家庄	60		
淄博潭溪山旅游区	淄博市淄川区太河镇峨庄	80		www.tanxishan.com
淄博中国陶瓷馆	淄博市张店区西四路119号	0		www.zgtcg.com
鲁山国家森林公园	淄博市博山区池上镇	50		www.sdlushan.com.cn
原山国家森林公园	淄博市博山区颜山公园路4号	50		www.yuanshan.net
临淄中国古车博物馆	淄博市临淄区齐陵街道	40		
淄博开元溶洞旅游风景区	淄博市手博山区源泉镇东高村马兰峪	80		www.kyrd.net
周村古商城景区	淄博市周村大街296号	70		www.hanmatou.com
沂源牛郎织女景区	淄博市沂源县	70		www.zhongguoniulangzhinv.cn
沂源鲁山溶洞群风景区	沂源县南鲁山镇望峰路160号	40		www.yyls.cn
鲁南水城·枣庄老街	枣庄市市中区文化西路	0		www.zaozhuang.gov.cn
冠世榴园风景区	枣庄市峄城区榴园路西	60		www.sdgsly.com
台儿庄大战纪念馆	台儿庄区沿河南路6号	0		www.v1938.cn
山东汉诺庄园景区	枣庄山亭区汉诺庄6号	100	80	www.sdhnzy.com
枣庄市抱犊崮国家森林公园	枣庄市山亭区北庄镇	60		www.baodugu.com.cn

4A级旅游景区

景区名称	地址	景区门票(元) 旺季	淡季	官方网站
微山湖湿地红荷风景区	滕州市滨湖经济开发区	60		www.wshsdhh.com
山东盈泰生态温泉度假村	滕州市区南3公里104国道路西	68		www.sdytwq.com
黄河口生态旅游区	东营市垦利县黄河口镇东北	50	30	www.zghhk.cn
烟台山旅游景区	烟台市芝罘区历新路7号	30		www.yantaihill.com
养马岛旅游度假区	烟台市天马路99号	15		www.yangmadao.com
张裕酒文化博物馆	烟台市芝罘区大马路56号	50		
烟台金沙滩旅游度假区	烟台开发区海滨路40号	0		
张裕国际葡萄酒城旅游区	烟台市开发区	80	50	www.changyu.com.cn
蓬莱海洋极地世界	蓬莱市海港路88号	120		www.baxian.com.cn
中粮君顶酒庄旅游区	蓬莱市君顶大道1号	100	50	www.nava.cn
招远市罗山黄金文化旅游区	招远市玲珑镇罗山黄金文化旅游区	220		www.luoshan.cn
融基（烟台）艾山温泉度假村	烟台市栖霞松山街道艾山汤村北	228	128	
栖霞市牟氏庄园景区	栖霞市霞光路庄园南街6号	80		www.moushizhuangyuan.cn
海阳旅游度假区	烟台市海阳市海滨路	0		www.hydjq.gov.cn
潍坊白浪绿洲湿地公园	潍坊市机场路与宝通街路口南200米处	0		
潍坊杨家埠民间艺术大观园	潍坊市寒亭区杨家埠村	60		
潍坊金宝乐园	潍坊市潍州路438号	50		www.wfjinbao.com
临朐县沂山风景区	潍坊市临朐县沂山镇	90		www.chinayishan.cn
昌乐中国宝石城旅游区	潍坊昌乐新城街903号	0		www.gem77.cn
青州泰和旅游区	青州市庙子镇	80	30	www.thsfjq.com
仰天山国家森林公园	青州市王坟镇	80		www.yangtianmt.com
云门山风景区	青州市城南2.5公里处	80		www.yunmenshan.net
常山文化博物苑	诸城市皇华镇	60		
潍河公园	诸城市和平街172号	0		
诸城市恐龙博物馆	诸城市密州路西首	100	80	
寿光林海生态博览园	寿光双王城生态经济区	60	40	www.sdlinhai.cn
寿光市生态农业观光园	张建大桥东首北侧	0		
寿光市蔬菜高科技示范园	寿光市洛城镇	40	30	www.sgcbh.com
安丘市青云山民俗游乐园	安丘市青云山路东首	60		
景芝酒之城景区	安丘市景芝镇景酒大道	60		www.jingyangchun.com
昌邑市绿博园景区	昌邑市围子街道宋庄社区	20		
汶上宝相寺景区	汶上县宝相寺路北段尚书路西段	50		www.baoxiangsi.org
梁山风景名胜区	梁山县越山南路36号	60		www.splslyw.gov.cn
曲阜孔子六艺城·孔子故里园	曲阜市春秋路33号	60		www.kzlyc.com
山东省峄山风景名胜区	邹城市城南10公里处	60	50	www.yishan.gov.cn
邹城市孟庙孟府景区	邹城市孟庙孟府	40	30	
泰安泰山方特欢乐世界	泰安市泰山区泰山工业园明堂路北首	200		www.taian.fangte.com
泰山花样年华景区	泰安市博阳路中段	60		www.tshynh.com
东平湖风景名胜区	东平县	260		www.dphly.cn
新泰市莲花山风景区	新泰市迈莱河路与旅游路交会处	80	50	www.sdlhs.cn

景区名称	地址	景区门票(元) 旺季	淡季	官方网站
威海华夏城旅游风景区	威海经区华夏路1号	188	60	www.whhuaxiacheng.com
威海仙姑顶名胜风景区	威海环翠区望岛西山	80		www.xianguding.com
汤泊温泉度假区	文登市经济开发区大连路2号	158		www.tangpo.cn
天沐·威海温泉度假区	威海文登市张家产镇邹家床村	168		www.tianmu.net
成山头风景名胜区	威海市成山镇	150	75	www.xixiakou.com
威海石岛赤山风景名胜区	荣成市石岛管理区法华路	102		www.chishan.cn
银滩旅游度假区	乳山市银滩旅游度假区	0		www.yin-tan.net
日照海滨国家森林公园	日照市碧海路北首	60	40	www.rzhb.com
日照刘家湾赶海园	日照南沿海路中段刘家湾赶海园	50		www.ljwghy.com
日照市万平口海滨风景区	日照市海曲东路398号	0		www.rzwpk.com
五莲山旅游风景区	日照市五莲县五莲山中路1号	60		www.wlfjqgwh.com
莒县浮来山风景区	日照莒县城西6公里处	50		www.juxiantour.com
莱芜战役纪念馆	莱芜市英雄路北首汶阳大街43号	0		zhanyi.laiwu.com
山东房干景区	莱芜市雪野镇房干村南	80		www.fanggan.com.cn
雪野现代农业科技示范园	莱芜市雪野旅游区	80		www.sdxysfy.com
山东观唐温泉（国际）度假村	临沂市河东区汤头镇	138		wwww.sdgtwq.com
山东龙腾竹泉旅游区	临沂市沂南县铜井镇	60		www.zhuquancun.com
山东智圣汤泉旅游度假村	山东省 沂南县城朝阳路北首	138		www.sdzstq.com
东方瑞海国际温泉度假村	沂水县长安南路与南一环交会处	128		www.dfrhwq-hotel.com
山东地下大峡谷旅游区	沂水县许家湖镇永富庄村西	96		www.dxdxg.longur.com
天然地下画廊旅游区	沂水县院东头镇留虎峪	75		www.trdxhl.com
沂水地下萤光湖旅游区	沂水县院东头乡四门洞村	80		www.dxygh.longur.com
沂水天上王城景区	临沂市沂水县泉庄	66		www.tswcly.com
沂水雪山旅游区	沂水县城东北隅	68		www.xschg.cn
沂蒙云瀑洞天	费县南张庄乡北4公里处	60	45	www.5837788.cn
临沂市蒙山旅游区	平邑县柏林镇万寿宫林场	80		www.ymsta.gov.cn
山东省天宇自然博物馆	平邑县城莲花山路西段	80		www.tynhm.com
莒南天马岛旅游区	莒南县大店镇	78		www.Tianmadao.longur.com
蒙阴孟良崮旅游区	蒙阴县垛庄镇泉桥村孟良崮	40		www.mengliangu.cc
董子园风景区	德州经济开发区体育路1号	70		
中国太阳谷旅游区	德州市河东经济开发区太阳谷大道	101	51	www.chinasolarvalley.com
庆云县海岛金山寺景区	庆云县城中心街北首	0		
夏津黄河故道森林公园	夏津县黄河故道	90	60	www.xiajinlvyou.cn
聊城东昌湖旅游区	聊城市湖滨路2号	0		www.jbscjt.com
阳谷景阳冈·狮子楼旅游区	阳谷县张秋镇景阳冈村，阳谷县古城区	70		
中国阿胶博物馆·东阿阿胶养生文化苑·东阿药王山景区	东阿县阿胶街78号	110		www.bwg.dongeejiao.com
天沐·山东江北水城温泉度假区	聊城市冠县马颊河林场	168		sdlc.tianmu.net
杜受田故居	滨州市滨城区	30		www.bzdst.com
孙武古城旅游区	惠民县	80		www.huimin.gov.cn

4A级旅游景区

景区名称	地址	景区门票(元) 旺季	淡季	官方网站
华丰休闲旅游区	山东省解放路199号	0		www.ehuafeng.com
山东沂蒙红色影视拍摄基地	山东省临沂市沂南县马牧池乡双泉峪子村	60	30	www.ymhsysjd.com
山东省政府和八路军115师司令部旧址	山东省莒南县大店镇中心街128号	0		www.hssf.cn
昆嵛山国家森林公园	山东省烟台市昆嵛山国家级自然保护区昆嵛路1号	40		www.kunyushan.com.cn
长岛风景区	山东省烟台市长岛县长园路464	150	135	sdytcdly@126.com
孙子文化旅游区	山东省东营市广饶县乐安街1678号	0		www.sunwulake.com
青岛银海国际游艇俱乐部旅游区	山东省东海中路30号	40		www.yinhai.com.cn
青岛市珠山国家森林公园	山东省灵珠山街道办事处境内	45	25	www.qd-jfh.com
青岛市方特梦幻王国景区	山东省红岛经济区红岛街道岙东南路东侧	200		www.fangte.com
灵岩寺	山东省济南市长清区万德镇	45		www.lys.gov.cn
潍坊金泉寺	山东省潍坊市奎文区潍州路519号潍坊金泉寺	20		www.wfjqs.com
微山湖旅游风景区	山东省微山县	10	20	www.wsh.gov.cn
泗水万紫千红生态养生度假区	山东省泗水县泗张镇	30		www.wzqh.com.cn
枣庄熊耳山—抱犊崮国家地质公园	山东省枣庄市山亭区北庄镇境内	60	40	www.xiongershan.com
青岛市奥帆中心旅游区	山东省青岛市南区金湾路1号	30		
山东乳山维多利亚海湾旅游区	山东省海阳所镇龙海山庄	78	50	www.darushan.cn
泉城海洋极地世界展览馆	齐河黄河国际生态城旅游路08号	0		www.qcseaworld.com
菏泽市牡丹园景区	山东省菏泽市人民路1000号	60	20	
菏泽孙膑旅游城•亿城寺景区	山东省菏泽市鄄城县箕山镇	30		

河南省

景区名称	地址	景区门票(元) 旺季	淡季	官方网站
郑州世纪欢乐园	郑州市石化路1号	160		www.sjhly.com
丰乐葵园、黄河谷马拉湾景区	郑州市江山路北段至黄河大堤东600米处	128		www.fenglenongzhuang.com
黄河风景名胜区	郑州市黄河南岸1号	60		www.hhscenic.com
嵩山嵩阳书院景区	郑州市登封市	30		www.songshan.gov.cn
嵩山中岳庙景区	郑州市登封市	30		www.songshan.gov.cn
康百万庄园	巩义市西3公里康店镇庄园路59号	75		www.kangbaiwan.com
黄帝故里景区	新郑市轩辕路1号	0		www.hdgl.org
开封包公祠	开封市包公湖西岸	20		
开封市铁塔公园	开封市北门大街210号	30		www.kfyl.kf.cn
龙亭公园	开封市宋都御街北段	70	35	www.longting99.com
中国翰园碑林	开封市龙亭北路15号	50	30	www.hanyuan.cc.cn
开封府	开封市鼓楼区包公东湖北岸	50		www.kaifengfu.cn
焦裕禄纪念园	兰考县裕禄大道88号	0		www.jiaoyulumemorial.com
白马寺	洛阳市洛龙区白马寺镇白马寺村	50		www.chinabaimasi.org

景区名称	地址	景区门票(元) 旺季 / 淡季		官方网站
关林景区	洛阳市洛龙区关林南路2号	40		www.guanlinmiao.com
龙潭大峡谷景区	洛阳市新安县石井镇龙潭沟村	70	50	www.lyltdxg.com
重渡沟风景区	洛阳市栾川县潭头镇重渡村	80	55	www.chongdugou.net
伏牛山滑雪度假乐园	洛阳市栾川县石庙镇杨树坪村	30		www.fnsski.com
鸡冠洞风景名胜区	栾川县栾川乡双堂村	80	70	www.jiguandong.com
龙峪湾国家森林公园	洛阳市栾川县庙子镇	50	35	www.hnlyw.com
栾川养子沟旅游休闲度假区	洛阳市栾川县县城东5公里处	55	30	www.yangzigou.cn
天池山国家森林公园	洛阳市嵩县天池山	50		www.lytcs.cn
木札岭原始生态旅游区	洛阳市嵩县车村镇龙王村	70		www.muzhaling.cn
洛阳神灵寨风景区	洛宁县涧口乡	50		www.lyshenlingzhai.com
画眉谷生态旅游区	鲁山县尧山镇四道河村	60		www.huameigu.com
灯台架景区	舞钢市杨庄乡	60		www.erlangshan.cn
二郎山景区	舞钢市石漫滩水库南岸	80		www.erlangshan.cn
安阳马氏庄园	安阳市安阳县蒋村镇西蒋村	60		www.aymszy.com
岳飞庙景区	汤阴县岳庙街	50		
红旗渠风景区	林州市任村镇	100		www.chinahqq.com
林州太行大峡谷	林州市石板岩乡	160		www.thdxg.net
大伾山风景名胜区	浚县伾浮路97号	60		www.dapishan.net
古灵山景区	灵山街道办事处	40		www.qxgls.com
云梦山风景名胜区	淇县北阳镇	60		www.qxym.com
京华园景区	新乡县小冀镇	0		www.xxjinghua.com
卫辉比干庙景区	新乡卫辉市比干大道北端	40		www.biganmiao.cn
八里沟景区	新乡辉县市上八里镇松树坪村	80		www.baligou.org
太行九莲山景区	辉县市上八里镇松树坪村	80		www.jlsfjq.com
万仙山景区	辉县市沙窑乡水磨村	80	40	www.wanxianshan.net
圆融无碍禅寺	焦作市修武县	0		www.yuanrongsi.com
嘉应观景区	焦作市武陟县嘉应观乡杨庄村南	40		www.jiayingguan.net
戚城文物景区	濮阳市京开大道南段134号	55		www.pyqicheng.com
中原绿色庄园	濮阳市黄河路西段	30		www.zylszy.com
鄢陵国家花木博览园	许昌市东20公里311国道北侧	20		www.ylhby.com
禹州钧官窑址博物馆	禹州市钧官窑路60号	0		www.junci.org.cn
南街村旅游区	漯河市南街村前进路1号	80		www.nanjiecun.cn
虢国博物馆	三门峡市区北部上村岭	40		www.guostate.com
天鹅湖国家城市湿地公园	三门峡市天鹅湖国家城市湿地公园	0		www.smxteh.com
豫西大峡谷景区	卢氏县官道口镇	60		www.yxdxg.net
函谷关历史文化旅游区	三门峡灵宝市函谷关出口2公里处	80		www.zghgg.com
南阳武侯祠景区	南阳市卧龙路766号	80		www.wuhouci.org
鹳河漂流景区	南阳市西峡县军马河乡夫子岈电站	140		www.zydypl.com
恐龙遗迹园景区	南阳市西峡县丹水镇三里庙村	90		www.klyjy.com
老界岭景区	南阳市西峡县太平镇东坪村	50		www.zydypl.com

4A级旅游景区

景区名称	地址	景区门票(元) 旺季	淡季	官方网站
龙潭沟风景区	南阳市西峡县双龙镇化山村	60	45	www.xxltg.com
宝天曼生态旅游区	南阳市内乡县夏馆镇葛条爬村	60	30	www.baotianman.com
内乡县衙博物馆	内乡县城县衙路东段	60		www.nxxy.cn
商丘古文化旅游区	商丘古城小隅首东一街5号	100		www.sqgch.com
芒砀山汉文化景区	永城市芒山镇柿园村	100		www.mangshan.net
鸡公山风景区	信阳市南38公里处	60		www.kikungshan.com
信阳市南湾湖风景区	信阳市南湖大街306号	80		www.nwtour.net
灵山风景名胜区	信阳市灵山	50		www.xylingshan.com
鄂豫皖苏区红色首府景区	新县首府路文博新村	0		www.eywsqsfbwg.com
西九华山景区	固始县陈淋子镇	80		www.xijiuhua.com
太昊陵景区	淮阳县太昊陵	60		www.taihaoling.gov.cn
老子故里旅游区	鹿邑县县城东至太清宫镇	100		www.laoziguli.com
确山竹沟革命纪念馆	确山县竹沟镇小延安街86号	0		www.zggmjng.cn
汝南县南海禅寺景区	汝南县南海大道	40		www.yznhcs.com
查岈山风景旅游区	遂平县查岈山	70	40	www.chayashan.com
王屋山风景区	济源市王屋镇	80		
五龙口风景区	济源市五龙口镇山口村	60		www.jywlk.com
沙澧河风景区	河南省漯河市	0		www.slhfjq.com
内乡宝天曼峡谷漂流景区	河南内乡县七里坪乡大龙村	180		www.btmxgpl.com
南阳大宝天曼原始森林生态旅游景区	河南省下关镇葛条爬村新山门	80		www.baotianman.com
南阳丹江香严寺风景名胜区	河南省南阳市淅川县仓房镇	60		www.xiangyansi.org
国际玉城	河南省镇平县石佛寺镇	0		
焦作黄河文化影视旅游区	河南省焦作市普济路北端	0		www.jzysc.com
小浪底景区	河南省济源市大峪镇桐树岭村	60	40	www.XLDFJQ.com
河南小浪底黄河三峡景区	济源市下冶镇逢北村	32		www.hhsx.com
河南省汤阴县羑里周易博物馆	汤阴县城北文王路北段	50		www.tylyw.net
抱犊寨景区	洛阳市栾川县三川镇	60		www.lcbaoduzhai.com

湖北省

景区名称	地址	景区门票(元) 旺季	淡季	官方网站
武汉科学技术馆	武汉市江岸区赵家条104号	30		www.whstm.org.cn
武汉博物馆	武汉市江汉区青年路373号	0		www.whmuseum.com.cn
归元禅寺	武汉市汉阳区归元寺路20号	10		www.guiyuanchansi.com.cn
武汉革命博物馆	武汉市武昌红巷13号	0		www.whgmbwg.com
东湖生态旅游风景区磨山景区	武汉市东湖生态旅游风景区磨山	20		www.whdonghu.gov.cn
东湖生态旅游风景区落雁景区	武汉市东湖生态旅游风景区新武东	10		www.whdonghu.gov.cn
东湖生态旅游风景区听涛景区	武汉市东湖生态旅游风景区	0		www.whdonghu.gov.cn

景区名称	地址	景区门票(元)		官方网站
		旺季	淡季	
中国地质大学逸夫博物馆	武汉市洪山区鲁磨路388号	40		mus.cug.edu.cn
中国科学院武汉植物园	武汉市洪山区鲁磨路特1号	40		www.whiob.ac.cn
锦里沟风景区	武汉市黄陂区蔡店乡道士冲村	80	65	www.jinligou.com
木兰山风景区	武汉市黄陂区木兰山	80		www.whmls.cn
武汉木兰草原景区	武汉市黄陂区王家河街张家榨村聂家岗	60	50	www.whmlcy.com
武汉木兰清凉寨旅游风景区	武汉市黄陂区蔡店乡	80		www.whqlz.cn
武汉市丰太木兰天池旅游区	武汉市黄陂区长轩岭街	60		www.mltc.cn
佳海·农耕年华农业风情园	武汉市黄陂区武湖农场正街特1号	70	60	www.jhngnh.com
黄石国家矿山公园	黄石市铁山区	40		www.ksgy.net.cn
襄阳凤凰温泉度假区	襄阳市襄城区	138		www.xyfhwq.com
襄阳古隆中风景区	襄阳市隆中路461号	63	31	www.glzfjq.com
鄂州市梁子岛生态旅游区	鄂州市梁子湖区梁子镇长岭街	30	25	www.liangzidao.gov.cn
湖北鄂州莲花山旅游区	鄂州市凤凰路76号	25		www.hblhs.cn
观音湖生态文化旅游度假区	孝感市孝昌县	0		www.guanyinhu.cn
孝感市双峰山旅游度假区	孝感市双峰大道	20		www.shuangfengshan.com
湖北汤池温泉旅游区	应城市汤池镇温泉路121号	168		www.tcwq.com
白兆山李白文化旅游区	安陆市烟店镇	38	20	www.bzsly.com
荆州博物馆	荆州市荆中路166号	0		www.jzbwg.com
荆州古城历史文化旅游区	荆州市荆州区张居正街2号	27		www.jzgcq.com
洪湖蓝田生态旅游风景区	洪湖市瞿家湾唐城大道18号	80		www.honghuly.com
黄麻起义·鄂豫皖苏区纪念园	红安县陵园大道1号	0		www.hmjny.com.cn
李先念故居纪念园	红安县高桥镇	0		www.lixiannian.org
大别山国家森林公园天堂寨风景区	黄冈市罗田县	120		www.dabieshan.net
湖北大别山主峰风景区	黄冈市英山县吴家山林场	100		www.dbszf.com
湖北省英山县桃花冲风景区	英山县桃花冲	80	60	www.thchly.cn
浠水县三角山旅游风景区	浠水县三角山	80		www.sjs.xishui.gov.cn
麻城市龟峰山风景区	麻城市龟峰山村	100	80	
麻城烈士陵园	麻城市陵园路75号	0		www.mclsly.com
湖北楚天瑶池温泉景区	咸宁市温泉路5号	168		www.hbctyc.com
三江森林温泉度假区	咸宁市温泉城区壹号桥左行600米	169		www.517SPA.cn
太乙国际温泉度假村	咸宁市旅游新城	188	118	www.taiyichina.com
咸宁温泉谷度假区	咸宁市温泉月亮湾路特1号	178	158	www.wenquangu.com
嘉鱼县山湖温泉旅游区	嘉鱼县三湖连江风景区内	168		www.wqsh.net
湖北省九宫山旅游区	通山县九宫山镇云中湖路	77	62	www.jgs.org.cn
湖北隐水洞旅游区	咸宁市通山县大畈镇板桥道街	125		www.隐水洞.com
湖北三国赤壁旅游区	赤壁市赤壁镇司心路	150		www.chinachibi.com
陆水湖风景区	赤壁市陆水湖	150	130	www.lushuihu.org.cn
中旅龙佑赤壁温泉度假区	赤壁市凤凰山	138		www.longyouchibi.com
湖北玉龙温泉欢乐谷	随州市随县洪山镇温泉村	168		www.hbylwq.com
随州市炎帝神农故里风景区	随州市随县厉山真	60		www.ydsn.gov.cn

4A级旅游景区

景区名称	地址	景区门票(元) 旺季	淡季	官方网站
恩施大峡谷风景旅游区	恩施市沐抚办事处甘堰塘	120	80	www.eslyjt.com
恩施梭布垭石林景区	恩施市太阳河乡石林村	60	50	www.suobuya.cn
恩施土司城景区	恩施市土司路138号	50		www.estsc.cn
佛宝山大峡谷漂流景区	恩施州利川市佛宝山生态综合开发区内	180		www.fobaoshan.cn
腾龙洞风景区	利川市城郊6.8公里处	180		www.tenglongdong.net
湖北恩施建始野三河景区	建始县花坪镇小西湖村	260	217	www.yesanhe.com
唐崖河旅游区	咸丰县黄金洞乡	80	60	
东湖生态旅游风景区	湖北省武昌东湖翠柳村18号	20		www.whdonghu.com
湖北省博物馆	湖北省东湖路160号	0		www.hbww.org
首义文化区	湖北省武珞路1号	0		www.1911museum.com
大冶市雷山风景区	湖北省大冶市陈贵镇小雷山村	0		www.lei-shan.com
柴埠溪大峡谷风景区	湖北省宜昌市五峰县渔关镇曹家坪二组	80		www.wfcbx.cn
湖北天紫生态度假村	湖北省孝感市孝南区肖港镇小周村	30		
秭归县九畹溪风景区	湖北省秭归县九畹溪镇	180		
三峡竹海生态风景区	湖北省秭归县茅坪镇泗溪村委会	35		
西陵峡口风景名胜区	湖北省宜昌市南津关	168		www.xlxkfjq.com
三游洞风景区	湖北省宜昌市南津关路8号	168		
黄龙滩旅游度假区	湖北省十堰市张湾区黄龙镇	40		
中国野人洞旅游区	湖北省十堰市房县野人谷镇	50	37	www.fxyerendong.com
中国野人谷旅游区	湖北省十堰市房县野人谷镇	50	35	www.fxyerendong.com
五龙河旅游景区	湖北十堰银福高速郧西出口18公里处	80	70	
龙潭河旅游景区	湖北省郧西县羊尾镇	88	50	
天河旅游区	湖北省郧西县城关镇	50		
西游记漂流	湖北省随县淮河镇龙泉村	228		
红坪景区	湖北神农架林区红坪镇	0		snjbhq@QQ.com
天燕景区	湖北神农架林区红坪镇	0		www.snjbhq.com
太极峡景区	湖北省石鼓镇	90		
静乐宫景区	湖北省丹江口市丹赵路办事处	20		
宜昌石牌要塞旅游区	湖北省宜昌市夷陵区三斗坪镇石牌村	180		www.3xzz.com
宜昌市三峡观坝旅游区	湖北省宜昌市夷陵区三斗坪镇	50		www.3xzz.com
宜昌市三峡大瀑布景区	湖北省宜昌市夷陵区黄花乡新坪村	98		www.sxxf.cn
赛武当风景区	湖北赛武当保护区管理局	30	15	
宜昌车溪民俗风景区	湖北省宜昌市点军区土城乡车溪村	90		www.chexi.net
十堰市博物馆	湖北省茅箭区北京中路	0		www.3w10ybwg.com
坪坝营原生态休闲旅游区	湖北省坪坝营村	130		www.pingbaying.net.cn
郧县九龙瀑旅游区	湖北省十堰市郧县南化塘镇	8	5	
京山大洪山旅游区	湖北省京山县绿林镇	384		www.lulinshan.cn
钟祥市显陵景区	湖北省钟祥市	50		www.zgmxl.com
黄仙洞	湖北省钟祥市客店镇赵泉河村	60		

湖南省

景区名称	地址	景区门票(元) 旺季 / 淡季	官方网站
湖南省博物馆	长沙市东风路50号	0	www.hnmuseum.com
长沙世界之窗旅游区	长沙市三一大道485号	130	www.colorfulworld.cn
长沙天心阁景区	长沙市天心区天心路4号	16	www.hntxg.com
长沙市石燕湖生态旅游景区	长沙市跳马镇	80	www.shiyanhu.com
湖南省森林植物园	长沙市雨花区洞井镇	20	www.hnfbg.cn
长沙雷锋纪念馆	长沙市高新区雷锋镇正兴路42号	0	www.hnleifeng.org.cn
长沙市靖港古镇景区	长沙市望城区靖港镇芦江社区	50	www.hnjggz.com
长沙生态动物园	长沙县暮云镇西湖村道山湾组	80 / 45	www.cszoo.com.cn
长沙市杨开慧纪念馆	长沙县开慧镇开慧村178号	0	www.ykhjng.cn
宁乡花明楼刘少奇纪念馆	长沙宁乡花明楼镇炭子冲村	0	www.shaoqiguli.com
宁乡紫龙湾旅游区	宁乡县灰汤镇宁南村	199	www.zlwwq.com
长沙大围山国家森林公园	浏阳市大围山镇	0	www.dwstravel.com
长沙市浏阳胡耀邦故里旅游区	浏阳市中和镇苍坊村	0	www.yaobangguju.com
株洲市酒仙湖景区	攸县酒埠江镇	88 / 60	www.jxh.jxhwlyw.com
云阳山国家森林公园	株洲市茶陵县城关镇十八丘	45	www.yunyangshan.cn
株洲市炎陵神农谷景区	株洲市炎陵县十都镇	55	www.sngglj.hnyanling.gov.cn
株洲炎帝陵旅游区	株洲市炎陵县鹿原镇鹿原陂	60	
湘潭彭德怀纪念馆	湘潭县乌石镇	0	www.pdhjng.cn
湘潭市湘乡东山书院旅游区	湘乡市书院路1号	0	www.dsxxjz.com
衡阳市罗荣桓故居、纪念馆	衡东县荣桓镇南湾村	0	www.lrhgi.com
邵阳新宁崀山旅游区	新宁县崀山	180	www.langshanhong.com
岳阳市任弼时纪念馆	汨罗市弼时镇弼时村	0	
常德柳叶湖旅游度假区	常德市柳叶湖环湖路1号	48	www.liuyehu.gov.cn
常德市清水湖旅游区	常德市清水湖	0	www.qingshuihu.net
常德桃花源旅游区	常德市	75 / 60	www.cnthy.net
张家界土家风情园	张家界市永定区南庄坪五子坡	90	www.tusicheng.net
张家界江垭温泉度假村	张家界市慈利县江垭镇	118	www.zjjwq.com
张家界龙王洞旅游景区	慈利县江垭镇岩板田村	60 / 10	www.maoyanhe.cn
张家界市张家界大峡谷景区	张家界市慈利县三官寺	118	www.zjjdxg.com
张家界万福温泉旅游度假区	张家界慈利县零阳镇	118 / 88	www.wfwq.com
益阳奥林匹克公园	益阳市富南路30号	0	
益阳市山乡巨变第一村旅游区	益阳市赫新区谢林港镇邓石桥清溪村	0	www.qxwhly.com
益阳市安化茶马古道风景区	益阳市安化县江南镇	50	www.parket.com.cn
郴州市龙女景区	郴州市南岭大道铜坑湖村仙池潭	110	www.0735lv.com
郴州万华岩旅游区	郴州市北湖区万华岩镇坦山村	55	
郴州苏仙岭旅游区	郴州市苏仙北路2号	55	
郴州王仙岭旅游区	郴州市苏仙区王仙岭	30	www.czwxl.com
郴州莽山国家森林公园	郴州市宜章县	104 / 80	www.chinaczms.com

4A级旅游景区

景区名称	地址	景区门票(元) 旺季	淡季	官方网站
郴州汝城福泉山庄	郴州市汝城县热水镇	108		www.czfqsz.com
资兴东江湖旅游区	郴州资兴东江迎宾大道88号	96	52	www.dongjianghu.com
永州祁阳浯溪碑林景区	永州市祁阳县城浯溪路108号	30		www.wxta.cn
永州九嶷山舜帝陵景区	宁远县九嶷山	230		www.jysjq.com
芷江抗战受降纪念旧址	芷江侗族自治县芷江镇七里桥	0		www.chinazhijiang.gov.cn
娄底双峰曾国藩故里旅游区	娄底市双峰县荷叶镇富托村	70		www.zgfgj.cn
娄底梅山龙宫景区	娄底市新化县油溪乡高桥村	80		www.mslg.com.cn
湘西州乾州古城景区	吉首市乾州办事处东门巷1号	108		www.china-qzgc.com
凤凰古城旅游区	凤凰县沱江镇	0		www.hnphoenix.com
凤凰奇梁洞景区	凤凰县奇梁桥村	0		www.hnphoenix.com
湘西州南华山神凤文化景区	凤凰县虹桥西侧	120		www.nanhuanshan.com.cn
天堂温泉度假山庄	湖南省郴州市北郊许家洞	0		
万佛山景区	湖南省通道县临口镇太平岩村	100		www.tdwfs.com
长沙海底世界	湖南省长沙市开福区浏阳河大桥东	130		
贺龙纪念馆	湖南省张家界市桑植县洪家关乡洪家关村	0		www.hljng.com.cn

广东省

景区名称	地址	景区门票(元) 旺季	淡季	官方网站
广州陈家祠旅游区	广州市中山七路陈家祠	10		www.gzchenjiaci.com
广东省美术馆	广州市二沙岛烟雨路38号	0		www.gdmoa.org
广州动物园	广州市先烈中路120号	20		www.gzzoo.com
广州黄花岗烈士陵园	广州市先烈中路79号	0		www.72martyrs.com.cn
广州起义烈士陵园	广州市中山二路92号	0		www.gzlsly.com
广州西汉南越王墓博物馆	广州市解放北路867号	12		www.gznywmuseum.org
广州越秀公园	广州市解放北路988号	0		www.yuexiupark-gz.com
广州中山纪念堂	广州市东风中路259号	10		www.zs-hall.com
广州市正佳广场商贸旅游区	广州市天河区天河路228号	0		www.zhengjia.com.cn
中国科学院华南植物园	广州市天河区天源路1190号	20		www.scbg.cas.cn
广州市南海神庙景区	广州市黄埔区庙头旭日街22号	10		www.hp.gov.cn
广州宝墨园景区	广州市番禺区沙湾镇紫坭村	40		www.baomogarden.cn
广州市广东科学中心	广州市大学城西六路168号	60		www.gdsc.cn
广州莲花山旅游区	广州市番禺区石楼镇西门路18号	40		www.pylianhuashan.com
广州市九龙湖旅游区	广州市花都区花东镇	0		www.dragonlake.com.cn
广州市石头记矿物园	广州市花都区珠宝城大观路1号	60		www.istonepark.com
增城市白水寨旅游区	增城市派潭镇	60		www.bsz.cn

景区名称	地址	景区门票(元)		官方网站
		旺季	淡季	
广州从化碧水湾温泉度假村	从化流溪温泉旅游度假区105国道(良口)	168	138	www.bishuiwan.com
韶关曹溪温泉旅游区	韶关市曲江区马坝转溪桥头	120		www.caoxi.com.cn
广东大峡谷景区	韶关市乳源瑶族自治县大布镇	80		www.grand-canyou.com.cn
韶关市丽宫旅游区	韶关市乳源县乳城镇侯公渡	138		www.palace-international.com
韶关市南岭国家森林公园	韶关市乳源县大桥镇五指山	80		www.eco-nanling.com
云门寺佛教文化生态保护区	乳源县城东北3公里处	5		
韶关市古佛洞天旅游区	乐昌市城西南5公里处	50		
深圳仙湖植物园	深圳市罗湖区莲塘仙湖路160号	20		www.szbg.org
深圳市青青世界旅游区	深圳市南山区月亮湾青青路1号	60		www.evergreen-cn.com
深圳野生动物园	深圳市南山区西丽湖东侧	180		www.szzoo.net
观澜山水田园农庄景区	深圳市观澜环观南路	0		www.szlpac.com
深圳市西部海上田园旅游区	深圳市宝安区沙井镇	60		www.szwaterlands.com
中信明思克航母世界旅游景区	深圳市盐田区沙头角海景路	130		www.szminsk.com
珠海农科中心	珠海市香洲区旅游路2068号	30		www.zhac.com
珠海圆明新园景区	珠海市九州大道兰埔	130		www.ymy.com.cn
汕头礐石风景名胜区	汕头市礐石海旁路4号	15		www.queshi.com
中信高尔夫海滨旅游度假区	汕头市濠江区中信大道南端	20		www.citichotel.com
汕头市莲华乡村旅游区	汕头市澄海区莲华镇	0		www.stchlh.cn
汕头南澳生态旅游区	汕头市南澳县	42		www.zgnaly.com
佛山市南风古灶旅游区	佛山市石湾高庙路6号	60		www.1506city.com
佛山市西岸森林生态园	佛山市南海区西樵镇庆云大道	30		www.xaslsty.com
佛山长鹿休闲度假农庄	佛山市顺德区伦教三洲建设东路	100		www.chuanlord.com
佛山清晖园	佛山市顺德区大良街道清晖路23号	15		www.qinghuiyuan.com
佛山市陈村花卉世界	佛山市顺德区牡丹路28号	0		www.flowerworld.org.cn
佛山三水荷花世界	佛山市三水区西南街横冲新围	60		www.lotusworld.cn
佛山市三水森林公园	佛山市三水区云东海观光大道	25	20	www.ydh.ss.gov.cn
江门圭峰山风景名胜区	江门市新会区圭峰山	5		www.gdguifeng.com
江门新会古兜温泉旅游度假村	江门市新会古兜温泉综合度假区	138		www.gudouhotspring.com
江门市川岛旅游度假区	台山市川岛镇	40		www.chuandao.travel
江门市富都温泉度假村	台山市都斛镇莘村	98	70	www.tsfudu.cn
江门市康桥温泉景区	台山市白沙镇铜锣地村	138		www.康桥温泉.com
江门开平立园旅游区	开平市塘口镇北义乡	100		www.kptour.com
江门锦江温泉旅游区	恩平市大田镇	120	60	www.jjwq.com
江门金山温泉旅游度假区	恩平市那吉镇	100		www.jinshanhotspring.com
湛江蓝月湾温泉度假村	湛江海滨大道中2号	98		www.HAIBIN-hotel.com
湛江湖光岩风景名胜区	湛江市西南18公里处	50		www.hgytravel.com
广东茂名森林公园	茂名市西郊	20		www.mmslgy.com
茂名市放鸡岛海上游乐世界	茂名市电白县博贺镇	180	150	www.chickenisland.com
肇庆星湖风景名胜区	肇庆市端州区星湖大道	60		www.starlake.net.cn
肇庆市德庆学宫景区	德庆县德城镇朝阳西路26号	30		www.dqtoursm

4A级旅游景区

景区名称	地址	景区门票(元) 旺季 淡季		官方网站
肇庆市盘龙峡景区	德庆县官圩镇	80		www.panlongxia.com
肇庆市龙母祖庙景区	肇庆市德庆县悦城镇	50		www.dqtourism.com
惠州西湖风景名胜区	惠州市惠城区环城西路	0		www.hzxihu.net
惠州市罗浮山风景名胜区	惠州市博罗县	60		www.lfs.gov.cn
惠州市海滨温泉旅游度假区	惠州市惠东县平海镇	168		www.hbwq.com.cn
惠州市金海湾国际滨海旅游区	惠州市惠东县	144		www.xunliao.huidong.gov.cn
惠州永记生态园景区	惠州市惠东县大岭镇桥新区	40		www.wing-kee-farm-park.com
惠州龙门温泉旅游度假区	惠州市龙门县龙田镇	160	130	www.gdsunnature.com
惠州南昆山生态旅游区	龙门县南昆山生态旅游区	30		www.nankunshan.com
惠州南昆山温泉旅游大观园	惠州市龙门县永汉镇油田村	105	80	www.nkshs.com.cn
梅州市客天下景区	梅州市梅江区东升村	100	80	www.gdktx.com
梅州雁鸣湖旅游度假村	梅州市梅县雁洋镇南福村	50		www.yanminghu.cn
梅州叶剑英纪念园	梅州市梅县雁洋镇	0		www.yjjjny.com
梅州市蕉岭县长潭旅游区	梅州市蕉岭县长潭镇长潭村	0		www.jlcht.com
汕尾玄武山旅游区	陆丰市碣石镇	15		www.jsxws.com.cn
河源市御临门温泉度假区	河源市紫金县九和镇	148		www.iphotspring.com
河源市和平温泉之都旅游区	河源市和平县热水镇南湖村	0		www.rlwq.cn
河源新丰江国家森林公园	河源市新港镇港中路17号	180		www.wanlvhu.cn
阳江海陵岛大角湾风景名胜区	阳江市闸坡镇海滨路38号	40	20	www.djw-beach.com
阳江市阳西咸水矿温泉景区	阳江市阳西县城东湖开发区	98		www.xskwq.cn
阳江市凌霄岩景区	阳春市河朗镇	55		www.yclxy.com.cn
飞来峡水利枢纽风景区	清远市清城区飞来峡镇	10		www.flxwater.com
碧桂园假日半岛故乡里旅游度假区	清远市清城区碧桂园假日半岛	90		www.guxiangli.com
清远黄腾峡生态旅游区	清远市清城区东街	158	138	www.qyhtx.com
清远聚龙湾天然温泉度假村	清远市佛冈县汤塘镇	138		www.gdjlw.com
广东第一峰旅游风景区	清远市阳山县秤架瑶族乡	98		www.gdfp.com
清新温泉旅游度假区	清远市清新县三坑镇	138		www.qxhotspring.com
清远玄真古洞生态旅游区	清远市清新县玄真路	198		www.qyxzpl.com
宝晶宫生态旅游度假区	英德市宝晶宫风景区	85		www.宝晶宫.com
清远市奇洞温泉度假区	英德市望埠镇李屋村	158	98	www.ydkch.com
湟川三峡——龙潭文化生态旅游区	连州市九陂镇龙潭村	60		www.lzdxh.com
东莞市观音山国家森林公园	东莞市樟木头镇石新区笔架山大道	45		www.guanyinshan.com
东莞市科学技术博物馆	东莞市新城市中心区元美路2号	25		www.dgstm.gov.cn
东莞市龙凤山庄影视旅游区	东莞市凤岗镇官井头大龙工业区	60		www.dglfsz.com
东莞市新华南MALL欢笑世界	东莞市万江区万道路南10号	100		www.southchinamall.com.cn
东莞市松山湖景区	东莞市松山湖滨湖路	0		www.ssl.gov.cn
东莞鸦片战争博物馆	东莞市虎门镇解放路113号	0		www.ypzz.cn
中山孙中山故居	中山市翠亨村	0		www.sunyat-sen.org
中山詹园景区	中山市南区北台村105国道旁	0		www.zhanyuan.net
潮州市淡浮收藏院	潮州市湘桥区安黄公路	30		www.danfuyuan.com

景区名称	地址	景区门票(元) 旺季 淡季	官方网站
潮州东山湖温泉度假村	潮安县沙溪镇东山湖	139　118	www.dansuao.com
潮州市绿岛旅游山庄	潮州市饶平县钱东镇	30	www.czldly.com
揭阳市阳美玉都旅游景区	揭阳市东山区阳美村	0	www.yzydzgyd.com
揭阳市京明温泉度假村	揭阳市揭西县京溪园镇	30	www.gdjingming.com
云浮市金水台温泉景区	云浮市新兴县水台镇	130	www.jinshaitai.com.cn
云浮市六祖故里旅游度假区	新兴县六祖镇	40	www.lzglxx.com
韶关市珠玑古巷梅关古道景区	广东省南雄市城北10公里处的梅岭山下	60	www.lshaoguan.lotour.com
东莞市粤晖园旅游景区	广东省东莞道粤晖路一号	60	www.l.yuehuiyuan.com
广州市岭南印象园旅游景区	广州市番禺区小谷围街大学城外环西路岭南印象	60	www.lnyxy.com
广州市南沙滨海湿地景区	广东省广州市南沙区万顷沙镇新垦18涌	50	www.nssd.com.cn
佛山市顺德罗浮宫国际家具艺术博览中心景区	广东省顺德区325国道乐从路段	0	www.loure-group.cn
惠州市龙门天然温泉旅游区	广东省惠州市龙门县龙田镇赖屋村	120　100	www.tr7333333.com
肇庆市广宁宝锭山旅游景区	广东省肇庆市广宁县南街镇碧翠湖	50	www.gnbch.com
江门市川岛旅游度假区——下川岛	广东省台山市川岛镇	40　30	www.chuanshanqundao.com
汕头市方特欢乐世界·蓝水星景区	广东省汕头市龙湖区泰星庄泰星路12号	0	www.fangte.com
佛山市祖庙博物馆	广东省祖庙路21号	20	www.fszumiao.com
皂幕山旅游风景区	广东省佛山市高明区杨和镇	0	www.fszms.com

广西壮族自治区

景区名称	地址	景区门票(元) 旺季 淡季	官方网站
广西药用植物园	南宁市长岗路8号	65	www.gxyyzwy.com
南宁嘉和城景区	南宁市昆仑大道95号	138	www.jhcwq.com
南宁九曲湾温泉景区	南宁市兴宁区昆仑大道温泉路9号	168	www.jqwwq.com
南宁乡村大世界	南宁市兴宁区三塘镇蒙村	0	www.nnxcdsj.com
广西民族博物馆	南宁市青环路11号	0	www.gxmn.org
广西壮族自治区科学技术馆	南宁市民族大道20号	30	www.gxkjg.com
南宁青秀山风景名胜区	南宁市青山路19号	20	www.qxsfjq.com
广西八桂田园景区	南宁市西乡塘区风景路18号	10	www.bg-ty.com
南宁市动物园	南宁市大学西路3号	50	www.gxnnzoo.com
南宁大明山风景旅游区	南宁市武鸣县两江镇明山路1号	128	www.gxdms.com
桂林两江四湖景区	桂林市丽君路22号	190	www.glljsh.com
桂林芦笛景区	桂林市芦笛路1号	90	www.gludiyan.com
叠彩伏波景区	桂林市龙珠路2号	30	www.glfubo.com
桂林尧山景区	桂林市靖江路尧山	95　45	www.glyaoshan.com
桂林市穿山公园	桂林市七星区穿山小街5号	80	www.gleyes.com
桂林市七星景区	桂林市七星路1号	55	

4A级旅游景区

景区名称	地址	景区门票(元) 旺季	淡季	官方网站
桂林愚自乐园	桂林市雁山区大埠乡	100		www.yuzile.com
漓江冠岩景区	桂林市雁山区草坪乡	200	100	www.liriver.org
神龙水世界景区	桂林市雁山区草坪乡	50		www.glsl365.com
图腾古道——聚龙潭奇石景区	桂林阳朔十里画廊风景区内	108		www.yshxjq.com
阳朔世外桃源景区	桂林市阳朔县白沙镇五里店	70		www.niceview.cn
临桂县义江旅游区	临桂县五通镇泗江村会沙角	90		
漓江·古东景区	桂林市灵川县大圩镇	60		www.glgdst.com
桂林国悦灵渠旅游区	兴安县双灵路灵渠公园内	60		www.lingqu8.com
桂林金钟山旅游度假区	桂林市永福县罗锦镇	115		www.jzsholiday.com
龙脊梯田风景名胜区	桂林市龙胜县和平乡	80		www.txljw.com
龙胜温泉景区	桂林市龙胜县江底乡	128		www.ls-wq.com
桂林荔浦丰鱼岩旅游区	荔浦县龙怀乡东里村丰鱼岩景区	60		www.cnfyy.cn
桂林荔浦荔江湾景区	桂林市荔浦县青山镇大石古桥头	60		www.glljw.com
桂林荔浦银子岩旅游区	桂林荔浦马岭镇小青山银子岩景区	65		www.yinziyan.com
骑楼城——龙母庙景区	梧州市区骑楼城	30		www.arcadecity.cn
梧州石表山休闲旅游风景区	藤县象棋镇道家村	150		www.sbshan.com
广西北海市海底世界景区	北海市茶亭路27号	118		www.seasj.com
北海市海洋之窗	北海市四川南路	118		www.oceanorama.com
北海涠洲岛鳄鱼山景区	北海涠洲岛旅游区	90		www.weizhouisland.com.cn
北海银滩旅游区	北海市银滩大道4号路	0		
十万大山国家森林公园	上思县红旗林场	35	25	www.gxswds.cn
广西东兴市京岛风景名胜区	东兴市江平镇万尾村	0		www.gxjingdao.ccoo.cn
屏峰雨林公园	东兴市马路镇平丰村	158	80	www.dxpfyl.com
钦州刘冯故居景区	钦州市板桂街10号	0		
钦州三娘湾旅游区	钦州市三娘湾	30		www.qzsnw.com
钦州八寨沟旅游景区	钦州市钦北区贵台镇洞利村	30		www.qinzhou.gxta.gov.cn
广西龙潭国家森林公园	桂平市南木镇金田林场六冲分场	100		www.gxlongtan.com
桂平西山风景名胜区	桂平西山	80		www.gpxsly.net
玉林容县"三名"旅游景区	玉林市容县	68		
陆川谢鲁温泉休闲景区	玉林市陆川县乌石镇谢鲁村	50		
鹿峰山风景区	玉林市兴业县城隍镇	40		
百色起义纪念馆	百色市右江区城东路142号	0		www.bsqy.gov.cn
百色市澄碧湖风景区	百色市右江区永乐乡南乐村	50		www.gxcbh.com
百色市大王岭旅游景区	百色市右江区大楞乡龙和村	158		www.dawangling.com
百色市德保县吉星岩景区	百色市德保县燕峒乡那布村吉岩屯	30		www.dbxly.com
靖西通灵大峡谷景区	百色市靖西县湖润镇新灵村	46	20	www.99tongling.com
古龙山峡谷群生态旅游区	靖西县湖润镇	190		www.jxgls.net
凌云茶山金字塔景区	百色市凌云县加尤镇央里村那力屯	60		www.lfiso.cn
乐业大石围天坑群旅游区	百色市乐业县同乐镇刷把村	98	70	www.dswtk.com
广西贺州十八水原生态景区	贺州市平桂区黄田镇路花村杨梅冲	55		www.shibashui.com

景区名称	地址	景区门票(元) 旺季	淡季	官方网站
贺州市姑婆山国家森林公园	贺州市姑婆山	125		www.guposhan.com
黄姚古镇	贺州市昭平县黄姚镇	100		www.huangyao.cn
广西凤山国家地质公园	河池市凤山县	228		
东兰红色旅游区	河池市东兰县东兰镇	0		www.dlxlyw.com
巴马盘阳河景区	巴马瑶族自治县甲篆乡	70		
巴马水晶宫景区	巴马瑶族自治县那社乡	180		www.bmzz.com
宜州刘三姐故里旅游区	宜州市刘三姐乡	100		
来宾市象州古象旅游区	来宾市象州县城郊花池村	138	60	www.xzgxwq.com
大新县德天旅游区	大新县民生街4号	88	80	www.gxdetian.com
凭祥市友谊关景区	凭祥市友谊关	50		www.youyiguan8.com
柳州市龙潭景区	柳州市龙潭路43号	0		
柳州市立鱼峰景区	柳州市鱼峰路59号	0		
柳州市柳侯公园	柳州市文惠路62-1号	0		
柳州市博物馆	解放北路37号	5		liuzhoubwg@163.com
柳州文庙景区	夫子路	10		
柳州城市规划展览馆	广西柳州市文昌路文昌综合楼东裙楼	0		www.lzup.cn
广西鹿寨香桥岩风景区	鹿寨县中渡镇大兆村香桥公园内	60		
柳州市融水县贝江景区	柳州市融水县融水镇新安村长濑屯	138		
三江程阳侗族八寨景区	三江县林溪乡	60		
柳州市三江县丹洲景区	三江县丹洲镇丹洲村	20		
象山景区	桂林市滨江路1号	75		www.glxbs.com
桂林灌阳千家峒景区	灌阳镇苏王村	150	80	www.qianjiadong.com.cn
桂林市雁山园景区	广西桂林市雁山镇雁山园内	90		
桂林市南溪山景区	桂林市中山南路2号	65		www.nanxihill.com
南宁良凤江国家森林公园	南宁市江南区友谊路78号	60		www.nnlfj.com
金秀莲花山旅游景区	金秀瑶族自治县金秀镇功德路64号	100		www.gxlhs.com

海南省

景区名称	地址	景区门票(元) 旺季	淡季	官方网站
海口假日海滩旅游区	海口市滨海西路	0		www.hkholidaybeach.com
海南热带野生动植物园	海口市秀英区东山镇	80	40	www.hntwzoo.com
雷琼海口火山群世界地质公园	海口市秀英区石山镇	60		www.hkhsq.com
三亚大东海旅游区	三亚市榆亚大道	0		www.sydadonghai.com
三亚西岛海洋文化旅游区	三亚市天涯镇肖旗港码头	148		www.syxidao.com
天涯海角景区	三亚市天涯镇	100		www.aitianya.cn
蜈支洲岛旅游区	三亚市海棠湾镇	168		www.wuzhizhou.com

4A级旅游景区

4A级旅游景区

景区名称	地址	景区门票(元) 旺季	淡季	官方网站
亚龙湾国家旅游度假区中心广场贝壳馆、蝴蝶谷	三亚市亚龙湾	86		www.ylb.com
博鳌亚洲论坛永久会址景区	博鳌东屿岛	55	50	www.boaoholiday.com
兴隆热带植物园	万宁市	60		www.xlrdzwy.com
分界洲生态文化旅游度假区	陵水县牛岭分界洲	30		www.hnfjz.com
南湾猴岛生态旅游景区	陵水县新村镇	163		www.tohainan.net
甘什岭槟榔谷原生态黎苗文化旅游区	保亭黎族苗族自治县甘什岭自然保护区内	165		www.binglanggu.com
海南文笔峰盘古文化旅游区	海南省定安县龙湖镇文笔峰	81		www.wenbifeng.com

重庆市

景区名称	地址	景区门票(元) 旺季	淡季	官方网站
重庆市规划展览馆	重庆市渝中区朝天门广场	5		
重庆洪崖洞民俗风貌旅游区	重庆市渝中区嘉滨路88号	0		www.cqhyd.com
重庆湖广会馆	重庆市渝中区长滨路芭蕉园1号	30		www.cqhuhg.com
重庆金源方特科幻公园	重庆市江北区滨江路金源时代购物广场	120	80	www.chongqing.fangte.com
重庆科技馆	重庆市江北区江北城文星门街7号	30		
重庆市人民大礼堂	重庆市渝中区人民路173号	10		www.cqdlt.cn
重庆中国三峡博物馆	重庆市渝中区人民路236号	0		www.3gmuseum.cn
重庆观音桥商圈都市旅游区	重庆市江北区建新西路2号	0		www.gvqsq.cn
重庆磁器口古镇	重庆市沙坪坝区磁器口	0		www.cqkgz.com
重庆歌乐山风景区	重庆市沙坪坝区歌乐山镇桂花湾	10		www.glspark.cn
重庆歌乐山烈士陵园	重庆市沙坪坝区政法3村63号	0		www.hongyan.info
重庆贝迪颐园景区	重庆市九龙坡区白市驿农科大道288号	108		www.cqbeity.cn
重庆巴国城景区	重庆九龙坡区红狮大道8号	0		www.baguocheng.com
重庆海兰云天温泉度假区	重庆九龙坡区金凤镇海兰村	45		
重庆上邦温泉旅游区	重庆市九龙坡区金凤镇上邦路3号	0		www.cqtengxiang.com
重庆华岩风景区	重庆市九龙坡区华岩村151号	30		www.hyfjq.com
重庆加勒比海水世界景区	重庆市南岸区崇文路35号	130		www.caribbeanwaterpark.cn
重庆南山植物园	重庆市南岸区南山公园路101号	30	20	
重庆缙云山国家级自然保护区	重庆市北碚区缙云山27号	15		www.jinyunshan.com
重庆市北泉风景区	重庆市北碚区北温泉公园内	368	308	www.cqkjg.cn
重庆颐尚温泉旅游区	重庆市北碚区施家梁镇陵峡路98号	98		www.wsly.cq.cn
重庆市统景温泉旅游区	重庆市渝北区统景镇景泉路66号	100		www.cqtj.cn
重庆黔江小南海旅游区	重庆市黔江区小南海镇	80	68	www.qjly.cn
重庆聂荣臻元帅陈列馆	重庆市江津区鼎山大道	0		

景区名称	地址	景区门票(元) 旺季 淡季	官方网站
重庆四面山风景区	重庆市江津区四面山文峰路27号	110　99	www.517jfs.com
重庆野生动物世界	重庆市永川区凤龙场	100	www.cqyeah.com
重庆神龙峡风景区	重庆市南川区南坪镇永安村	50	www.shenlongxia.cn
重庆金佛山风景名胜区	重庆市南川区南城街道办事处汇星村6社	75　50	www.517jfs.com
杨闇公故里	重庆市潼南县石碾村	0	www.ys.tn.cq.cn
重庆丰都名山风景区	重庆市丰都县名山镇名山路152号	120　80	www.cgcfd.com.cn
重庆丰都雪玉洞景区	重庆市丰都县包鸾镇	70	
重庆忠县石宝寨景区	重庆市忠县石宝镇玉印街18号	50	
重庆云阳张飞庙景区	云阳县盘龙街道龙安社区	40	www.ea-spring.com
重庆白帝城景区	重庆市奉节县	120　80	www.gtgzw.cn
重庆大宁河生态文化长廊	巫溪县大宁河剪刀峡内	100	www.51757.cn
重庆大风堡景区	重庆市石柱县黄水镇	60　30	www.szdfbbzk.com
重庆龚滩景区	重庆市酉阳县龚滩镇	20	www.hongyan.info
重庆龙潭古镇景区	重庆市酉阳县龙潭镇永胜街	0	
重庆万州大瀑布群	万州区甘宁镇楠桥村	50	www.wzpb.zhelv.net
重庆市长寿湖旅游区	重庆市长寿区长寿湖镇湖滨路	0	www.cqcsh.com
重庆市动物园	重庆市九龙坡区西郊一村1号	30	
重庆龙门阵国际旅游度假区	重庆市九龙坡区华岩镇华岩新村151号	120	www.longmenzhen.net
重庆红池坝国家森林公园	重庆市巫溪县红池坝国家森林公园	120　75	www.cqhcb.cn
重庆刘伯承同志纪念馆及故居旅游景区	重庆市开县汉丰街道办事处盛山社区	0	www.lbctzjng.com
重庆云阳县龙缸国家地质公园	云阳县清水土家族乡	80	www.cqyylg.com

四川省

景区名称	地址	景区门票(元) 旺季 淡季	官方网站
三圣花乡旅游区	成都市锦江区成龙路三环路外侧	0	www.cdss.cn
成都杜甫草堂博物馆	成都市青华路37号	60	www.cddfct.com
金沙遗址博物馆	成都市金沙遗址路2号	80	www.jinshasitemuseum.com
成都武侯祠博物馆	成都市武侯祠大街231号	60	www.wuhouci.net.cn
成都大熊猫繁育研究基地	成都市北熊猫大道1375号	58	www.panda.org.cn
洛带古镇	成都市龙泉驿区洛带镇	0	www.luodai.gov.cn
山泉镇桃花故里旅游景区	成都市龙泉驿区山泉镇	0	www.taohuaguli.com
宝光桂湖文化旅游区	成都市新都区桂湖中路92号	25	www.chengdu.lotour.com
国色天乡乐园旅游区	成都市温江区万春镇天乡路二段88号	0	www.floraland.cc
成都极地海洋景区	成都市正阳镇天府大道南段2039号	130	www.cd-polar.com
大邑县刘氏庄园博物馆	成都市大邑县安仁镇金桂街15号	40	
花水湾温泉旅游景区	成都市大邑县花水湾镇	0	www.chinahsw.com

4A级旅游景区

景区名称	地址	景区门票(元) 旺季 / 淡季	官方网站
建川博物馆聚落旅游区	成都市大邑县安仁镇迎宾路	100	wwww.jc-museum.cn
西岭雪山景区	成都市大邑县西岭镇	60	www.xiling.cn
花舞人间景区	成都市新津县新蒲路梨花溪1号	60	www.82555666.cc
四川虹口景区	都江堰市虹口乡	0	www.schongkou.com
平乐古镇	邛崃市平乐镇	0	www.plgz.com
天台山景区	邛崃市天台山镇马坪村	65	www.sctts.com
崇州市街子古镇	成都市崇州街子镇	50	www.cdjzgz.com
自贡恐龙博物馆	自贡市大安区大山铺镇238号	42	www.zdm.cn
荣县大佛文化旅游区	自贡市荣县旭阳镇大佛寺1号	60	www.rxdafo.com
二滩国家森林公园	攀枝花市	0	www.pzhet.com
攀枝花市格萨拉旅游景区	攀枝花市盐边县格萨拉乡	70 / 55	www.pzhgsl.com
泸州老窖旅游区	泸州市江阳区	50 / 10	www.lzljlxs.com.cn
三星堆博物馆	广汉市西安路133号	82	www.sxd.cn
绵竹九龙山乡村旅游景区	绵竹市九龙镇清泉村	0	
中国绵竹年画村	绵竹市孝德镇年画村	0	
七曲山旅游风景区	绵阳市梓潼县七曲山	42	www.qqsfjq.com
北川老县城地震遗址	绵阳市北川县	0	www.bc-dzjng.com
九皇山景区	绵阳市北川羌族自治县桂溪乡永城村	90	www.apeking.com
平武报恩寺	绵阳市平武县龙安镇北街63号	40	www.betm.org.cn
四川江油窦团山景区	绵阳市江油市武都镇团山村	67	www.douchuanshan.com
皇泽寺博物馆	广元市上西坝则天路	50	www.gyhzs.com
四川天曌山	广元市利州区盘龙镇东升村	50	www.gytzs.com
昭化古城景区	元坝区昭化镇	58	www.zhaohua.gov.cn
广元市明月峡景区	广元市朝天区朝天镇南	80	www.gymyx.com
曾家山景区	曾家山民俗文化广场	50	www.zjsly.com
鼓城山·七里峡旅游景区	广元市旺苍县鼓城乡	50	www.mcstsk.com
东河口地震遗址公园	广元市青川县关庄镇红光乡东河口村	0	www.512dhk.com
唐家河风景区	广元市青川县青溪镇	55	www.tjhnr.cn
翠云廊景区	剑阁县汉阳镇天桥村	50	www.517jmg.cn
剑门关景区	剑阁县剑门关镇	100	www.517jmg.cn
红军渡·西武当山景区	苍溪县陵江镇红军村	0	www.gyhjd.cn
中国观音故里	遂宁市广德路	40	www.guanyinhometown.com
中华侏罗纪探秘旅游区	遂宁市射洪县明星镇龙凤社区	50	www.zhuluoji.org
中国死海旅游度假区	遂宁市大英县中海大道888号	200	www.chinadeadsea.com.cn
乐山乌木珍品文化博览苑	乐山市市中区苏稽镇乐峨西路768号	80	www.zgwumu.com.cn
夹江天福观光茶园旅游区	乐山市夹江县青州乡	30	www.tenfu.com
峨边黑竹沟风景名胜区	乐山市峨边县黑竹沟	50 / 25	www.zghzg.com
峨眉山大佛禅院佛教文化旅游区	峨眉山市光明大道	10	www.emsdfcy.com
四川南充西山风景区	南充市顺庆区桂花路2段	5	www.cswjl.com
南充市凌云山景区	南充市高坪区老君镇内	30	www.nslys.cn

景区名称	地址	景区门票(元)		官方网站
		旺季	淡季	
南充市升钟湖风景区	南部县升水镇果园场	0		www.shengzhongfish.com
蓬安嘉陵第一桑梓旅游区	南充市蓬安县相如镇	0		www.xrgl.gov.cn
朱德故里琳琅山风景区	南充市仪陇县马鞍镇大湾路47号	0		www.zhudeguli.com
阆中市天宫院风水文化景区	阆中市天宫乡1号	40		www.lztgy.com
中国四川阆中古城景区	阆中市阆水中路33号	80		www.517lz.com
眉山三苏祠博物馆	眉山市东坡区纱南段	47		www.msxh.com/ssc/ssc.htm
李庄古镇	宜宾市翠屏区李庄镇同济大道	20		www.gzlz.com
夕佳山民居旅游区	江安县夕佳山镇	0		
蜀南竹海旅游区	宜宾市长宁县竹海镇	110	60	www.bamboosea.net
兴文石海旅游区	宜宾兴文县石海镇	84		www.scxwsh.com
邓小平故里	广安市协兴镇	0		www.dxpgl.cn
华蓥山旅游区	华蓥市红岩乡高顶村	115		www.hysly.com
达县真佛山旅游景区	达州市达县福善镇清河村	38		www.dzzfs.cn
賨人谷景区	渠县龙潭乡老龙村	55		www.qx.dzxta.gov.cn
碧峰峡景区	雅安市雨城区碧峰峡镇	150		www.bifengxia.com
蒙顶山旅游景区	雅安市蒙顶山	60	45	www.scmds.com
光雾山风景区	巴中市南江县	108	50	www.guangwushan.cn
陈毅故里景区	乐至县劳动镇旧居村	0		www.chenyiguli.com
三江生态旅游区	汶川县三江乡	50		www.sanjiang.com.cn
汶川大禹文化旅游区	汶川县绵竹镇、威州镇、雁门乡、龙溪乡	0		www.chinadayu.com.cn
水磨古镇	汶川县水磨镇	0		www.smgz.com.cn
汶川映秀"5·12"纪念地	汶川县映秀镇	0		www.yingxiuly.com
茂县羌乡古寨	茂县南新镇牟托村、凤仪镇坪头村	0		www.chinaqiangxiang.com
金川县观音桥旅游景区	阿坝州金川县观音桥镇	0		www.jcgyq.com
四姑娘山风景名胜区	阿坝州小金县日隆镇	80	70	www.sgns.gov.cn
达古冰川风景名胜区	阿坝州黑水县芦花镇	72		www.dgbc.cn
康定情歌木格措风景区	康定县雅拉乡	120	70	www.kangdingqingge.net
稻城亚丁风景区	甘孜州稻城县香格里拉镇	150		www.yading.gov.cn
邛海泸山风景名胜区	凉山州西昌市	0		www.xcqhls.com
泸沽湖旅游景区	凉山州盐源县泸沽湖镇	80		www.sclgh.com
螺髻山旅游风景区	凉山州普格县螺髻山镇	50		www.Ljs517.com
灵山景区	凉山州普宁县城厢镇	58		www.pslslv.com
资阳市安岳石刻·圆觉洞景区	四川省资阳市安岳县岳阳镇顺城街顺城巷6号	20		www.scaysk.com
遂宁市龙凤古镇景区	四川省遂宁市船山区龙凤镇	0		www.longfenggz.com
黄荆老林	四川省泸州市古蔺县黄荆乡	58		www.huangjinglaolin.com
太平古镇景区	泸州市古蔺县太平镇	0		www.taipingguzhen.com
成都市郫县农科村	四川省成都市郫县友爱镇农科村	0		www.pxnkc.cn

4A级旅游景区

贵州省

景区名称	地址	景区门票(元) 旺季	淡季	官方网站
贵阳天邑森林温泉旅游区	贵阳市东绕城高速公路中段	98		www.tywq.net
贵阳市黔灵山公园	贵阳市枣山路187号	5		www.qlpark.cn
青岩古镇	贵阳市花溪区青岩镇	34		www.qingyanguzhen.com
天河潭风景区	贵阳市花溪区石板镇	50	40	www.gztht.com
保利国际温泉旅游区	贵阳市乌当区顺海中路88号	128	108	www.polyhotspring.cn
贵阳贵御温泉旅游区	贵阳市乌当区温泉路	78		www.gzgywq.com.cn
贵州开阳南江大峡谷景区	贵阳市开阳县南江乡龙广村	68	58	www.nanjiangtour.com
贵阳森林野生动物园	修文县扎佐镇扎佐林场冷水沟分场	80		www.gyslzoo.cn
红枫湖景区	清镇市滴澄关	40		
遵义会议会址景区	遵义市红花岗老城子尹路96号	0		
遵义水上大天门旅游景区	遵义县三渡镇花桥村	120	100	www.yunmentun.com
丹霞谷风景区	习水县三岔河	60	48	www.danxiagu.com
四渡赤水纪念馆景区	习水县土城镇	0		www.sdcs.gov.cn
赤水大瀑布国家级风景名胜区	赤水市两河口乡	40		www.gzcsly.com
燕子岩国家森林公园	赤水市两河口乡	25		www.gzcsly.com
夜郎洞景区	贵州镇宁县扁担山	100	85	www.yldong.com
百里杜鹃风景名胜区	毕节市	120		www.bldjgov.gov.cn
织金洞风景名胜区	毕节市织金县官寨乡	120	100	www.gzzjd.com
万峰林景区	兴义市万峰林街道	80	60	www.wanfenglin.com
西江千户苗寨旅游区	雷山县西江镇西江村	100		www.xjqhmz.com
荔波樟江国家级风景名胜区	荔波县玉屏镇樟江东路33号	195	165	www.libotravel.com
平塘掌布景区	黔南布依族苗族自治州平塘县掌布乡	50		www.ptjp.gov.cn
铜仁市梵净山旅游景区	贵州省铜仁市江口县梵净山景区黑湾河管理站三特公司	110	55	www.fjsjq.com
铜仁市大明边城景区	贵州省铜仁市大明边城景区	120	80	www.dmbc.cn
铜仁市石阡夜郎古泉旅游景区	贵州省石阡县汤山镇温泉社区	98	68	www.gzsqwq.com
黔东南州镇远古城旅游景区	贵州镇远县舞阳镇	60		www.meilizy.com

云南省

景区名称	地址	景区门票(元) 旺季	淡季	官方网站
昆明市大观公园	昆明市大观路284号	20		www.kmdgpark.cn
昆明世界园艺博览园	昆明市世博路10号	100		www.expo99km.com
昆明金殿景区	昆明市穿金路	30		www.kmjindian.cn
昆明官渡古镇	昆明市官渡区	0		www.guanduguzhen.net
昆明螺蛳湾国际商贸城景区	昆明市官渡区彩云北路5151号	0		www.luosiwan.net

景区名称	地址	景区门票(元) 旺季 淡季	官方网站
昆明市西山森林公园	昆明市西山区碧鸡镇西山风景区内	40	www.kmxishan.com
云南民族村旅游区	昆明市西山区滇池路1310号	90	www.ynmzc.cn
九乡风景名胜区	昆明市宜良县	90	www.ynjx.com
陆良彩色沙林景区	陆良县马街镇	100	www.csshl.com
师宗凤凰谷生命文化主题公园	曲靖市师宗县五龙乡	80	www.shztour.cn
罗平九龙瀑布群景区	罗平县	75	www.lptour.com
沾益珠江源景区	曲靖市沾益县炎方乡刘麦地	40	
玉溪汇龙生态园	玉溪市红塔区大营街镇玉泉路1号	0	www.hleco.net
玉溪映月潭休闲文化中心	玉溪市红塔区大营街公园路95号	8	www.moonlakehs,com
澄江禄充景区	澄江县龙街	10	
通海秀山公园	通海县秀山镇文献里49号	40	
腾冲和顺景区	腾冲县和顺镇	80	www.ynheshun.com
腾冲热海景区	腾冲县清水乡清水村	60	www.rehaispa.com
昭通水富西部大峡谷景区	水富县金沙江畔	168	www.xbdxg.com
丽江观音峡景区	丽江市古城区七河乡	80	www.ljgyx.com
丽江黑龙潭景区	丽江市古城区民主路1号	0	www.ljhlt.com
丽江泸沽湖景区	丽江市古城区香格里拉大道	100	www.ljluguhu.com.cn
丽江束河古镇旅游区	丽江市古城区束河古镇	40	www.ljshuhe.com
丽江玉水寨景区	丽江市玉龙县白沙乡	50	www.yushuizhai.com
楚雄彝人古镇	楚雄市开发区永安西路	120	www.yrgz.com
楚雄州博物馆	楚雄市鹿城南路471号	0	www.cxbw.gov.cn
元谋土林景区	元谋县物茂乡	80 60	www.ymr.com.cn
武定狮子山景区	云南省武定县	60 50	www.wdszs.com
禄丰世界恐龙谷景区	云南省禄丰县	120	www.konglonggu.com
建水文庙景区	红河州建水县临安路268号	60	www.Weimiao.net
建水燕子洞景区	红河州建水县面甸镇	80	www.yanzidong.com
泸西阿庐古洞景区	泸西县中枢镇卢源洞村	90	www.7alu.cn
丘北普者黑景区	文山州丘北县	200	www.ynpzh.com
景洪曼听公园	景洪市曼听路35号	40	www.mantingpark.cn
西双版纳傣族园	景洪市勐罕镇	50	www.yndzy.cn
西双版纳勐泐大佛寺	西双版纳州景洪市勐泐大道顶端4路1号	120	www.xsbnmldfs.com
西双版纳热带花卉园	西双版纳州景洪市宣慰大道99号	40	www.xsbnrdhhy.com
西双版纳野象谷景区	景洪市勐养镇	65	www.666100.com
西双版纳原始森林公园	西双版纳州景洪市城东	50	www.banna.travel.com
西双版纳茶马古道景区	西双版纳州勐海县勐海镇	90	www.cmgdjq.com
西双版纳望天树景区	西双版纳州勐腊县	60	www.alianya.com
大理南诏风情岛旅游区	大理市双廊镇	50 26	
大理宾川鸡足山景区	大理州宾川县鸡足山镇沙址街	60	www.jizushan.cn
大理银都水乡新华村景区	大理州鹤庆县草海镇新华村	198	www.hsizhaizi@163.com

4A级旅游景区

景区名称	地址	景区门票(元) 旺季　淡季	官方网站
瑞丽莫里热带雨林景区	德宏傣族景颇族自治州瑞丽市东北20公里处	50	www.yntlgs.com
潞西勐巴娜西珍奇园	德宏州芒市勇罕街29号	30	
梁河县南甸宣抚司署	德宏州梁河县遮岛镇南甸路103号	30	
迪庆虎跳峡景区	迪庆州香格里拉县虎跳峡镇	65	www.cnhtx.cn
香格里拉大峡谷·巴拉格宗景区	迪庆州香格里拉县	186	www.balagezong.com
迪庆香格里拉蓝月山谷景区	迪庆州香格里拉县石卡雪山	50	
迪庆香格里拉松赞林景区	迪庆州香格里拉县尼旺路	115	www.szljq.com
迪庆梅里雪山景区	德钦县云岭乡西当村	78	www.xglllyw.cn
东巴谷景区	白沙乡裸美乐	0	www.ljdongbagu.com
剑川县石宝山——沙溪古镇旅游景区	剑川县城东南25公里处	0	www.jianchuanlvyou.com

西藏自治区

景区名称	地址	景区门票(元) 旺季　淡季	官方网站
布达拉宫	拉萨市城关区北京中路	200	
大昭寺	拉萨市城关区八廓街内	80	
罗布林卡景区	拉萨市城关区罗布林卡路21号	80	
西藏博物馆	拉萨市城关区罗布林卡路19号	0	
桑耶风景名胜区	山南扎囊县桑耶镇	40	
扎什伦布寺	日喀则市几吉朗卡路	200　100	
珠穆朗玛峰景区	日喀则定日县	180	
萨迦文化旅游景区	日喀则萨迦县萨迦镇	40	
鲁朗风景区	林芝地区林芝县鲁朗镇	80　70	www.tibetist.com
巴松措景区	林芝地区工布江达县	100　50	
米林南伊旅游风景区	林芝地区米林县南伊珞巴民族乡	210　155	www.tibetist.com
雅鲁藏布大峡谷旅游区	西藏米林县派镇	150　75	www.tibetyalu.com
娘热民俗风情园	西藏自治区拉萨市城关区北郊娘热沟	60	
神山圣湖	阿里地区普兰县八嘎乡	300	

陕西省

景区名称	地址	景区门票(元) 旺季	淡季	官方网站
西安城墙景区	西安市中心区	40		www.xacitywall.com
西安大唐西市文化景区	西安市劳动南路1号	60		www.thewestmarket.com
西安碑林博物馆	西安市三学街15号	75	50	www.beilin-museum.com
西安半坡博物馆	西安市东郊半坡路155号	65	45	www.banpomuseum.com.cn
陕西历史博物馆	西安市小寨东路91号	0		www.sxhm.com
西安骊山国家森林公园	西安市临潼区东环路3号	70	45	www.xalishan.com
陕西翠华山国家地质公园	西安市长安区太乙宫镇	70	45	www.cuihuashan.com
西安关中民俗艺术博物院	西安市长安区五台镇南五台山	120		www.gzmsbwy.com
西安秦岭野生动物园	西安市长安区滦镇	100	80	www.xianzoo.com
陕西太平国家森林公园	西安市户县太平峪	50	35	www.tppark.com
曲江海洋公园	曲江新区曲江二路1号	100		www.xaoceanpark.com
玉华宫风景名胜区	铜川市印台区金锁关镇	40		www.yhg.tongchuan.gov.cn
药王山景区	铜川市耀州区	40		www.ywsjq.com
中华礼乐城	宝鸡市公园路	0		www.zhouqinwenhua.com
岐山周公庙风景名胜区	岐山县凤鸣镇	50		www.sxzgm.com
法门寺文化景区	宝鸡市扶风县法门镇	120	90	www.fmsjq.com
陕西太白山国家森林公园	眉县汤峪口	100	60	www.tbpark.com
凤凰湖景区	宝鸡市凤县县城	0		www.fxfhhly.com
西北农林科技大学博览园	杨凌示范区邰城路3号	60		www.cnbly.com
汉阳陵博物馆	西安市咸阳国际机场专用公路东段	90	65	www.hylae.com
乾陵景区	咸阳市乾县	122	82	www.tangwenhua.com
茂陵博物馆	兴平市南位镇茂陵村南	46	25	www.mongling.com
富平陶艺村生态文化旅游景区	富平乔山路1号	90		www.fptyc.com
陕西少华山国家森林公园	华县莲花寺镇袁寨村	90	60	www.shaohs.com
延安宝塔山旅游景区	延安市宝塔山	65		www.yanbts.com
延安革命纪念馆	延安市王家坪	0		www.yagmjng.com
延安枣园革命旧址	延安市宝塔区枣园镇	0		
黄河壶口风景名胜区	宜川县壶口乡境内	91	46	www.hkpb.cn
勉县武侯墓风景区	勉县武侯南路	50	25	www.wuhoumu.cn
佳县白云山风景名胜区	佳县峪口乡任家畔村	42		www.sbbys.gov.cn
南宫山景区	安康市岚皋县花里镇	50	30	www.sxngs.com
汉江燕翔洞生态旅游景区	石泉县熨斗镇	90	80	www.yanxiangdong.com
金丝大峡谷国家森林公园	商南县金丝峡镇	90	70	www.sxjsx.cn
红碱淖旅游景区	陕西省榆林市神木县尔林兔镇贾家梁村	48	26	www.hongjiannao.cn
二郎山景区	陕西省榆林市神木县城西1千米处	20		www.elsjq.com
瀛湖风景区	安康市滨江区瀛湖镇	100		www.akyinhu.com
长青华阳景区	陕西省汉中市洋县华阳镇	120		www.cqhyjq.com
西安博物院·小雁塔景区	西安市友谊西路72号	0		www.xabwy.com

4A级旅游景区

景区名称	地址	景区门票(元) 旺季	淡季	官方网站
曲江大明宫旅游景区	陕西省西安市自强东路585号	60	48	www.dmgpark.com
西安曲江楼观中国道文化展示区	陕西省西安市周至县楼观镇	140	110	www.chinalouguan.com
西安世博园	陕西省西安市浐灞生态区世博大道1号	0		www.expo2011.cn

甘肃省

景区名称	地址	景区门票(元) 旺季	淡季	官方网站
兰州市五泉山公园	兰州市城关区五泉南路103号	0		www.ylj.lanzhou.gov.cn
兰州水车博览园	兰州市城关区南滨河东路524号	10		www.huangheshuiche.com
兰州吐鲁沟国家森林公园	兰州市永登县连城镇	50		www.tlggy.com
兴隆山旅游景区	兰州市榆中县兴隆山村	30		www.gsxls.com
嘉峪关市东湖生态旅游景区	嘉峪关和诚路南侧	30		
红军会宁会师旧址景区	会宁县会师镇会师路7号	0		www.124hs.baiyin.cn
景泰黄河石林国家地质公园	景泰县中泉乡	30		www.chinahhsl.com
天水伏羲庙	天水市秦州区伏羲路110号	30		www.fuximiao.com
天水南郭寺景区	天水市南国路49号	20		
天水玉泉观景区	天水市秦州区上庵沟	20		www.yuquanguan.com
神州荒漠野生动物园	武威阳光产业示范园区内	20		www.dqys06.com
武威沙漠公园	武威市凉州区清源镇王庄村	5		
武威市雷台汉文化博物馆	武威市北关中路257号	45		
武威博物馆	凉州区崇文街43号	30		
张掖大佛寺	甘肃张掖甘州区民主西街大佛寺巷	41		www.zydfs.com
张掖国家湿地公园	张掖城西312国道6公里处	0		www.zyxqsd.com
马蹄寺旅游区	肃南县马蹄乡	73	58	www.mtsly.cn
肃南文殊寺石窟群旅游景区	肃南裕固族自治县祁丰藏族乡	42		www.wsslyou.com
大云寺·王母宫景区	泾川县城关镇延风村	20		www.xwmtour.com
田家沟水土保持生态风景区	平凉市泾川县城关镇东庵村	10		www.jctjg.com.cn
古灵台荆山森林公园	灵台县荆山路	60	30	www.ltjsgy.com
龙泉寺景区	平凉市崇信县城北1公里处	60	30	www.longquansitour.com
云崖寺景区	庄浪县韩店镇郭曼村	60		www.yunyasitour.com
西汉酒泉胜迹旅游区	酒泉市公园路100号	30		
敦煌阳关景区	敦煌市阳关镇	50		www.dhyangguan.com
鸣沙山月牙泉景区	敦煌市	120		www.mssyyq.com
雅丹地貌风景区	敦煌市	50		
周祖陵景区	庆城县东山	30		www.zhouzuling.com
定西市贵清山旅游风景区	漳县草滩乡侯家里村	40		www.zxtour.com

景区名称	地址	景区门票(元) 旺季 淡季	官方网站
万象洞风景名胜区	陇南市武都区汉王镇	80	www.wdqlyj.gs.1065m.com
西狭颂景区	成县抛沙镇丰泉村	40	www.cxlvyou.gs.1065m.com
官鹅沟自然风景区	宕昌县城关镇	40	www.3ctour.cn
阳坝自然风景区	陇南市康县阳坝镇	40	
黄河三峡景区	临夏州永靖县	50	www.gshhsx.com
松鸣岩风景区	和政松鸣岩镇吊滩村	50 40	
冶力关旅游区	甘南藏族自治州临潭县冶力关镇	188	www.gsylg.com.cn
大峪沟旅游景区	甘南藏族自治州卓尼县木耳镇大峪沟	68	www.gznzlv.com
拉尕山景区	舟曲县立节乡占单村	0	www.gnzqlg.gov.cn
拉卜楞寺景区	甘南藏族自治州夏河县	40	
嘉峪关市紫轩葡萄酒庄园景区	嘉峪关市机场路5396号	50	www.gszixuan.com
张掖市山丹县焉支山森林公园	山丹县大马营乡中河村	45	qlsgljdhs@163.com

青海省

景区名称	地址	景区门票(元) 旺季 淡季	官方网站
青海省民俗博物馆	西宁市城东区为民巷13号	0	
青海省博物馆	西宁市西关大街58号	0	www.qhmuseum.com
西宁市青藏高原野生动物园	西宁市城西区行知路9号	30	www.qtpwg.com
青海藏医药文化博物馆	西宁市生物科技产业园经二路36号	0	www.tbtmm.com
湟源丹噶尔古城景区	西宁市湟源县城关镇明清老街	50	www.qhhyly.cn
大通老爷山风景名胜区	大通县建国东路237号	15	
门源百里油菜花海景区	门源县浩门镇	120	
祁连风光旅游景区	祁连县	60 30	
金银滩(原子城)旅游区	海晏县	125 105	www.qhhbly.com
昆仑山景区	青海格尔木市八一中路	0	
拉斯通古藏村旅游景区	青海省玉树州称多县	0	

4A级旅游景区

宁夏回族自治区

景区名称	地址	景区门票(元) 旺季	淡季	官方网站
鸣翠湖国家湿地公园	银川市兴庆区掌政镇	30	20	www.mingcuihu.com
西夏王陵风景名胜区	银川贺兰山东麓	60		www.xixialing.com
宁夏科学技术馆	银川市金凤区人民广场西路	30		www.nxkjg.com
中华回乡文化园	银川市永宁县城西高速路口旁	60		www.zhhxwhy.com
贺兰山岩画风景区	银川市贺兰山	60		www.hlsyh.com
水洞沟旅游区	银川市灵武临河镇	60		www.shuidonggou.com
苏峪口国家森林公园	西夏区高家闸	60	40	www.hlsly.com
固原博物馆	固原市原州区西城路133号	0		
六盘山国家森林公园	固原市泾源县泾河源镇	60		www.liupanshan.net

新疆维吾尔自治区

景区名称	地址	景区门票(元) 旺季	淡季	官方网站
乌鲁木齐市自治区博物馆	乌鲁木齐市西北路581号	0		www.xjmuseum.com.cn
乌鲁木齐市红山公园	乌鲁木齐市水磨沟区红山路	0		www.hongshanpark.net
乌鲁木齐市水磨沟风景区	乌鲁木齐市水磨沟区水磨沟路472号	0		www.shuimogoupark.com
乌鲁木齐市盐湖生态旅游区	乌鲁木齐市达坂城区盐湖	45	10	www.yanhu.cn
乌鲁木齐市红光山景区	乌鲁木齐市红光山路1号	20	10	www.hongguangshan.com
乌鲁木齐市天山大峡谷景区	乌鲁木齐市乌鲁木齐县板房沟乡	49	25	www.tsdxg.com
乌鲁木齐县苜蓿台生态公园	乌鲁木齐县托里乡	30		www.muxutai.com
克拉玛依市克拉玛依河景区	克拉玛依市滨河南路125号	0		www.tdj.klmyq.gov.cn
克拉玛依市魔鬼城景区	克拉玛依市乌尔禾区龙脊路200号	46	23	
吐鲁番市火焰山景区	吐鲁番市二堡乡312国道旁	40	24	www.huoyanshan.cn
吐鲁番市坎儿井乐园	吐鲁番市亚尔乡亚尔村	40		www.karez.com
吐鲁番市坎儿井民俗园	吐鲁番市新城路新城西门村888号	40	20	www.tlfkej.com
哈密市东天山风景名胜区	哈密市白石头人民政府东侧	30		
哈密市王府景区	哈密市环城路7号博物馆对面	40		www.hwwhly.com
哈密市亚尔丹风景旅游区	哈密市五堡乡支边农场	20		www.hmmgc.com
和田地区和田市乌鲁瓦提风景区	和田地区和田县郎如乡乌鲁瓦提村	25		www.xjwlwt.net.cn
巴里坤县古城景区	哈密巴里坤哈萨克自治县	65	35	
伊吾县胡杨林生态园景区	哈密地区伊吾县淖毛湖镇以东10公里处	36		www.xjyiwutour.cn
昌吉州昌吉市杜氏旅游景区	昌吉市六工镇	45	30	www.dushihq.com
昌吉州呼图壁县世纪公园	呼图壁县城乌伊路14号	0		www.htb.gov.cn
昌吉州奇台县江布拉克景区	奇台县半截沟镇	30		

景区名称	地址	景区门票(元)		官方网站
		旺季	淡季	
博州赛里木湖风景区	博州博乐市	40		www.xjslmh.com
轮台县塔里木胡杨林公园	轮台县轮南镇	30		
尉犁县罗布人村寨	尉犁县墩阔坦乡	40		www.lbrcz.com
焉耆县相思湖旅游度假区	巴州焉耆回族自治县城子镇	20		www.xiangsihu.com
和静县巴音布鲁克景区	和静县巴音布鲁克镇	48		www.china-byblk.cn
和硕县金沙滩旅游度假区	巴州和硕县乌什塔拉乡	40		www.hoxut.gov.cn
博湖县博斯腾湖景区	巴音郭楞蒙古自治州博湖县	45	30	www.bsthtour.com
温宿县天山神木园景区	温宿县城西边防公路61公里处	30		www.wszf.gov.cn
库车县龟兹绿洲生态园	阿克苏地区库车县塔北路19号	30		www.kuchehotel.com
库车县天山神秘大峡谷景区	库车县阿格乡	40		
库车县王府景区	库车县老城林基路街	55		www.xjkcwf.com
克州阿克陶县克州冰川公园	克州阿克陶县奥依塔格镇皮拉力村	50		www.zhongkun.com.cn
艾提尕尔民族文化旅游区	喀什地区喀什市解放北路	20		www.xjks.gov.cn
库木塔格沙漠景区	鄯善县公园路999号	60	30	www.sskmtg.com
金胡杨国家森林公园	喀什地区泽普县亚斯顿林场	60		www.zepu.gov.cn
达瓦昆沙漠旅游风景区	喀什地区岳普湖县铁力木乡	30		www.xjdwk.cn
察布查尔锡伯自治县民俗风情园	察布查尔县孙扎齐乡	30		www.xjcbcr.gov.com
霍城县惠远古城景区	伊犁州霍城县东南8公里处惠远镇	90		
巩留县野核桃林景区	伊犁州巩留县东买里乡	45		www.glxtour.com
布尔津县五彩滩景区	阿勒泰地区布尔津县	50		www.wct.com
福海县乌伦古湖景区	福海县城西22公里乌伦古湖海滨	20		www.fhly365.com
哈巴河县白桦林公园	哈巴河县以西4公里处	0		www.hbh.gov.cn
巩留县库尔德宁景区	巩留县	30		
塔什库尔干县石头城	塔什库尔干塔吉克自治县城	0		

新疆生产建设兵团

景区名称	地址	景区门票(元)		官方网站
		旺季	淡季	
乌鲁木齐西山老君庙	乌鲁木齐市西山路533号	0		
新疆九龙生态园	乌鲁木齐市沙区西山苜蓿沟北路3880号	0		www.jlsty.com.cn
中国彩棉科技园	乌鲁木齐市乌昌路2538号	40	20	www.westech.com.cn
奇台农场—万泉旅游区	兵团农六师奇台农场开垦庙社区	30		
农五师怪石峪风景区	博尔塔拉农五师八十四团	50	40	www.ly.nws.gov.cn
驼铃梦坡沙漠生态旅游区	石河子一五〇团	40	20	www.150tlmp.com
新疆生产建设兵团军垦博物馆	石河子市北三路59号	0		www.xjbtjkbwg.com
屯垦纪念馆红色旅游经典景区	阿拉尔市三五九旅屯垦纪念馆	0		www.orzaler.gotoip3.com
五家渠市青格达湖景区	五家渠滨河南路4000号	25		www.n6sgc.btnews.com.cn

3A级以下(含3A级)旅游景区

3A级以下(含3A级)旅游景区

北京市

3A级 景区名称

南锣鼓巷	南新仓文化休闲街景区	前门大街景区	中国地质博物馆	北京天文馆
北京月坛公园	北京古钱币展览馆	北京大观园	北京湖广会馆大戏楼	北京老舍茶馆
大观楼影城	宣南文化博物馆	北京宣武艺园	北京大栅栏商业街区	宋庆龄故居
日坛公园	团结湖公园	红领巾公园	三里屯VILLAGE	北京蓝色港湾
北京蓝调庄园	太平洋海底世界博览馆	百望山森林公园	鹫峰森林公园	龙徽葡萄酒博物馆
昌华森林公园	西山大觉寺	抗日战争雕塑园	青龙湖公园	妙峰山风景名胜区
十八潭景区	双龙峡自然风景区	黄芩仙谷景区	爨柏景区	韩村河景区
仙栖洞景区	北京京辉高尔夫俱乐部	上方山国家森林公园	青龙湖水上游乐园	白草畔自然风景区
百花山旅游景区	房山世界地质公园博物馆	西周燕都遗址博物馆	中国民兵武器装备陈列馆	通州运河公园
韩美林艺术馆	顺鑫绿色度假村	顺义汉石桥湿地景区	顺义国际鲜花港	焦庄户地道战遗址纪念馆
蟒山国家森林公园	十三陵明皇蜡像宫	棋盘山风景区	鳌山国际休闲空间	中国北方国际射击场
中华文化园	采育葡萄大世界观光采摘园	麋鹿苑	留民营生态农场	中国印刷博物馆
丫髻山道教文化名胜区	响水湖旅游区	生存岛新概念旅游基地	黄花城水长城旅游区	幽谷神潭自然风景区
云梦仙境景区	鹅和鸭农庄风景区	九谷口景区	二锅头酒博物馆	圣泉山旅游风景区
清凉谷旅游风景区	云峰山自然风景区	力维斯白龙潭景区	云蒙山森林公园	首云铁矿公园
密云云龙洞景区	八达岭野生动物世界	古崖居原始部落旅游度假区	八达岭国家森林公园	松山森林旅游区
石京龙滑雪场	八达岭滑雪俱乐部	八达岭残长城	野鸭湖国家湿地公园	阳光时代马球俱乐部
长城阳光山谷马术俱乐部	辉煌国际会议度假区			

2A级 景区名称

北京劳动人民文化宫	历代帝王庙	汇通诺尔狂飚乐园	大葆台西汉墓博物馆	万方亭公园
莲花池公园	丰台花园	小龙门森林公园	百花山自然风景区	珍珠湖风景区
灵山风景区	银狐洞	没有共产党就没有新中国纪念馆		北京提香高尔夫俱乐部
富恒农业观光园	中华石雕艺术园	北京乡村高尔夫俱乐部	敕赐和平寺景区	大岭沟猕猴桃谷风景区
御林古桑园	湖洞水旅游区	老象峰旅游区	京东老泉山野公园	神堂峪自然风景区
百泉山旅游区	云岫谷游猎自然风景区	云蒙三峪自然风景区	青菁顶自然风景区	古北口文化文物旅游区
云蒙山长城遗址公园	紫海香堤香草艺术庄园	京都第一瀑旅游服务中心	康西草原	玉渡山风景区
绿富隆观光园				

1A级 景区名称

龙门涧风景旅游区	张坊古战道	虎峪自然风景区	双龙山国家森林公园	挂甲峪旅游度假区
胜泉亲水湾旅游景区	九眼楼自然风景区	莲花山森林公园	柳沟民俗旅游度假区	里炮红苹果度假区
岔道古城民俗旅游度假区	妫海远航景区			

天津市

3A级 景区名称

九龙山国家森林公园	八仙山国家级自然保护区	戏剧博物馆（广东会馆）	民俗博物馆（天后宫）	天津市老城博物馆
天津科学技术馆	华蕴博物馆	万源龙顺度假庄园	津城静园	东丽湖温泉度假旅游区
荐福观音寺	梁启超纪念馆	利顺德大饭店	水上温泉欢乐谷	义聚永博物馆
小白楼1902欧式风情街	估衣街	海河风貌建筑保护展览馆	创意桥园	天津音乐街
应大皮衣博物馆	玉佛禅寺	水高庄园	精武门·中华武林园	杨柳青庄园
滨海茶淀葡萄科技园	天津瓷房子	西沽公园	杨柳青园艺科技博览园	峰山药王古寺
大港奥林匹克博物馆	天津港博览馆	北塘特色旅游区	燕王湖湿地生态园	天鹅湖休闲旅游区
天津邮政博物馆	星愿五洲旅游度假区	希乐城少儿职业探索乐园	天津市世博华明馆	凌奥创意产业园
张家窝食用菌休闲园	小站练兵园	李叔同故居纪念馆	曹家花园	君利农业示范园
诺恩渔业生态园				

2A级 景区名称

九山顶自然风景区	潮音寺	中华石园	龙泉山游乐园	元古奇石林风景区
天津图书大厦	天津鼓楼	天津觉悟社纪念馆	津酒文化园	里自沽晶宝温泉农庄
刘老根大舞台	平津战役天津前线指挥部旧址陈列馆		天津一二·九抗日救亡运动纪念馆	
天津义和团纪念馆	福聚兴机器厂旧址景区	绿源生态园	中山公园	金汤桥会师公园

河北省

3A级 景区名称

仙台山景区	周家庄农业特色观光园旅游景区	承德魁星楼景区		丰宁白云古洞景区
九龙潭-六里坪景区	奇石谷景区	辽河源国家森林公园景区	宽城蟠龙湖景区	平泉泽州园景区
崇礼翠云山度假村景区	张北安固里草原度假村景区	飞狐峪—空中草原景区	崇礼长城岭滑雪场景区	宣化文化古城景区
怀来董存瑞纪念馆景区	张北野狐岭要塞军事旅游区	张家口堡文化旅游景区	暖泉古镇文化旅游景区	桃林口水库景区
怪楼公园景区	渔岛景区	山海关王家大院景区	昌黎碣石山景区	昌黎葡萄沟景区
唐山抗震纪念馆（含广场及遗址）景区	唐山燕东生态观光园景区		白羊峪长城旅游区	红峪山庄长城溶洞风景区
唐山乐亭县赵蔡庄村景区	禅林寺古银杏风景园景区	唐山玉田县净觉寺景区	雄关大刀风情园景区	五虎山旅游区
蒙牛乳业（唐山）旅游景区	青龙湖生态旅游度假景区	华御温泉度假村景区	廊坊国际会展中心景区	李少春纪念馆景区
华夏民间收藏馆景区	胜芳古镇景区	固安刘凌沧郭慕熙艺术馆景区	香河泽普生态园景区	永清天圆山庄生态园景区
保定古莲池景区	定州文庙景区	顺平腰山王氏庄园景区	唐县西胜沟风景名胜区	涞源空中草原景区
涞源仙人峪景区	保定唐县白求恩柯棣华纪念馆景区	定州黄家葡萄酒庄景区		灵山聚龙洞景区
唐县大石峪旅游景区	白沟服饰广场景区	白沟箱包交易城景区	涿州三义宫景区	唐县秀水峪景区
唐县华峪庄园景区	纪晓岚文化园景区	肃宁裘皮城景区	黄骅海盐博物馆景区	衡水绿岛空中戏水乐园景区
衡水湖景区	冀州冀宝斋博物馆景区	秦王湖景区	长寿百果庄园景区	清河羊绒城景区
黄梁梦吕仙祠景区	元宝山风景区	磁州窑博物馆景区	铜雀三台遗址公园景区	邺令公园景区
武安聚龙山莲花洞景区	武安盛名度假村景区	武安天慈峰林景区		

3A级以下(含3A级)旅游景区

2A级　　景区名称

石家庄矿区清凉山景区	石家庄赵云庙景区	承德城隍庙景区	承德关帝庙景区	承德九龙松景区
丰宁千松坝森林公园景区	承德隆化县茅荆坝森林公园景区	承德兴隆县青龙潭景区	承德朝阳洞景区	都山景区
万塔黄崖景区	怀来容辰庄园景区	张北中都游牧源度假村景区	桥西水母宫风景区	中国长城葡萄酒有限公司景区
怀来天漠旅游区	怀来永定河峡谷漂流景区	沽源金莲山庄景区	尚义察汗淖蒙古大营景区	崇礼塞北滑雪场景区
塞北管理区蒙古大营景区	崇礼小龙泉度假村景区	泥河湾小长梁景区	天马湖景区	翡翠岛生态游乐园
老虎石公园	望峪山庄景区	联峰山公园	象山景区	五峰山李大钊革命活动旧址景区
天马山景区	六峪山庄景区	鲍子沟景区	唐山遵化鹫峰山风景旅游区	灵山旅游区
乐亭菩提岛景区	遵化上关湖景区	遵化卧龙山自然风景旅游区	丰润区潘家峪惨案纪念馆红色旅游景区	
唐山浅水湾浴场景区	唐山祥云湾海滨温泉度假村景区	唐山市凤凰山公园	唐山市大城山公园	唐山市科技馆景区
遵化黄花山风景区	徐流口九龙泉风景区	成山万亩林景区	时代广场景区	益津书院景区
旺星休闲垂钓景区	百世葵园景区	灵山寺景区	红嘉业休闲垂钓园景区	水一方休闲垂钓园景区
鑫汇生态农业观光园景区	京作红木家具工业旅游基地景区	屈家营古音乐会堂景区	大厂回族自治县北坞清真寺景区	香河新城广场景区
绿岛庄园景区	保定留法勤工俭学运动纪念馆景区	安国市药王庙景区	保定军校纪念馆景区	保定市大慈阁景区
定州伊利乳业工业园区景区	定州永发畜诚信畜牧生态园	定州贡院景区	定州开元寺塔景区	毛主席视察纪念馆景区
安国中药文化博物馆景区	雄县宋辽边关古地道景区	满城大平台景区	沧州铁狮子景区	沧县御碑苑景区
泊头清真寺景区	青县青云观景区	马本斋纪念馆景区	盐山千童祠景区	神然生态农业园景区
马庄蔬菜观光园景区	小屯竹柳生态观光园景区	沧县旧城文化展览馆景区	王希鲁景区	南大港湿地景区
衡水宝云寺景区	冀州灵秀山庄景区	衡水迎宾生态园景区	中国内画艺术之乡展览馆景区	邓庄农业科技示范园区景区
衡水老白干酿酒集团工业旅游示范点景区		安平县台城村全国第一个农村党支部纪念馆景区		深州蜜桃观光园景区
天台山景区	小西天景区	七里河植物园	汉牡丹园景区	张果老山景区
甄泽观景区	九龙沟景区	北武当山景区	张氏祖庭景区	威县义和团纪念馆景区
任县冀南革命纪念馆景区	峰峰矿区磁州窑富田遗址景区	大名县石刻博物馆景区	邯郸县圣井岗景区	漳河旅游度假区

1A级　　景区名称

唐山市弯道山公园	紫金山景区			

山西省

3A级　　景区名称

万荣孤峰山景区	文水苍儿会景区	芮城大禹渡景区	和顺太行龙口景区
阳城孙文龙纪念馆景区	高平长平古战场大粮山景区	高平羊头山炎帝文化风景名胜区	沁水湘峪三都古城景区
柳林三交黄河游景区	白云寺景区	阳城天官王府旅游景区	郊区小河古村评梅景区
明乐庄园旅游景区	寿阳祁寯藻故里景区	晋和顺合山懿济圣母文化景区	中华傅山园旅游景区
禹王洞旅游景区	怀仁金沙滩生态旅游区		

2A级　　景区名称

太原碑林公园景区	宁武管涔山情人谷景区	姑射山景区	沁源灵空山景区

2A级		景区名称	
郊区始祖百草堂景区	方山北武当山景区	大同煤矿展览馆景区	郊区关王庙景区
洪洞明代监狱景区	娘子关景区	永济唐铁牛博物馆景区	永济万固寺景区
壶关太行大峡谷黑龙潭景区	棋子山景区	凤凰欢乐谷景区	沁水示范牧场景区
泽州山里泉景区	阳城海会寺景区	芮城圣天湖景区	九龙山景区
紫云寺景区	新绛龙兴寺	新绛太守居园池	山西省目前共有6处1A级景区
平定冠山森林公园	万荣东岳庙景区	灵丘桃花山景区	原平大营温泉景区
壶关太行大峡谷十八盘景区	壶关太行大峡谷红豆峡景区		

1A级		景区名称	
灵丘县桃花山风景区	卦山景区	万荣县东岳庙景区	冠山景区
大营温泉旅游度假村			

内蒙古自治区

3A级		景区名称	
新世纪青年生态园	石门风景区	梅力更风景旅游区	美岱召旅游点
妙法寺	小肥羊食品工业旅游区	哈素海旅游度假村	乌兰夫纪念馆
大召寺	乌素图森林旅游开发区	敕勒川人家旅游度假村	内蒙古青年生态园
席力图召	玉塔寺	东方甘迪尔蒙古风情园	白石生态旅游度假区
固伦恪靖公主府博物馆	乌兰夫故居	哈达门高山牧场	大青山野生动物园
和林格尔盛乐博物馆	曼坨山庄	翁牛特旗玉龙沙湖旅游区	海贝尔娱乐园
喀喇沁旗马鞍山旅游区	巴林左旗辽真寂之寺	克什克腾世界地质公园博物馆	宁城县藏龙谷景区
敖汉旗敖汉温泉城景区	士珍园	巴图湾旅游区	鄂尔多斯草原旅游区
乌审召庙旅游区	三盛公水利风景区	乌审旗银海旅游度假村	达拉特旗昭君城旅游景区
达拉特旗窝阔台旅游区	三胜区广稷农耕博物馆	达拉特旗库布其沙漠旅游区	乌审旗福海蒙古城生态旅游区
伊金霍洛旗天福祥生态农业观光度假区	中华文明史艺术城	杭锦旗龙宫民族休闲度假村	准格尔旗水镜湖休闲度假旅游区
鄂托克前旗上海庙草原文化旅游区	柔木山庄	海拉尔国家森林公园	布苏里度假山庄
红花尔基森林公园	绰源国家森林公园	牙克石凤凰山庄	鄂温克巴彦呼硕草原旅游区
新巴尔虎左旗甘珠尔庙景区	呼伦贝尔古城	根河敖鲁古雅使鹿部落	额尔古纳湿地景区
新巴尔虎左旗诺门罕旅游景区	新巴尔虎左旗巴尔虎部落	伊克萨玛国家森林公园	阿拉善盟乌日斯草原旅游区
阿拉善盟贺兰山福音寺（北寺）旅游区	阿拉善盟阿拉善博物馆	锡林郭勒盟赛汉塔拉旅游娱乐园	锡林郭勒盟正蓝旗元上都博物馆
锡林郭勒盟东乌珠穆沁旗乌里雅斯太山旅游景区		锡林郭勒盟阿巴嘎旗别里古台扎桑	二连浩特市国门景区
锡林郭勒盟西乌珠穆沁旗乌兰五台旅游景区		锡林郭勒盟乌拉盖开发区"博力彦"神泉旅游景区	
兴安盟成吉思汗庙景区	兴安盟科右前旗万豪蒙古大营	兴安盟科右前旗兴安古包旅游村	兴安盟突泉县明星胡旅游度假区
兴安盟扎赉特旗图牧吉国家级自然保护区		兴安盟科右中旗翰嘎利湖五角枫休闲旅游度假区	
辉腾锡勒草原明珠接待中心	外事旅游接待中心	窝阔台汗宫旅游度假中心	苏木山森林公园
霸王河主题公园	珠日河旅游区	开鲁牵手草原度假村	吉祥密乘大乐林寺
奈曼旗王府	奈曼旗新镇柏盛园度假村	扎鲁特旗山地草原旅游区	霍林郭勒市辉特淖尔草原旅游区

3A级以下(含3A级)旅游景区

3A级　　　　　　　　　　　　　　　　　　景区名称

开鲁县古榆园旅游区	科尔沁民族博物馆	开鲁县麦新烈士纪念馆	银砂九岛生态旅游区
甘德尔山旅游区	汉森庄园	满巴拉僧庙旅游景区	河套酒业
杭锦后旗塞上园旅游区	杭锦后旗"走西口"民俗第一村	巴彦淖尔地质公园博物馆	临河区甘露寺
乌拉特前旗公田村	乌拉特前旗乌拉特部落	磴口县冬青湖旅游景区	五原县历史文化博物馆

2A级　　　　　　　　　　　　　　　　　　景区名称

鄂伦春博物馆	嘎仙洞景区	鹿鸣山庄	鄂温克五泉山旅游区
阿里河国家森林公园	中国达斡尔民族博物馆	新巴尔虎右旗呼伦湖金海岸旅游景区	鄂温克族自治旗晨光生态园
新巴尔虎右旗巴尔虎博物馆	弘吉剌部景区	临江原生态公园	室韦魅力名镇景区
喇嘛山国家森林公园	图里河鹤祥园度假村	鄂温克博物馆	陈巴尔虎民族博物馆
阿荣旗抗联英雄园	扎兰屯金龙山滑雪场	中东铁路博物馆	达赉湖旅游区
达永山滑雪场和铁木真大汗行营	兴安盟科右中旗蒙格罕山生态旅游景区	兴安盟扎赉特旗天府园旅游休闲山庄	内蒙古民族解放纪念馆
兴安盟科右前旗兴安村第一党支部	兴安盟阿尔山白狼峰景区	兴安盟科右中旗博物馆	兴安盟扎赉特旗多兰湖公园
兴安盟乌兰浩特市工业经济开发区	兴安盟乌兰浩特市龙凤源景区	翁牛特旗红山湖	阿拉善盟额济纳旗博物馆
红山区红山公园	红山区南山生态园	巴林右旗荟福寺	巴林右旗奇石馆
巴林蒙古部落	大辽猎苑景区	杜鹃山庄	巴林左旗辽上京博物馆
绿洲宾馆旅游区	神光大漠旅游度假村	吉祥福慧寺	陶亥召
苏里格庙	准格尔召旅游区	鄂托克旗锦世温泉度假村	准格尔旗油松王旅游景区
绿梦苑山庄	铁骑草原旅游中心	岱海自然生态旅游区	阿贵庙旅游点
集宁老虎山公园	巴彦塔拉旅游城	淖干诺尔草原旅游度假区	四子王旗淖干塔拉蒙古营度假村
锡林郭勒盟格根敖包草原旅游度假村	锡林郭勒盟多伦南沙梁旅游区	锡林郭勒盟多伦栾源殿旅游区	锡林郭勒盟西乌珠穆沁旗浩济特区
锡林郭勒盟多伦县山西会馆	锡林郭勒盟正蓝旗阿拉腾艾里民俗大营旅游景区		锡林郭勒盟镶黄旗马文化博物馆
锡林郭勒盟东乌珠穆沁旗乃林郭勒旅游度假村		锡林郭勒盟阿巴嘎旗查干朝鲁珠洒勒图旅游度假村	
锡林郭勒盟苏尼特左旗"探马赤大宫"苏尼特乌兰德饮食风情园		将军衙署	云滚洞景区
霍林郭勒观音山旅游区	阿古拉草原旅游区	奈曼旗青龙山洼旅游区	霍林郭勒鸿雁湖旅游区
扎鲁特旗东湖旅游区	僧格林沁博物馆	开鲁县烈士陵园	扎鲁特旗老乡山庄旅游区
希拉穆仁孙氏草原旅游中心	达茂旗蒙古人度假村	镜湖生态旅游区	磴口县博物馆
云海秋林生态休闲度假区	游牧一族苁蓉生态园	镜海旅游度假区	乌梁素海生态旅游景区
乌拉山国家森林公园	五原抗战纪念馆	冯玉祥誓师广场	四大股普济寺
河神湖旅游景区	塔尔湖度假村	慈云寺	浩澎现代农业观光园
四季青高科技生态园区	青清湖旅游景区	风蚀冰臼国家地质公园	温根塔拉旅游接待中心
同歌乐歌景观河旅游区	善达古庙	乌海市科技馆	蒙古族家具博物馆
乌海市煤炭博物馆	青山翰墨园	乌海市植物园	阿拉善盟阿拉善右旗博物馆

1A级　　　　　　　　　　　　　　　　　　景区名称

额尔古纳市根河桥度假村	新巴尔虎右旗贝尔湖景区		

辽宁省

3A级 景区名称

兴隆室内公园	沈阳市城市规划展示馆	老龙口酒博物馆	华晨宝马工业旅游景区	大法寺
周恩来少年读书旧址纪念馆	新乐遗址	抗美援朝烈士陵园	中国工业博物馆	白清寨滑雪场
马耳山风景区	朝阳山旅游景区	中华寺	辽中蒲河国家湿地公园	世外桃源温泉度假村
财湖旅游风景区	仙子湖旅游区	大连国家森林公园	鸟岛	棋盘山开发区花果山度假村
华夏饮食文化博物馆	公安局女子骑警基地	观光塔	金龙寺森林公园	闯关东影视基地
南山峻景景区	金州新区大黑山风景区	开发区文化广场	大学博物馆	生命奥秘展览馆
大长山岛景区	仙浴湾省级旅游度假区	香洲田园城	安波温泉旅游度假区	海王九岛旅游景区
银石滩国家森林公园	汤岗子温泉旅游度假区	鞍山市博物馆	鞍山市二一九公园景区	双龙山旅游景区
台安少帅陵旅游风景区	药山风景区	清凉山风景区	冰湖旅游度假区	中国玉雕会展中心
百菇园	白云山风景区	牛庄古城旅游风景区	海城冯庸博物馆	皇家海洋主题乐园
抚顺战犯管理所	平顶山惨案纪念馆	萨尔浒风景名胜区	元帅林文物区	三块石国家森林公园
本溪市动物园	东风湖旅游度假区	本溪市博物馆	平顶山森林公园	汤沟森林公园
桓仁望天洞景区	桓仁桓龙湖景区	大孤山风景名胜区	大鹿岛风景区	黄椅山森林公园
獐岛景区	城市海景水上乐园	万佛堂	宜州化石馆	吴楚庄园
岩井寺风景区	萧军纪念馆	医巫闾山国家级森林公园	西炮台遗址旅游景区	墩台山公园
何家沟风景旅游区	青龙山风景旅游区	仙人岛能源化工区白沙湾黄金海岸浴场		宝力根寺风景区
大清沟风景区	龙石风景旅游区	弓长岭温泉滑雪场	王宫温泉水城	瓦子沟村自然生态旅游区
龙峰山风景区	佟二堡购物旅游区	湖滨公园	鑫安源度假村	苇海湿地旅游景区
辽河绿水湾	盘锦知青总部	鸳鸯沟旅游区	蟠龙山公园	龙山风景区
铁岭市博物馆	周恩来同志少年读书旧址纪念馆	龙山高尔夫·辽宁职业学院景区	城子山省级森林公园	冰砬山国家森林公园
调兵山风景区	象牙山旅游区	燕山湖风景区	清风岭景区	千佛洞风景区
天秀山森林公园	天成观	大黑山旅游区	白石风景区	凌源红石山生态旅游区
永安长城景区	白狼山自然风景区	龙潭大峡谷自然风景区	六股河风景区	觉华岛景区

2A级 景区名称

沈阳市和平区实胜寺	沈阳中心庙	蓬瀛宫	沈阳—铁西区工人村生活馆	沈阳水洞
沈阳陨石山森林公园	沈阳市李相新城生态园	沈阳七星山风景区管理委员会	沈阳三山梅花鹿园	沈阳珍珠湖
沈阳五龙山旅游风景区	大连市旅顺口区九龙山农业科技生态园	广鹿岛铁山仙女湖景区	大连骆驼山海滨森林公园	长海县獐子岛镇鹰嘴石风景区
龙潭山旅游风景区	大连庙山风景旅游度假村	大连万家岭老帽山旅游度假区		庄河市古城旅游开发公司
大连庄河黑岛旅游度假区	御果蓝莓生态园	常青树休闲农庄	天一庄园旅游度假区	鞍山金胡旅游景区
岫岩龙潭湾风景区	海城九龙川自然保护区	本溪湖公园	本溪市金海水晶宫旅游区	本溪市大冰沟森林公园
本溪铁刹山风景区	本溪天龙洞风景区	关山风景区	三塔沟风景区	乌兰木图山风景区
千佛山风景区	辽阳博物馆	汤河风景区	冷热地风景区	核伙沟森林公园
田庄台关帝庙	榛子岭水车	太平寨青云山风景区	太阳山风景区	双塔区桃花山庄风景区
双塔区星源生态农业景区	槐树洞风景区	清代蒙古王陵景区	莲花山圣水寺	虹螺山景区
乌云山休闲生态农庄	绥中县三山景区管理处			

3A级以下(含3A级)旅游景区

1A级		景区名称		
岫岩卧鹿山效圣寺	岫岩罗圈背风景区	海城东西方台温泉度假区	本溪桃源度假村	东郊湖风景区
喇嘛山	北票市燕湖园	北票市下府惠宁寺		

吉林省

3A级		景区名称		
长春动植物公园	自然村旅游风景区	第一峰旅游风景区	御龙温泉度假村	农安辽塔游园景区
龙台庙香风景区	碧水庄园度假村	卡伦湖度假村	南楼山风景区	叶赫那拉城
南山旅游风景区	通化云霞洞景区	梅河鸡冠山风景区	梅河四季生态园	梅河五奎山风景区
集安云峰湖旅游渡假区	龙山湖景区	长白山迷宫溶洞	干饭盆景区	抚松人参博物馆
露水河国家森林公园（长白山狩猎场）		北山生态园	杨靖宇将军殉国地景区	白山湖仁义风景区
果园朝鲜族民俗村	长白望天鹅景区	苇沙河风景区	龙华寺景区	天天乐工农业旅游景区
前郭县赛罕塔拉蒙古部落	孝庄祖陵旅游风景区	龙凤山旅游风景区	查干浩特旅游度假区	延边国贸农业科技文化园
雁鸣湖旅游风景区	老白山原始生态风景区	北山森林体育公园	防川国家级风景名胜	仙景台国家级风景名胜区
满天星国家森林公园	长白山文化博览城景区	福满生态沟景区	万宝红旗民俗村	长白山和平滑雪场
延边大戏台河景区				

2A级		景区名称		
吉林大学地质博物馆	文庙博物馆	龙潭山鹿场	龙潭山公园	金日成读书纪念馆
磨盘山风景区	凤凰山旅游风景区	亮甲山旅游风景区	舒兰森林公园	磐石黄河水库
莲花山（官马）溶洞	四平战役纪念馆	二郎山庄	山门风景区	二龙山水库风景区
大孤山旅游风景区	公主岭市二十家子风景区	玉皇山公园	大泉历史文化景区	柳河三仙夹国家森林公园
青山湖景区	向阳山休闲度假村	长白山仙人洞风景区	长白山温泉风景区	白龙湾三仙岛风景区
塔山公园	北山公园	临江国家森林公园	松花江度假村	哈尔淖风景区
兴隆山黄榆风景区	嫩江湾旅游度假区	五间房水岛乐园	石海旅游风景区	

1A级		景区名称		
绿野湖畔度假村	浴泉庵	青云寺	八台岭关东风情园	金穗山庄
龙福缘休闲旅游度假村	苏密枫雪谷景区	大秃顶子景区	聚龙潭生态旅游度假区	碧玉山庄
鳇鱼圈旅游度假区	郭尔罗斯王爷府生态旅游区	塔虎城旅游景区	三青山马铃薯生态园	柳蒿山庄农家乐旅游景区
南城子古城遗址	黑泉眼垂钓园农家乐旅游景区	利发盛镇建设村天主教堂旅游风景区		天合玻璃工艺观光园
沙洲森林公园	扶余县烈士陵园	大金碑旅游区	珠尔山旅游度假区	松原农业科技示范园
小河龙千年松景区				

黑龙江省

3A级 景区名称

卧牛湖风景名胜区	新生鄂伦春民俗旅游区	黑河旅俄华侨纪念馆	瑷珲国家森林公园	山口湖风景区
二龙山工农业旅游示范区	青山公园风景区	胜山要塞国家森林公园	街津口赫哲旅游度假区	三江口生态旅游区
黑鱼湖生态园	大庆科技馆	望奎满族风情园（满族博物馆）	林枫同志故居纪念馆	黎明湖公园
大庆石油科技馆	大庆油田乐园	友谊博物馆	八井子观光采摘园	瑞鹤庄园森林旅游度假村
当奈人居生态村	杜尔伯特历史博物馆	色氏湿地人家	尼尔基水利风景区	华安军工旅游区
江桥抗战纪念地	泰湖国家湿地公园	塔子城辽金遗址	中国（大兴）九八抗洪纪念地	嫩江农场现代农业观光旅游区
农垦山河平顶山景区	麒麟山风景区	鸡西动植物园	凤凰山风景区	铁西森林公园
透龙山庄	映山湖生态园	宝宇西岭森林生态旅游度假区	伊春兴安国家森林公园	伊春水上公园风景区
四排赫哲族风情园	抱羔文化风情园	远东林木博物馆	北秀公园	"八女投江"遗址纪念地景区
莲花峰旅游度假区	伊春小兴安岭国家地质公园红星园区	飞鹤金山天然鹿场	红豆杉景区	八里湾景区
富锦国家湿地公园	松花江碑林	飞鹤金山天然鹿场	北大荒宁安北欧花园度假村	北大荒海林北欧度假村
鸡西青山湖旅游度假区	七星河湿地旅游风景区	珍宝岛革命烈士陵园	凤凰山国家森林公园	方正林业局小龙山风景区
海林市威虎山影视城	海林市杨子荣烈士陵园	北大荒闫家岗国际温泉旅游度假区		三精工业旅游景区
长寿山风景区	香炉山风景区	绥化农垦金斗湾旅游区	金龙山国家森林公园	玉泉国际狩猎场
白渔泡国家湿地公园	锦河农场闯关东影视旅游区	二龙山工农业旅游示范区	雁窝岛湿地生态旅游区	千鸟湖湿地风景区
庆安国有林场管理局曙光林场	望龙山国家森林公园	大兴安岭资源馆	大兴安岭万亩种子园	加格达奇北山公园
大乌苏鹿苑山庄	栖霞山植物园	大兴安岭五六火灾纪念馆	威虎山主峰景区	牡丹江三道关国家森林公园
鹤岗国家森林公园	柳河生态旅游度假区	水源山公园	锦河农场闯关东影视旅游区	禹舜美术馆
四块石景区	镜泊峡谷	铧子山森林地质公园	土改文化第一村	蒙牛乳业（尚志工业游景区）
渤海风情园	长寿山风景区	龙凤山风景名胜区	双龙原生态休闲山庄	黑龙江省博物馆
黑龙江省民族博物馆	将军石山庄	佳木斯敖其湾赫哲族旅游区	青山国家森林公园	图强林业博物馆
东湖旅游度假区	红旗农场都市农业园	柴河九寨	龙湖水利风景区	华夏东极风景名胜旅游区
银沙湾景区	黑龙江垦区柯尔克孜民族村	明水明净寺	肇东伊利工业园区	西大圈旅游区
乌苏里湿地千岛林风景区	胜利农场喀尔喀旅游区	清河林区旅游景区	绥棱林业局生态文化旅游区	大沽国家森林公园
沿江公园旅游风景区	七星旅游名镇	爱辉知青馆	中俄民俗风情园	金山小镇
大丰河漂流	黑龙江委、省政府办公旧址陈列馆		大沽河国家森林公园	哈尔滨金河湾湿地旅游风景区
哈尔滨现代农业示范区	亚林河漂流景区			

2A级 景区名称

黄崖子东北民俗文化旅游第一村	沐源雨淳蒙风情园	大庆儿童公园	大庆广播电视塔	景园公园
美兰庄生态园	寿山休闲度假村	望奎县植物园	林甸温泉疗养院	九道沟满族风情园
衍福寺景区	莲花湖景区	新发岛度假村	太平岛度假村	向阳湖旅游风景区
水师森林公园	蒙牛（齐齐哈尔）工业旅游景区	浏园景区	齐齐哈尔瑞盛食品工业景区	蛇洞山风景区
金长城遗址公园	富拉尔基区红岸公园	青松狩猎场	哈拉新村	音河水库风景区
雨亭国家城市湿地公园	飞鹤克东欧美养殖观光牧场	二克山公园	乌裕尔民族风情园	龙腾生态温泉度假庄园
昂昂溪古文化遗址景区	鸡西市儿童公园	恒山国家矿山公园	哈达河风景区	锅盔山庄

3A级以下(含3A级)旅游景区

2A级		景区名称		
鸡林朝鲜族风情园	博物馆	大亮子河漂流	乌伊岭源头湾景区	东升岛旅游度假村
六峰湖旅游风景区	雅园农业生态旅游观光园	爱苑民俗旅游度假区	石龙山国家森林公园	五顶山森林公园
富锦长安农业科技园	峰岩生态旅游区	宝石河公园	青峰山庄	大秃顶子风景区
朗乡玉兔仙潭风景区	方林响水河惊险漂流景区	朝鲜民俗风情街	宝山湖山庄	双子山原始森林公园
得莫利服务区	大青山(花乐山)风景区	市外桃源渡假村	会宁公园	玉泉威虎山森林公园
木兰县香磨山风景区	南岗展览馆	响水河惊险漂旅游景区	林泉河情侣漂旅游景区	古里生态旅游区
四丰山风景旅游区	星火朝鲜族民俗风情园	萧红故居	海伦市大峡谷森林公园	绥化金龟山庄
依兰县慈云寺景区	巴兰河漂流	华龙山庄	北林区黑鱼泡山庄	蓝水湾旅游度假村
曙光新邨民俗风情游景区	国门旅游区	文贤庄园	哈尔滨野狼湖生态旅游风景区	松鹤公园
半截塔湿地生态旅游区	南瓮河国际重要湿地	苍山石林风景区	白山风景区	桃源峰龙湖旅游度假区
画山界江旅游度假区	新林原林园	新林南山公园	九曲十八湾	大兴安岭寒温带植物园
卧龙湖水上游乐园服务中心	北极岛景区	克尔台渔村景区	红骥乡情园	共和湖旅游风景区
一号亮子	嘉荫界江恐龙主题公园	神鹤文化艺术馆	阳光文化公园	七星峰国家森林公园
红松林国家公园	东方红湿地景区	蜂蜜山旅游景区	平阳古镇风景区	鸡西滴道塘菜营森林度假村
友好乳影岛景区	巍隆山庄	库尔滨鄂伦春民族风情旅游区	新鄂度假村	北安博物馆
小南山旅游风景区	孙吴县二门山水利旅游风景区			

1A级		景区名称		
净土寺	月牙湖旅游风景区	渠首电站风景区	鹰山旅游风景区	紫云岭森林公园
莲花湖景区	亮子河水库风景区	丽波山庄	南湖旅游休闲度假村	鸡西市亨特山庄
饮马沟山庄	呼玛河口休闲旅游区	白银纳鄂伦春民族文化旅游区	华府山庄	鸡东长寿泉风景区
猴石山旅游风景区				

上海市

3A级		景区名称		
南汇大团桃园	南汇桃花村	大宁灵石公园	东方假日田园	廊下生态园
中国农民画村	书院人家	南汇渔乐湾生态园	滨海森林公园	黄兴公园
金家生态村	玉穗绿苑	华亭人家·毛桥村	中医药博物馆	地质科普馆
新场古镇	瀛东生态村	高家庄园乡村俱乐部	田子坊景区	M50创意园
安亭老街	鲁迅公园	和平公园	犹太难民纪念馆	庄行乡村旅游区
南社纪念馆	福泉山遗址景区	人然合一现代农业生态园	老码头景区	召稼楼景区
上海玻璃博物馆	江南三民文化村景区	瑞华果园景区	金龟岛渔村景区	影视乐园
老外街景区	醉白池公园	联谊枇杷乐园		

江苏省

3A级 景区名称

龟山汉墓	中视传媒无锡唐城景区	戏马台	滨湖公园	淳溪老街
天生桥风景区	将军山景区	龙头渚公园	汉陵苑	华罗庚公园
定慧禅寺	内外城河风光带	桃花涧景区	东渡苑景区	太仓公园
南园公园	龙寺生态园	太湖花卉园	傅家边科技园	银杏湖生态旅游区
南山湖旅游度假区	反腐岛生态旅游区	海安苏中七战七捷纪念馆	史可法纪念馆	世纪公园
求雨山文化名人纪念馆	金牛湖景区	苏州定园	金坛顾龙山公园	邳州市博物馆
中国（港上）银杏博览园	永丰林农业生态园	南通城隍庙	世外桃园休闲农庄	泉山森林公园
新洲生态园	雪浪山生态景观园	新四军黄桥战役纪念馆	扬州吴道台宅第	南通城市博物馆
东方大寿星园	白蒲法宝禅寺	何山公园	吴江震泽师俭堂	苏州工业园区白塘生态植物园
引江河风景区	灌南人民革命纪念馆	射阳息心寺	宝船厂遗址	常州新区中心公园
龙王庙行宫	苏州光福景区	苏皖边区政府旧址纪念馆	荷塘月色湿地公园	军山景区
纵棹园	泰山公园	乌龙潭景区	大金山风景区	秦邦宪故居
苏州中国刺绣艺术馆	香山风景区	梁丰生态园	昆山巴城阳澄湖景区	梅李聚沙园
青少年科技文化活动中心	五岛公园	清晏园	土山古镇景区	南京石头城遗址公园
苏州中国珍珠宝石城	仪征博物馆	光孝律寺	宿北大战纪念馆	柳山湖旅游风景区
高邮镇国寺	中国职业装博览馆	吴江圆通寺	汉之源景区	张伯英艺术馆
苏州中国花卉植物园	盐城市科技馆	九龙口风景区	淮安运河博物馆	周恩来童年读书处
钵池山景区	高邮文游台	江苏禾木农博园	中国（丹阳）眼镜城	泰州海军诞生地纪念馆
项王故里景区	洪泽湖湿地森林公园	张謇纪念馆	南通城市绿谷	广福禅寺
淮安吴承恩故居	南京方山风景区	幕燕滨江风貌区	汤山紫清湖生态温泉度假区	李可染艺术馆
点石园石刻艺术馆	沛公园景区	李超时烈士纪念馆	新沂市博物馆	南通小洋口风景区
黄金海滩景区	潮河湾生态园	淮安水利枢纽景区	金湖荷花荡景区	涟水华夏云锦艺术馆
盐城护国永宁禅寺	东方盐地公园	句容九龙山庄	宿迁市博物馆	三台山森林公园
游子山国家森林公园	兴望农业休闲文化园	双泾生态园	徐州圣旨博物馆	徐州无名山景区
大洞山景区	徐州民俗博物馆	沙沟湖水杉公园	桃花源休闲农庄	常州艺林园
运河五号创意街区	武进太剑湖生态旅游区	大白荡城市生态公园	相城盛泽湖月季园	523文化主题公园
如东洋口港景区	东海青松林森林公园	灌云博物馆	海洲湾旅游景区	灌南现代农业示范区
阜宁金沙湖旅游区	大丰益土大地海洋科技馆	红山体育公园	宝应宁国寺景区	镇江市规划展示馆
江苏兴化李中水上森林景区	古黄河水景公园	泗阳南园景区		

2A级 景区名称

柳亚子故居	吴江盛泽先蚕祠	东坡公园	荆川公园	张太雷纪念馆
武进横山白龙观	高静园	凤凰公园	新四军江南指挥部纪念馆	高公岛风景游览区
八仙台旅游风景区	吟苑公园	梅村泰伯庙	徐霞客故居	江阴渡江战役纪念馆
龙池山风景区	邵白湖风景旅游区	南通沈寿艺术馆	南通海安博物馆	九发绿色休闲农庄

3A级以下(含3A级)旅游景区

2A级		景区名称		
泰兴公园	迎湖桃源景区	瑶池生态旅游区	斗龙庄园	镇江民间文化艺术馆
镇江丹阳九里风景区	郑板桥纪念馆	中共江浙区泰兴独立支部纪念馆		九龙湾乡村家园
燕子矶景区	龙山上庄园景区	淳化山田牛奶园景区	南山农庄	勺湖园风景区
樱花园	桃花坞公园	韩侯故里景区	楚秀园	张家港公园
世外桃源风景区	东海安峰山烈士陵园	泰山寺	发阳渔村	盐城市人民公园
渤泥国王墓景区	蔬菜花卉科技园	银林生态农业园	千盛农庄	朱自清故居
西郊森林公园	周恩来少年读书处	射阳湖荷园生态旅游区	冷遹纪念馆	万善公园
江馨怡度假村	王杰纪念馆	小萝卜头纪念馆	碾庄战斗纪念馆	刘老庄八十二烈士陵园
白马湖生态旅游区	无锡碑刻陈列馆	无锡钱钟书纪念馆	吴江平望小九华寺	虞姬公园
泗水公园	雪枫墓园	烈士陵园	赣榆罗阳湿地休闲度假区	赣榆徐福泊船山风景区
瓦屋山休闲旅游区	戈小兴中外烟标烟具博物馆	通榆河枢纽国家水利风景区	东台黄逸峰故居	盐城便仓枯枝牡丹园
岳王庙·刘国钧故居	柳宝二妹子模范民兵活动中心	江心洲大套风光带"农家乐"	丹阳嘉山旅游风景区	环太渔乐园
世业洲旅游度假区	三勤农业生态园	河横村	国清寺	石港生态旅游风景区
启东盈康江海生态休闲园	南通风筝博物馆	峨嵋山普贤寺	新四军联抗纪念馆	沿江渔村
香光寺	六顺生态农艺园	锁石生态旅游村	金波渔港	黄桥滩渔家乐
国家地质公园瓜埠山景区	灵岩山旅游风景区	东台新街九莲寺	吴江慈云禅寺	菩提仙境景区
花木大世界	生态公园	泗水亭公园	滨河公园	五亭龙国际玩具礼品城
泰清寺	人民公园	顾毓琇纪念馆	桂子山石柱林景区	平山森林公园
牛首山唐明文化旅游区	鑫农庄	灌南海西公园	江都龙川盆景艺苑	建湖陆秀夫纪念馆
东台黄海森林公园	朱家岗烈士陵园	贤官亭公园	宿城新区休闲主题公园	龙恩木屋旅游度假山庄
吴江震泽公园	吴江王锡阐纪念馆	姜堰市人民公园	太仓张溥故居	太仓王锡爵故居
东磊景区	华夏工美产业博览园	千里运河第一漂景区	宿迁义乌国际商贸城	兴化森林公园
板桥竹石园	果都大观园	镇江新区银山公园	润州道院	伊芦山风景区
月季园	城市森林公园	虞姬生态园	梦溪植物园	海宁皮革城
上海知青纪念馆	湖湾景区	三河闸水利风景区	宝应博物馆	宝应革命烈士纪念馆
江都朴园	常州梳篦博物馆	常州江南美术馆	九曲河枢纽风景区	新四军四县抗敌总会纪念馆
华中工委纪念馆	后羿公园	延寿寺	龙王古寺	桃花源生态农庄
草桥古墩农民乐园	松林山庄景区	奇水园景区	雁南飞景区	快活林休闲山庄
赛珍珠文化园	上海战役总前委旧址纪念馆	凤凰山庄旅游区	春到上塘纪念馆	崇孝苑
连云港孔雀沟景区	睢宁云河公园	高港雕花楼景区	海安角斜红旗民兵团史绩陈列馆	
如东浅水湾水上公园	董永七仙女文化园	施耐庵公园	弘宇生态园	隋炀帝陵景区
老子山风景区	盐城大丰市施耐庵纪念馆	赵伯先故居	古城公园	扬州玉文化景区
无锡天蓝地绿生态旅游农庄	赣榆秦山岛旅游度假区	江阴季子文化公园	徐州古黄河公园	铜山楚河景区
徐州铜山城市规划展示馆	贾汪夏桥公园	永宁寺	徐州农润观光园	昭阳庄园
睢宁岠山景区	西双湖风景区	青口生态公园	云龙涧原生态风景区	溧阳天目铭汤孝子温泉
银杏湖公园	甘岗村史馆	盘龙古寺	江都仙女公园	七星湖生态园
蓉和怡和园	观音禅寺	永兴寺佛教文化	深山水寨	镇海禅寺
凤山书院	湖西生态园	小塔山水利风景区	青年公园	陇海商务文化旅游
凤凰山景区	北固山生态公园	李汝珍纪念馆	高邮菱塘古清真寺	丹阳水晶山公园
滨江生态园	文庙景区	大风歌景区	汉韵景区	古栗园景区

2A级		景区名称		
徐州老东门时尚街区	徐州古陶博物馆	徐州喻继高艺术之家	贾汪卧龙泉生态园	华强生态园
张良殿景区	白云洞景区	铜山张竹坡故里	徐州汉纳国际欢乐谷	贾汪督公湖风景区
贾汪马庄民俗文化馆	通海湖公园	东台弶港文化展示馆	鞍湖三胡陈列馆	姜尚公园
邳区中国灯具城				

浙江省

3A级		景区名称		
大奇山国家森林公园	西湖灵山景区	中国江南水乡文化博物馆	天钟山旅游景区	鹳山风景区
钱王陵园景区	千岛湖好运岛情人谷	好运岛景区	铜官峡(情人谷)景区	九咆界风景区
千岛湖森林氧吧	琵琶湾生态园	良渚农夫乐园	庆安会馆	东钱湖南山景区
伍山石窟旅游景区	梁皇山景区	五磊山风景区	鲤龙潭森林公园	四明山国家森林公园
虞氏旧宅建筑群	奉化岩头古村景区	温州动物园	泽雅风景区	五美景园
瑞安玉海楼	渔寮风景旅游区	刘基故里景区	瑶溪风景名胜区	仙岩景区
泰顺乌岩岭景区	防风古国文化园	城山沟景区	杨墩休闲农庄	南浔狄港渔庄
移沿山生态农庄	莫氏庄园陈列馆	福严寺景区	海宁谢氏艺术收藏馆	嘉欣丝绸园
金龙门生态休闲园	嘉兴平湖市澳多奇农庄	浙江东方地质博物馆	安昌古镇景区	七盘仙谷风景区
重阳宫景区	百丈飞瀑风景旅游区	南山风景名胜区	名人故居景区（周恩来纪念馆）	汤江岩风景区
剡溪漂流旅游区	十八都江	中国轻坊城市场景区	新昌中国茶市景区	香雪梅海旅游区
稽东千年香榧林	舜王庙景区	二都杨梅生态园	盖北野藤葡萄园	千柱屋景区
桃花源生态区	六洞山风景区	武义郭洞风景区	寿仙谷景区	花溪风景区
夹溪十八涡景区	磐安水下孔景区	金华动物园	浮盖山景区	仙霞关旅游区
秀山岛景区	中国蛇蟠岛旅游区	方山—南嵩岩旅游区	锦屏公园	桃渚龙湾海滨景区
千年曙光园	江南大峡谷景区	临海羊岩山茶文化园	海门老街景区	国际塑料城
温岭市素质教育实践基地	清真禅寺风景区	子峰森林公园	龙泉青瓷宝剑苑	竹炭博物馆
红星坪温泉度假村	汤沐园温泉度假区			

2A级		景区名称		
浒山农业示范园	永淦古玩旅游区	三国博古红木馆	东塔公园	苍南石聚堂旅游景区
瑞安隆山公园	氡泉景区	玙湾景区	桐溪风景名胜区	天柱风景区
人民抗日自卫游击总队纪念馆	藏龙百瀑景区	岑山风景旅游区	陆羽茶文化景区	周家庄农家乐
碧云花园	浙北桃花岛	长镇纪念馆	平湖民俗风情馆	海宁市博物馆（徐志摩故居）
西山公园	钱君匋艺术研究馆	丰子恺纪念馆	君匋艺术院	桐乡市博物馆
圣莱特农庄	莲泗荡风景区	桐乡补农庄园	桐乡植物园	嘉善拳王休闲农庄
和田龙农庄	嘉兴铁哥们机器人主题公园	越城区方圆农业观光园	府山旅游区	凤鸣山景区
王羲之故居旅游区	瞻山风景旅游区	寺二古镇	东坡山庄	丰泥假日庄园
虎居动物园	印山越王陵景区	浙江石狮商贸城	越国风情文化园	四明山主峰.红佛寺景区

3A级以下(含3A级)旅游景区

2A级		景区名称		
剡溪渔业园	东山湖休闲旅游区	诸葛仙山旅游区	马寅初故居	斗岩风景区
上旺—岩里乡村休闲旅游区	黄大仙故里	九峰桃源旅游区	石鹅湖景区	万象花卉田园休闲俱乐部
江山须江公园	九龙湖风景区	烂柯山风景区	古田山风景区	钱江源国家森林公园
东明湖公园	三衢石林景区	太真洞	黄泥塘"金钉子"景区	开化南湖岛风景区
关公山景区	马岙旅游区	六横镇旅游区	蚂蚁岛旅游区	中国吴子熊玻璃艺术馆
黄岩九峰人民公园	东辉公园	飞跃工业城	国华珠算博物馆	市宝石工业园
小芝碧水湾	玉环县龙溪动漫花谷景区	台绣艺术馆	金泉农庄	白云岩景区
龙泉市博物馆	大山峰森林公园	龙泉凤羽山庄景区	瓯江漂流乐园	太鹤山公园
江南畲族风情文化村	草鱼塘森林公园	白马山森林公园	湖山森林公园	长濂鞍山书院
龙泉宝剑厂				

1A级		景区名称		
岭北森林公园	常山县桃花源景区	小沙旅游区	钓琅湾休闲农庄	伊甸园休闲农庄
天鹅山庄				

安徽省

3A级		景区名称		
喜洋洋生态农庄	三岗梨园春乡村旅游区	小井庄	中国中部花木城	伊利集团合肥工业园
大蜀山文化陵园旅游景区	汇生态园景区	小团山香草园	巢湖巢父生态园区	巢湖三友堂茶馆
冶父山森林公园景区	金泉山庄旅游度假村	紫薇洞景区	银屏山景区	怀远白乳泉景区
固镇香雪度假村景区	四方湖旅游景区	天井湖景区	沱湖湿地风景区	芜湖汀棠公园
陶辛水韵旅游区	经济开发区天门山旅游区	芜湖滨江公园	芜湖烈士陵园	芜湖凤凰美食街
怡龙生态园景区	巢湖泊山洞景区	芜湖科技馆	八公山天宝双遗文化园旅游区	茅仙洞旅游区
万人坑教育馆	凤台淮上明珠—知青文化园景区	凤台淮上回风园景区	后湖生态园景区	马钢盆山度假村
双凤原生态植物园	李白墓园	马鞍山蒙牛乳业景区	巢湖太湖山国家森林公园	巢湖华阳洞景区
乌江霸王祠景区	鸡笼山景区	天门山景区	永顺植物园景区	岳西司空山风景区
岳西红军中央独立第二师司令部旧址		红二十八军军政旧址	潜山皖光苑	潜山天龙关景区
潜山板仓旅游景区	潜山九曲河漂流景区	桐城文庙—六尺巷	天柱山大峡谷景区	赵朴初故居景区
潜山白马潭漂流景区	独秀山观音洞旅游景区	宿松小孤山风景区	宿松白崖寨风景区	钟馗酒业博览园
虞姬文化园景区	阜阳颍州西湖风景区	小张庄旅游景区	涡阳天静宫	涡阳颐生园度假村景区
沪谯中医药文化博览园	雪枫公园—板桥集战斗纪念馆	华祖庵景区	陈抟庙景区	白鹭洲景区
印象江南生态园景区	亳州曹操纪念馆	蒙城庄子祠	休宁古城岩	三溪大峡谷风景
龙池湾景区	木坑景区	徽州文化园	普仁滩景区	石门峡景区
霸王山摇铃秀水景区	搁船尖风景区	许村景区	九龙景区	岩寺新四军军部旧址景区
韭山洞风景区	鼓楼景区	龙兴寺风景区	吴敬梓纪念馆	神山国家森林公园
淮北市博物馆	永泉农庄	铜陵淡水豚自然保护区	王稼祥故居	江南第一漂

3A级		景区名称		
茂林旅游景区	宣州鳄鱼湖	龙泉洞景区	白云洞景区	紫园景区
小九华旅游景区	二里旅游景区	东津河漂流度假区	夏霖景区	石佛山—天子湖景区
绩溪上庄景区	宁国青龙湾景区	宁国落花荡景区	赤滩老街风景区	古南丰徽派黄酒生态园景区
石柱山旅游景区	水墨汀溪旅游景区	黄田旅游景区	横山国家森林公园	金藤生态农业观光园景区
百杨生态园景区	龙姑迷宫景区	紫金寺旅游景区	皖西烈士陵园	红石谷景区
正阳关玄帝庙公园	安丰镇丰华公园	天水涧漂流景区	霍邱县烈士陵园	舒城舒茶纪念馆
大华山景区	小叔敖纪念馆	报恩寺景区	孙氏宗祠景区	清真寺景区
西海旅游景区	青莲寺景区	昭庆寺景区	金安矿业园景区	马鬃岭景区
寿州孔庙景区	慈母宫景区	飞霞公园景区	新四军纪念馆	万源寺景区
神仙洞风景区	青阳九华山龙泉圣境景区	池州大历山风景区	秀山门博物馆	九华漂流景区
华丽现代农业观光园景区	山寓山景区			

2A级		景区名称		
金三合农业科技示范观光园	垒丰山庄	安徽名人馆	赵光休闲度假区	白马山乡村旅游示范点
小庙渔村	圩湾山庄	紫蓬山庄	冯玉祥景区	张治中景区
李克农景区	巢湖姥山岛景区	巢湖鼓山景区	巢湖艺术馆	蚌埠市南山儿童公园
上口门闸水利风景区	垓下古战场文化旅游区	禹会区天河·鱼乐水乡	红塔旅游度假村	万绿生态休闲度假村
蚌埠栖岩寺景区	九和收藏馆景区	森禾现代花卉科技产业园	光彩玉器城景区	固镇金海岸农业生态养生园景区
润天旅游景区	芜湖烟雨墩	小格里森林公园	老梁山庄	乌霞风景区
芜湖和平生态旅游区	繁昌烈士墓园	白马山三圣古寺	褐山揽胜景区	无为县米公祠
谢家集卧龙山景区	毛集农民公园	淮南市博物馆景区	八公山豆腐文化产业园景区	大通湿地公园旅游景区
抗日民主政府纪念园景区	淮唐风景名胜区	甄山禅林	小九华风景区	昭关景区
巢湖陋室公园	石门湖生态农庄景区	龙缘园景区	海会寺	龙潭寨景区
三尖山景区	黑虎瀑景区	梅苑景区	查冲生态园	大龙山景区
灵山石树景区	鲍冲湖景区	枞阳大山生态旅游区	白云崖景区	白荡湖景区
天峰寺景区	岳西天仙河景区	岳西妙道山国家森林公园	王步文故居景区	安庆狮子山公园
武昌湖	古雪池农业生态科技园景区	香茗山旅游景区	桐城龙眠山风景名胜区	桐城烈士陵园景区
披雪瀑景区	古司崖景区	黄镇生平事迹陈列馆景区	安庆迎江区天主教堂	宿松钓鱼台景区
梅村生态园景区	鳌头观海景区	梨树王景区	突山风景区	灵璧石国际交易中心
灵璧县天一园	阜阳淮公园	颍泉青颍公园	颍州文峰公园	药用植物园
新四军第四师纪念馆	程大位故居景区	戴震纪念馆	屯溪植物大观园	龙山寺景区
昌溪古村落生态景区	上三花果山景区	北岸瞻琪景区	凤凰湾生态农庄景区	黄山肖黄山景区
黄山民间艺术馆	黄宾虹铭艺范景区	休宁夹溪河漂流	山越民俗风情园	历溪景区
木雕楼景区	五三景区	深冲景区	龙山风景区	三塔寺风景区
藕塘烈士陵园	花园湖公园景区	令狐山风景区	天长市护国寺	天长市博物馆景区
抗大八分校纪念馆景区	皇甫山国家森林公园	半塔烈士陵园	女山湖景区	滁州图业生态农业园景区
淮北南湖风景区	双堆烈士陵园	淮海战役总前委旧址纪念馆景区	烈山区龙脊山自然风景区	淮北东湖旅游景区
东湖休闲娱乐中心	新庄高科技农业示范园	金牛洞古采矿遗址	皖陵珍稀动物养殖场	铜陵市博物馆

3A级以下(含3A级)旅游景区

2A级 | 景区名称

铜陵市科技馆	铜陵大士阁	云鹤古寺旅游景区	月亮湾风景区	旌德仙人谷森林公园
旌德文庙景区	龙井峡旅游景区	别山湖旅游景区	玉石城旅游景区	泮阳湖公园旅游景区
小甸烈士陵园旅游景区	方振武故居旅游景区	方振武陵园旅游景区	裕安竹海旅游景区	西渑河旅游景区
裕安黄巢尖旅游景区	金刚台旅游景区	长江河漂流旅游景区	蝙蝠洞旅游景区	悬剑山旅游景区
双河道观旅游景区	洪道人尖旅游景区	鲍家窝旅游景区	鄂豫皖红军纪念园旅游景区	鱼龙洞景区
黄崖峡谷景区	南溪古寨景区	仙寓山景区	齐春生态庄园	青阳县博物馆
齐山风景区	池州万罗山风景区	清溪河景观公园	东流古文化区	贵池霄坑大峡谷景区

1A级 | 景区名称

弋江区白马禅寺	长江大桥公园	螺丝山青年公园		

福建省

3A级 | 景区名称

安溪凤山风景旅游区	永春蓬壶百丈岩风景区	南安灵应风景旅游区	长乐显应宫	乌髻岩旅游风景区
仙洞普济旅游风景区	永春县魁星岩旅游风景区	灵源山风景区	衙口滨海休闲度假旅游区	围头战地文化渔村
福清东壁岛旅游度假区	宁德三都澳斗姆风景区	冰心文学馆	安溪洪恩岩	南安凤山风景区
宁德古田翠屏湖风景区	牛郎岗海滨景区	清流天芳悦潭生态休闲景区	闽西革命历史博物馆	毛泽东才溪乡调查旧址
长乐九龙山生态旅游景区	长乐董奉山景区	诏安九侯山景区	月亮湾客家文化园	武平县定光佛旅游景区
建瓯根雕城	柘荣东狮山景区			

2A级 | 景区名称

沙阳乐园	熙春园	宁德霞浦赤岸风景区	溪塔葡萄沟旅游景区	上金贝畲族寨景区
福州市博物馆	邓拓故居	福建省委旧址纪念馆	福州文庙	绿丰农业生态园
汉唐文化城	卧龙谷	猴屿洞天岩	琴江满族村	桂湖罗汉溪芙蓉温泉景区
闇亭寺	陈靖姑故居	陈文龙纪念馆		

江西省

3A级 | 景区名称

安义古村群	八大山人梅湖景区	绳金塔景区	小平小道爱国主义教育基地	怪石岭生态景区
象山森林公园景区	厚田沙漠景区	清晨田园度假村景区	西湖李村景区	彭泽龙宫洞
秋收起义修水景区	南崖—清水岩景区	白茶园景区	武陵岩风景区	武宁西海湾湿地景区
雕塑瓷厂明清园景区	浮梁金竹山寨景区	文山怪石林景区	秋收起义广场景区	秋收起义烈士陵园景区

3A级			景区名称	
孽龙洞风景区	麻山幸福村景区	明月湖景区	毛家湾文化村景区	昌坊度假村
婺源文化与生态旅游区	万年神农源景区	铜钹山（九仙湖）景区	大茅山风景名胜区	闽浙皖赣根据地旧址景区
酌江景区	铜鼓天柱峰国家森林公园	丰水湖公园	华林寨—上游湖风景名胜区	万载仙源湘鄂赣红色旅游景区
万载竹山洞景区	于都长征纪念园	龙南客家酒堡景区	龙南栗园围旅游景区	青原山景区
安福武功山温泉山庄	永丰欧阳修纪念馆	吉水燕坊古村	四泰和楠木林景区	吉钓源古村景区
遂川汤湖温泉山庄	永新三湾景区	蜀口洲风景区	江西东华山水景区	

2A级			景区名称	
冷水尖景区	御窑厂遗址景区	莲花一枝枪纪念馆	安源国家森林公园（五陂）生态旅游景区	
东桥钟鼓寨	莲花良坊赣西民俗陈列馆	严嵩故里景区	葛仙山景区	三鼎寻根园景区
江西省国际体育健身运动中心	奉新萝卜潭景区	宜春市体育中心景区	樟树阁皂山景区	宜丰洞山景区
百丈山景区	上高镜山公园	上高九峰森林公园	樟树三皇宫	丰城生态硒谷旅游区
高安华林八百洞天景区	毛泽东祖籍游览苑	遂川工农兵政府旧址	永丰大仙岩景区	安福孔庙景区
峡江玉笥山景区	江南第一墓景区	吉州窑景区	梅塘资国禅寺景区	安福香樟园休闲山庄
卢家洲景区	新干莒洲岛景区	新干青铜博物馆	遂川南风面景区	吉安市农业科技园山庄
天宝水库生态度假村	康克清纪念馆景区	白水仙景区	遂川石坑景区	汤显祖纪念馆
大金山寺景区	南丰潭湖景区			

山东省

3A级			景区名称	
青岛迎宾馆（德式官邸旧址）	青岛海军博物馆	青岛旅游观光塔	田横岛旅游度假村	五峰山旅游区
塔山竞技游乐城	圣水观风景区	农业科技博览园	信号山公园	山炮台教育基地
烟台体育公园	城阳世纪公园	蔬菜科技示范园	即墨华山国际乡村俱乐部	银雀山汉墓竹简博物馆
王羲之故居	盛能游乐园	莒南天佛旅游区	孙子兵法城	魏氏庄园
天鹅湖景区	三里河公园	齐国故城遗址博物馆	管仲纪念馆	沾化冬枣生态旅游区
华东革命烈士陵园	梨园景区	世界风筝博物馆	青云湖休闲度假乐园	蓄能休闲探险科普水城
徂徕山国家森林公园	姜堤乐园	鱼丘湖风景区	博山樵岭前风景区	马踏湖风景区
梦泉生态风景区	618战备电台旧址旅游区	北特色商贸旅游区	月湖公园	莱西湖生态休闲区
大雁岛生态园	诸葛亮文化旅游景区	平邑九间棚生态农业旅游区	"定远"舰景区	嵯山风景名胜区
文登青龙生态旅游度假村	玉黛湖生态乡村庄园	老龙湾景区	石门坊风景区	五十万亩枣林游览区
莲花山风景区	吕祖泉旅游区	德式监狱旧址博物馆	森林野生动物世界	植物园
大基山景区	招远罗山国家森林公园	金都招远黄金珠宝首饰城	国际农科奇观	安山寺景区
历史博物馆	揽翠湖旅游度假区	巨野金山旅游区	水浒好汉城（原：菏泽郓城水浒文化旅游城）	
墨子纪念馆（墨砚馆）	费县石林	泉林泉群自然风景区	民丰湖休闲娱乐区	竹洞天风景区
磴山寨景区	水帘峡风景区	三王峪山水风景区	雨林谷	百雀林生态观光园
青岛梅园	青岛新天地	鹤山风景区	孟良崮国家森林公园	乳山岠嵎山风景区
兖州市博物馆	汉画像石馆	莲青山风景区	薛城区铁道游击队纪念园	梓橦山景区

3A级以下(含3A级)旅游景区

3A级　　景区名称

颜文姜祠（孝园）	新泰和圣园景区	邹平醴泉寺风景区	无棣大觉寺景区	碣石山旅游风景区
百里黄河风景区	临朐山东山旺国家地质公园	青州花卉博览园	潍水风情湿地公园	刘墉板栗园
胜利油田科技展览中心	龟山风景区	刘村梨园景区	乐陵碧霞湖风景区	武圣园
绿洲乐苑	锦屏山旅游度假区	顺河东大寺	兖矿集团兴隆庄煤矿	邹城博物馆
荒王陵景区	石门山风景区	临沂市滨河景区	河东区国际影视城	莱芜王石门"天上人家"旅游区
诸城马耳山	牙山国家森林公园	栖霞太虚宫景区	富华游乐园	泿河景区
城顶山生态旅游区（原：潍坊市安丘市潍坊书院）	浮烟山休闲旅游度假区(原：潍坊潍城区浮烟山森林公园)			三河湖风景区
凤凰湖景区	千乘湖生态文化园	七星台旅游度假区	朱家峪旅游景区	安莉芳山东工业园工业旅游区
招虎山国家森林公园	颜庙景区	金乡羊山古镇国际军事旅游度假区	人民公园·太白楼景区	刘集红色旅游区
双贝体育公园	花好月圆景区	潍坊高密市文体公园	西湖公园	桂河湿地公园
龙韵文化艺术城	寿光三元朱村	岱岳区天颐湖	泰安老县衙	蒙牛泰安工业园旅游区
泰安天庭乐园	冀鲁豫边区革命纪念馆	定陶仿山旅游景区	龙门崮风景区	临沂市科技馆
沂蒙奇园	鲁南花卉城	沂蒙山酒文化生态旅游园	灵泉山旅游区	沂蒙山根据地旅游区
苍马山旅游区	冠山旅游区	颐尚温泉度假村	东阿鱼山曹植墓景区	清平生态古城旅游区
德州长河公园	白浪沙洲湿地公园	龙阳旅游区	滕州国防科技教育基地	大宗村旅游区
山亭月亮湾旅游区	寿丘少昊陵	济宁曲阜周公庙	黄河入海口生态农业观光园	诸城市博物馆
寿光滨河城市湿地公园	朐山滨河公园	辉渠百泉旅游区	V1购物休闲广场	老虎山生态园
万兴都国际商业公园	蒙山龙雾茶博园	代村现代生态农业示范园	兴国寺旅游区	打渔张森林公园
浮龙湖生态旅游景区	四方区青岛民俗馆	齐长城大峰山生态旅游区	波罗峪旅游度假区	山东旅游职业学院校园
仙坛山温泉小镇	华林庄园	益民公园风景区	五井风景石市场	南池景区
邹城规划展览馆	宁汶上县莲花湖湿地	曾庙景区	新汶森林公园	朝阳洞景区
刘台桃花源景区	云蒙山景区	鄃云山旅游度假风景区	神童山休闲旅游区	沭河湿地公园
艾山风景区	二龙山生态旅游区	城阳啤酒坊	骆驼祥子博物馆	劈柴院
中联创意广场	周家夼瑞源生态园	高青扳倒井工业文化旅游区	姚家峪生态旅游度假区	峨庄瀑布群风景区
云明山景区	荣成市博物馆	圣经山景区	圣水宫景区	多福山景区
毛泽东像章珍藏馆	天鹅湖景区	中共青岛党史纪念馆景区	老酒博物馆	金山滑雪场景区
孤岛槐树林温泉旅游区	龙居黄河森林旅游区	大源生态游乐园	五龙山景区	寿光宏源酒文化博物馆
昌乐仙月湖风景区	石门山自驾车露营地	汶上南旺枢纽考古遗址公园	济宁市博物馆·崇觉寺景区	嘉祥青山景区
泗水圣源湖公园	峄城东方怡源.仙人洞旅游区	长红枣旅游区	山亭中华樱园景区	白佛山景区
戴村坝景区	昆仑山景区	石岛朝阳山景区	寻山梦海休闲旅游区	福如东海文化园
小石岛旅游景区	皇山东夷文化旅游休闲区	动植物园旅游区	中华奇石城旅游区	沂水东皋公园
五莲县大青山景区	禹王亭博物馆	碧霞元君故居	宁津文化艺术中心	夏津槐林狩猎场
绿洲黄河温泉旅游度假村	无棣千年古桑园	东山禅寺	沙土庙景区	济南青岛啤酒梦工厂旅游区

2A级　　景区名称

李宗仁史料馆	青岛植物园	崔子范美术馆	高凤翰纪念馆	卧龙峪生态旅游区
惠民孙子故园	云峰山风景区	仙境源景区	望夫礁公园	花斑彩石景区
茶山旅游区	王士禛纪念馆（改名：王渔洋纪念馆）		郯城新村银杏园	五莲大青山风景区
山亭区红枣农业旅游区	康有为故居纪念馆	肥城牛山国家森林公园	毓璜顶公园	鲁南观赏石馆

2A级 景区名称

凤凰苑农业科技园	韩书凡奇石艺术馆	莱芜雪野三峡景区	海阳地雷战纪念馆（海阳博物馆）	丛麻禅院
云顶自然旅游风景区	王学仲艺术馆	圣母山风景区	文博苑景区	德州游乐园
御桥韩天主教堂	朋真观	百果山都市休闲风景区	龙山风景区	兰山玫瑰湖汽车公园
中国临沂商城	罗庄宝泉寺旅游区	北寨汉墓博物馆	曹州百花园	古今园
玉圣园旅游区	东炮台海滨风景区	栖霞国路夼生态旅游区	在水一方金都温泉国际度假中心	魁星公园
白云湖旅游区	姜太公祠	唐山佛雕文化园	凤凰山	滕州国际家居广场
翔宇（中国）儿童用品批发商城	鲁南花卉大世界	青州范公亭公园	甘泉禅寺	偶园（青州人民公园）
诸城大舜苑	龙门山	济宁泗水民俗游乐园	新四军军部旧址纪念馆	地下银河景区
庆云石佛寺	庆云小商品现代批发市场	海会寺	凤祥工业园	武训纪念馆
中共鲁西北地委旧址	高唐时风集团	临清舍利宝塔	临清葡香园	垦利渤海垦区革命纪念馆
利津黄河生态公园	蓬莱公园	新户白枣园	莲花山景区	御海湾生态观光茶园
丽日锄禾景区	胜利油田森林木屋	军马场农博园	孤岛植物园	青岛市南区民俗博物馆
古月山庄风景区	博山莲花山森林公园	萌山湖荷花生态园	台儿庄区贺敬之文学馆	滕国故城旅游区
坊茨小镇	潍坊奎文区东方新世纪园	神牛谷风景区	嵩山风景区	王府游乐园
羊口镇航海博物馆	凤仙山景区	九仙山	宁阳文庙	新泰九顶皇山
笔架山景区	龙山景区	抱犊崮旅游区	文峰山旅游区	新华社山东分社诞生地
钟华山景区	香海禅林古枣生态园	庆云纪念馆	齐齐发茶城	梁锥希森新村旅游区
碧霞元君故居旅游区	文庄古文化旅游区	堂邑民俗旅游区	阳谷文庙	闫庄民俗村
联合国2606项目平原森林生态区	东阿鱼山曹植墓	聊城高唐县山东泉林纸业工业旅游区	蚬河公园	范公祠景区
云水禅景区	晓望生态旅游区（注销）	旧城海子景区	博展国际商贸城	濯村特色农业旅游区
娘娘山风景区	梨乡风情旅游区	三联南海林苑	博展国际商贸城	流青园森林公园
南山万松园景区	乾隆杯酒业	北海渔盐文化民俗馆	蒲松龄书馆	东方公园
宁津家具大世界	李渼碧霞祠	龙湖公园	惠津湖景区	郝家绿色生态观光园
绿岛庄园	运河公园	中华海棠园	金凤岭生态园	济南现代农业科技示范园
沂源中庄（翠屏山）中华大果园	恒台王渔洋纪念馆（原：王士禛纪念馆）	瀚海海上休闲景区	寿光中华牡丹园
五龙湖景区	山阳百年梨园	"文化古城"旅游景区	澳得乐时代广场	秦怡奥斯卡摄影城
龙女山庄（原：平度市小鹤口龙女度假）	商河乡村绿洲	留仙谷景区	北极星钟表文化博物馆
天籁谷景区	安丘柘山镇老子文化园	清水河公园	禹王生态湿地景区	崂山茶文化博物馆
九兴艺术馆	玉皇大帝庙	九上沟风景区	圣地桃园·王家庄景区	齐王山旅游景区
文昌湖都市农业生态博览园	张店吉田园都市休闲农业观光园	福王红木博物馆	中和花都旅游区	文亭湖旅游区
曹县黄河故道湿地风景区	东明黄河森林公园	大禹公园	时传祥纪念馆	万亩桃园
神龙地毯艺术博物馆	农业展览馆	琵琶湾公园	金鲁班有机农业科技示范园	北辰绿洲湿地公园
新河湿地公园	潍河水上乐园	欢乐海岸旅游区	柳毅山生态文化旅游区	圣水湖公园
中华茶博城	大嵎樱桃谷	港东渔人码头休闲度假区	博物馆	仙足山风景区
洙河公园	沙岭河公园			

1A级 景区名称

莱州千佛阁	青岛即墨灵山风景区	孙膑故里	芙蓉街关帝庙	大明盛泰观光园

3A级以下(含3A级)旅游景区

河南省

3A级 景区名称

郑州金鹭鸵鸟园	环翠峪景区	始祖山景区	浮戏山雪花洞	花园口景区
城隍庙—文庙景区	富景生态世界·绮林锋农场风景区	巩义石窟寺	荥阳三皇山桃花峪景区	郑州巩义竹林景区
青龙山慈云寺	浮戏山杨树沟风景区	神仙洞森林公园	郑州海洋馆景区	河南国香茶城景区
河南省农业高新科技园	郑州樱桃沟景区	濮阳世锦园	濮阳毛楼生态旅游区	濮阳单拐革命旧址
濮阳挥公园景区	叶县县衙	祥龙谷景区	昭平湖景区	汝州怪坡景区
好运谷景区	尧山大峡谷漂流景区	龙潭峡景区	秘洞景区	金山旅游区
天然太极图旅游区	淇县摘星台景区	淇县朝阳山风景区	林虑山风景名胜区	黄华神苑景区
内黄二帝陵	天平山景区	太行屋脊风景名胜区	金顶山景区	沁阳铜山风景区
南阳桐柏淮源风景区	南阳云华蝙蝠洞景区	南阳医圣祠	南阳汉画馆	淅川坐禅谷景区
西峡石门湖景区	西峡五道石童景区	邓州花洲书院	白河第一漂景区	老君洞生态养生旅游景区
石柱山森林公园景	七十二潭景区	西峡伏牛地下河景区	许世友将军故里	汤泉池风景区
香山湖景区	金兰山森林公园	光山邓颖超祖居纪念馆	黄柏山国家森林公园	金刚台国家地质公园
王大湾会议会址景区	净居寺风景名胜区	何家冲景区	观音山旅游风景区	华阳湖旅游景区
郑维山将军故里景区	鄂豫皖革命纪念馆景区	黄国故城文化旅游区	安山省级森林公园景区	新乡百泉景区
新乡潞王陵景区	回龙景区	龙泉苑景区	河南黄河故道森林公园景区	刘庄景区
关山景区	秋沟景区	新乡海宁皮革城景区	许昌春秋楼	许昌灞陵桥
禹州森林植物园	鄢陵花都温泉度假区	许昌曹丞相府景区	商丘黄河故道森林公园	微子祠景区
睢县北湖景区	王公庄文化旅游景区	永城陈官庄淮海战役纪念馆景区	睢杞战役纪念馆景区	漯河开源森林公园
陈星聚纪念馆	许慎文化园景区	关帝庙景区	吉鸿昌将军纪念馆景区	独秀园景区
弦歌台景区	沈丘中华槐园景区			

2A级 景区名称

新郑市博物馆	雁鸣湖景区	万岁山游览区	天波杨府景区	洛阳博物馆
洛阳汉光武帝原陵	洛阳龙马负图寺	洛阳花果山森林公园	八路军驻洛阳办事处	王铎故居
洛阳民俗博物馆	周王城天子驾六博物馆	偃师商城博物馆	嵩县卧龙谷景区	洛阳有生工矿游景区
三门峡甘山国家森林公园	黄河三门峡大坝景区	灵宝市娘娘山旅游区	韩愈陵园	穆家寨生态农业观光园景区
蒙牛乳业工业旅游区	鼎湖湾风景区	黄帝铸鼎原景区	三门峡上阳苑景区	清风山旅游
朱载堉纪念馆	濮阳光华科技馆	仓颉陵景区	帝舜故里景区	濮阳隆城庙景区
顿丘农庄生态观光旅游景区	淇滨三兴康乐村景区	安阳天宁寺景区	安阳袁林景区	安阳珍珠泉景区
安阳小南海景区	安阳腊梅园景区	济渎庙景区	蔡氏始祖叔度公陵园景区	蔡明园公园景区
八仙洞景区	法海寺景区	大寺省级森林公园景区	望花湖旅游风景区	荷花洞景区
宛西自治史料馆	普化讲寺景区	凤山石油地质公园景区	东西湖风景区	跑马岭地质公园景区
长葛鑫亮源生态旅游度假村景区	长葛中州人文纪念园	长葛毛主席纪念馆	花都樱桃观光采摘游景区	紫云山景区
首山乾明寺景区	百宁岗五岳庙景区	杨水才纪念馆	柘城容湖景区	白云祥寺景区
兴国寺景区	叶氏庄园景区	周口川汇区生态游乐园	中原民俗园	平粮台景区
华威民俗文化博物苑景区	画卦台景区	万姓宗祠景区	太虚观景区	陈胡公陵
陈风文化园	南顿古城	水寨袁宅	太康谢氏文化园	

湖北省

3A级 景区名称

木兰古门景区	农耕年华景区	木兰大草原景区	木兰清凉寨景区	武汉晴川阁
中华奇石馆	东湖海洋世界	木兰云雾山景区	汉口北国际旅游商品交易中心	长春观
九真山	三峡竹海景区	屈原故里文化旅游区(原屈原祠文化旅游区)		当阳玉泉寺
兴山昭君村	中华鲟园	百宝寨风景区	鸣翠谷景区	宜都奥陶纪石林
宋山森林公园	古潮音洞度假山寨	情人泉野人谷旅游区	远安鸣凤山景区	远安灵龙峡大拐弯生态旅游区
链子崖景区	当阳关陵	九龙瀑旅游区	观音洞旅游区	月亮湖山庄旅游区
十堰市龙泉寺旅游区	青龙山恐龙蛋化石群地质自然保护区		东风汽车工业旅游区	丹江口金蟾峡旅游区
丹江口大坝旅游区	金沙湾度假区	虎啸滩旅游区	女娲山旅游区	女娲天池旅游区
松涛山庄景区	龙吟峡旅游景区	湖北诗经源国家森林公园	郧阳烈士陵园红色旅游区	秦巴众风情苑
武当红生态工业旅游区	丹江口市博物馆	米公祠景区	水镜庄风景区	薤山旅游度假区
南河小三峡风景区	青龙山熊河风景区	白竹园寺	白水寺风景区	五山堰河乡村旅游区
尧治河旅游区	淯水风景区	北闸水利旅游风景区	湘鄂西苏区革命烈士陵园	关羽祠
周老嘴景区	漳河风景名胜区	龙泉公园	仙居风景区	彭墩国家休闲农业旅游示范区
梁子岛生态旅游度假区	西山风景区	中华水浒城	澄水洞旅游区	汉商温泉养生园景区
崇阳县大泉洞景区	桂花森林公园	黄龙山旅游区	三角山旅游风景区	龟峰山景区
烈士陵园	大别山主峰旅游风景区	桃花冲旅游风景区	天台山景区	大别山薄刀峰风景区
东坡赤壁风景区	王骥山森林公园	杏花村	麻城市博物馆	三江生态旅游度假区
伊利乳业园工业旅游区	鄂人谷生态旅游度假村	长胜街景区	英山烈士陵园	雷山风景区
阳新仙岛湖生态旅游风景区	东方山风景区	青龙山公园	湘鄂赣边区鄂东革命烈士陵园	西塞山风景区
白果树湾新四军五师司令部旧址	汉川公园	嘉伦河温泉度假村	新景园生态旅游度假区	大洪山琵琶湖风景区
梭布垭景区	龙船水乡景区	巴人河旅游景区	龙麟宫景区	朝阳洞景区
寇准公园	原生态文化旅游区	无源洞旅游景区	邓玉麟将军故居	香溪源景区

2A级 景区名称

房县野人洞(谷)旅游区	房西龙潭河旅游区	赛武当旅游区	赛武当东沟红色旅游区	十堰市人民公园
九华山森林公园	赛武当东沟红色旅游区	偏头山森林公园	楚长城遗址	牛头山森林公园
湖北紫薇岛生态旅游度假区	东方山植物园	龙王垭观光茶园旅游	南潭生态文化旅游区	桃花湖旅游度假区
狮子岩度假村	法溪河千年古树群风景区	郧西悬鼓公园	吕家河民歌村旅游区	夹河关旅游区
显圣殿旅游区	诗经尹吉甫生态文化旅游区	茅箭大川生态农业观光园	茅箭百二河生态休闲长廊	黄家湾风景园
汤池峡温泉度假区	三道峡风景区	保康县紫薇林	襄阳鹿门风景名胜区	南漳龙王峡景区
承恩寺景区	张居正故居(原荆州碑苑)	南岳山森林公园	荆州盆景园	荆州万寿园
荆州关公馆	森林山景区(原大洪山鸳鸯溪)	太子山森林公园王莽洞景区	京山天河度假村	荆门市博物馆
沙洋油菜博物馆	玉山寺	鄂州市博物馆	闯王陵	星星竹海风景区
潜山国家森林公园	太乙洞	鸣水泉风景区	咸宁玄素洞	李四光纪念馆
李时珍纪念馆	闻一多纪念馆	大崎山景区	斗方山风景区	武穴仙姑山风景区
麻城乘马会馆	李感董永公园	鄂豫边区烈士陵园	应城市孔庙旅游区	烧香台寿宁禅寺旅游区
汈汊湖东湖游乐园	岑海东大将亲属烈士陵园	炎帝神农故里风景区	曾侯乙墓景区	三潭风景区

3A级以下(含3A级)旅游景区

2A级		景区名称		
龙嘴峡景区	湘鄂边苏区鹤峰革命烈士陵园	福宝山生态综合开发区	大水井古建筑群	玉龙洞景区
枫香坡侗族风情寨	朝阳观旅游区	无源洞景区	苏马荡景区	铜盆水森林公园
沔城风景名胜区				

1A级		景区名称		
李宗仁司令长官部旧址	襄王府绿影壁	南漳香水河风景旅游区	张自忠将军纪念馆	李宗仁司令长官部旧址
襄王府绿影壁	南漳香水河风景旅游区	宜城市张自忠将军纪念馆		

湖南省

3A级		景区名称		
千佛洞景区	沩山漂流	回龙山旅游区	千龙湖山庄	沙坪小镇
长沙生态园林园	汉回民俗文化景区	东鹜山景区	浏阳古风洞	浏阳花炮博物馆
大京湖风景名胜区	酒埠江仙人桥旅游区	工农兵政府旧址旅游区	醴陵李立三故居旅游区	中国芦淞服饰城购物旅游景区
炎陵红军标语博物馆	醴陵新世纪陶瓷博物馆	醴陵先农坛纪念馆	湘乡茅浒水乡度假村旅游区	湖南水府旅游区
曾国藩生平研究馆	湘乡陈赓故居	昭山旅游区	白石文化生态旅游区	常宁印山文化旅游区
回雁峰旅游区	衡南县岐山旅游区	耒阳蔡伦纪念园	陆家新屋—衡阳保卫战纪念馆	衡阳石鼓书院
衡阳抗战纪念城	江口鸟洲景区	奇石文化博物馆	岣嵝峰国家森林公园	耒阳农耕文化博物馆
衡山农民运动红色旅游景区	耒阳党史陈列馆	耒阳汤泉旅游度假村景区	五尖山森林公园	平江起义纪念馆
华容县博物馆景区	大云山国家森林公园	圣安寺景区	岳阳6501风景区	沱龙峡生态旅游景区
平江连云山景区	华夏民族文化风情园	左宗棠景区	花岩溪旅游区	夹山森林公园
汉寿西洞庭湖国家城市湿地公园	河洑快乐谷景区	常德诗墙景区	澧州古城	常德市博物馆
临澧博物馆	沅州石雕艺术馆	临澧林伯渠故居纪念馆	武冈云山国家森林公园	隆回高洲温泉
城步南山牧场景区	湘窖生态文化酿酒城	隆回魏源温泉旅游区	新宁玉女岩景区	新邵白水洞旅游区
绥宁寨市古镇	洞口县龙眼洞景区	翰林农庄	新宁宛旦平故居旅游区	蔡和森纪念馆
冷水江波月洞景区	中阳白鹭山庄景区	龙山飞水涯景区	新化狮子山公园	白鹿寺宗教旅游点
赫山区花乡农家乐旅游区	厂窖惨案纪念馆	皇家湖生态旅游区	北峰山森林公园	桃花江竹海旅游区
沅江胭脂湖旅游区	安化红岩旅游区	沅江德群庄园	林芳生态旅游村	白沙溪茶厂
安化柘溪旅游区	郴州悦来温泉	永兴板梁古村旅游区	桂阳阳山古村旅游区	桂东三台山景区
汝城飞水寨景区	郴州北湖公园	永兴便江龙华山旅游区	桂阳东塔公园	郴州永兴人民公园
金洞金沙滩旅游区	东安舜皇山国家森林公园	龙家大院景区	秦岩旅游区	宁远文庙旅游区

2A级		景区名称		
零陵柳子庙	祁阳李家大院	江华瑶族文化园	江永女书园生态博物馆	新田谈文溪古村
江永上甘棠古村	江永千家峒国家森林公园	凤凰南方长城旅游区	花垣边城茶峒旅游景区	浦市古镇景区

2A级		景区名称		
保靖吕洞山景区	张家界绿色大地生态园	张家界武陵源紫霞观景区	张家界军声画院	张家界大鲵科技馆
张家界溪布街景区	凤凰山	麻阳滕代远纪念馆	溆浦向警予纪念馆	沅陵凤滩水力发电厂
沅陵五强溪水力发电厂	怀化通道皇都侗文化村	中方荆坪古村	高椅古村	通道龙底生态漂流景区
沅陵二酉山景区	洪江市芙蓉楼景区	靖州文峰塔景区	安江农校杂交水稻纪念园	五强溪大别溪景区
芷江三道坑原始生态旅游区	市中国侗文化城	辰溪燕子洞旅游区	通道独岩公园	沅陵龙兴讲寺

1A级		景区名称		
浏阳道吾山	秋收起义文家市会师纪念馆			

广东省

3A级		景区名称		
莲花峰旅游区	广州市抽水蓄能电站旅游区	西江温泉度假村	天马山生态旅游区	水东湾第一滩旅游度假区
南亚热带植物园	雷州天成台旅游度假村	吴川吉兆湾旅游度假区	广州市洪秀全故居纪念馆	气象卫星地面站
十九路军淞沪抗日将士陵园	翟山风景区	韩文公祠	五华热矿泥山庄	五指石风景名胜区
鹤地银湖旅游区	太和古洞旅游区	香溪堡旅游区	冠和博物馆	春湾风景区
罗定龙湾生态旅游区	蟠龙洞省级风景名胜区	荔湾区博物馆	揭阳市世铿院	九州驿站英德天门沟景区
英德茶叶世界	三岭山森林公园	外伶仃岛风景区	东海岛省级旅游度假区	益塘水库旅游区
神光山旅游区	西岩茶乡度假村	龙鲸河漂流旅游区	揭东万竹园旅游景区	普宁德安里旅游景区
乐昌三龙谷（龙王潭）生态旅游区	中国圣心糕点博物馆	田心社农家乐景区	溪头旅游村景区	增城文化公园景区
增城小楼人家景区	增城湖心岛旅游风景区	增城何仙姑景区	宝趣玫瑰世界	大丘园农庄景区
广东天井山国家森林公园	乐昌金鸡岭风景区	深圳市"地王观光·深港之窗"	金沙湾海滨度假区	金子山旅游景区
阳东县东平镇大澳渔家文化村	十香园纪念馆	邓世昌纪念馆	潘鹤雕塑艺术园	咀香园工业旅游景区
凤山祖庙旅游景区	南岗千年瑶寨景区	光明农场大观园景区	九连山原始森林度假村景区	连州福山景区
乳源天景山仙人桥景区	乳源必背世界过山瑶之乡生态旅游景区		中丝园景区	梯面红山村景区
唯美陶瓷博物馆景区	诺华中式家具博物馆景区	森晖自然博物馆景区	千佛塔宗教文化景区	张弼士故居旅游区
坪山梯田旅游区	富大陶瓷工业旅游区			

2A级		景区名称		
水坑生态娱乐旅游区	新三江电站大坝旅游区	雷州西湖公园	雷州雷祖祠游览区	雷州三元塔公园
金鹿园	东莞市冠和博物馆	丹水坑风景区	郁南大湾南江古民居文化景区	罗定罗镜东山公园旅游区
罗定蔡廷锴将军故居旅游区				

3A级以下(含3A级)旅游景区

广西壮族自治区

3A级 景区名称

南宁昆仑关旅游风景区	南宁市人民公园	南宁市凤凰谷风景区	南宁海底世界景区	金湖云顶观光旅游景区
南宁金花茶公园	南宁市大王滩风景区	南宁武鸣伊岭岩风景区	隆安龙虎山风景区	马山金伦洞景区
南宁市横县西津湖旅游风景区	横县九龙瀑布景区	宾阳蔡氏书香古宅景区	防城港北仑河源头景区	东兴陈公馆景区
防城港西湾旅游景区	北海合浦汉文化公园景区	北海大江埠民俗风情村	柳州都乐岩风景区	柳州花果山生态景区
柳州市君武森林公园景区	鹿寨县月岛湖景区	融安县大良石门仙湖景区	柳州柳城知青城景区	柳城县红马山旅游景区
融水雨卜苗寨景区	融水老子山景区	融水县田头苗寨景区	融水龙女沟景区	三江石门冲景区
桂林阳朔文化古迹山水园	阳朔蝴蝶泉景区	阳朔鉴山寺景区	阳朔九马画山景区	桂林十二滩漂流景区
桂林会仙岩景区	桂林资江景区	灵川大野神境生态旅游景区	桂林龙门瀑布景区	平乐仙家温泉景区
恭城县红岩景区	资源县八角寨景区	龙胜大唐湾景区	荔浦天河瀑布景区	陆川龙珠湖风景名胜区
北流市勾漏洞景区	钦州龙门群岛海上生态公园	灵山六峰山景区	凌云县泗城文庙景区	凌云县纳灵河谷景区
田东十里莲塘景区	田东县右江工农民主政府旧址景区		藤县黎寨蝴蝶谷景区	梧州珠山景区
金城江小三峡旅游景区	南丹温泉公园	宜州金浪湾景区	宜州会仙山景区	河池市天峨县龙滩水电站景区
河池市天峨县聚龙大峡谷景区	大化七百弄国家地质公园景区	武宣县百崖大峡谷景区	忻城莫土司衙署景区	贺州紫云景区
北海金海湾红树林景区	扶绥县逐羊景区	龙州起义纪念馆		

2A级 景区名称

防城港火山岛景区	上思百鸟乐园景区	平南县新桂园景区	钦州北部湾坭兴玉陶景区	梧州白云山公园
南丹里湖白裤瑶生态博物馆	宜州市古龙河漂流	罗城仫佬族自治县青明山庄园景区		罗城武阳江景区
象州凉泉景区	贺州客家围屋景区	富川县神仙湖景区		

海南省

3A级 景区名称

五公祠	琼洲文化风情街	鹿回头公园	三亚南天生态大观园	文昌椰子大观园
红色娘子军纪念园	春晖椰子加工观光基地	兴隆亚洲风情园	东山岭旅游区	日月湾海门游览区
海南天涯雨林博物馆	兴隆热带药用植物园	松涛天湖风景区	儋州石花水洞地质公园	东坡书院
五指山热带雨林风景区	定安黄竹万嘉热带植物园	澄迈咖啡风情小镇中心区		

2A级 景区名称

海瑞墓	三亚美天涯热带海洋世界	海南京润珍珠博物馆	万泉湖旅游区	海南热带飞禽世界

重庆市

3A级 景区名称

酉水河旅游景区	黑石山风景区	南滨路景区	秀山洪安边城景区	华生园金色蛋糕梦幻王国
大渡口南海风情温泉娱乐园	悦君山景区	潭獐峡旅游景区	双桂堂景区	金刀峡风景区
碧津公园	龙兴古镇	鳄鱼养殖中心	张关水溶洞旅游风景区	武陵山国家森林公园
桃花源景区	香海温泉旅游度假景区	卫星湖旅游区	毕兹卡绿宫	石柱黄水药用植物园
圣灯山森林公园	云篆山风景区	永隆山森林公园	黎香湖湿地生态园	楠竹山森林公园旅游景区
生态大观园	大佛寺景区	合川涞滩古镇	沙坪坝抗战名人旧居景区	融汇温泉
海石公园	綦江农民版画院	綦江博物馆	永新梨花山乡村旅游区	饭遭殃食品工业园
天赐温泉度假区	天醉园旅游度假区	石夹沟风景区	静观花木生态旅游区	鹅岭公园
半溪河滨水公园	花山公园			

2A级 景区名称

南腰界红色旅游经典景区	金家坝景区	骆来山风景名胜区	老龙洞景区	岚苑旅游风景区
铁峰山国家森林公园	盐井龙洞	弥陀禅院	"九五"惨案纪念馆	百里竹海观音洞景区
东明湖景区	金果园生态旅游区	竹林公园	沙溪温泉休闲会所	大木花谷景区
垫江牡丹花海生态旅游区	十里柚香生态旅游区	东温泉东方民俗温泉景区	南温泉旅游风景区	巫洞
荆竹峡—汉风神谷景区	露德堂景区	大韩民国临时政府旧址陈列馆	宋庆龄旧居陈列馆	安陶博物馆
石壕红军烈士墓	石泉古苗寨	毛坝群贤居避暑山庄	邱少云烈士纪念馆	石笋山旅游景区
苏维埃政权遗址公园				

1A级 景区名称

广益中学校园景区	三多桥白鹭自然保护区

四川省

3A级 景区名称

佛宝森林公园	瓦屋山国家森林公园	盐业历史博物馆	中国彩灯博物馆	卫星发射基地
遂宁中国宋瓷博物馆	玉蟾山风景区	方山旅游区	攀枝花长江国际漂流基地	乐山金鹰山庄
峨眉山竹叶青生态茗园	匡山佛爷洞风景区	四川阆中锦屏风景名胜区	红四方面军总指挥部旧址纪念馆景区	
龙潭溶洞风景区	百里峡	五峰山	中国苍溪·梨文化博览园	寻龙山景区
临邛古城	犍为文庙	八台山—龙潭河旅游景区	禹迹山风景区	张澜·罗瑞卿故里旅游景区
北湖公园	尧坝古镇景区	梓州杜甫草堂	四川科技馆	翠湖梨乡
广元川北民俗文化园	安泰山庄景区	老峨山旅游风景区	西蜀人家景区	沐川竹海

3A级以下(含3A级)旅游景区

3A级 景区名称

成都伊利乳业园旅游景区	成都蒲江樱桃山旅游景区	中国女鞋之都旅游景区	客家杏花村旅游景区	金山寺
宝箴塞	中国枇杷博览园	川菜博物馆	泸州天仙硐	东方生态博览园
嘉阳·桫椤湖景区	蒲江成佳茶乡旅游景区	金堂中国脐橙之乡	龙泉国际标榜旅游区	羊坪万亩有机葡萄休闲度假区
崇州罨画池文化旅游区	邛崃竹溪湖生态旅游景区	洞窝景区	熊猫古城景区	花香果居旅游景区
休闲美食文化园旅游景区	保利石象湖旅游景区	战旗·5季花田旅游景区	鹤鸣山道教文化旅游区	鹤鸣山旅游景区
胜天红岩山旅游景区	香山鹭岛旅游景区			

2A级 景区名称

飞龙峡风景区	双溪风景区	三岔湖景区	成都白塔湖	绵阳富乐山
张大千纪念馆	资中重龙山	乐山夹江千佛岩	泸州张坝桂圆林	泸州九狮景区
攀枝花鑫岛游乐城	雅安喇叭河森林公园	眉山青神中国竹艺城	资阳乐至龙门报国寺	广安华蓥山仙鹤洞
巴中巴州三江水乡度假区	佛头山森林公园	天马山国家森林公园	郭沫若故居	峨嵋大庙飞来殿
吴玉章故居	长宁佛来山	长宁西部石林	隆昌古湖景区	肖溪古镇
蓬溪高峰山	蓬莱公园	中岩寺	彭祖故里	凤凰湖旅游区
笔架山旅游区	段家大院子川西古民居园区	黄纪光纪念馆	小桥村	博物馆
桃花山风景区	西月湖公园	观音山森林公园	成都宽窄巷子景区	春秋祠
绵阳置信·芙蓉汉城	天赐园	银鼎山	普照山景区	龙神垭乡村旅游景区
巴塘措普沟旅游景区	西部水上嘉年华景区	成都战役纪念馆	白云鹭鸶旅游景区	花楸山景区
白鹿中法传统风情小镇	新津纯阳观景区	碧水蓝天旅游景区	洺龙苑旅游景区	凤凰山旅游景区
况场朱德旧居陈列馆	新店子景区	成都连二里市旅游景区	彭州丹景山旅游景区	都江堰九鼎村
大笮风旅游基地	大黑洞风景区	橙·花人家	大深南海旅游景区	中富农庄风景区
龙门洞景区	仁和公园旅游景区	普威独树旅游新村旅游景区	班庄旅游新村旅游景区	红格村旅游景区
海塔世外桃园旅游景区	立新旅游新村旅游景区	玉龙山旅游景区	晨曦森林度假村旅游景区	蜀南茉莉香都旅游景区
继勋公园旅游景区	庙子山飞龙生态旅游景区	可久红岩山旅游景区	蜜梨度假村旅游景区	峨城竹海旅游景区
洪雅藤椒文化博物馆旅游景区	千佛寨旅游景区	狮岭旅游景区	鹿亭温泉旅游景区	大朝驿站旅游景区

1A级 景区名称

乐山木鱼人家	阿署达旅游新村旅游景区			

贵州省

3A级 景区名称

贵阳甲秀楼景区	贵阳河滨公园	贵阳森林公园	贵阳白云公园	贵阳息烽集中营
遵义动物园	湘山寺旅游景区	娄山关	枫香温泉旅游景区	乌江渡旅游景区

3A级		景区名称		
绥阳县水晶温泉	观音岩生态景区	遵义盐津河旅游景区	湄潭县天下第一壶茶文化公园	湄潭县茶海生态园
龙潭仡佬丹砂古寨景区	玛瑙山景区	务川洪渡河景区	余庆大乌江景区	余庆飞龙寨景区
光勋生态农业观光园	凤冈田坝景区	都匀斗篷山风景名胜区	都匀西山公园	都匀文峰园
金海雪山景区	长顺杜鹃湖	独山翠泉森林公园	三都县姑鲁产蛋崖景区	龙里龙架山森林公园
荔波瑶山古寨	咸宁草海	金沙温泉	毕节泰丰农业生态植物观光园	毕节国家森林公园拱拢坪景区
七星关区小河旅游区	慕俄格古城	百里杜鹃米底河景区	织金桂果旅游区	尧上旅游景区
楼上旅游景区	万山特区国家矿山公园	苗族自治县苗王城旅游景区	云林仙境旅游景区	郝家湾旅游景区
南庄旅游景区	团龙旅游景区	镇远青龙洞景区	黄平野洞河旅游景区	六盘水玉舍国家级森林公园

2A级		景区名称		
贵阳天鹅湖景区	遵义公园	绥阳龙桥生态旅游景区	绥阳博雅苑陈列馆	遵义凤冈县山宝景区
仁怀霞飞温泉旅游景区	仁怀怀阳洞景区	遵义余庆县迥龙景区	瓮安映山红景区	独山深河桥抗日文化园
独山奎文阁	都匀东山公园	赫章县国家级森林公园	兴义奇香园旅游景区	

云南省

3A级		景区名称		
云南人家	晋宁盘龙寺	七彩云南景区	昆明经典假日谷	安宁青龙峡风景区
昆明星耀·水乡旅游度假区	昆明寻甸星河温泉旅游小镇	昭通盐津豆沙关	罗平多依河景区	曲靖罗平鲁布革三峡风景区
江川古滇国文化园	玉溪滇沙大沐浴花腰傣文化生态旅游村	腾冲火山国家地质公园	禄丰黑井古镇	
南华咪依噜风情谷	楚雄紫溪山	楚雄大姚石羊古镇	楚雄元谋人博物馆	建水朱家花园
红河开远南洞—凤凰谷旅游区	文山广南世外桃源坝美景区	墨江北回归线标志园	普洱中华普洱茶博览苑	西双版纳勐景来景区
大理蝴蝶泉公园	大理天龙八部影视城	大理地热国	大理洱源西湖	大理张家花园
大理剑川千狮山（满贤林）景区	德宏样样好翡翠文化产业园	丽江白沙壁画景区	丽江文笔山景区	沧源司岗里崖画谷
临沧沧源翁丁原始部落文化旅游区				

2A级		景区名称		
晋宁郑和公园	昆明寻甸红军长征柯渡纪念馆	大关黄连河景区	华宁象鼻温泉度假村	易门龙泉森林公园
新平大槟榔园民族文化生态旅游村	新化古州野林	峨山高香生态茶文化旅游区	九龙池公园	碧云寺公园
明星鱼洞景区	哀牢山龙西世族庄园	新平龙泉公园	元江世界第一高桥旅游景区	昌宁鸡飞温泉旅游度假区
腾冲云峰山景区	腾冲叠水河景区	太保山森林公园	北庙湖旅游度假区	龙陵邦腊掌温泉旅游度假区

3A级以下(含3A级)旅游景区

2A级 | 景区名称

龙王塘公园	驮娘江景区	文山西华公园	广南八宝风景区	君龙湖水利风景区
普洱梅子湖公园	澜沧拉祜风情旅游区	西盟佤族生态旅游区	孟连土司边境旅游区	茶马古道旅游区
景谷佛迹仙踪芒玉峡谷旅游区	景东文庙	西双版纳南药园	大理上关花公园	鹤庆边陲古寨
瑞丽独树成林景区	瑞丽淘宝场	丽江玉柱擎天景区	丽江东巴王国景区	丽江东巴万神园
丽江虎跳峡景区	丽江玉峰寺	丽江拉市海景区	临沧茶文化风情园	临沧五老山森林公园
云县漫湾百里长湖景区	永德忙海湖景区			

1A级 | 景区名称

昆明安宁小泉山庄	普洱小黑江森林公园	西双版纳雨林谷	丽江北岳庙（三多阁）	临沧西门公园
凤庆凤山公园				

西藏自治区

3A级 | 景区名称

俄尔寺	尼洋阁藏东南文化博览园	千年核桃王景区	卡定沟旅游景区	穹窿银城
托林寺	皮央东嘎	班公湖	科迦寺	敏珠林寺景区
雍布拉康	昌珠寺	勒布沟风景区	强巴林寺	堆龙旭日牧区生态民俗园
古盐田、曲孜卡温泉、天主教堂景区		查杰玛大殿	扎日那木措	

2A级 | 景区名称

纳唐寺	德仲温泉	思金拉措湖	仓姑寺	莽措湖景区
尼果寺景区	然乌湖景区	多拉神山	嘎玛特色文化走廊	梅丽雪山（北坡）景区
美玉草原	伊日峡谷	布托湖	孜珠寺	吉荣峡谷
卓玛朗措湖	拉妥湿地及巨型"六字真言"	彭措林寺	岗钦寺	乃宁曲德寺
色吾沟寺	热拉雍仲林寺	扎央宗景点	宗贡布景点	哲古湖景区
洛扎县卡久风景区	羊卓雍措旅游景区			

1A级 | 景区名称

恩贡寺	帕索寺	甘旦曲果林寺	森都寺	孜东曲德司松南迦寺
土丹朗加寺	坚白寺	索布寺	卓玛拉康	夺底乡维巴村
艾玛热西山				

陕西省

3A级 景区名称

草堂寺	临潼区博物馆	大兴善寺	水陆庵	沣峪庄园
黑河国家森林公园	八路军西安办事处纪念馆	陕西自然博物馆	朱雀国家森林公园	常宁宫
秦阿房宫	重阳宫	蓝田猿人遗址	祥峪森林公园	广仁寺景区
金龙峡风景区	阎良航空科技馆	鸿门宴博物馆	秦陵地宫景区	汤峪温泉大兴汤院遗址公园
杨虎城将军陵园	姜子牙钓鱼台风景名胜区	嘉陵江源头风景区	大唐秦王陵博物馆	关山草原风景名胜区
龙门洞森林公园	红河谷森林公园	灵官峡景区	青峰峡森林公园	古大散关景区
凤翔东湖风景区	扶风野河山生态旅游景区	天台山国家风景名胜区-鸡峰山景区		宝鸡市灵山景区
昭陵博物馆	咸阳博物馆	三原县博物馆（城隍庙）	大佛寺石窟博物馆	关中印象体验地-袁家村
古豳文化博览园	甘泉湖景区	杨贵妃墓博物馆景区	侍郎湖景区	马家堡关中特委革命旧址
石门山国家森林公园	黄土地窑洞生态度假庄园	耀州窑博物馆	陈炉古镇景区	韩城市司马迁祠景区
白水仓颉庙景区	渭华起义纪念馆	华山御温泉度假村	福山景区	金粟山森林公园
杨震廉政博物馆	韩城市博物馆	杨家岭革命旧址	王家坪革命旧址	凤凰山革命旧址
清凉山旅游景区	万花山旅游景区	九吾山森林公园	洛川会议纪念馆	榆林镇北台
靖边金鸡沙	红石峡生态公园	黑龙潭景区	红石峡景区	李自成行宫景区
九天山旅游景区	石门风景区	武侯祠博物馆	南湖风景区	朱鹮生态园
蔡伦墓祠—纸博物馆	南沙湖风景区	橘园生态观光园	拜将坛遗址景区	午子山景区
五龙洞国家森林公园	香溪洞风景名胜区	岚河漂流景区	千家坪森林公园	中坝大峡谷景区
秦岭峡谷漂流景区	筒车湾风景区	龙头旅游村	红军纪念馆	千层河旅游风景区
丹江漂流	柞水溶洞景区	金丝峡丹江漂流旅游景区	凤冠山景区	塔云山景区
新天地农业科技示范园	现代农业示范园区现代农业创新园			

2A级 景区名称

世界八大奇迹馆	辋川溶洞	广新园民族村	蔡文姬纪念馆	钟馗故里欢乐谷度假村
苏维埃政府纪念馆	石羊农庄	连珠潭风景区	阿姑泉牡丹苑风景区	汪峰故居纪念馆
沣峪森林公园净业寺龙潭溪水旅游区	蓝田流峪飞峡生态旅游景区	万华山朝阳旅游景区	伊利集团西安工业园景区	
秦岭十寨沟森林公园	高陵奇石博物馆	炎帝陵	五丈塬诸葛亮庙博物馆	扶眉战役纪念馆
西武当风景区	莲花山狩猎场	黄柏塬原生态风景区	千湖国家湿地公园	陵黄土民俗村
于右任纪念馆	李靖故居	安国寺景区	程家川自然风景区	金池革命旧址
龟蛇山自然风景区	泾阳县博物馆	顺陵景区	苏武纪念馆	爷台山战地主题公园
昭仁寺景区	郑国渠匡家水利风景区	药王故里	福地湖景区	龙山公园
云梦山景区	姜女祠景区	党家村景区	林泉湖生态旅游	方山森林公园
林则徐纪念馆	杨虎城纪念馆	龙首黑峡谷风景旅游区	黄土国家地质公园	张骞纪念馆
天台森林公园	秦巴民俗村	灵崖寺博物馆	熊猫谷旅游区	凤凰山森林公园
两合崖景区	双龙溶洞景区	紫阳真人宫景区	北五省会馆	擂鼓台景区
老君山旅游风景区	杨凌水上体育休闲中心			

3A级以下(含3A级)旅游景区

1A级	景区名称			
先秦陵园博物馆	抚龙湖风景区	普照寺景区	大禹庙景区	

甘肃省

3A级	景区名称			
五一山森林生态旅游区	龙头山森林生态旅游区	石源园林山庄	兰州植物园	兰山风景区
嘉峪关城市博物馆	嘉峪关中华孔雀园	甘谷大象山	武山水帘洞景区	清水温泉度假村
靖远法泉寺风景旅游区	寿鹿山森林公园	天祝三峡森林公园	凉州百塔寺	古浪马路滩生态旅游区
黄羊河休闲农业旅游区	凉州植物园	高台大湖湾水利风景区	高台月牙湖公园	高台祁连葡萄庄园
张掖甘泉公园	山丹南湖生态植物示范园	二坝湖水利风景区	金塔鸳鸯湖风景区	酒泉常青苑
敦煌古城	阿克塞哈萨克民族风情园	阿克塞金沙湖景区	敦煌三危山	金塔金鼎湖金泽溪风景区
瓜州桥湾城旅游景区	玉门"铁人"王进喜纪念馆景区	敦煌夜市	敦煌同舟岛	平凉太统森林公园
华亭米家沟生态园	平凉柳湖公园	南山生态公园	静宁成纪文化城	华亭莲华湖景区
华亭双凤山公园	合水陇东古石刻艺术博物馆	华池南梁纪念馆	东老爷山景区	通渭温泉度假区
陇西仁寿山森林公园	狼渡湿地草原	渭源首阳山	临夏市枹罕山庄	迭部腊子口风景区
金昌金水湖	金川公园			

2A级	景区名称			
兰州白塔山公园	兰州水车园	兰州徐家山森林公园	兰州仁寿山公园	安宁滑雪场
永登星河种植园	榆中金色隆源生态休闲园	永登青龙山森林公园	石佛沟国家森林公园	陇萃堂购物景区
兰州猪驮山景区	渭河源购物景区	永昌北海子公园	天水马跑泉公园	天水龙园
天水卦台山	李广墓景区	诸葛军垒景区	秦安县凤山景区	姜维墓景区
尖山寺森林公园	赵充国陵园景区	花石崖景区	关山云凤风景区	宣化拱北
炳凌寺景区	秦安文庙景区	上关明清一条街景区	黑潭寺景区	蔡家寺景区
小华山景区	三皇谷景区	麦积区龟凤山景区	麦积区崇福寺景区	麦积区凤凰山景区
武威天梯山石窟	武威西郊公园	鸠摩罗什寺	武威天乙生态园	古浪战役纪念馆
民勤红崖山水库	山丹艾黎捐赠文物陈列馆	双泉湖旅游景区	香姑寺旅游景区	民乐公园
山丹焉支农庄	大野口水库水利风景	酒泉大法幢寺	敦煌历史博览园	苏干湖旅游景区
肃州花城湖生态旅游风景区	庄浪紫荆山公园	庆阳农耕民俗文化村	庆阳东湖公园	华池双塔森林公园
镇原潜夫山森林公园	合水夏家沟森林公园	正宁调令关森林公园	宁县桂花园森林公园	定西玉湖公园
定西西岩山公园	岳麓山森林公园	三易花卉园景区	渭源马铃薯科技示范园区	渭源灞陵桥公园
临洮佛归寺	临洮西湖公园	临夏红园	临夏东郊公园	积石民俗村风景区
夏河桑科草原旅游风景区	合作当周草原旅游景区	合作米拉日巴佛阁	玛曲天下黄河第一弯旅游景区	碌曲郎木寺旅游景区
碌曲则岔石林旅游景区	舟曲翠峰山风景区	成县杜公祠风景区	武都朝阳洞风景区	武都水濂洞

1A级	景区名称			
肃北人民公园	敦煌白马塔景区			

青海省

3A级 景区名称

平安峡宗寺森林公园	西宁市人民公园	青海省藏毯展览中心	东关清真大寺	南山旅游风景区
赞普林卡旅游景区	青海日月山旅游景区	贵德黄河奇石苑	龙羊峡旅游景区	茶卡盐湖旅游景区
可鲁克湖—托素湖高原生态旅游景区		玛多黄河源旅游区	新寨嘉那嘛呢景区	勒巴沟—文成公主庙景区
当卡寺旅游景区	结古寺旅游景区	民和药泉山旅游景区	麒麟湾	浦宁之珠（高原明珠）
北山土楼观	乐都柳湾彩陶旅游景区	化隆县夏琼寺	七里寺景区	桃花园乡村休闲度假区
金三川民俗风情游览区	本康滩自然风景区	金子海风景区	都兰国际狩猎旅游景区（含吐谷浑古墓群和班禅行辕）	
尕尔寺大峡谷生态旅游景区	达那河谷生态旅游景区	尕朵觉悟神山旅游景区	隆宝滩旅游景区	玛柯河原始森林生态旅游景区
神湖之源旅游风景区	狮龙宫殿旅游景区	格萨尔林卡旅游景区	查朗寺旅游景区	星星海生态旅游景区
东格措钠湖生态旅游区	白扎寺旅游景区	多尕麻格萨尔王莲花圣殿旅游景区		官仓峡旅游景区
龙恩寺—德尔文格萨尔文化史诗村旅游景区		阿尼玛卿雪山旅游景区	拉加寺旅游景区	治多县贡萨寺旅游景区
大通国家森林公园察汗河景区	乡趣农耕文化生态园	兴海赛宗寺文化旅游区		

2A级 景区名称

称多赛巴寺旅游景区	同德宗藏文化旅游区	乐瞿昙寺旅游景区	直尕尔风景区	天井峡—松山原始森林风景区

宁夏回族自治区

3A级 景区名称

平罗玉皇阁景区	中卫高庙	青铜峡黄河大峡谷旅游区	寺口子风景旅游区	盐池县革命历史纪念园
须弥山石窟	火石寨国家地质公园	阅海国家湿地公园	玉泉营葡萄庄园	哈巴湖生态旅游区
北武当生态旅游区	黄河横城国际休闲度假旅游区	中卫腾格里湖湿地	中国枸杞馆	森淼生态旅游区

2A级 景区名称

银川海宝塔寺	贺兰山滚钟口景区	兵沟文化旅游区	青铜峡黄河生态园	长流水生态旅游区
灵武高庙旅游区				

新疆维吾尔自治区

3A级 景区名称

桦林公园（沙里福汗公园）	全山森林公园	吉木乃口岸景区	阿舍勒矿业旅游景区	塔克什肯口岸景区
天镜神池民俗旅游文化园	玛纳斯黑梁湾山庄	玛纳斯火烧洼山庄	康家石门子景区	和田市昆仑公园
吐鲁番沙漠生态旅游区	新疆大漠土艺馆	吐峪沟景区	昌吉市人民公园	核桃王公园
五彩湾古海温泉景区	北庭园景区	天地园景区	其娜民俗风情园	焉耆乡都酒堡

3A级以下(含3A级)旅游景区

3A级		景区名称		
黄庙	温宿大峡谷景区	阿瓦提县刀郎部落	燕泉山景区	克孜尔水库风景区
哈密贡瓜园景区	哈密木卡姆传承中心	金色年华度假村	恐龙文化苑	白沙滩景区
塔城地区沙湾县温泉景区	塔城地区沙湾县鹿角湾旅游风景区		塔城地区沙湾县森林公园	卡赞其民俗旅游区
伊犁阿拉木图亚风景区	伊犁可克达拉风情园	解忧公主薰衣草园	塔里木景区	肖尔布拉克西域酒文化博物馆
夏特旅游风景区	圣佑庙景区	喀拉峻大草原旅游景区	特克斯科桑溶洞国家森林公园景区	
克拉玛依市文化街景区	黑油山景区	塔斯特风景旅游区	乌苏佛山森林公园	伊水园景区
太阳历广场景区	特克斯县八卦公园	霍尔果斯国门景区	托乎拉苏景区	铁门关
克拉玛依展览馆（克拉玛依博物馆）		圣泉景区	精河县滨河风景区	乌鲁木齐市植物园
雅玛里克山风景区	乌鲁木齐市人民公园	乌鲁木齐市儿童公园	天山野生动物园	乌鲁木齐东白杨沟风景区
香妃故园	红海湾景区	张骞公园景区	麻赫穆德·喀什噶里陵墓	中国新疆民族乐器村
新疆国际大巴扎景区	乌鲁木齐市烈士陵园	西山民俗风情园		

2A级		景区名称		
大小东沟旅游景区	阿勒泰市塘巴湖水上乐园	驼峰旅游景区	阿勒泰地区博物馆	阿勒泰市红石头景区
布尔津县博物馆	额河源奇石馆	五彩城景区	可可苏里湖	富蕴县三号矿脉陈列馆
哈巴河县白沙湖景区	阜康黄竹山庄	梧桐沟沙漠景区	草原神石城景区	青河县青龙湖公园
青河县山楂园景区	玛纳斯国家湿地公园	凤鸣湖生态园	新疆民俗食帛园	呼图壁县公园
奇台县博物馆	华景园	玉龙湾休闲度假风景区	车师古道景区	达玛沟佛教文化遗址公园
人文生态旅游园区	浏园度假村景区	多浪度假村景区	城市公园	库尔班.吐鲁木纪念馆
龙湖景区	克尔古提神秘峡谷	晒经岛	罗布泊雅丹大峡谷	桃花园渡假村
神奇峰景区	中园休闲度假村	克孜尔魔鬼城景区	柳荷生态园	红军西路军进疆纪念园
克拉玛依白杨河大峡谷景区	那拉提国家森林公园	草原石人景区	阿克塔斯度假村	次生林度假村
克拉玛依大漠国际生态旅游区	喀拉库勒湖景区	西游乐园	夏合勒克地主封建庄园	伊犁河民族文化旅游村
巴里坤怪石山景区	咯拉咯什河渠首爱国主义教育基地		胡杨林风景区	恐龙.硅化木国家地质公园
木垒鸣沙山胡杨林	雅典娜游泳馆	晋昌园	索尔巴斯陶景区	鄂托克赛尔天泉景区
阿敦确鲁母亲石景区	阿拉山口边境旅游区	巴音阿门旅游风景区	敖包黑山头景区	水色·假日生态度假景区
中国科学院新疆生态与地理研究所标本馆		青格达湖生态观光园	乌鲁木齐银都会议培训中心	核桃七仙园
宗朗灵泉景区	盘橐城	福乐智慧园	叶尔羌汗国王陵	十二木卡姆故乡园
江格尔文化景区（王爷府旧址、喇嘛庙、准噶尔古城遗址、江格尔民俗风情园）			东方红游乐园	木卡姆民俗风情度假村
额敏县滨河公园	民族文化艺术中心	天门神秘大峡谷	森林旅游生态园	法桐生态公园
亚甫泉胡杨景区	乌鲁木齐市水上乐园	燕儿窝风景区	喀河生态园	千年柳树王景区
华联现代农业科技示范园	天牧玫瑰园	多浪人家休闲园	库车县玛尔江布拉克休闲乐园	拜城温泉景区
太阳岛	人民公园游览区	瑶池园	今日景艺高科技综合农业示范基地	四十眼泉景区
香妃湖花卉庄园	麦盖提县文化广场	库木库萨乡农民画创作基地	大河口西海渔村	双湾竞秀
白鹭州头	金海湾	乐土驿镇驿站历史文化陈列馆	新疆农业博览园	

1A级		景区名称		
天林岛度假村	白桦公园	北公园	艾德莱斯丝绸厂	杜家庄

1A级		景区名称		
苑秀生态园	怡磬园度假村	稻香园景区	塔城地区沙湾县东大塘景区	塔城市拜克托别垂钓公园
和布克赛尔蒙古自治县江格尔热气泉景区		塔尔巴哈台景区	大南沟松树度假村	木垒县文博中心
劳来寿度假村				

新疆生产建设兵团

3A级		景区名称		
千鸟湖旅游风景区	农一师塔里木祥龙湖风景区	塔里木多浪湖旅游景区	农二师银沙滩旅游景区	喀拉玛湖沙漠旅游景区
五家渠青湖御园度假村	石河子北湖风景区	石河子巴音山庄	石河子艾青诗歌馆	石河子桃源农业生态旅游区
新疆西部民俗风情园	布伦托海海滨度假旅游区	兵团十师额河酒业旅游园区	兵团十师184团军垦艺术体验基地	兵团十师图瓦民俗文化旅游村
兵团十师185团白沙湖边境旅游风景区		兵团十师186团龙珠山旅游区	巴里坤北湖旅游区	哈密庙尔沟旅游风景区
新天冰湖农业科技示范园区	兵团十二师221团葡萄凰果业景区		兵团十四师中国人民解放军进军和田纪念馆（碑）	
伊帕尔汗薰衣草观光基地	三台沟风景区	北庭沙漠生态风景区	凰家梁沙湖生态景区	共青团农场现代农业观光景区
农十师屯垦戍边史馆	胡杨水韵旅游景区			

2A级		景区名称		
石河子农业高新技术园区	石河子军垦第一连	石河子周恩来总理纪念馆		

《2012年中国旅游景区发展报告》编写说明

一、数据来源

全国A级旅游景区管理系统。

二、景区统计范围

2012年12月31日之前国家旅游局公布的A级旅游景区。

三、数据截止日期

2013年1月20日。

四、区域划分标准

参照国家统计局行政区划代码，将全国分为六大区域：华东区包括上海、浙江、江苏、安徽、福建、江西、山东7省市区；华北区包括北京、天津、河北、山西、内蒙古5省市区；东北区包括黑龙江、吉林、辽宁3省；西北区包括陕西、甘肃、青海、宁夏、新疆5省市区及新疆生产建设兵团；西南包括重庆、四川、贵州、云南、西藏5省市区；中南区包括河南、湖北、湖南、广西、广东、海南6省市区。

编写组： 潘肖澎　石培华　宁志中　王晓宇　方　言
　　　　 倪　灵　郑　斌　杨　沫　张澄苇　马有明
　　　　 马啸宇　杨雪春　杨蕾蕾

2013年3月

项目统筹： 付 蓉

责任编辑： 李冉冉　谯 洁　付 蓉

责任印制： 冯冬青

装帧设计： 正美设计公司

图书在版编目（CIP）数据

2012年中国旅游景区发展报告 / 国家旅游局规划财务司编. -- 北京：中国旅游出版社, 2013.3　ISBN 978-7-5032-4678-4

Ⅰ. ①2… Ⅱ. ①国… Ⅲ. ①旅游区—旅游业发展—研究报告—中国—2012 Ⅳ. ①F592.3

中国版本图书馆CIP数据核字(2013)第035358号

书　　名：	2012年中国旅游景区发展报告
主　　编：	国家旅游局规划财务司
出版发行：	中国旅游出版社（北京建国门内大街甲9号　邮编：100005）
	http://www.cttp.net.cn　E-mail:cttp@cnta.gov.cn
	发行部电话：010-85166503
经　　销：	全国各地新华书店
印　　刷：	北京金吉士印刷有限责任公司
版　　次：	2013年5月第1版　2013年5月第1次印刷
印刷开本：	889毫米×1194毫米　1/16
印　　张：	22
字　　数：	306千
定　　价：	236.00元
ＩＳＢＮ	978-7-5032-4678-4

本书中5A级景区图片均由各5A级景区向国家旅游局及百度旅游网报送的图片中获得

版权所有 翻印必究 如发现质量问题，请直接与发行部联系调换